# 장단기 투자의 비밀

# 장단기 투자의 비밀

세계트레이딩월드컵 신기록 보유자의 마켓 사이클과
최적의 타이밍 매수법

래리 윌리엄스 지음 I 이은주 옮김 I 성전 감수

long-term
secrets
to short-term
trading

이레미디어

**일러두기(편집자)**

- 이 책은 한글 맞춤법 통일안에 따라 편집했습니다. 의미 전달을 위해 허용 범위 내에서 표현한 것도 있습니다.

- 최근 바뀐 외래어 표기법에 따라 정리했으나, 몇몇 이름과 용어는 사회에서 더 많이 통용되는 것으로 정리했습니다.

- 국내에 출간된 도서는 책 제목을 적었고, 출간되지 않은 도서는 번역문 뒤에 원문을 같이 표기했습니다.

**일러두기(감수자)**

- 이 책 전반에 걸쳐 시험 매매 결과표가 반복적으로 등장합니다. 그러니 시간을 들여 표의 맥락과 표의 주요 항목들을 찬찬히 살펴보면 도움이 될 것입니다.

- 먼저 이 결과표가 나오면 본문에서 어떤 자산을 어느 기간 동안 어떤 방식으로 매매했는지 확인합니다. 특히 매매의 방식은 어떤 조건(필터)이 만족되었을 때 매수/매도하였는지 그리고 손절매나 청산 규칙이 어떻게 되는지 등을 확인해야 합니다. 더 나은 매매 시스템을 구축하기 위해 이전의 표에서 하나씩 조건들을 추가해가며 새로운 표를 설명하는 경우도 많으니, 본문의 설명을 잘 따라가며 비교해봅시다.

- 표의 항목들은 대부분 이 표의 서식과 동일합니다. 총순이익은 총이익과 총손실의 합으로 계산됩니다. 이익 매매 비율은 이익 매매 횟수를 총매매 횟수로 나눠서 구합니다. 평균 매매 이익은 총순이익을 총매매 횟수로 나누어 구할 수 있습니다.

- 매매 시스템을 이익 측면에서 평가할 때 저자는 평균 매매 이익을 가장 중요한 지표로 삼고 있습니다. 한편 위험관리 측면에서 평가할 때는 최대 계좌 잔고 감소액_maximal closed-out drawdown을 주로 참고합니다. 이상적으로 이 값은 총순이익 규모의 15%를 넘지 않아야 한다고 봅니다.

──────────── 래리 윌리엄스는 투자 역사상 최고의 트레이더 중 한 명인데도 불구하고 국내 독자들에게 거의 알려지지 않았다. 책에서는 그의 업적이 잘 부각되지 않은 관계로 래리 윌리엄스의 주요 업적 몇 개만 짚어보고자 한다.

√ 1987년 래리 윌리엄스는 1만 달러를 110만 달러(!)로 불리면서 세계 선물 트레이딩 월드컵World Cup Championship of Futures Trading에서 우승했다. 그의 대기록은 이후 한 번도 깨지지 않았다.

√ 1997년, 17세였던 딸 미셸Michelle Williams을 가르쳐서 딸이 투자 대회에서 우승하게 도움을 줬다. 미셸은 나중에 골든 글로브를 수상한 초일류 배우가 되었다.

√ 라이브 강의를 하면서 동시에 트레이딩을 해서 100만 달러 수익을 내는, '래리 윌리엄스 백만 달러 챌린지Larry Williams One Million Dollar Challenge'에 성공했다.

√ 'Williams %R' 등 기술적 투자자들이 애용하는 지표 여러 개를 창안했다.

이제 래리 윌리엄스의 말을 들을 준비가 되었는가? 래리 윌리엄스의 서적이 한국에 소개되지 않은 것이 아쉽다고 유튜브 방송에서 여러 번 언급했는데, 드디어 윌리엄스 대표작이 출간된다니 매우 기쁘다.

대한민국 투자 서적을 보면 '가치투자' 쪽에 치우쳐 있다는 느낌을 받는다. 물론 가치투자도 훌륭한 방법이긴 하나 이 분야에선 주로 '무엇을' 사고파는지에 집중한다. 그러나 성공적인 투자를 위해서는 '언제' 사고파는지, '얼마'를 베팅해야 하는지, '리스크 관리(또는 자금 관리)'를 어떻게 하는지가 훨씬 더 중요하다. 대부분 투자자들은 이런 개념이 전혀 탑재되지 않아서 결국은 큰 손실을 보고 시장을 떠난다. 이런 기법들은 래리 윌리엄스 같은 위대한 트레이더들에게만 배울 수 있다. 따라서 본인이 '가치투자자' 또는 '장기투자자'라고 생각하더라도 이런 트레이딩 기법들은 무조건 알아둘 필요가 있다.

그중 가장 중요한 것은 아마 리스크 관리일 것이다. 투자나 트레이딩이 처음인 사람은 이 책의 13장부터 읽을 것을 권한다. 래리 윌리엄스 본인도 "13장은 이 책 내용 중에서 가장 중요한 대목이고 내 인생에서도 가장 중요한 부분이며 내가 여러분에게 알려줄 수 있는 가장 귀중한 정보라 하겠다. 이제부터 읽게 될 내용은 내가 여러분에게 해줄 수 있는 가장 가치 있는 조언이라 생각한다"라고 말했다. 그는 자금 관리 기법을 활용하지 않으면 삼류 투자가로 남을 것이며 절대로 큰 재산을 모으지 못할 것인데, 이에 대해 듣고 싶거나 올바른 자금 관리 공식을 배우려 하는 사람이 거의 없다고 안타까워했다. 그만큼 중요한 부분이니 13장에 나오는 내용을 반드시 여러 번 읽어보고 투자에서 실패한 자들의 우를 반복하지 말자!

나는 농담 삼아 루저들은 매크로와 기업 가치에 집중하고, 위너들은 계절성, 가격과 퀀트 지표에 집중한다고 말한다. 래리 윌리엄스는 이 책에서 퀀트 지표는 덜 설명했지만 계절성과 가격을 이용한 뛰어난 전략을 여러 가지 소개한다.

1.  계절성: 시장에는 다양한 계절성Seasonality이 존재한다. 나 같은 경우는 11~4월 주식시장의 수익이 전반적으로 매우 높고, 5~10월에는 매우 저조한 것을 유의미하게 여겨서 '십일사 천국, 오십 지옥'이라는 말을 하고 다니고, 실제로 11~4월에는 주식 비중을 확대하고 5~10월에는 주식 비중을 줄이거나 없앤다. 혹자는 이런 계절성의 통계적 패턴이 단순한 데이터 마이닝에 불과하고 근거가 없다 무시하지만, 나와 래리 윌리엄스는 계절성이 규칙적으로 나타나는 현상에는 대중의 군집된 사고방식이나 행동이 깔려 있다고 생각한다. 제발 돈을 버는 사람들의 말은 새겨듣고 돈을 벌지 못하는 루저들이나 투자도 하지 않는 평론가들의 말은 무시하자. 이 책에서는 계절성을 통해 수익을 극대화하는 여러 기법을 가르쳐준다.

2.   가격의 추세: 투자자가 원하는 것은 무엇인가? 특정 가격에 자산을 사서 더 높은 가격에 파는 것이다. 그런데 왜 가격에 집중하지 않고 기업 가치나 매크로 같은 모호한 보조지표(?)에 집중하는가? 그냥 가격을 보라. '가격'이라는 팩터 한 개에만 집중하는 것이 투자의 본질이다. 가격 기반 전략들은 백테스트 하기도 훨씬 쉽다. 래리 윌리엄스가 수많은 가격을 이용한 트레이딩 기법을 알려줄 것이다. 그러나 그 전략을 곧이곧대로 받아들이지 말고 현대 시장에도 통하는지 꼭 백테스트를 하고 아직도 유효할 경우 사용하라. 책에 소개된 대부분 전략은 investing.com 등에서 가격 데이터를 다운받아서 엑셀로 손쉽게 백테스트 할 수 있다.

개인적으로 4장에 나오는 '변동성 돌파' 전략을 사랑하는데, 실전에서 사용해 보고 관련 책을 쓴 적도 있다. 이 전략은 주식뿐만 아니라 코인 시장에서도 큰 위력을 발휘한다(《가상화폐 투자 마법 공식》 참조).

마지막으로 투자는 10~20%가 기술, 80~90%가 심리·마인드라고 생각한다. 래리 윌리엄스는 1962년부터 무려 60년간 투자 세계에서 산전수전을 겪은 베테랑 트레이더다. 12장, 14장, 16장에서 그의 '투자 마인드'를 엿볼 수 있다. 그의 모든 관점에 동의하지는 않더라도 당신의 투자 인생에 도움이 되는 조언을 분명 몇 개는 얻을 수 있을 것이다. 이 부분을 유심히 읽으라는 조언을 하면서 추천사를 마친다.

_**강환국**, 《거인의 포트폴리오》, 《퀀트 투자 무작정 따라하기》 저자

목차

## 제14장 케네디에서 오바마까지, 매매 50년사     357

# 여러분은 이미 트레이더

1999년 이 책의 초판을 출간한 이후로 주식이나 상품commodity(실물 자산), 외환을 취급하는 트레이더trader(주로 단기간 가격 변동으로부터 이익을 볼 목적으로 주식이나 상품 등을 매매하는 사람—역주)가 많아졌다. 우리 집 정원사와 내 주치의와 내가 좋아하는 요리사도 이 중 하나다. 이유가 무엇일까?

투자한다는 행동에는 흥분과 설렘 그 이상이 있다. 거기에 일상에서 탈출하고 싶어 하는 사람이 점점 많아지는 추세다. 이들은 누군가의 밑에서 일하는 걸 좋아하지 않으며, 반대로 누군가를 고용하는 일도 부담스러워한다. 그들은 그저 독립적으로 일하고 싶을 뿐이고, 이는 트레이더가 돼야만 가능한 것처럼 보인다. 많은 이들이 이런 일을 꿈꿔왔고 실제로도 수많은 사람이 트레이더로서 그 꿈을 실현했다. 이 책을 통해 그간 갈고닦은 매매 기법을 설명함으로써 '탈출구'를 여러분에게 제시하고자 한다.

자각을 하든 못하든 간에 우리는 평생 상품 트레이더로 살아왔다. 삼겹살 선물futures 계약 같은 거래는 해본 적이 없더라도 자동차나 주택 혹은 골동품 같은 소유물을 다른 사람의 소유물과 바꾸거나 현금을 받고 건네는 일은 흔히 이뤄진다. 이마저도 해본 적이 없다 해도, 최소한 시간과 돈을 맞바꿔본 적은 있을 것이다. 교사나 변호사, 배관공, 도랑 파는 인부 등으로 일하고 돈을 받았다면 시간과 돈의 교환 혹은 거래가 이뤄진 셈이다. 그러니 인식하지 못했을 뿐, 여러분은 이미 절반쯤은 트레이더인 셈이다.

'시간'을 거래한다고 할 때 실제로는 시간에다 기술까지 덧붙여 거래한다. 뇌

수술을 하는 신경외과 전문의가 무릎 수술을 하는 정형외과 전문의보다 시간당 보수를 더 많이 받는 이유가 바로 여기에 있다. 또 실력이 뛰어난 쿼터백quarterback(미식축구의 주 공격수)이 태클tackle(미식축구의 중앙 수비수)과 전문의를 합친 것보다도 더 많이 받는 이유이기도 하다. 쿼터백은 포지션상 위험 수준이 더 높다. 특정 기술이 다른 기술보다 본질적으로 더 가치가 있다거나 그런 의미가 아니다. 어떤 기술은 다른 기술보다 습득하기가 더 어렵고 수행에 따른 위험 수준이 더 높을 뿐이다. 이런 특성 때문에 더 어렵고 더 위험한 일을 하는 사람은 그 작업에 시간과 기술을 제공한 대가로 다른 사람보다 더 많은 돈을 받는다.

마이클 조던Michael Jordan이 농구공을 드리블해서 슛을 쏘는 능력 자체에 특별한 가치가 있지는 않다. 그러나 시카고 불스Chicago Bulls 구단주는 마이클 조던이 경기장에 관중을 끌어모으거나 TV 방송 시청률을 높이는 등의 방법으로 구단에 거액을 벌어다줄 수 있음을 안다. 따라서 '아무 가치가 없는' 무언가가 실제로는 엄청난 가치가 있을지도 모른다.

나는 어느 매매 세미나에서 이런 사실을 입증해보인 적이 있었다. 봉인된 봉투 안에 개인 수표 한 장을 넣은 다음에 이와 비슷하게 생긴 봉인 봉투 14개를 투명한 비닐봉지 안에 넣는다. 세미나 참석자는 이 비닐봉지 안에서 봉인된 봉투를 하나씩 꺼낸다. 이때 5,000달러짜리 수표가 든 봉투를 꺼낸 사람이 그 수표를 가져간다.

분명 비닐봉지에는 아무 가치가 없는 빈 봉투도 14개 들어 있었다. 그러나 수표가 든 봉투를 꺼내고 그 수표가 자신의 소유가 된다고 생각한 순간 모든 봉투는 가치 있는 무언가가 되는 것이다! 물론 하나 빼고는 전부 빈 봉투지만 어느 것이 빈 봉투인지 모르기 때문에 5,000달러를 얻을 확률은 15분의 1이, 봉투 하나의 가치는 333.33달러가 된다. 참석자들이 비닐봉지에서 봉투를 하나씩 꺼낼 때마다 아무 가치가 없던 빈 봉투는 아직 비닐봉지 안에 수표가 든 봉투가 있다는 이유만으로 그 가치가 점점 더 높아진다. 빈 봉투가 5개 꺼내어지면 비닐봉지에서 수표가 든 봉투를 꺼낼 확률은 10분의 1이 되고, 남은 봉투 10개의 가치는 각각 500달러로 높아진다. 비닐봉지 안에 남은 봉투가 2개뿐이면 봉투 하나의 가치는 무려 2,500달러나 된다. 아무 가치가 없는 빈 봉투가 이렇게 엄청난 가치를 지니게 되는 것이다!

이것이 좀 더 공격적인 상품 트레이더가 되기 위해 첫 번째로 숙지해야 할 사실이다. 미美에 대한 가치는 구경하는 사람의 마음에 달렸듯이 상품에 대한 가치 역시 마찬가지다. 트레이더로서 오래 생존하고 싶다면 실제 가치가 어느 정도인지를 예측하려 하지 말아야 한다. **가치는 시장이 정한다.** 시장, 즉 매매자들의 집단적 판단이 매긴 가치가 오래 지속되지 않을 수도 있지만, '가격은 왕'인 법이다. 그냥 그뿐이다. 나는 형성된 가격에 대해 왈가왈부할 필요가 없다는 사실, 가격에 관한 한 섣부른 예측은 하지 말아야 한다는 사실을 아주 오래전에 배웠다.

1974년에 나는 소牛 가격이 급등하리라는 판단에 따라 파운드당 43센트에 시장에 들어간 뒤 가격 추이를 보면서 매수 포지션을 계속 늘려나갔다. 나는 소의 '가치를 알고' 있었고, 당시 가격은 내가 생각한 가치를 밑도는 수준이었으므로 확실한 매수 기회라 생각했다. 그래서 가격이 40센트 언저리로 하락했을 때 더 매수했다. 43센트도 괜찮은 가격인데 40센트면 더 말할 나위가 없었다.

그런데 가격이 여기서 멈추지 않고 파운드당 38센트까지 떨어졌다. 헐값 수준으로 떨어졌다는 생각에 조금 더 매수했는데 그다음에는 35센트, 30센트로 떨어졌고 결국에는 28센트까지 떨어졌다. 그러나 더는 자금 여력이 없었다. 30일도 안 되는 기간에 무려 300만 달러나 투입했던 것이다.

이로부터 2개월 후에 소 가격은 파운드당 60센트 이상으로 가격이 급등했다. 그러나 안타깝게도 그 시점에 나는 시장에 없었다. 틀림없이 이익이 나리라 확신했던 그 매매에서 일찌감치 손을 털고 나온 상태였다. 이 때문에 25년이 넘은 지금까지도 (이 책에서 다룰 성공 사례에도 불구하고) 내가 완전히 망했다는 헛소문이 떠돈다.

이때의 경험을 토대로 나는 두 가지 원칙을 세웠다. 첫 번째는 **가치의 수명은 매우 짧다**는 것이다. 상품이나 주식을 매매할 때 그 가치는 어떻게든 변할 수 있음을 명심해야 한다.

첫 번째보다 더 중요한 두 번째 원칙은 시장 추세와 동향이 중요하기는 하나 **투자 자금을 관리하고 활용하는 방법을 아는 것이 먼저**라는 사실이다. 어쨌거나 나도 소 선물 매매 당시에 사용할 자원을 철저히 관리해서 힘들었던 시간을 잘 견뎌냈다면 결국에는 큰 이익을 올릴 수 있었을 것이다.

예측했던 시장 움직임이 정확히 언제 나타날지는 누구도 모른다. 설사 시장 예측이 완전히 틀리진 않더라도 예측의 실현은 대개 지연되곤 한다. 신중한 트레이더는 이렇게 예측 실현이 지연되는 상황을 감안해 매매 시스템에 보호 장치를 장착해둔다. 반드시 알아둬야 할 원칙 가운데 자금 관리에 관한 원칙보다 더 중요한 것은 없다. 상품 선물 거래에 관해 떠도는 끔찍한 이야기들은 전부 사실이다. 순진한 사람들이 자금 관리를 제대로 못해서 깡통을 차는 일이 흔하다. 이러한 대실패는 시장의 문제가 아니고 그 매매자가 잘못된 예측을 했기 때문도 아니다. 성공한 트레이더라 할지라도 누구나 잘못된 예상과 손실 매매를 경험하니까 말이다. 그것도 아주 많이.

듣기에도 끔찍한 대실패는 대개 단일 매매에 쏟아부은 자금 규모가 너무 컸거나 손실 포지션을 너무 오래 유지한 데서 비롯된다. 손실 매매를 제어할 수 있는 방법을 빨리 배울수록 이 업계에서 부를 축적하는 길로 더 빨리 들어설 수 있다. 당연한 말이지만, 매매에서 치명상을 입는 이유는 성공적인 매매 때문이 아니라 실패한 매매 때문이다. 실패가 인격 수양에 도움이 된다고 자위할 일이 아니다. 실패하면 자금 계좌만 망가질 뿐이다.

위 문단에서 성공의 기초가 무엇인지도 알 수 있다. '무당'은 시장을 예측할 수도 있지만 예측하지 못할 수도 있다. 가치는 유지될 수도 있지만 지속되지 못할 수도 있다. 투기의 세계에서는 미래를 예측하는 일이 핵심인데, 예측은 어려운 일이다. 난다 긴다 하는 첩보원을 거느린 미국 정보기관도 베를린장벽 붕괴를 예측하지 못했다! 그러니 평범하기 이를 데 없는 여러분이나 나 같은 사람이 어떻게 정보기관보다 예측을 더 잘하겠는가?

〈스포츠 일러스트레이티드Sports Illustrated〉 같은 스포츠 전문 잡지를 보면서 우리는 미래 예측이 불가능하다는 사실을 매번 확인하곤 한다. 1997년 당시 이 잡지는 대학미식축구대전에서 펜실베이니아 주립 대학의 우승을 점쳤고 미시건 대학은 18위로 예측했다. 그런데 시즌이 끝날 때 미시건 대학이 1위를 했고 펜실베이니아 주립 대학은 고전을 면치 못했다. 워싱턴 대학은 3위 정도로 예측했고 워싱턴 주립 대학은 상위 20위 예상 명단에 들지도 못한 팀이었다. 그런데 워싱턴 대학은 한수 아래로 여겼던 워싱턴 주립 대학에 패했고, 워싱턴 주립 대학은 결국 팩텐Pac 10(미국 중서부 지역 10개 대학 스포츠 경기 연맹-역주) 선수권 대회에서 우승을 차지했으며 로즈 볼Rose Bowl(대학 대항 미식축구 경기)에서 미시건 대학을 상대로 아깝게 졌다.

역사는 반복된다. 마이크 타이슨Mike Tyson이 산증인이다. 몬태나에 있는 한 은행에서 은행장이 몇 년 동안 은행 돈을 횡령하고 있었다. 은행장은 이 돈을 메워 보겠다며 100만 달러를 추가로 빼냈다. 그러고선 당시 '핵주먹'으로 통하던 복싱계의 절대 강자 마이크 타이슨과 버스터 더글러스Buster Douglas가 맞붙은 경기에서 타이슨 쪽에 돈을 걸었다. 그러나 안타깝게도 타이슨이 패했다. 결국 이 은행장은 빈털터리가 됐고 공금 횡령 사실이 드러나면서 투옥되는 처지가 됐다.

예측이 완전히 빗나가는 사례는 이외에도 아주 많다. 일례로 종이 신문의 시대가 그렇게 막을 내릴지 혹은 타이거 우즈Tiger Woods가 그렇게 몰락할지 누가 예측할 수 있었겠는가!

자신의 미래를 알아보겠다고 수정 구슬을 들여다보는 사람은 깨진 유리만 잔뜩 삼켜야 할 운명이다. 구슬을 아무리 들여다봐도 자신의 미래를 알 수 없고 눈만 아플 뿐이다.

그러나 너무 실망하지 마라. 여러분이나 나나 미래, 특히 가격의 미래를 예측하지는 못하더라도, 손실을 관리하는 방법은 배울 수 있다. 수학에 기반한 손실 관리 기법은 확실히 모든 성공의 주춧돌이 되어준다.

나는 자신만의 도구나 지표로 미래를 예측할 수 있다고 주장하는 자칭 '금융 전문가'라는 사람들을 수년간 추종한 적이 있다. 그러나 결국 신은 우리가 미래를 예측하는 걸 원치 않는다는 사실을 깨달았다.

우리가 미래를 내다볼 수 있다면 누구나 몇 번이고 백만장자가 될 수 있을 것이다. 그러나 미래를 내다보며 경주마에 돈을 걸고 룰렛 판을 돌리고 주사위를 굴리면, 카지노는 당신의 출입을 금지할지도 모른다. 게다가 미래가 어떻게 펼쳐질지 전부 알고 있다면 하루하루 사는 일이 얼마나 따분하겠는가? 이렇게 살기를 바라는 사람이 있을까? 무언가를 발견하는 기쁨, 미지에 대한 매혹, 승리가 주는 전율, 한계 극복을 위한 도전 등을 대체 어디에서 경험해야 하나?

탁월한 예지력 덕분에 다들 부자가 될 수 있다면 누가 일을 할까? 밀은 누가 재배하고 소는 또 누가 키우겠는가? 이런 상황이면 아무도 일할 필요가 없기 때문에 영화관도, TV도, 통신 회사도 없을 것이다. 게다가 우리를 또 누가 고용하겠는가?

이미 말했다시피 전지전능한 신은 우리가 미래를 너무 많이 알기를 바라지 않는다. 더불어 우리가 선물 시장의 미래 또한 모르기를 바라는 듯하다. 투기에 관심이 있는 사람들은 투기란 알 수 없는 미래를 예측하는 게임이라고 생각한다. 그러나 사실은 그렇지 않다. **투기는 우위가 있는 전략을 개발하고, 우위를 내 것으로 만들고, 그 우위를 계속 쌓아가면서도 새로운 참여자 혹은 새로운 생각과 개념 등 발생할 수 있는 모든 변화에 주의를 기울이는 게임이다.**

'투기하다speculate'는 안경을 뜻하는 'spectacle'과 마찬가지로 '관찰하다'를 뜻하는 라틴어 'specular'에서 파생된 단어이다. 우리는 도박꾼과는 달라서 시간이 아무리 지나도 이길 수 없는 게임은 애초에 시작하지 않는다. 도박꾼은 카지노(도박장) 쪽이 아니라 자신에게 유리한 결과가 나오기를 바라는 것 외에 달리 할 수 있는 일이 없다. 반면 우리 같은 투기자는 앞으로 어떤 일이 벌어지는지를 어느 정도는 알지만, 예측했던 대로 상황이 전개된다는 보장이 없음을 알기 때문에 투자 자금 보존을 위한 적절한 자금 관리 기법으로 투자 포지션을 보호함으로써 게임에서 이길 수 있다.

투기 기술의 근간은 약간의 '관찰'(미래 예측)과 상당량의 '보존'(자금 관리)으로 이뤄진다.

## 시장에 관한 신념 체계

나는 그간 했던 조사와 경험을 바탕으로 내게 도움이 되는 강력한 신념 체계를 구축했다.

> *지금 이 매매로 손실이, 그것도 아주 큰 손실이 난다고 믿는다.*

이 믿음은 여전히 시장에 관한 나의 가장 중요한 기도문이다. 나 같은 승자들은 손실을 관리할 수 있지만, 관리되지 못한 손실은 트레이더를 망가뜨린다.

손실이 난다고 생각하며 매매에 임하라는 말은 긍정적으로 사고하는 사람들에게는 부정적으로 들릴지 모르겠지만, 긍정적 사고는 결국 자신이 이긴다는 안일한 생각으로 굳어질 수 있다. 그래서 너무 많은 계약을 매매하고 너무 오래 포지션을 유지하는 결과로 이어진다. 긍정적 사고를 바탕으로 모든 일이 잘 풀리리라 기대하고 있으면 결국 자신이 원하는 방향으로 반등이 일어나리라는 확신을 계속 유지하게 된다. 그러나 그런 기대와 바람은 실현되지 않을 때가 많다.

즉 시장에서 성공할 수 있다는 긍정적 사고가 실제 성과에 의해 계속 강화되면 손실 매매를 적절히 관리할 수 없는 상황에 처할 수 있다. 트레이더에게 신념 체계가 중요한 이유가 바로 여기에 있다. 지금 하는 매매에서 이익이 나리라 믿고 있었는데 결과가 그렇게 나오지 않았다고 하자. 그러면 긍정적 믿음을 확인해야 한다는 생각에서 손실이 나는 그 포지션을 계속 붙들게 된다. 물론 성공하는 트레이더는 절대로 이렇게 하지 않는다. '다음에 혹은 한 번만 더 하면 분명히 이익이 난다'는 식의 과도하게 긍정적인 믿음은 정말 위험하다.

이제 내 부정적인 신념 체계를 살펴보자. 지금 하는 매매에서 손실이 날 것이고, 신이 이번 매매에서 내게 성공을 약속하지 않는다고 믿는 것이다. 실제로 나는 시장이 완벽하지 않다고 믿는다. 아래 자료가 이런 믿음을 뒷받침한다. 즉 펀드 매니저의 75%가 다우지수<sub>Dow Index</sub>를 능가하는 실적을 내지 못하며, 단기 트레이더의 80%가 자본을 잃는다. 나 역시 이익을 내지 못한 경우가 많다. 이런 측면에서 여러분 중에도 성공하는(이익을 내는) 사람보다 실패하는(손실을 내는) 사람이 훨씬 많으리라 감히 장담할 수 있다.

지금까지 내가 겪은 어떤 큰 손실도 시장의 탓은 아니었다. 시장은 굳이 나를 무너뜨리려 애쓴 적이 없었다. 결국은 내 탓이었다. 나는 매매에서 이익이 난다는 믿음에 사로잡힐 때마다 게임의 규칙을 어기는 우를 범했다.

한 사람은 그 사람의 신념 체계만큼 강하다는 주장이 있다. 나도 이 의견에 동의한다. 덜 주저하고 더 확신하며 행동할 수 있는 힘이 그런 믿음에서 나오기 때문이다. 우리는 믿는 바를 행동에 옮긴다. 누구나 자신의 믿음에 따라 행동한다. 그런 믿음이 인생이라는 연극의 각본가가 돼 우리 삶을 그려내는 셈이다.

그러니 이번 매매에서 손실이 날 가능성이 더 크다고 믿어라. 그러면 적절한 시점에 손절매를 통해 스스로를 보호할 수 있다. 이렇게 손실을 관리하면 침몰하는 배와 함께 가라앉지 않고 첫 번째 구명정을 잡아타고 살아날 가능성이 커진다.

또한 이런 부정적인 신념 체계는 한 번에 너무 많은 자금을 투입하지 않도록

도와준다. 매매 포지션의 규모가 너무 크거나 지분이나 계약의 수가 너무 많으면 사소한 손실로도 낭패를 볼 수 있다.

미래 결과에 대한 긍정적인 믿음은 과도한 위험을 감수하게 만든다. 승산이 별로 없는 게임을 시작할 때 지나친 위험을 감수하는 것은 완패로 가는 지름길임을 명심하라.

## 투기의 길로 들어서다

> 나는 너무 게을러서 일하기 싫고 너무 정직해서 도둑질을 못하기 때문에 로데오 기수가 됐다.
>
> -프레클스 브라운<sub>Freckles Brown'</sub> 로데오 황소 타기 세계 챔피언

내가 투기의 길로 처음 들어선 것은 7학년(중학교 1학년에 해당) 때였다. 이때 폴 하이랜드라는 친구가 동전 던지기 놀이, 즉 동전을 던져 한 명을 뽑는 게임으로 돈을 얼마나 많이 벌 수 있는지 알려줬다. 몬태나주 빌링스<sub>Billings</sub>에서 자랐다는 사실도 투기의 세계로 들어서게 된 일과 무관하지 않다. 그 출발점은 동전 던지기였다. 여기서는 분명히 돈을 좀 잃었지만, 미술 수업이나 축구 이외 영역에서 내가 새롭게 알아낸 부분이 있다면 그것은 동전으로 하는 게임을 통해 돈을 쉽게 벌 수 있는 방법이 꽤나 많다는 사실이었다.

투기에 관해 알아야 할 모든 사실은 중학교 때 배웠다고 생각한다. 폴 마컴과 버질 마컴이 한 팀이 돼서 내 돈을 따갔다는 사실을 알았다. 이 사실을 깨닫는 데 어느 정도 시간이 걸렸지만 말이다. 한 녀석은 동전을 던져 앞면이 오게 할 수 있었고 다른 녀석은 뒷면이 나오게 하니, 나는 도저히 이길 수가 없었다. 이렇게 두 사람이 짜고 내 돈을 따간 다음 둘이 돈을 나눠 가졌다. 시장 조작이 무엇인지를 이때 처음으로 배운 셈이었다.

억울했으나 경찰서나 기타 기관에 연락하지는 않았다. 그 대신 내 방식대로

문제를 해결하려고 했다. 나는 지금까지도 국가 기관을 별로 신뢰하지 않는다. 이런 기관은 불공정한 일을 바로잡으라고 존재하지만 그럴 때가 별로 없고, 바로잡더라도 한참 뒤에야 그렇게 한다.

잭 매커퍼티는 빌링스에서 가장 힘이 세고 싸움도 제일 잘하는 아이였다. 몬태나주 전체에서도 가장 센 소년이었다. 몬태나주에 카우보이나 건장한 석유 채굴 인부 혹은 광부가 얼마나 많은지를 생각하면 잭이 얼마나 대단한 아이였는지 짐작이 가리라 본다. 덩치 큰 사람이 팔을 때렸을 때는 팔이 좀 아픈 정도라면, 덩치가 크지도 않은 잭이 팔을 치면 뼛속까지 시렸다. 무서워서 잭 근처에 아무도 다가가지 못했다. 잭은 싸움질이 일상이 된 삶을 살더니 결국 경찰과 고속도로 추격전을 벌이던 끝에 사망했다는 소문이 돌았다. 그런데 사실은 바람둥이 잭이 그 경찰관의 아내와 데이트를 해온 사이였다는 것이 문제였다.

어쨌거나 동전 던지기를 하는 사내애들 대부분이 잭하고는 게임을 하려 하지 않았다. 보통은 잭이 게임에 졌을 때 상대에게 동전을 건네주지만, 만약에 잭이 돈을 주지 않겠다고 버티면 어떻게 하겠는가? 그 돈을 받아낼 방법이 있을까? 으름장을 놓으며 잭을 흠씬 두들겨 팰 수 있을까? 여기서 얻은 투기와 관련한 또 하나의 교훈이 있다. 파트너나 사업 동료를 고를 때는 신중하라.

수년 후에 리처드 울머<sub>Richard Ulmer</sub>가 개발한 소4 선물 매매 시스템으로 나는 5,000달러 계정을 4만 달러 이상으로 불렸다. 폭넓게 사용되는 스토캐스틱 지수<sub>Stochastic Index</sub>의 고안자라고 주장하는 조지 레인<sub>George Lane</sub>이 소유한 증권 회사에서 벌어진 일이었다. 사실을 말하자면 조지가 스토캐스틱을 고안한 것은 아니며, 나는 그의 회사 계좌에서 4만 달러를 회수하지도 못했다. 규제 당국이 조지의 증권 계좌를 폐쇄했는데 폐쇄 직전에 내 계좌에 든 돈을 다 인출해 가져갔기 때문이다!

잭한테 배운 또 한 가지는 강한 사람은 약한 사람을 배려하지 않는다는 사실이었다. 동전 던지기에서 졌으면 돈을 줘야 하는데 잭은 뻔뻔하게도 돈을 내놓지 않았다. 그동안 부당한 상황을 꾹꾹 참아왔는데 더는 안 되겠다 싶어 어느 날에는 있는 힘을 다해서 잭의 배를 때렸다. 깜짝 놀란 잭은 나를 바라보며 말했다. "너 뭐하는 거야? 너 하나쯤 당장이라도 박살을 낼 수 있다는 거 몰라?"

그래서 나는 이렇게 응수했다. "할 테면 해봐, 어디! 규칙을 어기는 것도 한두 번이지, 정말 질린다, 질려! 이제 더는 못 참아. 네가 내 몸의 뼈를 전부 부러뜨릴 수 있다는 거 잘 알지. 너는 그런 걸 즐기는 녀석이니까. 그러나 너하고 맞서 싸우는 이 기분과는 비교가 안 될걸?"

"됐다, 됐어. 알았다고." 잭은 이렇게 쏘아붙이고는 내게 줘야 할 돈을 건네주고는 그 자리에서 떠났다. 그 이후로 우리 둘은 친구가 됐지만, 동전 게임은 다시 하지 않았다.

몬태나주에 사는 사람은 열심히 일한다. 내 아버지도 유황 정제 공장에서 고약한 냄새를 맡아가면서 일주일에 40시간 이상을 일하며 누구 못지않게 열심히 살았다. 그런데도 그 정도로는 부족하다는 듯이 밤늦게까지 책을 읽고 전자 공학 공부까지 했다. 당연히 직장인 코노코<sub>Conoco: Continental Oil Company</sub>에서 아버지는 매우 귀한 대접을 받았다. 근면과 충성심을 근간으로 한 전략이 통했는지 아버지는 직장에서 승진했다.

아버지가 공장에서 일하는 이점 가운데 하나는 자녀가 대학생이라면 여름방학에 아르바이트를 할 수 있다는 점이었다. 그래서 나도 방학 때 그 공장에서 일했다. 그때 나는 여기 사람들처럼 일하고 싶지는 않다는 생각을 굳혔다.

이곳에 다니는 사람들은 긴 시간을 일했고, 교대 근무 시간대도 계속 바뀌곤 했다. 이번 주에 오후 3시 30분에 출근했으면 그다음 주에는 오후 11시 30분에 출근했고 또 그다음 주는 오후 3시 30분 혹은 오전 7시 30분 근무조로 투입되는 식이었다. 근무 일정을 굳이 왜 그렇게 짜야 하는지 이유를 알 수 없었고 그 흐름도 자연스럽지 않다는 느낌이 들었다. 뜨겁고 시끄럽고 악취로 가득한 정제 공장에서 오랜 시간 힘들여 일하는 것 자체가 무의미해보였다.

정제 공장에는 100만 개는 된다 싶을 만큼 각종 밸브가 엄청나게 많았는데 개폐 방식이 전부 동일하다는 사실은 나도 확실히 알고 있었다. 그런데 문제는 방식이 동일하다는 사실만 알았지 정확히 어떤 방식인지를 모른다는 사실이었다. 내 기술력이 한참 떨어진다는 의미인 데다 기계 장치에 관한 한 모르는 것이 없다시피 했던 내 아버지가 생각나서 몹시 의기소침해졌다. 고치지 못하는 기계가 하나도 없을 정도로 아버지는 정말로 재능이 뛰어난 사람이었다. 내가 심장 수술을 받게 된다면 의사보다 아버지에게 받고 싶을 정도였다.

아버지는 뭔가—집, 어머니가 사용할 수납장—를 만들기도 잘했고 고치기도 잘했다. 남에게 일을 시키고 수리비를 턱턱 낼 정도로 넉넉한 살림살이가 아니었다는 점도 한 가지 이유였을 것이다. 대체로 가난한 사람은 부자보다 이런저런 기술을 더 많이 익히는 법이다. 남을 부릴 돈이 없으니 말이다.

여하튼 이렇게 일이 서툴다 보니 공장 사람들은 나에게 종종 핀잔을 줬다. 할 일을 알아서 척척 해내고 어른들과도 잘 지내는 듯 보이는 내 형과 비교하면서 어쩌면 그렇게 일을 못하느냐며 나를 놀리곤 했다. 나는 원래 게으른 성향에다 혼자 있고 싶어 하는 마음이 컸고 뭘 해도 잘 해내지 못하니까 스스로 너무 부족한 사람이라고 느껴졌다. 내가 처음으로 자존감을 느낀 것은 스포츠를 통해서였다. 하지만 누군가에게 인정받는 그 기분은 경기를 하는 동안에만 느낄 수 있었다. 나는 잠에서 깬 후에도 침대에 그대로 누운 채 어떻게 하면 더 잘살 수 있을까를 궁리했다. 대저택을 소유한 큰 부자들은 대체 어떻게 성공했을지 궁금했다. 삶이 만족스럽지가 않았다. 탈출구가 필요했다.

돈벌이는 동전 던지기 게임보다 운전면허증을 위조하는 편이 훨씬 괜찮았다(가짜 운전면허증은 개당 5달러, 출생증명서는 개당 20달러를 받았다). 예술적 재능이 그리 뛰어나진 않았지만 이를 통해 돈을 꽤 벌 수 있었고, 덕분에 다른 일 없이도 먹고 지낼 만했다. 위험도 어느 정도 감수해야 했다. 평범한 사람이 할 수 없는 혹은 하지 않을 뭔가를 내가 하고 있다는 사실에서 나름의 자부심을 느꼈다. 아버지와 같은 단조로운 방식으로 자기 만족을 찾고 싶지는 않았다. 아버지는 규칙이란 규칙은 전부 지키며 그야말로 교과서 같은 삶을 살았다. 한 가지만 빼고.

사슴 사냥철이 오면 아버지는 그 '교과서'를 슬그머니 내려놓았다. 우리는 사슴과 영양, 엘크 등을 마구 잡아서 가족의 식량으로 삼았다. 우리는 사슴 사냥허가증 하나로 서너 번은 사용했다. 물론 이는 규칙 위반이었지만 살아남으려면 규칙이고 뭐고 없었다. 생존을 위해서라도 사람들은 위험을 감수해야 한다. 교과서처럼 사는 아버지도 예외가 아니었다. 사냥과 관련해 나는 어느 쪽을 좋아했을까? 허가받은 마릿수만큼 사슴을 사냥하는 것, 아니면 규칙 위반 사실을 들킬 위험을 감수하고 사슴이든 물고기든 양껏 잡는 것? 내가 어느 쪽을 더 좋아했는지 가끔 생각해봤다. 어느 쪽이든 나름의 전율이 느껴지는 일이었다. 투기자로서의 내 삶은 이렇게 시작됐다.

진정한 투기자는 전율이 느껴지는 상황을 너무 좋아한다. 그래서 지적 희열을 갈구하듯 전율할 대상을 찾아 헤맨다.

방과 후에 길모퉁이에서 신문을 팔거나 집집마다 돌아다니며 크리스마스 카드와 꽃씨를 팔아 용돈을 벌기 좋아했던 것도 아마 이런 이유에서였지 싶다. 매매에 성공할지 아닐지 알 길이 없다는 점이 위험 요소이기는 했지만, 일단 가서 사람들에게 팔 물건을 보이며 이야기를 나누는 행동만으로 꽤 짭짤한 수입을 올릴 수 있지 않겠는가!

힘들게 일하는 사람을 많이 봤기 때문에 나는 고된 일은 정말 하고 싶지 않았다. 앞서 보여준 로데오 기수의 말처럼 나 또한 '너무 게을러서 일을 못하고', '너무 정직해서 도둑질을 못하는' 사람으로 성장했다. 이런 성장 배경 때문에 고등학교를 졸업한 후에는 대학에 가거나 해군에 입대하는 일이 나로서는 당연한 진로로 여겨졌고 부모님도 내가 그 방향으로 가기를 바랐다. 부모님은 내게 좀 더 나은 삶을 살아야 한다고 늘 말씀하셨고 대학 진학은 그런 삶을 향한 필수

관문이라고도 했다.

1962년 어느 날 나는 어떤 사람에게 신문에 올라오는 '최고 인기주'가 무슨 뜻이냐고 물어봤다. "자 봐, 제너럴모터스 주식이 1.5포인트 상승했다고 나오잖아? 만약에 네가 어제 이 주식을 샀으면 오늘 바로 150달러를 번다는 의미지." 이 말에 나는 완전히 넋이 나갔다. 단 하루 만에 150달러라니!

세상에, 동전 던지기 게임과는 비교가 안 된다! 당시 150달러는 정제 공장 근로자가 받는 주급보다 많은 돈이었다. 이것이야말로 쉽게 큰돈을 버는 방법이다 싶었다. 그저 두 가지의 질문이 생겼다. 다른 사람들은 어떻게 저 일을 시작했을까? 나는 지금까지 어디서 무엇을 하고 있었나? 쉽게 큰돈을 버는 것이야말로 내게 딱 어울리는 일이라고 생각했다.

그래서 내 인생 최대의 도전 과제에 달려들었고, 결국 1962년 이후로 거의 하루도 빠지지 않고 이 일에 전념하는 삶을 살게 됐다. 실제로 1978년과 1982년에 미 상원의원에 출마했을 때를 제외하고는 시장을 떠난 적이 없다. 한시도 허투루 보내지 않았던 내 아버지도 흐뭇하게 생각할 만큼 나는 이 두 번의 외도 외에는 하루하루 열심히 '일'을 했다. 물론 정제 공장 아르바이트나 대학 재학 중 혹은 대학 졸업 후에 했던 일과는 전혀 달랐지만 말이다.

이런 경험을 바탕으로 나는 성공하는 투기자는 세 가지 동기 요인을 갖추고 있다고 생각한다. 돈을 많이 벌고 싶다는 강력한 욕구, 남보다 돋보이고 싶다는 강렬한 열망 그리고 현재 상황에 대한 내적 불만이다. 이런 심적인 불만은 투기자의 주요 자산이기도 하다. 대다수 사람은 균형 잡힌 삶을 추구하지만, 개인적으로 그런 삶이 정말로 가치 있는 삶이라 느낀 적은 없다. 균형 잡힌 삶을 사는 사람, 말하자면 지극히 평범한 사람이 대단한 성취를 이루는 경우는 없었다. 더 균형 있는 삶에 대해 생각해 볼 때가 간혹 있기는 하다. 그러나 그런 생각은 순식간에 사라지곤 한다. 이 내면의 불만감은 절대 사라지지 않을 테지만, 내 생활 방식이 시사하는 바가 있다면 그것은 이 불만이 거대한 풀무가 돼 투기자 마음속의 작은 불씨를 거대한 화염으로 키운다는 사실이다.

## 평생 직업과 인생 여정

만약에 시장 매매가 이 세상에 그리고 내 옛 여자 친구와 내 부모 형제, 심지어 내가 기억할 수 없는 누군가에게까지 내 가치를 증명해주는 일이라면, 아마 나는 투자 이익에 연연하지 않고서라도 기꺼이 이 일을 할 것이다. 내가 자아 중심적인 사람인지도 모르겠으나, 이는 말로만 떠벌인다는 의미가 아니고 실제로 나 자신이 온갖 고난을 극복할 능력이 있다는 점을 입증하고 싶다는 의미다.

내가 매매 일을 한다는 말은 탈출구를 찾았다는 사실을 세상에 알린다는 의미이기도 하다. 나는 이 책을 통해 내가 찾았던 탈출구를 여러분에게도 보여줄 생각이다. 지난 세월 동안 내가 무엇을 배웠는지, 시장이 어떻게 변화했는지, 계속해서 성공하는 트레이더로 남으려면 무엇을 어떻게 해야 하는지 등을 독자 여러분에게 알려줄 생각이다.

그 어느 때보다 근래 몇 년 동안 참 많은 것을 배웠다. 특히 시장 변화에 적응하는 법을 배웠다. 그러므로 여러분 또한 변치 않는 '단기 매매의 장기적 비밀' 뿐만이 아니라 변화에 대한 '적응의 기술'을 습득할 수 있으리라 기대한다.

내가 하는 말에 공감이 간다면 안전벨트를 단단히 매고 도전 가득한 인생의 여정을 시작해보자.

내 또래라면 지금쯤 70줄에 접어들 나이일 터다. 이 나이면 대다수가 은퇴한 이후일 테고 인터넷을 하거나 〈아메리칸 아이돌American Idol〉 같은 프로그램을 시청하면서 꾸벅꾸벅 조는 일상에 만족하며 지낼 것이다. 그러나 나는 지금도 여전히 시장 매매가 주는 전율을 느끼며 산다. 대개는 한 달에 1,000건 이상의 계약을 하면서 매매에 몰두하기 때문에 하루하루가 활력이 넘치고 늘 머리를 굴려 생각을 하게 된다. 더 자세히 알고 싶으면 내 웹 사이트(www.ireallytrade.com)를 방문하기 바란다.

시장은 나에게 늘 살아 있음을 느끼게 해준다. 시장과 늘 함께하는 지금의 삶보다 더 행운 가득한 삶이 또 어디 있을까 싶다.

아버지가 인생에 관해 알려준 가장 큰 가르침이 있다. "아들아, 뿌린 대로 거두는 게 인생이란다." 투기로 성공하고 싶으면 그 일에 열과 성을 다하라. 그렇게 하면 큰 보상이 따른다.

제 1 장

# 단기 혼돈 속에서 질서 찾기

long-term
secrets
to short-term
trading

●

매매로 이익이 나는 경우는 크게 두 가지다. 하나는 소규모 포지션인데 가격이 크게
오르는 경우고 또 하나는 가격이 소폭 상승하더라도 대규모 포지션을 유지하는 경우다.

−빌 미헌Bill Meehan

●

서문의 내용이 여러분의 투자 목적과 부합했는가? 그렇다면 이제 시장이 어떻게 작동하는지를 배울 차례다. 주식 및 상품 선물 매매라는 투기 행위가 모든 사람에게 적합한 방식은 아니다. 어떤 사람에게는 투기가 맞지 않을 수도 있다. 나조차도 가끔 투기가 정말 내게 맞는 방식인지를 궁금해 한다.

　이번 장의 내용이 초판과 비교해 거의 바뀌지 않았다는 점에서 다소 의외일 수 있다(초판은 1999년에, 2판은 2011년에 출판됐다―감수자 주). 이 장에서 말하는 개념은 10년 전이나 20년 전, 더 나아가 100년 전과도 거의 같다. 이것이 내가 하는 매매$_{trading}$(특히 단기 매매로 수익을 내는 일. 흔히 '트레이딩'―역주)의 기본 토대다. 나는 명확한 시장구조와 가격이 움직이는 방식이 분명히 존재한다고 본다. 일단 이것을 확인하고 나면 이런 구조나 가격 변동 방식은 과거의 장내 매매$_{pit trading}$든 현재의 전자$_{electronic trading}$든 동일하게 적용된다.

　가격 변동이라는 '언어'는 매일의 시가$_{opening}$, 고가$_{high}$, 저가$_{low}$, 종가$_{closing}$라는 '문자'에 기초하고 있다. 내가 여태 해온 일은 이 네 가지 상형문자를 해독해서 시장의 가격 변동을 더 잘 '읽을' 수 있게 하는 것이었다. 수메르인의 문자를 해독하려는 고고학자처럼 나는 시장에 대한 진실을 찾으려는 임무를 여전히 수행 중이다.

　초판 발행 이후 큰 변화가 있었다. 컴퓨터 덕분에 장내 매매가 전자 매매로 바뀐 것이다. 전자 매매 시장은 마감 후 몇 시간도 지나지 않아 세계 어딘가에서 다시 개장한다. 이 때문에 장내 매매가 공개 호가 시장$_{open outcry market}$에 주는 영향력이 사라졌다.

# 내가 시장을 배운 방법

트레이더로서의 내 인생은 오리건주 포틀랜드에서 메릴린치Merrill Lynch 소속의 브로커broker(위탁 매매 중개인)를 만나면서 시작됐다. 그는 우리가 손을 잡으면 돈을 벌 수 있으리라고 생각했다. 그의 선택과 판단은 절반만 맞았다. 의기투합하자마자 처음에는 행운이 따랐는데, 수수료 수입으로 큰돈을 번 그와 달리 나는 돈을 잃었다. 더구나 그 돈은 내 것이 아니었다. 만나 본 적도 없는 사람의 부탁을 받아 투자한 돈이었다. 결과적으로 이때 경험한 투자 실패가 내 인생을 바꿔 놓았으니, 이 실패는 단순한 행운 이상의 의미가 있었다고 하겠다.

이 일을 계기로 트레이딩에 대해 자세히 알고자 하는 의지가 생겼다. 쉽게 손실을 볼 수 있다면 반대로 쉽게 이익도 낼 수 있어야 한다. 그래야 이치에 맞지 않겠는가! 그 역시 브로커 일을 처음 해 보는 터라 전문적인 조언이나 제안은 거의 하지 않았고, 그저 우량주를 사서 장기 보유하자고 했다. 반면 나는 단기적 시장 변동을 포착해 큰 이익을 내고 싶었다. 그래서 나는 단기 트레이더가 되는 훈련을 시작했다.

매매 교육을 해줄 사람도, 달리 아는 멘토도 없었다. 의지할 것이라고는 책밖에 없었다. 그런 의미에서 이 책을 읽는 여러분의 심정이 충분히 이해가 간다. 책을 몇 권 읽으니 매매가 어렵지 않아 보였다. 나는 이 분야의 고전인 조셉 그랜빌Joseph Granville이 기술적 분석에 관해 쓴 책을 읽고 당일 시가, 고가, 저가, 종가 그리고 주시해야 할 기타 지표를 기록했다. 투자계의 전설이라 할 그랜빌의 책은 여전히 읽을 가치가 있다. 나는 어느새 시장에 완전히 빠져들었고, 밤에는 대여섯 시간, 주말에는 하루 종일 '월가를 이기는 방법'을 찾는 데 몰두했다. 그 결과 돈은 벌었지만 결혼 생활은 파탄 지경에 이르렀다.

내 첫 번째 아내인 엘리스는 남편을 시장에 빼앗긴 채 미망인과 다름없는 신세가 됐는데도 이런 내 생활 패턴을 지지해 줬다. 우리는 얼마 후 포틀랜드에서 캘리포니아주 몬테레이로 이주했다. 우리는 맞벌이 부부였고, 나는 법학 공부를 병행하고 있었다. 심지어 '베이비 바 시험<sub>baby bar exam</sub>(미국 캘리포니아주가 정식 로스쿨 출신이 아닌 사람을 대상으로 시행하는 예비 변호사 시험—역주)'에도 응시해 합격했다. 그러나 나는 변호사가 되고자 하지 않았다. 로펌에서 일한 후에는 그런 마음이 더욱 강해졌다. 내가 생각한 변호사는 곤경에 처한 사람들을 도와주는 사람이었다. 하지만 현실은 달랐다. 판결로 돈을 벌고, 사기꾼들을 찾아내고, 중범죄자의 이익을 대변해 주는 사람들이 변호사였다.

몬테레이에서 나처럼 차트를 활용하는 브로커를 두 명 만났다. 조 밀러<sub>Joe Miller</sub>와 돈 사우사드<sub>Don Southard</sub>였다. 나는 두 사람과 의견을 나눴고, 그들은 시장에 대해 알아낸 사실을 내게 가르쳐 줬다. 그랜빌이 주창한 '온 밸런스 볼륨<sub>OBV, on-balance volume</sub>(거래량 지표 중 하나. 주가 상승일(종가 기준)의 거래량을 더하고 주가 하락일의 거래량을 뺀 누적값이다—감수자 주)'의 열렬한 추종자였던 우리는 50여 개의 관심 종목을 대상으로 OBV 차트를 기록했다. 더불어 지금도 그렇지만 그 당시 거의 모든 책에서 지지했던 또 다른 분석 도구인 이동평균<sub>moving average</sub>도 기록했다.

전문 트레이더로서의 역량을 강화해 준 것은 길버트 할러<sub>Gilbert Haller</sub>가 쓴 책 《할러의 주식시장 추세 이론<sub>The Haller Theory of Stock Market Trends</sub>》을 통해서였다. 나는 이 책에서 주식과 투기에 관해 많이 배웠다. 이때 할러를 알게 됐는데 그가 내게 아낌없는 지지와 격려를 해준 것에 지금까지도 감사하다. 1963년 당시 할러가 주장하는 바의 핵심은 주가가 상승한 종목을 매수하는 것이었다. 이는 오늘날 '모멘텀 주<sub>momentum stock</sub>'를 겨냥하는 펀드가 사용하는 전략이기도 하다(이러한 전략을 흔히 모멘텀<sub>momentum strategy</sub> 또는 추세추종 전략<sub>trend following strategy</sub>이라고 한다—감수자 주). 할러는 무려 1964년에 이 방법으로 밥벌이를 한 것이다. 다만 할러의 생활 방식은 나와 맞지 않았다. 그는 벽돌 위에 낡은 문짝을 올려 책상으로 썼으며, 편지지 뒷면을 메모지로 사용했다. 잔돈도 허투루 쓰지 않는 아주 검소한 사람이었다.

마침내 나도 시장 작동 원리에 관한 이론을 구상하기 시작했다. 단기적으로 시장 가격은 '평균' 가격이라 칭하는 일종의 균형점을 중심으로 반등과 하락을 반복하며 상하로 움직였다. 나의 목표는 언제 가격이 저점을 찍는지 그리고 언제 다시 평균점으로 회귀하는지를 포착하는 것이었다. 그러려면 가격의 과도한 확장 상태를 포착해야 하고, 그다음에는 이런 가격 추세가 언제 끝났는지, 언제 평균점으로 회귀했는지를 암시하는 신호를 미리 파악하고 있어야 한다. 특별히 까다로워 보이지 않았기 때문에 이 모든 작동 원리를 설명해줄 그럴듯한 중요 이론이나 분석 도구가 분명히 있으리라는 확신이 들었다. 모든 시장의 가격 변동 방식에는 확실한 원칙이 있을 것이라 추정한 것이다.

내 추정은 틀리지 않았다. 시장이 움직이는 방식은 분명히 있었다. 좋은 소식은 주가가 A 지점에서 B 지점으로 움직이는 방식, 즉 주가 변동 방식에 관한 기본구조가 존재한다는 사실이다. 안 좋은 소식은 이 구조 자체가 매우 불명확하다는 점이다. 그럼에도 가격 변동에는 일정한 질서가 있는 듯했다. 외국어를 배우듯이 그런 가격 변동의 질서를 터득할 수 있을 것 같았다. 나는 시장이 전하는 '언어'의 기초를 이해하는 데 내 인생의 많은 부분을 바쳤다. 그렇게 터득한 비법을 여러분에게 전수할 수 있어 정말 행복하다.

# 시장을 차트로 나타내기

시장에 대한 연구를 시작했다면 여러분은 아마도 시장이란 곳이 차트 사용이 일반화된 일종의 시각적 세계라는 사실을 알았을 것이다. 그림 1.1에서 보는 바와 같이 일반적인 차트[우리나라에서는 양초 도표(캔들candle 차트)를 주로 사용하지만 미국이나 유럽에서는 전통적으로 막대 도표(바bar 차트)를 사용해왔다. 이 책의 시각 자료들 역시 그렇다—감수자 주]는 시가를 막대의 왼쪽에, 종가를 막대의 오른쪽에 짧은 수평선으로 표시한다. 막대의 최상단은 일중 최고가를, 최하단은 일중 최저가를 나타낸다.

추후에 다시 살펴보겠지만 시가는 일중 가격 중 가장 중요하다. 조 밀러와 돈 사우사드 그리고 1966년에 처음으로 협력 작업을 한 해군 대학원생 커트 후퍼Curt Hooper와 이 개념을 정립했다. 우리는 컴퓨터를 활용해 해답을 도출했다. 앞서도 언급했듯이 OBV에 깊은 인상을 받았지만 좀 더 신뢰할 만한 공식을 원했다. OBV를 샌프란시스코 출신인 우즈와 비그놀리아가 고안했다는 사실을 안 우리는 '우리도 이보다 좋은 도구를 만들어낼 수 있지 않을까' 하고 생각했다.

일일 주가 변동을 나타낸 가격 막대를 그려 넣다 보면 차트를 읽는 데 어려움이 생긴다. 자칭 '차티스트chartist(도표화된 자료를 이용해 주가의 과거 추이를 분석하고 미래 동향을 예측하는 작업을 수행하는 전문가—역주)'들은 오래전부터 이런 가격 흐름 그래프를 '읽어'왔다. 1980년대 초까지 이들은 직업도 없는 팔촌만큼이나 천덕꾸러기 같은 존재였다.

차티스트는 차트 모양을 깨알같이 주워 모아 일정한 패턴을 찾아낸 다음 그 형태에 따라 쐐기형, 머리어깨형, 페넌트형, 깃발형, 삼각형, 이중 바닥형(W자형), 이중 천장형(M자형), 1-2-3형 등으로 구분했다. 그들은 수요와 공급 간의 싸

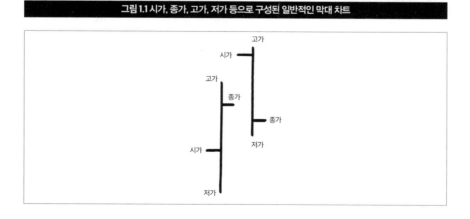

**그림 1.1 시가, 종가, 고가, 저가 등으로 구성된 일반적인 막대 차트**

움이 이런 패턴을 형성한다고 봤으며, 어떤 패턴은 매도 상황을 또 어떤 패턴은 전문적인 매집 상황을 나타낸다고 했다. 흥미롭기는 하지만 잘못된 방향이다. 수요와 공급과는 전혀 무관하게 이러한 패턴들이 발생할 수도 있기 때문이다 (우리는 일반적으로 저자와 같은 트레이더들이 차티스트나 기술적 분석가처럼 차트 패턴에 크게 의존할 거라고 생각한다. 그러나 저자는 시가, 고가, 저가, 종가 등 가격 그 자체를 가장 중요하게 생각한다―감수자 주).

그림 1.2는 은화를 150회 던져서 나온 결과를 기록한 차트로 삼겹살 가격 차트와 상당히 비슷하다. 그림 1.3은 일일 온도 차트일까 아니면 대두 가격 차트일

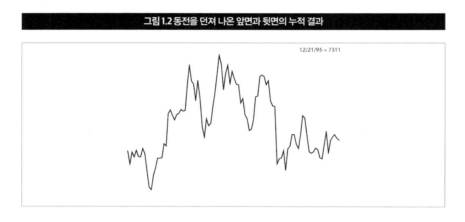

**그림 1.2 동전을 던져 나온 앞면과 뒷면의 누적 결과**

12/21/95 = 7311

**그림 1.3 주식? 아니다, 일일 온도 그래프다: 일중 고점, 저점, 종점**

02/06/98 = 50.40

7/21/97  8/11/97  9/2/97  9/22/97  10/13/97  11/3/97  11/24/97  12/15/97  1/5/98  1/26/98

까? 차트 패턴만 봐서는 온도 기록인지 대두 가격인지 알 수가 없다. 이를 통해 우리는 시장과 무관한 자료나 경제 관련 지표를 차트로 나타내더라도 마치 주식 및 상품 가격 차트와 비슷하게 보인다는 것을 확실히 알 수 있다. 매수자와 매도자의 행동이 반영된 것이라 받아들여지곤 하는 패턴들이 동일하게 나타난다는 것이다. 그러므로 차트 형태에 지혜가 담겨 있다고 착각하면 안 된다.

차티스트는 점괘판을 던져버리고 컴퓨터로 갈아타면서 '기술적 분석가'라는 어엿한 직업군으로 거듭났다. 분석 도구만 바꿨을 뿐인데 차티스트는 과학자처럼 신뢰받는 전문가가 되어 있었다. 실제로 수많은 책이 '○○에 관한 새로운 과학'이라거나 '○○에 관한 과학적 접근법'이라는 명칭을 달고 출간됐다. 그런데 이런 광기에 과학적 요소가 과연 존재하기는 할까?

나는 그렇게 생각하지 않는다.

가격은 월가의 호화로운 사무실 깊숙이 숨겨 놓은 신비한 마법의 북소리에 맞춰 춤추는 것이 아니다. 가격은 극소수의 산업 내부자만이 알아챌 수 있는 리듬에 맞춰 움직인다. 인간의 감정은 시황에 관한 뉴스나 브로커발發 비밀 정보의 영향을 크게 받기 때문에 가격은 들쭉날쭉하게 변하고 차트는 불규칙한 모양새를 띠게 된다.


# 비(非)무작위적 시장 속성


상품 가격은 술에 취한 선원처럼 어디로 가는지 또는 어디서 왔는지도 모르는 채 배회하듯 정처 없이 움직인다. 수학자라면 과거 가격 추이와 미래 추세 간에는 **상관관계가 없다**고 말할 것이다.

동료인 빅 니더호퍼Vic Niederhoffer는 자신의 대표작《투기자를 위한 교육The Education of a Speculator》과 자신의 '스펙-리스트Spec-List' 추종자들에게 쓰는 글에서 이에 관한 내용을 폭넓게 다룬 바 있다. 차트상에서의 가격 움직임에 관하여 그의 의견은 나와 다르지만, 나는 과거와 미래의 가격 사이에 상관관계가 어느 정도는 존재한다고 생각한다. 왜일까? 술에 취한 선원이 비틀거리며 거리를 배회하는 이런 마구잡이 행동에도 나름의 방식이 있기 때문이다. 어디론가 가려고 하는 이 사람의 행선지를 우리는 웬만하면 알아낼 수 있다. 다만 그러고자 한다면 이 마구잡이 행동부터 이해해야 한다.

가격 움직임에는 상당한 수준의 무작위성이 포함돼 있으나 이는 완전한 무작위 게임과는 거리가 멀다. 이 책의 초반부에 해당하는 지금 시점에서 시장 가격이 무작위적이지 않다는 점을 짚고 넘어가지 않는다면, 이 책의 나머지 부분에서는 그저 요행수나 바라며 '다트 던지는 방법'이나 가르쳐야 할 것이다. 다트라는 무작위 게임에서는 일반인이 다트 전문가보다 좋은 결과를 낼 수 있다(엄밀히 말하면 다트도 무작위 게임은 아니다. 당연히 훈련된 다트 전문가가 일반인보다 더 좋은 성적을 낸다. 다만 저자의 의도를 고려해서 시장 가격과는 반대로 다트는 완전히 무작위 게임이라고 생각하며 읽길 바란다—감수자 주).

동전을 100번 던지면 앞면이 50번, 뒷면이 50번 나온다는 전제에서 시작해보자. 동전을 던져 앞면이 나왔을 때 그다음에 다시 앞면이 나올 확률은 50%다. 뒷면이 나올 확률도 50%로 같다. 앞면이 두 번 연속으로 나오고 나서 다시 동전을 던졌을 때도 앞면 또는 뒷면이 나올 확률은 50%다. 과거 사건이 현재나 미래 사건에 영향을 미치지 않는다는 의미다. 동전이나 주사위, 룰렛 판에는 기억이 없다는 말을 한 번쯤 들어봤을 것이다. 즉 무작위 게임이므로 발생 확률이 고정돼 있다.

이런 무작위성이 시장에도 동일하게 적용된다면 종가가 상승으로 마감(시가보다 높은 가격으로 마감)할 확률은 50%일 것이다. 상승 마감 다음 날 다시 상승으로 마감할 확률도 50%이고 2일 연속 상승으로 마감한 날 다음 날에도 상승으로 마감할 확률은 50%다. 종가가 하락으로 마감(시가보다 낮은 가격으로 마감)하는

| 표 1.1 각종 상품들의 시가 대비 종가 | |
|---|---|
| 상품 | 종가가 시가를 상회하는 비율(%) |
| 돼지고기 | 51 |
| 면화 | 53 |
| 대두 | 51 |
| 밀 | 52 |
| 영국 파운드화 | 56 |
| 금 | 52 |
| 유로화 | 57 |
| 미국국채 | 52 |
| S&P500 | 53 |
| **상승 마감 평균 비율** | **53.2** |

경우에도 당연히 똑같은 논리가 적용된다. 하락 마감할 확률은 50%이고, 하락 마감한 날 다음 날에 하락 마감할 확률도 50%이며, 2일 연속으로 하락 마감한 날 다음 날에 하락 마감할 확률 또한 50%이다. 그러나 실전 매매의 세계는 이렇게만 움직이지 않는다. 요컨대 **가격 움직임은 완벽한 무작위가 아니다!**

표 1.1은 다양한 시장에서 종가가 상승으로 마감한 비율을 나타낸 것이다. 여기에 특별한 기준은 없다. 그저 컴퓨터로 하여금 장이 열리면 시가에 매수하고, 장 마감 시 종가에 매도하도록 한 것이다. 완벽히 무작위 게임이라면 확률이 50%여야 하는데, 이 수치에서 약간 빗나간 결과가 나왔다. 종가가 시가를 상회한 비율이 평균 53.2%였다. 무작위 논리대로라면 이렇게 나오면 안 된다.

'이렇게 나오면 안 된다'고 한다면(즉 무작위 논리대로라면), 하락으로 마감한 후 다음 날 시가에 매수했다면 결과는 어떻게 됐을까? 이론적으로는 표 1.1에서와 같은 결과가 나와야 할 것이다. 그런데 (이론에는 강하나 시장에는 약한 대학 교수나 학자들 관점에서 보자면) 문제는 실제 결과가 다르게 나온다는 데 있다. 표 1.2는 종가가 하락으로 마감한 날의 다음 날 종가가 상승으로 마감한 비율을 나타낸다.

트레이더에게는 크게 놀라운 소식이 아니다. 우리는 시장 하락 다음에는 반

| 상품 | 1회 하락 마감 후 매매 횟수 | 다음 날 상승 마감 비율(%) | 2회 하락 마감 후 매매 횟수 | 다음 날 상승 마감 비율(%) |
|---|---|---|---|---|
| 돼지고기 | 3,411 | 55 | 1,676 | 55 |
| 면화 | 1,414 | 53 | 666 | 55 |
| 대두 | 3,619 | 56 | 1,612 | 56 |
| 밀 | 3,643 | 53 | 1,797 | 55 |
| 영국 파운드화 | 2,672 | 57 | 1,254 | 56 |
| 금 | 2,903 | 58 | 1,315 | 55 |
| 유로화 | 1,598 | 59 | 708 | 56 |
| 미국국채 | 961 | 54 | 446 | 52 |
| S&P500 | 1,829 | 55 | 785 | 53 |
| 상승 마감 평균 비율 | | 55.8 | | 55.2 |

표1.2 상품: 1회 및 2회 하락 마감 후 종가가 상승 마감한 비율

등이 온다는 사실을 잘 알고 있기 때문이다. 과거에는 정확한 비율이 알려져 있지 않았다. 그리고 나는 이런 표를 매매에 활용할 생각이 없다. 핵심이 아니기 때문이다. 핵심은 상승으로 마감한 비율이 53.2%였으니 1회 하락 마감 후 상승으로 마감한 비율이나 2회 연속 하락 마감 후 상승으로 마감한 비율 역시 53.2% 였어야 한다는 데 있다. 그런데 현실은 달랐다. 여기서 우리가 알 수 있는 사실은 시장이 완벽하게 무작위로 움직이지는 않는다는 사실이다. 즉 특정한 패턴으로 시장 추세를 '예측'할 수 있다. 이제 우리는 다트 던지기와 같은 요행수 바라기에서 벗어나 분석을 계속할 수 있게 되었다.

1998년부터 2011년 중반까지에 해당하는 기간의 닥스 지수_Dax index(독일 프랑크푸르트 증권거래소에 상장된 주식 중 30개 기업을 대상으로 구성된 주가 지수—역주)의 업데이트본을 살펴보자. 종가가 하락 마감할 때마다 다음 날 시가에 주식을 매수하고 장 마감 시 주식을 매도한다고 하자. 1,591회 매매에서 이익을 내는 확률이 52%이지만, 손실 규모는 무려 6만 558달러에 달한다. 2회 연속으로 하락 마감한 날 다음 날 매매하는 경우 724회 매매에서 이익을 낼 확률은 52.2%이고, 여기서도 손실이 발생하기는 하지만 이때 손실액은 1,568달러에 불과하다.

3회 연속 하락으로 마감할 때까지 기다릴 인내심이 있다면 총 334회 매매에

서 55% 승률로 무려 2만 5,295달러의 이익을 볼 수 있다. 이보다 더 나은 성과를 바란다고? 닥스 지수 기준으로 주가 상승이 더 많이 일어나는 요일이 있다. 3회 연속으로 종가가 하락으로 마감한 날의 다음 날이 화요일, 목요일, 금요일일 때만 매수하자. 그러면 훨씬 나은 결과가 나온다. 204회 매매에서 이익을 낼 확률은 58%이고 순이익 규모는 4만 4,795달러나 된다.

몇 년 후에도 그리고 이 책을 처음 쓸 당시에는 활성화되지 않았던 다른 시장에서도 가격 움직임에 관한 이 원칙은 동일하게 적용된다.

## 시장 가격 구조에 대한 이해

차티스트들은 시장 가격의 사소한 흔들림에도 패턴명을 붙이는데, 나는 이들이 시장의 핵심을 놓쳤다고 생각한다. 가격은 (일반적인 일봉 차트를 기준으로 했을 때) 상당히 뚜렷하면서도 놀라울 정도로 기계적인 방식으로 움직이기 때문이다. 이는 새로운 외국어를 배우는 상황과 비슷하다. 일단 알파벳 하나하나를 이해해야 단어를 읽을 수 있고, 단어를 알아야 문장과 전체 이야기를 읽을 수 있다.

배워야 할 첫 번째 '알파벳'은 어떤 시장 활동이 단기 고점이나 저점을 형성하는지를 알려준다. 이런 기초적 사실을 알고 나면 시장구조가 이해되기 시작할 것이다.

나는 간단한 공식으로 단기 시장 저점short-term market low을 정의할 수 있다. 어느 날의 일일 저점의 양쪽에 이보다 높은 일일 저점이 있을 때, 이 저점이 단기 저점이 된다. 단기 저점 형성일에 가격이 저가까지 하락했다가 다음 날 신저가 형성에 실패하고 상방으로 추세가 전환되면 단기 저점이 형성되는 것이다.

단기 시장 고점short-term market high은 정반대다. 고점을 중심으로 양편에 이보다 낮은 고점이 포진해 있다. 가격이 상승하며 일중 최고가를 찍고 난 후 반대로 하

그림 1.4 영국 파운드화 가격(일봉 차트)의 단기 고점 및 저점

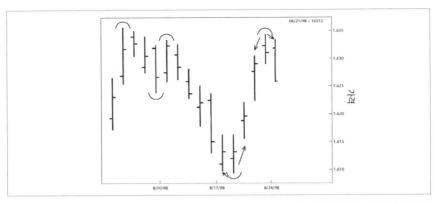

제공: 내비게이터(제네시스 파이낸셜 데이터 서비스)

락하기 시작하는 과정에서 단기 고점이 형성된다.

나는 처음에 이런 단기 고점 및 저점을 '환형$_{ringed}$' 고점 및 저점으로 명명했다. 여기에는 1930년대에 헨리 윌러 체이스$_{Henry\ Wheeler\ Chase}$가 이룩한 성과에 대한 경의가 담겨 있다. 컴퓨터 없이 노트에 가격을 기록하던 시절 우리는 이 변곡점들을 더 쉽게 알아보고자 단기 고점 및 저점들을 환형으로 에워싸서 표기했던 것이다.

그림 1.4는 몇몇 단기 고점 및 저점을 나타낸다. 조금만 시간을 들여서 이런 패턴이 무엇을 의미하는지를 관찰해보라.

이 개념을 이해했다면 이제 이런 요소들을 유의미하게 조합하는 단계로 들어갈 차례다. 단기 고점에서 단기 저점을 형성하는 순서로 시장 흐름이 전개된다는 점을 이미 알아챘을지도 모르겠다. 이는 상당히 흥미로운 부분이다. 실제로 우리는 기계적이고 자동적인 방식으로 시장의 움직임을 측정할 수 있다. 차티스트들이 하는 복잡한 말도, 그들의 허구 세계에 빠져들 필요도 없다.

매매일의 유형들 중 두 가지를 소개할 텐데, 기본 정의부터 다소 혼란스러울 수 있으니 잘 따라오시라. 첫째로 '인사이드 데이$_{inside\ day}$'라고 하는 **포아형(잉태**

형) **매매일**이 있다. 장중 내내 전날의 가격 변동폭$_{range}$ 내에서 모든 매매가 이뤄지기 때문에 이 같은 명칭이 붙었다. 포아형 매매일에는 전일 고가보다 낮은 고가 그리고 전일 저가보다 높은 저가가 형성된다. 9개의 주요 상품을 대상으로 총 5만 692회의 매매 건을 조사한 결과 이 중 3,892건이 포아형이었고, 이는 전체의 약 7.6%에 해당하는 수준이었다.

우리의 목적은 단기 주가의 변곡점을 포착하는 것이므로 포아형 매매일과 이날 생기는 고가 및 저가는 고려할 필요가 없다(포아형 매매일의 저가는 전날의 저가보다 높으므로 단기 저점이 될 수 없고, 고가는 전날의 고가보다 낮으므로 단기 고점이 될 수 없다—감수자 주). 포아형 매매일은 시장이 혼조세에 돌입해서 현 주가의 변동세가 더 진행되지도, 그렇다고 추세가 반전되지도 않았다는 의미다. 그러므로 이 상황이 해소될 때까지는 계속 기다려야 하고, 주가 변곡점을 확인하는 과정에서 이 포아형을 활용해서는 안 된다.

둘째로 '아웃사이드 데이$_{outside\ day}$', 즉 **장악형 매매일**이 있다. 장악형 매매일은 고가가 전일 고가보다 높고 저가는 전일 저가보다 낮기 때문에 확인하기 쉽다! 장악형 매매일이 나타나면 당일 시가에서 종가까지 가격이 어떻게 변화하는지를 잘 살펴봐야 한다. 앞서 언급한 5만 692회의 매매에서 장악형은 3,487회로 나타났다. 포아형보다는 빈도수가 낮지만 그래도 그 비율이 전체의 7%는 됐다.

지금까지 배운 것을 머릿속에 담은 채 그림 1.5를 살펴보자. 우리는 지금 트레이더로서 단기 가격 변곡점을 포착하려 한다는 점을 기억하라.

지금쯤이면 기초 개념에 대한 이해가 끝났을 것이고 가격이 어떻게 오르내리는지도 보일 것이다. 그림 1.6은 이런 가격 변곡점을 표시하고 끝점들을 직선으로 이어 가격 등락 패턴을 나타낸 것이다.

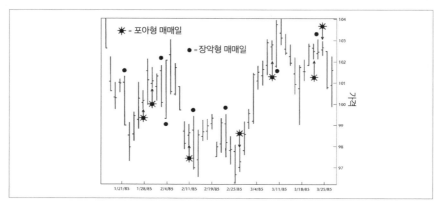

그림 1.5 삼겹살 가격(일봉 차트)의 포아형 매매일과 장악형 매매일

제공: 내비게이터(제네시스 파이낸셜 데이터 서비스)

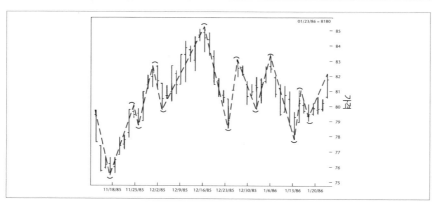

그림 1.6 삼겹살 가격(일봉 차트)의 단기 가격 변곡점과 가격 등락 패턴

제공: 내비게이터(제네시스 파이낸셜 데이터 서비스)

## 중기 고점 및 저점에 대한 정의

이제부터가 정말 재미있다! 당일 고가보다 낮은 고가가 양편에 포진한 날(포아형 패턴은 고려할 필요가 없음)을 단기 고점short-term high이라고 했듯이, **어떤 단기 고점 양편에 이보다 낮은 단기 고점이 포진해 있을 때 이를 중기 고점intermediate-term high이라고 할 수 있다.** 자, 내친김에 좀 더 가볼 테니 안전벨트를 단단히 매라. 어떤 중기 고점

그림 1.7 변곡점들을 차트에 표시하여 혼돈 속에서 질서 찾기

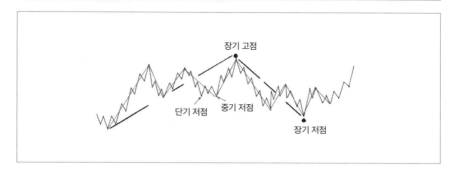

양편에 이보다 낮은 중기 고점이 형성돼 있으면 이를 장기 고점long-term high으로 볼 수 있다.

우리는 단 한 문단으로 단기, 중기 그리고 장기의 세 가지 주요 시장 가격 고점을 정의했다. 시장 저점 확인도 같은 방식으로 이뤄진다. 우선 당일 저가보다 높은 저가가 양옆에 포진한 날을 찾아보라. 이날이 바로 단기 저점short-term low이다. 단기 저점 양옆에 이보다 높은 단기 저점이 형성돼 있으면 이 단기 저점을 중기 저점intermediate-term low으로 본다. 장기 저점을 찾아내는 일도 마찬가지로 간단하다. 중기 저점 양편에 이보다 높은 중기 저점이 형성돼 있으면 이를 장기 저점long-term low으로 본다.

이제 이 모든 가격 변곡점이 전체적으로 어떤 패턴을 그려내는지 살펴볼 차례다. 그림 1.7은 모든 단기 변곡점을 표시한 그림이다. 그다음 중기 변곡점을 찾아내고, 마지막으로 장기 변곡점을 찾아 표시했다.

이 차트가 모든 변곡점을 간명하게 보여준다. 그림 1.7을 보면 시장 가격 구조가 금방 이해될 것이다. 우리는 이런 방식으로 혼돈 속에서 질서를 찾을 수 있다.

이런 사실을 염두에 두고 나는 견본 차트 수준에서 한 단계 더 나아가 스위스 프랑과 커피 선물을 대상으로 한 실제 가격 차트(그림 1.8과 1.9 참고)로 넘어갔다.

그림 1.8 스위스 프랑(일봉)의 가격 변곡점

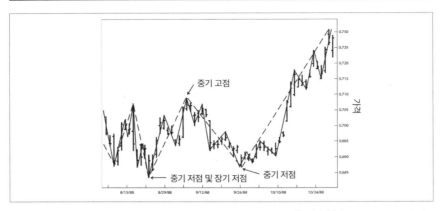

제공: 내비게이터(제네시스 파이낸셜 데이터 서비스)

그림 1.9 커피(일봉)의 가격 변곡점

제공: 내비게이터(제네시스 파이낸셜 데이터 서비스)

　　첫 단계는 모든 가격의 등락을 표시하는 일이었다. 그다음에는 단기 변곡점들을 찾아 표시했다. 그리고 나서 중기 변곡점들을 찾아낸 다음 마지막으로 장기 변곡점까지 확인했다. 말로만 들으면 아주 간단하고 수월해보이지만 차트에 대한 학습이 제대로 이뤄지지 않았다면 다음과 같이 변곡점을 찾아내기가 쉽지 않을 것이다. 그러니 일단 공부부터 하라.

## 가격 변곡점이 중요한 이유

자신이 찾아낼 수 있는 시장 가격 구조의 기초, 즉 변곡점을 이해하면 시장을 읽을 수 있다. 전일 저가보다 낮은 저가가 형성되고 당일 고가를 돌파하는 가격 상승이 추후에 발생한다면, 이때 단기 저점이 형성됐다고 볼 수 있다. 이 돌파의 속성상 단기 하락 변동 추세는 이렇게 끝났다고 봐야 한다. 이와 똑같은 논리로 전일 고가를 상회하는 고가를 기록한 날의 당일 저가를 하향 돌파하는 가격 하락이 추후에 발생한다면, 이때 단기 고점이 형성됐다고 볼 수 있다. 이는 개장 시간 동안 이런 가격 변곡점이 '언제 확정되는지established'를 우리가 충분히 알 수 있다는 의미다(한 가격점이 '변곡점'인지의 여부는 변곡점의 정의상 사후에 결정될 수밖에 없다. 따라서 변곡점이 '언제 확정되는지'의 여부가 시장을 파악하는 데 중요하다- 감수자 주).

단기 트레이더로서 우리는 중기 고점 및 저점이 언제 형성되는지도 알 수 있다. 어떻게 아느냐고? 간단하다. 단기 고점들의 형태로부터 중기 고점을 확인하고, 마찬가지 방법으로 장기 고점까지 확인할 수 있다. 그렇다면 최적의 전환점에서 시장에 진입하는 것도 어려운 일이 아니다.

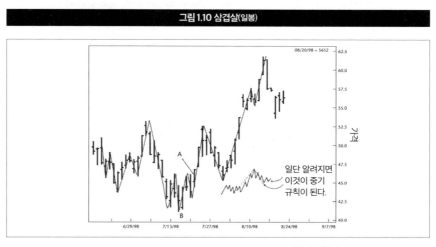

**그림 1.10 삼겹살(일봉)**

제공: 내비게이터(제네시스 파이낸셜 데이터 서비스)

그림 1.10은 이 모든 가격 변곡점을 한꺼번에 보여준다. 어느 날(A) 전일의 고가를 상회하는 수준으로 가격이 상승하면서 이전 단기 저점(B)보다 높은 지점에서 새로 단기 저점이 형성됐다. (B)로 표시된 저점은 중기 저점으로, 장기적 가격 상승세의 초입에서 매수를 노려볼 만하다는 의미다.

각각의 변곡점이 전체 그림을 구성하는 조각이 돼 적재적소에 배치되면 시장 가격의 구조를 이해할 수 있게 된다. 이를 통해 시기와 시장을 막론하고 (가격 구조를 기준으로 한) 추세가 상승세인지 하락세인지를 확인할 수 있다는 점과 시장에 진입하거나 청산하는 시점을 결정할 수 있다는 점은 상당히 매력적이다.

꽤 오랫동안 나는 매수 및 매도 시에 이런 변곡점들의 형태만을 이용하여 쏠쏠한 이익을 챙겼다. 가격 변곡점은 지금껏 내가 찾아낸 지지와 저항의 유일한 유효 지표다. 이는 매우 중요한 기준점이고 이런 가격 지점의 이탈은 추세 및 추세 변동에 관한 중요한 정보를 제공한다. 따라서 이를 손절매stop loss을 통한 자금 보존 및 시장 진입 기법으로 활용할 수 있다.

## 시장 가격 구조는 절대로 변하지 않는다

시장 가격은 한 지점에서 다른 지점으로 항상 움직이기 때문에 가격 변곡점을 확인할 수 있다. 이런 가격 변곡점을 바탕으로 모든 시장 가격의 움직임을 기계적으로 정량화하고 정의할 수도 있다. 가격 변곡점으로 우리는 ① 시장 추세, ② 추세 변동 시점을 포착할 수 있다. 이런 시장 가격 구조는 가격 동향을 비교적 명확히 드러낸다.

구체적으로 시장 가격 구조는 다음과 같이 작동한다. 시장 가격은 주기를 타고 움직이며, 등락을 거듭하거나 특정한 방향으로의 흐름이 가속화되기도 한다. 나는 여러분에게 거의 모든 가격의 변곡점을 확인하는 방법을 알려줄 것이다. 더불어 변곡점이 언제 매수 및 매도 신호를 제시하는지도 설명할 것이다. 이를 염두에 두고 시장 가격 변동에 대해 기초부터 시작해보자.

매우 단순한 규칙 하나만으로도 거의 모든 단기 고점과 저점을 확인할 수 있다. 그 규칙은 아래와 같다.

> 양편 저점보다 저점이 낮게 형성된 '날'(혹은 다른 시간 기준을 사용한다면 해당 시간 기준의 '봉') 시장에 단기 저점이 형성됐다고 본다. 같은 맥락에서 양편 고점보다 높은 고점이 형성된 '날'(혹은 '봉') 단기 고점이 형성된다.

간단하지 않은가? 이런 가격 변곡점에는 시장 가격 구조에 관한 유용한 정보가 많이 담겨 있다. 다음 단계로 나아가기 전에 여러분이 이런 기초 개념을 제대로 이해했는지 확인해야 할 듯싶다. 차트상에서 이런 지점을 어떻게 확인하는지 알 수 있도록 그림 1.11에 단기 가격 변곡점들을 표시했다(여기서는 오스트레일리아 시장 기업의 차트를 활용한다. 시장 가격 구조는 장소와 시간에 구애받지 않고 항상 작동하므로 어느 국가의 시장인지 혹은 어느 시간 기준인지는 중요하지 않다).

여기서 모든 것이 시작된다. 가격은 등락을 거듭하는 식으로 혹은 한 방향으로 급속 질주한다는 점을 알아야 한다. 어느 날에 전일의 고점은 상향 돌파하지 못하고 전일 저점은 하향 돌파하는 상황일 때 우리는 상승 추세가 멈췄다고 말

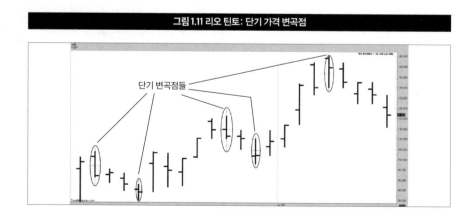

**그림 1.11 리오 틴토: 단기 가격 변곡점**

단기 변곡점들

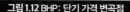

그림 1.12 BHP: 단기 가격 변곡점

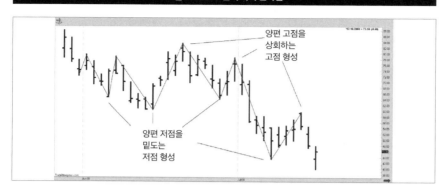

양편 고점을
상회하는
고점 형성

양편 저점을
밑도는
저점 형성

그림 1.13 BHP: 단기 고점 및 저점 형성 과정

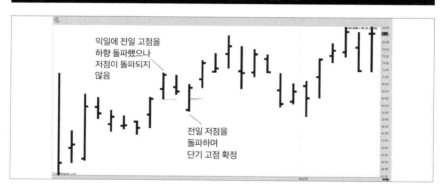

익일에 전일 고점을
하향 돌파했으나
저점이 돌파되지
않음

전일 저점을
돌파하며
단기 고점 확정

한다. 가격 움직임만 봐도 변동 추세가 드러난다.

일단 이런 사실을 이해하고 나면 그림 1.12에서 보는 바와 같이 가격 변곡점을 하나로 잇는 단순한 방법만으로 시장 가격 구조의 기초를 다지는 작업에 돌입할 수 있다.

이런 단기 고점 및 저점의 형성 과정을 이해해야만 단기 고점이나 저점이 언제 확정되는지 그 시점을 정확히 알 수 있다.

단기 고점의 경우 고점 후보일의 저가가 하향 돌파되는 바로 그 순간에 단기 고점임을 확정할 수 있다. 이는 고가가 낮아졌을 뿐만 아니라 단기 고점일의 저가까지 하향 돌파됐다는 의미다. 그림 1.13이 이를 보여준다. 그림 하나가 천마

그림 1.14 BHP: 표시된 단기 저점 후보일의 고가가 상향 돌파되지 않음—단기 저점이 아님

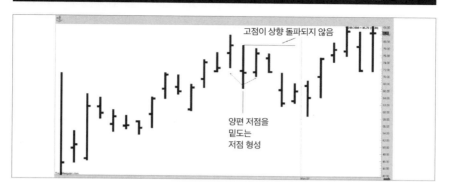

고점이 상향 돌파되지 않음

양편 저점을
밑도는
저점 형성

그림 1.15 단기 고점과 저점 연결하기

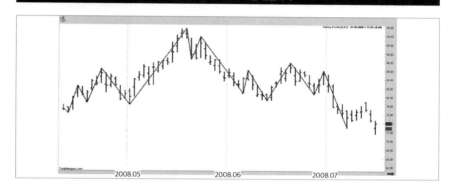

2008.05          2008.06          2008.07

디 말보다 더 가치가 있다.

마찬가지로 단기 저점의 경우 저점 후보일의 고가가 상향 돌파되는 바로 그 순간 단기 저점으로 확정됐음을 판단할 수 있다. 요컨대 단기 저점 후보일 이후 고가의 상향 돌파가 이뤄지지 않으면 단기 저점으로 볼 수 없다(그림 1.14). 이는 단기 저점일의 저가보다 높은 저가가 형성됐을 뿐만 아니라 단기 저점일의 고가까지 상향 돌파됐다는 의미다.

요약하면 이렇다. **하락 추세 중에 가격이 상승하면서 단기 저점일의 고가를 상회하는 날이 발생하면 단기 하락세가 끝났다고 본다. 반면 상승 추세 중에 단기 고점일의 저가가 하향 돌파되는 날이 발생하면 단기 상승 추세가 끝났다고 본다.**

그림 1.16 BHP: 중기 가격 변곡점

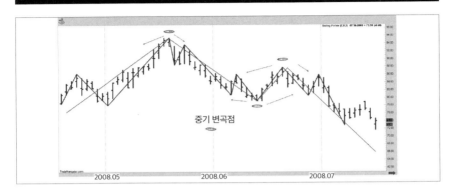

그림 1.15는 이 같은 추세 변곡점의 형성 과정을 다시 확인해준다.

여러분은 시장에서 나타난 모든 단기 변곡점을 정확히 포착하는 방법을 배웠다. 그러나 여기서 확인할 수 있는 또 다른 정보가 있지 않을까? 물론 있다. 양편에 더 낮은 저점이 포진해 있을 때 단기 고점이 형성된 것으로 본다면 다음과 같이 말할 수도 있기 때문이다.

- 양편에 포진한 단기 고점보다 더 높은 고점이 형성돼 있으면 이를 중기 고점으로 본다.
- 양편에 포진한 단기 저점보다 더 낮은 저점이 형성돼 있으면 이를 중기 저점으로 본다.

이 단순한 정의를 염두에 두고 내가 동일한 차트상에 중기 가격 변곡점을 표시해놓았다. 그림 1.16을 보라. 우리가 아주 놀라운 일을 해냈다고 자부할 수 있다.

계산기와 컴퓨터 혹은 수학 공식 같은 도구를 사용하지 않고도 단기 및 중기 시장 추세를 알아낼 수 있었다. 이런 시장 가격 구조를 통해 **모든 시장의 진짜 추세**를 규정할 수 있다. 대부분의 트레이더는 2008년 7월까지의 시장을 횡보장으로, 즉 뚜렷한 추세가 없다고 판단할 것이다. 그러나 우리가 파악한 시장 가격 구조상 6월 중순에 중기 고점이 형성됐음이 분명해보였다. 이전 중기 고점(5월 중순)을 밑도는 고점이 형성됐다는 의미다. 이는 주가가 하락세이고 따라서 공매도 시점일 수 있다는 신호였다.

정확한 시장 진입 시점을 포착하는 단계에 들어가기에 앞서 한 단계를 더 짚고 넘어가고 싶다. 단기 고점을 중기 고점을 포착하는 데 활용할 수 있다면 중기 고점 및 저점을 장기 고점 및 저점을 확인하는 데 활용할 수도 있지 않을까?

- 시장 가격 구조에 대한 이해 덕분에 우리는 양편에 포진한 중기 고점보다 더 높은 고점이 형성돼 있으면 이를 장기 고점으로 정의할 수 있다.
- 시장 가격 구조에 대한 이해 덕분에 우리는 양편에 포진한 중기 저점보다 더 낮은 저점이 형성돼 있으면 이를 장기 저점으로 정의할 수 있다.

그림 1.17에서 우리가 무엇을 했는지 살펴보라. 시장에 나타난 모든 단기 가격 변곡점을 확인할 수 있었다. 단기 변곡점을 이용해 중기 변곡점을 확인할 수 있고, 마찬가지 방법으로 장기 변곡점도 규정할 수 있다.

이와 같은 개별 가격 변곡점으로 할 수 있는 일이 매우 많지만, 이런 개념의 기초를 이해하고 가급적 단순하게 이용하는 것이 좋겠다. 시작하기에 가장 수월하고 또 수익성이 가장 높은 매매는 '중기 시장 추세'를 기반으로 한다. 이런 조건에서 확실히 더 많은 이익 기회가 생긴다. 그러나 이런 기회가 날마다 나타나지는 않는다. 이는 하루에 10차례 혹은 일주일에 10차례 매매에 나서고 싶어 하는 사람들에게는 실망스러운 대목이다. 그런데 나는 이런 식으로 일하지 않

그림 1.17 BHP: 단기, 중기, 장기 가격 변곡점

단기 가격 변곡점에서
중기 변곡점으로, 다시
장기 변곡점으로

았고 내가 원하는 방식도 아니다. 돈을 벌려면 자신에게 유리한 조건에서 주사위를 던져야 하고 주사위를 던지는 횟수도 되도록 줄여야 한다. 매매 횟수가 늘어날수록 매매를 망칠 기회가 그만큼 늘어난다. 다시 말해 결정을 많이 할수록 잘못된 결정을 내릴 가능성이 더 크다.

# 공매도 패턴

이상적인 **공매도 패턴**부터 시작해보자. 우선은 이전 중기 고점보다 낮은 지점에 형성된 중기 고점부터 찾으려 할 것이다. 확실히 이 패턴은 시장 추세가 하락하고 있음을 나타낸다. 우리가 이해한 시장 가격 구조상 이전 중기 고점을 밑도는 고점이 형성되고 이런 추세를 장기적으로 이끌어갈 동력이 뒷받침돼야 공매도 패턴 형성을 기대할 수 있다.

이와 반대로 이상적인 **매수 패턴**은 가장 최근의 중기 저점을 상회하는 수준에서 중기 저점이 형성될 때 나타나며, 이것은 중기 상승 추세를 암시하는 신호다.

결국 중요한 것은 가격 변곡점이다. 현 시장 변곡점 가운데 어느 쪽의 힘이 더 강한가? 더 강한 가격 변곡점을 찾아라. 그러면 현 시장 추세를 가늠할 수 있다. 이와 같은 공매도 패턴과 매수 패턴은 중기 시장 추세의 힘을 이용할 수 있게 해주므로 최적의 매매 접근법이다.

이제 매수 신호가 실제로 어떤 모습일지 살펴보도록 하자. 그러면 위의 설명이 더 와닿을 것이다. 그림 1.18에서는 매매 개시가(시가), 장중 최고가와 최저가, 장 마감가(종가) 등을 반영한 가격 봉이 나타난다(이 가격 봉은 5분봉일 수도 있고 일봉이나 월봉, 주봉 등일 수도 있음을 명심하라. 봉 유형에 관계없이 동일한 규칙이 적용된다).

시장 가격 구조를 이해하면 비에이치피BHP(세계 최대 광산 업체—역주) 가격 차트에서 상승 흐름이 드러난다. 우리는 이제 이 사실을 잘 안다. 3월 중순의 이전 저

그림 1.18 BHP: 시장 가격 구조로 상승 추세를 확인할 수 있다

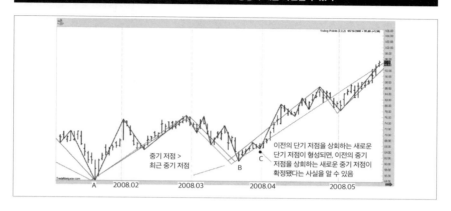

점(B)을 상회하는 수준의 단기 저점(C)이 3월 말에 나타나면서, 그보다 앞선 3월 중순의 단기 저점(B)이 중기 저점으로 확정됐다. 이는 상승 추세를 의미하며 매수 신호로 해석될 수도 있다. 즉 단기 저점 후보일(C)의 고가가 다음 날 상향 돌파되어 단기 저점임이 확정되면, 이전의 중기 저점(A)을 상회하는 새로운 중기 저점(B)이 확정된다. 이렇게 상승 추세가 드러났으므로 이 단기 저점일(C)의 고가가 정확한 시장 진입 가격이 된다. 이 차트에서는 4월 1일에 형성된 66.80이 바로 그 시장 진입가였다.

이런 매매 신호가 매일 나타나지는 않는다는 점에 유의하라. 트레이더는 이 특정한 시장 진입가가 형성될 때까지 기다릴 수 있는 인내심을 가져야 한다. 보는 바와 같이 기다릴 만한 가치가 충분히 있다. 이런 인내심이 있으면 복수의 주식 종목과 상품을 주시하면서 중기 고점 및 저점 형성을 토대로 최적의 매매 기회를 포착할 수도 있다.

그렇다. 이제 우리는 매수 포지션으로 시장에 진입했다. 다음 문제는 최적의 청산 시점을 찾는 일이다. 이번 매매에서 목표 지점을 설정할 수 있을까? 혹은 추적 손절매<sub>trailing stop</sub>(가격 변동 추세에 맞춰 지정가를 점진적으로 조정하는 '추격역지정가' 주문으로서 가격 변동 추이를 계속 감지하다가 미리 설정한 고점 대비 일정 비율까지

가격이 내려가면 자동으로 매도 주문을 하는 기능-역주) 기준을 어떻게 정해야 할까?

# 목표 지점과 추적 손절매

시장 가격이 목표 지점에 항상 도달하는 것은 아니다. 추적 손절매를 알아야 하는 이유가 여기에 있다.

목표 가격price target은 다양한 방식으로 규정할 수 있다. 피보나치 비율이 그런 도구로써 가치가 있고 실제로도 유효하다고 생각하는 사람이 꽤 있다. 그러나 나는 그렇게 보지 않는다. 이 문제에 관해 심도 있는 연구 프로젝트를 몇 차례 진행했음에도 그런 도구가 유효했는지 확신할 수 없었다. 피보나치 비율의 유효성을 뒷받침하는 연구도 딱히 없었던 듯하다. 이에 관해서는 각자 알아서 판단할 일이다. 이 또한 개인적인 의견이다.

**내가 확인한 바에 따르면 최근의 중기 고점에서 중기 저점으로 조정될 때의 하락폭과 그 중기 고점의 가격을 돌파한 후 신고가까지 상승할 때의 상승폭이 동일하게 형성되는 강한 경향성이 있다.** 다시 말해 중기 고점에서 중기 저점까지의 수직 거리를 측정한 다음 그 값을 중기 고점에 더하라. 이 값이 바로 목표가 혹은 상승 잠재력upside potential이다.

개인적으로 나는 '타깃 슈터Target Shooter'(제네시스 소프트웨어 기반)만 사용한다. 앞서 본 같은 차트에 목표가를 표시하였다(그림 1.19).

우리에게 남은 일은, 이전 중기 고점을 넘어서지 못하는 경우 매매 실익이 없다는 판단 아래 사용할 일종의 보호적 손절 도구를 마련하는 일뿐이다. 매매는 권투와 같다. '나와서 싸우되 항상 자신을 보호하라.' 심판이 존재하지 않는 싸움에서는 손절매 및 추적 손절매 같은 보호 장치가 필요하다(추적 손절매는 가격 변동에 맞춰 손절매 가격을 조정하는 것이다. 매수 포지션일 경우 자산 가격이 상승하면 그

그림 1.19 BHP 중기 목표가 설정

목표가

그림 1.20 BHP: 저점이 추적 손절매 지점이 된다

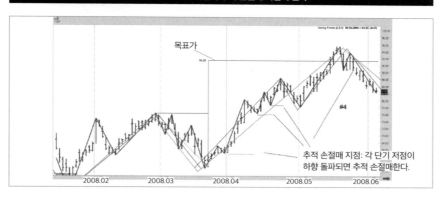

목표가

#4

추적 손절매 지점: 각 단기 저점이
하향 돌파되면 추적 손절매한다.

에 맞춰서 손절매 가격 역시 끌어올리고, 매도 포지션일 경우 가격이 하락하면 그에 맞춰서 손절매 가격도 끌어내린다. 예를 들어 어떤 자산의 가격이 100에서 150으로 상승했다가 추세가 반전되어 80까지 하락했다고 가정하자. 손절매 가격이 90이라면 이 매수 포지션은 -10의 손실을 실현하고 청산된다. 하지만 추적 손절매 가격을 직전 최고가의 90%로 설정하면 150×90%=135에서 추적 손절매하여 +35의 이익을 실현하고 청산하게 된다-감수자 주).

그림 1.20에서 보는 바와 같이 추적 손절매에도 시장 가격 구조를 활용할 수 있다. 이 매매에서 단기 저점을 깨고 내려갈 때가 바로 추적 손절매 지점이다.

추적 손절매에 시장 가격 구조를 활용하는 또 다른 접근법은 시장 진입 이후에 새롭게 형성된 중기 고점을 (목표가 도달 전에 포지션을 청산하는) 추적 손절매 지점으로 잡는 것이다.

매매는 불확실한 세계이므로 예술과 과학의 소양이 모두 필요하다. 어떤 청산 기준점을 이용할지 결정하는 데도 마찬가지로 예술과 과학이 모두 필요하다. 현 시장을 상승장으로 보느냐 아니면 하락장으로 보느냐에 따라 현 포지션을 유지하는 기간이 달라진다. 이제 당신의 매매 청산 방법에는 네 가지 경우의 수가 존재한다.

1. 가장 최근의 단기 저점을 하향 돌파할 때 손절매
2. 최근 단기 저점 직전의 단기 저점을 하향 돌파할 때 손절매(당신이 정말 상승장이라고 생각해서 최근 단기 저점에서는 손절하지 않고 지나친 경우이다.)
3. 새로운 중기 고점이 형성됐을 때 손절매
4. 목표가 도달 시 목표가에서 청산

매매 포지션을 유지하는 중 기존의 단기 저점을 상회하는 새로운 단기 저점이 형성되면 또 한 번 시장 진입 기회가 생긴다. 보다 장기적인 중기 목표가를 넘지 않는 한, 갱신되는 새로운 단기 저점마다 각각의 단기 목표가를 설정할 수 있다. 말했듯이 시장 가격 구조에는 생각보다 훨씬 심오한 부분이 존재한다.

이것이 바로 본보기로 삼을 만한 기본적 **매수 패턴**이다. 매매 대상이 주식이든 선물이든 일일$_{daily}$ 매매든 일중$_{intra-day}$ 매매든 매수 패턴은 동일하다. 가격은 이런 식으로 움직이는 법이다. 자, 이제 **매도 기회** 쪽으로 눈을 돌려보자.

그림 1.21은 리오 틴토$_{Rio\ Tinto}$(다국적 광산 및 자원 기업-역주)의 가격 패턴을 보여주고 있지만, 이 차트는 하나의 예로 들었을 뿐 이 종목 자체가 중요하지는 않다. 대두나 은 가격이어도 좋고 구리나 코코아 가격이어도 상관없다. 어떤 시장이든 가격 구조는 동일하다. 다만 단기 변곡점이 중기 변곡점으로 확정될 수 있는지 판단하기 어렵다는 것이 문제다. 포아형 막대$_{inside\ bar}$와 장악형 막대$_{outside\ bar}$

**그림 1.21 리오 틴토: 중기 고점 매도 패턴**

때문에 이 부분이 명확하지 않을 때가 있다. 그러나 애초에 시장에 관한 한 명확한 것은 없다.

그럼에도 이러한 변곡점 패턴은 반복적으로 나타나므로 이를 찾아내는 일은 크게 어렵지 않다. **패턴이 명확하지 않다면 굳이 매매에 나설 필요가 없다.**

그림 1.21에 단기 가격 변곡점을 근거로 차트상에 선을 그어 중기 변곡점을 표시했다. 그림에서 보듯이 2004년 1월의 중기 고점(A)보다 낮은 중기 고점(C)이 3월에 형성됐다. 이렇게 되면 하락 추세가 진행 중이라는 판단에 따라 공매도 기회를 잡고 싶어진다.

물론 중기 고점이 형성됐다고 판단되더라도 진입 시점을 언제로 잡느냐는 문제가 남는다. 3월 9일에 가격이 전일 저점 밑으로 떨어지면서 결국 3월 9일(D) 고점이 단기 고점이 됐다. 이 단기 고점은 3월 3일(C)에 형성됐던 단기 고점보다 낮았다. 따라서 우리는 그 시점(3월 9일)에 3월 3일 고점이 중기 고점이라는 사실을 알게 되었다. 또 해당 중기 고점은 이전 중기 고점(A)보다 낮은 수준이라는 사실도 알았다. 따라서 고민 없이 매도 포지션을 취할 수 있었으며 124.55 지점이 바로 그 매도 가격이었다. 이렇게 해서 매도 패턴이 완성됐다.

일단 이렇게 매도 포지션을 취했다면 3월 3일의 중기 고점(C)이 상향 돌파되는 경우가 최초의 손절점이 된다. 만일 이 중기 고점이 상향 돌파됐다면 가격은 다시 상승 추세로 전환된 것이다. 그러면 상승 추세에 걸맞게 매도 포지션을 청산하고 매수 포지션을 취하고자 할 것이다. 왜 상승세라고 볼 수 있을까? 직전 중기 저점(B)을 상회하는 새로운 중기 저점 형성이 확정됐을 것이기 때문이다.

그러므로 이 지점이 이 매도 포지션의 최초 손절 지점이다. 매매 가능 범위를 더 좁히려면 3월 8일의 고점을 상회하는 지점을 손절점으로 삼을 수 있다. 이 날의 고가를 넘어섰다는 사실은 기존의 단기 저점을 상회하는 새로운 단기 저점이 형성됐다는 뜻이고, 그러면서 새로운 중기 저점이 확정됐을 것이기 때문이다.

이런 단순한 가격 변곡점을 통해 시장 가격 구조를 알 수 있고, 또 이런 구조를 바탕으로 시장 추세를 알 수 있다는 사실이 너무나도 멋지지 않은가?

다음으로 이 매매의 목표가와 추적 손절매 부분을 살펴보도록 하자(그림 1.22 참고).

2월 초에 형성된 중기 저점(B)에서 3월 3일에 형성된 중기 고점(C)까지의 상승폭을 계산한 후 2월 저점에서 이 상승폭만큼을 빼면 목표 가격 85.42에 도달한다. 사실 가격이 이 수준에 이르렀어도 매도 포지션을 계속 유지해야 하는 납득할 만한 이유가 없는 한 이 목표가에 도달하기 전에 포지션을 청산했으리라고 확신한다.

왜일까? 추적 손절매로 포지션을 청산했을 가능성이 크다고 보기 때문이다. 이때의 손절점은 단기 고점이 상향 돌파되면서 형성된 중기 저점이다. (이 중기 저점은 나중에 또 다른 공매도 기회의 발판이 된다.) 이해가 잘 안 된다 싶으면 매매 기간을 더 넓혀 보여주는 그림 1.23을 살펴보라.

매매가 순조롭게 진행되다가 3월 말이 되자 가격이 상승하기 시작했고 중기 저점(E) 형성을 암시하는 신호가 나타났다(이런 중기 가격 변곡점은 원반 모양으로 표시했다). 4월 4일 고점이 다음 날 상향 돌파되면서 기존의 단기 저점을 상회하

그림 1.22 리오 틴토: 추적 손절매와 목표가

그림 1.23 리오 틴토: 매매 청산

는 새로운 단기 저점(G)이 형성됐다. 따라서 4월 4일 고가 수준에서 다음 날에 포지션을 청산해야 했을 것이다. 다른 기법을 사용할 수도 있었겠지만 시장 가격 구조를 기반으로 한다면 역시 이를 청산 시점으로 보는 것이 맞았다. 어쨌거나 우리는 단기 트레이더다. 단기 트레이더는 시장에서 발생하는 '이익을 취하는' 사람이지 시장을 원하는 방향으로 '움직이는' 사람이 아니다.

며칠 후 좋은 매도 기회가 또다시 생겼다. 우리의 시장 규칙에 따라 기존의 중기 고점(C)보다 낮은 새로운 중기 고점(F)이 형성됐기 때문이다. 이 고점에서의 가격이 우리가 처음에 매도 포지션으로 진입했던 가격(124.55)보다 낮다는 점에 주목하라. 따라서 우리는 더 큰 추세가 하락 방향임을 알 수 있었다.

나는 결국 이 매매로 큰 수익을 냈고 그대로 목표가까지 도달하고 나서 포지션을 청산했다. 여러분이 활용했을 추적 손절매의 조건들, 즉 이전의 단기 저점을 상회하는 새로운 단기 저점에서 청산하거나 단기 고점을 상향 돌파하는 등의 일은 일어나지 않았다. 우리는 운이 좋았다. 가격이 목표가까지 도달한 후 청산할 수 있었으니 말이다.

래리의
당부

시장은 자체 구조화를 통해 이후 진행될 가격 동향을 정확히 알려준다. 충분한 시간과 인내심을 갖고 시장의 흐름을 관찰하고 연구한다면 시장 및 가격에 관한 거의 모든 정보를 알아낼 수 있다. 이 점은 확실하지만 제대로 알아야 한다. 내가 시장 기제를 굳이 '시장 (가격) 구조'라고 칭하는 데는 그럴만한 이유와 타당한 논리가 존재한다.

이 논리는 어떤 시간 틀에도 똑같이 적용된다. 일중, 일간, 주간, 더 나아가 월간 매매에도 다 적용할 수 있다.

# 제 2 장

# 가격과 시간의
# 함수

long-term
secrets
to short-term
trading

•

원이 사각형이 되듯이

돌고 또 돌고

바퀴 안에 또 바퀴

당김음으로 질질 끌고

신기루 같은 주기를 만들어낸다.

•

# 주기에 관해 알아야 할 모든 것

우리가 사용하는 차트는 시간에 따른 시장 가격 추이를 기록한 그래프로서 가로축은 시간, 세로축은 가격을 나타낸다. 오늘날의 차티스트, 즉 기술적 분석가들은 시간 요소에 초점을 맞춰 시장을 분석하는 일종의 '주기 관찰자'에 해당한다. 이들은 분, 일, 주, 월, 년 등 시간 단위별로 고점과 저점 사이에 들어 있는 간격의 수를 세서 지배적 시간 주기를 포착하고, 이런 주기를 통해 과거와 같은 가격 흐름이 미래의 정확히 어느 시점에 그런 흐름이 재현되는지를 알아내려 한다. 그런데 나는 배우는 데 오래 걸리고 잘못 배운 걸 버리는 데는 더 오래 걸리는 사람이라, 소위 말하는 '시간 주기'를 배운 후 다시 폐기하기까지 15년이나 걸렸다.

지금도 나는 시장에 주기cycle가 존재한다고 믿고 있지만, 내가 확신하는 주기는 세 가지뿐이며, 그마저도 시간의 주기는 아니다. 시간 주기의 문제의 근원은 우리가 지금 차트를 보며 그러하듯이 현재의 '지배적 주기'가 항상 존재하는 것처럼 보인다는 데 있다. 지배적인 주기를 바로 찾아내서 이를 근거로 투자를 했는데 이 주기를 압도하는 또 다른 주기가 계속해서 등장한다. 그렇다면 도대체 어떤 주기가 진짜라는 말인가!

지배적 시간 주기가 진짜 존재한다손 치더라도, 지배적 주기에는 또 다른 문제들이 남아 있다. 유권자의 표를 찾아 오가는 정치인보다 지배적 주기의 변화가 더 잦은 것이 더 큰 문제다. 1960년대와 1970년대 초에는 고도의 수학 기법과 고성능 컴퓨터가 이 지배적 주기 문제를 해결해주리라 기대했다. 그런데 컴퓨터가 널리 사용되는 지금까지도 이 문제가 해결되지 않았다. 대체 어느 주기를 기준으로 매매에 나서야 하는지 알 수가 없다. 그러나 이보다 훨씬 더 큰 문제는 변화의 크기(혹은 그 정도)를 파악하는 일이 더 만만치 않다는 사실이다.

2011년에도 이 문제가 여전히 우리를 괴롭힌다. 지금까지 꽤 오랫동안 매년 시장 예측을 해왔다. 그림 2.1은 2009년부터 2011년까지 다우존스 30개 종목에 대한 예측이다. 그림에서 보듯이 시장의 주요 고점과 저점의 시기를 상당히 정확하게 예측할 수 있었다. 그런데 변화의 정도를 가늠하기는 어렵다. 상승폭 혹은 하락폭은 어느 정도일까? 이런 정보는 주기적 고점 및 저점에 이르는 바로 그 시점의 시장 상태를 면밀히 분석할 때 가장 정확히 알아낼 수 있을 듯하다(이런 예측 정보는 www.ireallytrade.com에 수시로 게시하므로 이곳에서 업데이트 정보를 확인할 수 있다). 이제 지난 몇 년간의 예측 자료를 살펴보자. 트레이더나 투자자에게 주기가 얼마나 가치 있는 정보인지 확인할 수 있으리라 생각한다.

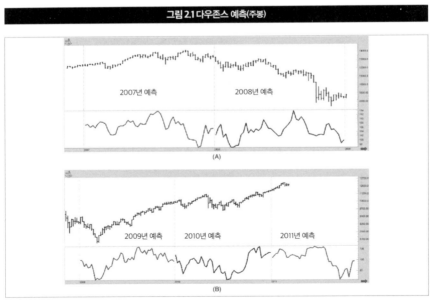

**그림 2.1 다우존스 예측(주봉)**

2007년 예측    2008년 예측
(A)

2009년 예측    2010년 예측    2011년 예측
(B)

제공: 내비게이터(제네시스 파이낸셜 데이터 서비스)

이런 예측은 시장 주기 외에도 연간 주가 패턴과 장기적 시장 자료를 철저히 조사하고 분석해야 가능한 일이다. 그런데 이런 자료 전부가 시간 의존적이라는 점이 문제다. 시간에 기반을 두기 때문에 그 변화의 정도를 추산하기가 매우 어렵다. 그림에서 보는 바와 같이 시장에 나타난 일반적 변화 추이를 추적 관찰했지만, 그런 변화의 정도를 정확히 가늠하기는 어렵다.

이런 예측은 전자 시장 시대로 들어가기 훨씬 전의 시장 동향을 기반으로 개발된 것이지만, 새로운 전자 시장 시대에서 발생할 일을 정확히 예측하는 작업에도 이와 동일한 원칙과 과정이 적용된다.

주기 추종자들은 시간 요소에만 집중한다. 그러나 나는 이 부분이 미덥지 못했다. 예컨대 주기론자는 18년 저점과 같은 시장 저점을 집어낼 수 있을지는 몰라도, 저점 반등 이후의 상승폭은 그들이 바라는 것만큼 크지 않을 수도 있다. 이렇게 되면 고점이나 저점을 찾아내더라도 이에 상응하는 이익이 나오지 않아서 매매의 실익을 누리지 못한다. 이론적으로는 지배적 고점 혹은 저점 주기를 찾아낼 수 있으면 이에 상응하는 변동폭이 나올 수 있다. 그러나 실제로 매매가 이뤄지는 현실 세계에서는 그런 일이 좀처럼 일어나지 않는다. 주기가 형성됐다가도 이내 사라져버리기 일쑤다. 분명히 특정 변곡점에서 가격 변동이 멈췄고 며칠 혹은 몇 주일 동안 추세를 이어갔지만, 매매 이익을 낼 만큼의 변동폭을 보여주지는 못했다.

과거의 가격 추이를 조사한 자료를 통해 시간 주기는 무의미하다는 내 생각을 증명해보겠다. 그림 2.2는 대두 매매 시스템의 타이밍 부분을 시험해본 결과다. 컴퓨터 프로그램 작동을 통해 단기 가격 이동평균moving average이 장기 이동평균을 상향 돌파할 때 매수가 이뤄지도록 했다. 이는 표준 매매 기법에 속한다. 여기서 유일한 변수는 시간, 즉 이동평균 일수다. 따라서 주기가 영향을 미친다. 이동평균은 간단히 말해 최근 며칠 동안의 평균 종가를 말한다. 여기에는 시간 외에 다른 변수는 없다.

그림 2.2 타이밍 시스템 시험 매매: 1987년 이전, 5일 vs. 25일 이동평균

| 자료: 대두 67/99 | | | | | | | |
| --- | --- | --- | --- | --- | --- | --- | --- |
| 기간: 1975년 4월 29일~1987년 1월 1일 | | | | | | | |

| Num. | Conv. | P. Value | | Comm | Slippage | Margin | Format | FileName |
| --- | --- | --- | --- | --- | --- | --- | --- | --- |
| 17 | -1 | $6,250 | | $50 | $0 | $3,000 | CSI | F051 |
| 총순이익 | | $40,075.00 | | | | | | |
| 총이익 | | $126,212.50 | | 총손실 | | -$86,137.50 | | |
| 총매매 횟수 | | 153 | | 이익 매매 비율 | | 35% | | |
| 이익 매매 횟수 | | 54 | | 손실 매매 횟수 | | 99 | | |
| 최대 이익 매매 | | $13,000.00 | | 최대 손실 매매 | | -$2,362.50 | | |
| 평균 이익 매매 | | $2,337.27 | | 평균 손실 매매 | | -$870.08 | | |
| 평균 손실 대비 평균 이익 비율 | | 2.68 | | 평균 매매(이익&손실) | | $261.93 | | |
| 최다 연속 이익 매매 | | 2 | | 최다 연속 손실 매매 | | 8 | | |
| 이익 매매 평균 봉 수 | | 35 | | 손실 매매 평균 봉 수 | | 10 | | |
| 최대 계좌 잔고 감소액 | | -$13,625.00 | | 일중 최대 잔고 감소액 | | -$13,687.50 | | |
| 이익률 | | 1.46 | | 최대 보유 계약 수 | | 1 | | |
| 필요 계좌 크기 | | $16,687.50 | | 잔고 회수율 | | 240% | | |

첫 번째 시험 매매(백테스트)는 1975년 4월 29일부터 1987년 1월 1일까지의 대두 가격을 대상으로 했다. 그리고 5일부터 50일까지에 해당하는 단기 이동평균과 이보다 기간이 긴 10일부터 60일까지에 해당하는 두 번째 이동평균으로 가능한 모든 조합을 살펴봤다. 여기 제시한 것과 동일한 시간 틀에서 최상의 결과는 5일과 25일 이동평균을 사용했을 때 나왔다(그림 2.2 참고). 이런 시간 기반 '시스템'은 총 153회 매매 중 이익 매매 건수 54회에다 총순이익이 4만 75달러라는 결과를 냈다. 대단하다! 어디서 현금자동인출기라도 찾아냈단 말인가?

그림 2.3은 1987년 1월 1일부터 1998년 4월 23일까지 이전 기간에 적용한 것과 동일한 시스템으로 매매했을 경우 발생했을 결과를 보여준다. 이 책을 업데이트하면서 가장 마음에 드는 점은 나의 과거 연구결과를 통해 당시 시장이 어떻게 움직였으며 그런 작동 기제를 현재의 매매에 어떻게 적용할 수 있는지를 고찰할 수 있다는 부분이다. 이런 과거의 교훈에 더해 현재의 아이디어와 새로

그림 2.3 발생했을 결과: 1987년 이후, 5일 vs. 25일 이동평균

자료: 대두 67/99

기간: 1987년 1월 1일~1998년 4월 23일

| Num. | Conv. | P. Value | Comm | Slippage | Margin | Format | FileName |
|---|---|---|---|---|---|---|---|
| 17 | -1 | $6,250 | $50 | $0 | $3,000 | CSI | F051 |

| | | | |
|---|---|---|---|
| 총순이익 | -$9,100.00 | | |
| 총이익 | $81,612.50 | 총손실 | -$90,712.50 |
| 총매매 횟수 | 163 | 이익 매매 비율 | 31% |
| 이익 매매 횟수 | 52 | 손실 매매 횟수 | 111 |
| 최대 이익 매매 | $10,062.50 | 최대 손실 매매 | -$2,950.00 |
| 평균 이익 매매 | $1,569.47 | 평균 손실 매매 | -$817.23 |
| 평균 손실 대비 평균 이익 비율 | 1.92 | 평균 매매(이익&손실) | -$55.83 |
| 최다 연속 이익 매매 | 5 | 최다 연속 손실 매매 | 9 |
| 이익 매매 평균 봉 수 | 30 | 손실 매매 평균 봉 수 | 11 |
| 최대 계좌 잔고 감소액 | -$28,612.50 | 일중 최대 잔고 감소액 | -$29,412.50 |
| 이익률 | 0.89 | 최대 보유 계약 수 | 1 |
| 필요 계좌 크기 | $32,412.50 | 잔고 회수율 | -28% |

운 시장에 대해 진행 중인 연구결과를 함께 사용하는 것도 가능하다.

다시 그림 2.3으로 돌아와보자. 매매 결과가 그다지 좋지는 않다. 총 163회 매매 중 이익을 낸 매매 비율은 31%로 실질적으로는 손실이 났다. 구체적으로 총순손실이 9,100달러였고 이 매매 과정에서 최대 계좌 잔고 감소액maximal closed-out drawdown(최대 자본 감소액)은 2만 8,612달러였다. 2만 8,612달러의 잔고 감소까지 감내하면서도 결과적으로 손실만 9,100달러를 냈으니 결코 성공한 매매라 하기는 어렵다! 매매 건당 평균 이익은 -55달러였다. 대체 왜 이렇게 됐을까? 1975~1987년의 자료에서 확인한 주기 혹은 시간의 영향력은 어디로 간 것인가? 전혀 모르겠다.

이 과정을 되짚어보면서 1987년 1월 1일부터 1998년 4월 23일까지에 해당하는 두 번째 조사 대상 기간에 가장 잘 작동한 두 이동평균이 무엇인지 알아내고자 했다(그림 2.4 참고). 최상의 조합은 25일과 30일 이동평균이었다. 이때 59%의

그림 2.4 또 다른 시간 주기로 시험: 1987년 이후, 25일 vs. 30일 이동평균

자료: 대두 67/99

기간: 1987년 1월 1일~1998년 4월 23일

| Num. | Conv. | P. Value | Comm | Slippage | Margin | Format | FileName |
|------|-------|----------|------|----------|--------|--------|----------|
| 17 | -1 | $ 6,250 | $50 | $0 | $3,000 | CSI | F051 |
| 총순이익 | | $34,900.00 | | | | | |
| 총이익 | | $101,262.50 | | 총손실 | | -$66,362.50 | |
| 총매매 횟수 | | 149 | | 이익 매매 비율 | | 59% | |
| 이익 매매 횟수 | | 89 | | 손실 매매 횟수 | | 60 | |
| 최대 이익 매매 | | $3,812.50 | | 최대 손실 매매 | | -$7,237.50 | |
| 평균 이익 매매 | | $1,137.78 | | 평균 손실 매매 | | -$1,106.04 | |
| 평균 손실 대비 평균 이익 비율 | | 1.02 | | 평균 매매(이익&손실) | | $234.23 | |
| 최다 연속 이익 매매 | | 8 | | 최다 연속 손실 매매 | | 4 | |
| 이익 매매 평균 봉 수 | | 14 | | 손실 매매 평균 봉 수 | | 25 | |
| 최대 계좌 잔고 감소액 | | -$13,962.50 | | 일중 최대 잔고 감소액 | | -$20,525.00 | |
| 이익률 | | 1.52 | | 최대 보유 계약 수 | | 1 | |
| 필요 계좌 크기 | | $23,525.00 | | 잔고 회수율 | | 148% | |

그림 2.5 최상의 시나리오를 다시 과거에 적용한다면?: 1987년 이전, 25일 vs. 30일 이동평균

자료: 대두 67/99

기간: 1975년 4월 29일~1987년 1월 1일

| Num. | Conv. | P. Value | Comm | Slippage | Margin | Format | FileName |
|------|-------|----------|------|----------|--------|--------|----------|
| 17 | -1 | $6,250 | $50 | $0 | $3,000 | CSI | F051 |
| 총순이익 | | -$28,725.00 | | | | | |
| 총이익 | | $96,750.00 | | 총손실 | | -$125,475.00 | |
| 총매매 횟수 | | 138 | | 이익 매매 비율 | | 56% | |
| 이익 매매 횟수 | | 78 | | 손실 매매 횟수 | | 60 | |
| 최대 이익 매매 | | $4,600.00 | | 최대 손실 매매 | | -$12,750.00 | |
| 평균 이익 매매 | | $1,240.38 | | 평균 손실 매매 | | -$2,091.25 | |
| 평균 손실 대비 평균 이익 비율 | | 0.59 | | 평균 매매(이익&손실) | | -$208.15 | |
| 최다 연속 이익 매매 | | 8 | | 최다 연속 손실 매매 | | 4 | |
| 이익 매매 평균 봉 수 | | 14 | | 손실 매매 평균 봉 수 | | 30 | |
| 최대 계좌 잔고 감소액 | | -$43,775.00 | | 일중 최대 잔고 감소액 | | -$46,150.00 | |
| 이익률 | | 0.77 | | 최대 보유 계약 수 | | 1 | |
| 필요 계좌 크기 | | $49,150.00 | | 잔고 회수율 | | -58% | |

승률을 기록하며 총순이익 3만 4,900달러를 올렸다. 이 시스템의 매매 건당 이익은 234달러였고 최대 자본 감소액은 1만 3,962달러였다. 5일/25일의 시간 주기 요소만 25일/30일로 바꿨을 뿐인데 쏠쏠한 이익을 거둔 것이다.

25일과 30일 이동평균이라는 최상의 조합을 다시 두 표본 기간 중 시기가 앞선 1975~1987년에 적용했더니 그림 2.5에서 보는 바와 같이 2만 8,725달러의 총순손실이 발생했다. 특정한 기간에 유효했던 이동평균 일수 혹은 이동평균 주기라 해도 다른 기간에는 동일하게 작동하지 않을 수 있다는 의미다.

'시간 주기가 작동하지 않는 게 아니라 대두라는 상품의 가격 추세가 불분명한 것이 문제가 아니냐'는 의문을 제기할 수도 있겠다.

그렇다면 추세가 매우 명확한 영국 파운드화 시장에서 동일한 이동평균 교차 시스템을 적용해보자. 1975년부터 1987년까지의 기간에 최상의 조합은 5일 이동평균과 45일 이동평균이었고 이때 13만 5,443달러라는 놀라운 이익 성과를 올렸다.

**그림 2.6 대두 대신 영국 파운드화에 적용: 1987년 이후, 5일 vs. 45일**

자료: 영국 파운드화 67/99
기간: 1987년 1월 1일~1998년 1월 1일

| Num. | Conv. | P. Value | Comm | Slippage | Margin | Format | FileName |
|---|---|---|---|---|---|---|---|
| 26 | 4 | $6,250 | $50 | $0 | $3,000 | CSI | F003 |

| 총순이익 | $45,287.50 | | |
|---|---|---|---|
| 총이익 | $134,175.00 | 총손실 | -$88,887.50 |
| 총매매 횟수 | 104 | 이익 매매 비율 | 31% |
| 이익 매매 횟수 | 33 | 손실 매매 횟수 | 71 |
| 최대 이익 매매 | $17,262.50 | 최대 손실 매매 | -$4,575.00 |
| 평균 이익 매매 | $4,065.91 | 평균 손실 매매 | -$1,251.94 |
| 평균 손실 대비 평균 이익 비율 | 3.24 | 평균 매매(이익&손실) | -$435.46 |
| 최다 연속 이익 매매 | 3 | 최다 연속 손실 매매 | 12 |
| 이익 매매 평균 봉 수 | 54 | 손실 매매 평균 봉 수 | 13 |
| 최대 계좌 잔고 감소액 | -$29,100.00 | 일중 최대 잔고 감소액 | -$29,450.00 |
| 이익률 | 1.50 | 최대 보유 계약 수 | 1 |
| 필요 계좌 크기 | $32,450.00 | 잔고 회수율 | 139% |

1987년부터 1998년까지인 그다음 기간에는 동일한 시스템으로 이익을 좀 냈다(그림 2.6). 총순이익은 4만 5,287달러였으나 최대 자본 감소액이 2만 9,100달러에 달해 매력이 반감됐다. 즉 이 역시 만족스러운 결과는 아니었다. 이 10여 년간의 자료에 적용할 최상의 이동평균 조합은 20일/40일이었고 이 조합으로 12만 1,700달러를 모았다. 그러나 문제는 이 조합을 다시 첫 번째 기간(1975~1987년)에 적용해보면 2만 6,025달러밖에 벌지 못하면서 최대 자본 감소액은 3만 달러나 된다는 점이다.

결국 문제는 대두나 파운드화 같은 품목에 있는 것이 아니었다. 시간 기반 분석으로는 유의미한 결과를 얻지 못한다는 점이 문제다. 트레이딩에서 시간 요소만을 고려 대상으로 삼는 일은 결국 빈털터리로 가는 지름길일 뿐이다.

나는 다양한 기간을 대상으로 광범위한 시장 자료에 대해 같은 방식의 조사분석을 반복했다. 그러나 쓸만한 주기 기반 매매 접근법을 여전히 찾아내지 못했다.

이쯤에서 나는 **시간 주기는 과감히 잊으라**고 말하고 싶다. 시간 주기는 월가를 휘감은 신기루에 불과하다.

사실 가격이 움직이는 (패턴이라고 하는 게 더 적절할 수도 있겠지만) 주기가 존재하기는 한다. 이런 주기는 어느 차트에서든, 어떤 기간 틀에서든, 어느 시장에서든, 어떤 나라에서든 금방 확인할 수 있다. 이런 가격 패턴을 이해하면 가능성이 가장 큰 가격 추이에 맞춰 자신의 포지션을 더 잘 조정할 수 있다.

오랜 기간의 연구 끝에 나는 세 유형의 주기를 확인했다: ① 큰 가격 변동폭과 작은 가격 변동폭의 변화 주기, ② 가격 변동폭 내 종가의 움직임의 주기, ③ 시가 대비 종가의 주기.

이제 차트 읽기와 관련한 첫 번째 교훈을 정리할 때다. 가격 변동폭의 변화 주기부터 살펴보도록 한다. 여기서 가격 변동폭(가격폭)range이라 함은 일, 주, 월, 년, 또는 분 단위로 주식이나 상품 가격이 움직인 총 '거리'(혹은 범위)를 말한다.

여러분이 사용하는 일, 주, 월 등의 기간 틀 안에서 가격이 움직인 범위라고 생각하라. 어떤 기간 틀을 사용하든 간에 내가 설명할 세 가지 주기는 효과적으로 작동한다. 내가 정립한 이런 규칙은 어떤 시장에서든 어떤 기간 틀에서든 보편적으로 작동한다.

# 가격폭의 변화 주기

한 상품의 일일 가격 변동폭은 매우 클 수도, 매우 작을 수도 있다. 이 부분이 수많은 차티스트를 혼란에 빠뜨린다. 그러나 어떤 기간 틀 내에서든 가격폭의 변화에 명확한 운율이 있다는 사실이 눈에 들어올 것이다. 모든 시장에서는 항상 작은 가격폭과 큰 가격폭을 오가는 주기성이 나타난다.

**주기는 매년 반복적으로 나타난다. 작은 가격폭에 이어 큰 가격폭이 나타나고 다시 작은 가격폭이 그 뒤를 잇는 식이다. 이런 흐름은 대개 규칙적으로 나타나며 단기 매매에서의 이익을 담보하는 핵심 요소다.**

특히나 투기 매매는 가격 변화에서 이익을 얻기 때문에 분명하고 뚜렷해 보이는 이 가격폭의 변화 주기는 매우 강력하고 유의미한 시장 요소다. 가격 변동폭이 클수록 이익이 날 가능성도 커진다. 가격 변화가 없거나 변동폭이 미미하다면 가격 추세라는 것이 형성되지 않기 때문에 투기자가 시장에 들어갈 여지가 생기지 않는다.

내가 책에서 처음 언급했을 때나 이로부터 14년이 지난 지금이나 이 사실에는 변함이 없다. 시장에는 자연적 주기가 존재한다. 즉, 소폭의 가격 변동 뒤에는 큰 폭의 가격 변동이 나타나곤 한다(그림 2.7 참고).

단기 트레이더가 몇 시간 혹은 며칠에 걸쳐 큰 폭의 가격 변동이 발생하기를 바라는 이유가 바로 여기에 있다. 이와 같은 뚜렷한 가격 변동세가 나타나지 않

그림 2.7 큰 가격 변동폭에서 작은 가격 변동폭으로 이어지는 가격 흐름 주기(일봉)

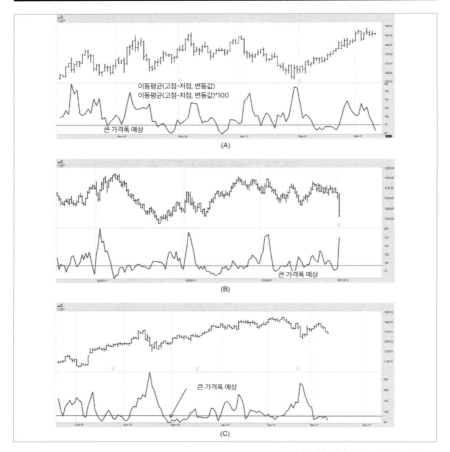

제공: 내비게이터(제네시스 파이낸셜 데이터 서비스)

으면 매매 실익을 기대하기 어렵다. 이해가 가는가? 더 흥미로운 부분이 등장할 테니 제대로 이해하기 바란다. 일반인 혹은 시장 정보에 밝지 않은 사람들은 대개 큰 폭의 가격 변동에 관심을 기울인다. 그리고 그런 커다란 변동이 계속 이어지리라 생각한다. 잘못된 생각이다.

지금쯤은 여러분도 이 생각이 잘못됐음을 알고 있으리라 본다.

큰 변동폭은 작은 변동폭으로 바뀐다. 대부분이 그렇다. 트레이더의 목표는 큰 가격 변화가 나타나기 전에 미리 포지션을 취하는 것이다. 하루 이틀 큰 폭으로 상승한 시장에 진입한 후 곧이어 혼조세를 맞닥뜨리는 것은 대중의 전형적인 실수이다. 이 때문에 대다수 단기 트레이더가 손실을 낸다. 이는 술 취한 선원 혹은 차트상의 가격이 얼마나 멋대로 움직이는지 전혀 모른 채 그저 이미 뜨거워질 대로 뜨거워진 시장만 찾아 옮겨 다니기에 벌어지는 일이다.

이들과는 반대로 우리는 시장 정보에 능통한 몇 안 되는 소수로서 이와는 정반대로 행동해야 한다. 과거에 큰 변동성이 나타났고 일일 가격폭도 컸다고 알려져 있지만, 최근에 가격폭이 작게 나타난 시장을 노려야 한다. 이런 시장 상황에서 조만간 큰 가격폭이 나타난다는 사실을 알고 있기 때문이다.

잠시 방관자의 입장에서 가격폭이 거의 없다시피 할 정도로 확 줄어들 때까지 느긋하게 기다린다면 차트에 대한 광적인 집착에서 벗어날 수 있다. 자연적 시장 주기상 가격폭이 작은 기간이 얼추 끝나면, 곧이어 단기적인 불놀이 시점이 온다.

같은 맥락에서, 큰 폭의 가격 변동이 나타났다면 곧 소폭 가격 변동이 이어질 가능성이 크고 이렇게 되면 큰 이익은 기대하기 어렵다. 포지션을 계속 유지할 만한 시기는 아닌 것이다. 몇 가지 차트로 내가 주장하는 바를 증명하고자 한다.

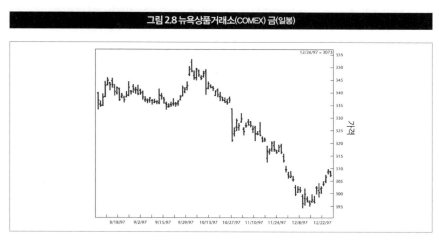

**그림 2.8 뉴욕상품거래소(COMEX) 금(일봉)**

제공: 내비게이터(제네시스 파이낸셜 데이터 서비스)

그림 2.8은 1997년 9월부터 1998년 1월까지의 금 가격 차트다.

이 차트상에서 가격폭이 크게 나타난 날을 전부 표시하라. 그다음에 가격이 큰 폭으로 상승 및 하락하기 직전의 가격 변동폭을 살펴보라. 무엇을 알 수 있는 가? 거의 어김없이 가격폭이 큰 날 며칠 전에 가격폭이 대폭 줄었었다.

어떤가! 중요한 시장 규칙이 이렇게 모습을 드러낸다. 물론 이런 가격폭의 진행 방향에 대해서는 아직 언급하지 않았다. 그러니 너무 앞서가지는 마라. 우선

**그림 2.9 S&P500 지수(일봉)**

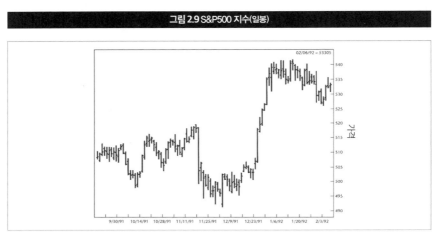

제공: 내비게이터(제네시스 파이낸셜 데이터 서비스)

**그림 2.10 커피(일봉)**

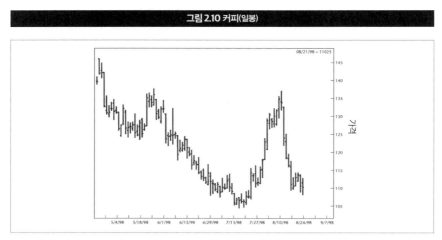

제공: 내비게이터(제네시스 파이낸셜 데이터 서비스)

은 가능한 한 모든 차트를 살펴보라. 그래야 자신의 투기심을 자극할 너무나도 분명한 첫 번째 단기 매매 규칙을 머릿속에 각인시킬 수 있다.

즉, 작은 가격폭 이후 큰 가격폭이 나타나고, 큰 가격폭 다음에 작은 가격폭이 나타난다.

늘 변동성이 큰 S&P500 지수를 1991년 10월부터 1992년 1월까지 나타낸 그림 2.9를 살펴보라. 연필로 차트상에 가격폭이 가장 작은 날들을 표시하라. 그리고 그 이후 어떤 현상이 벌어졌는지를 주목하라. 하루나 이틀 혹은 사흘간 큰 폭의 가격 변동이 있고 난 뒤에는 이 가격폭이 줄어들었다. 작은 가격폭에서 큰 가격폭으로 바뀌었고 다시 작은 가격폭으로 전환됐다. 이런 패턴은 과거에도, 지금도, 앞으로도 계속 반복된다.

다음으로는 역시 변동성이 큰 커피 시장 차트(그림 2.10)를 기준으로 기법을 연구해보자. 시장 규칙을 잘 이해한 트레이더에게는 기회가 충만한 시장이다. 자, 이번에도 가격폭이 작은 날을 표시하라. 그리고 그 이후에는 어떻게 되는지 살펴보라. 역시 가격폭이 큰 날이 이어진다. 우리 같은 사람은 이런 시장 상황에서 큰 이익을 낼 수 있다. 반면에 시장을 잘 모르는 사람들은 이럴 때 거품을 물고 시장에 들어와 방방 뛰다가, 가격 변동이 차차 줄어들면 좌절을 느끼며 평정심을 잃곤 한다. 대다수가 현 포지션을 유지하는 것에 갑갑함을 느끼는 바로 그때 작은 가격폭이 다시 큰 가격폭으로 전환되는 '마법'이 발생한다.

마지막으로, 그림 2.11과 그림 2.12를 자세히, 주의 깊게 살펴보기 바란다. 이두 차트는 각각 오스트레일리아 달러와 일본 닛케이 지수를 나타낸다. 같은 변화를 포착했는가?

우리가 시간 요소와는 무관한 가격 움직임의 주요 주기를 발견했다는 사실이 여전히 믿기지 않는 사람에게는 세 가지 S&P500 차트(그림 2.13, 2.14, 2.15 참고)를 제시해 설명할 생각이다. 그림 2.13에서 각 봉은 무작위로 선정한 이틀 동안 5분 단위로 측정한 고가, 저가, 종가, 시가 등으로 구성된다. 한눈에 확인할

**그림 2.11 오스트레일리아 달러(일봉)**

10/24/97 = 6959

제공: 내비게이터(제네시스 파이낸셜 데이터 서비스)

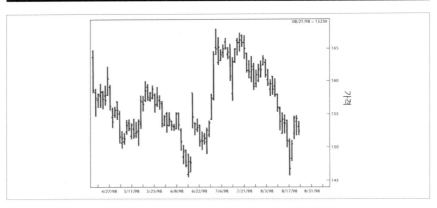

**그림 2.12 닛케이 지수(일봉)**

08/21/98 = 15230

제공: 내비게이터(제네시스 파이낸셜 데이터 서비스)

수 있듯이 짧은 봉들 다음에는 긴 봉들이 나타난다. 그림 2.14는 30분봉을 사용해 일주일간의 시장 가격 변동 수준을 보여준다. 여기서도 더 설명이 필요 없을 정도로 우리가 발견한 시장 규칙이 명확히 재현된다. 단기 트레이더가 이익을 낼 수 있는 긴 가격 봉은 대부분 한 차례 혹은 수차례의 짧은 봉이 나타난 다음에 형성된다. 그림 2.15는 60분봉에 기초한 차트이고 여기서도 같은 현상이 나타난다. 차트에서 확연히 드러나는 사실이고 너무도 '자명한 진리'인지라

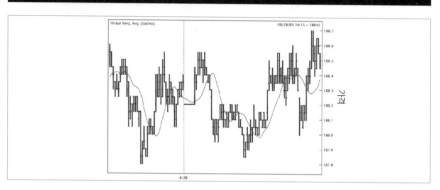

그림 2.13 S&P500 지수(5분봉)

제공: 내비게이터(제네시스 파이낸셜 데이터 서비스)

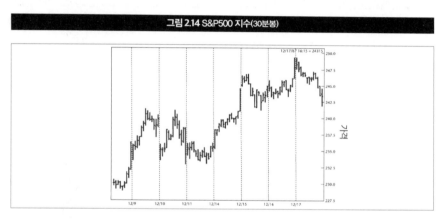

그림 2.14 S&P500 지수(30분봉)

제공: 내비게이터(제네시스 파이낸셜 데이터 서비스)

그림 2.15 S&P500 지수(60분봉)

제공: 내비게이터(제네시스 파이낸셜 데이터 서비스)

찻잎 점술가나 허튼소리를 남발하는 대변인 따위의 입을 빌려 내 주장이 옳다고 떠들 이유가 전혀 없다. 그림에서 드러나듯이 과거에 그랬고 지금도 그러하고 앞으로도 그런 모습일 것이다. 우리는 작은 가격폭은 큰 가격폭의 전조이고 큰 이익을 낼 기회라는 사실을 염두에 두고 항상 이런 신호에 주목해왔다.

시장에는 자연적 주기가 있다. 소폭 변동일 이후에는 대폭 변동일이 등장한다. 이 사실은 그림 2.16에서 확인할 수 있다. 이것이 시장의 진실이다. 그렇다면 왜 이런 주기가 발생할까? 투자자와 트레이더가 관심을 보이지 않으면 가격폭

**그림 2.16 가시적 감정 주기**

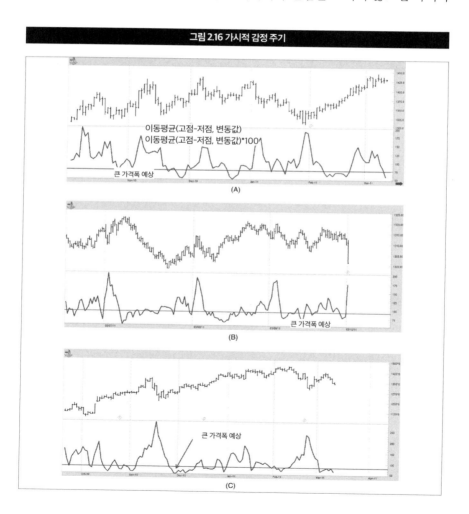

이 줄어들고 다시 관심이 커지면 가격폭이 커지기 때문이다. 인간의 감정은 주기성을 띠고 우리의 주의력 지속 기간에는 한계가 있으므로 이런 시장 주기는 예전과 마찬가지로 계속 재현될 것이다.

## 당일 시가와 저가 간 혹은 시가와 고가 간 차이값의 중요성

가격폭이 큰 이른바 '대변동일large range day'과 관련한 두 번째 시장 규칙이 있다. 대변동일은 단기 트레이더가 최종 승자로 남으려면 절대로 놓치지 말아야 할 매매 기회다. 즉 **상승 마감으로 끝난 대변동일**은 대체로 **시가가 저가와 비슷하게 형성되고, 종가는 고가에 근접하며 끝난다**. 또 **하락 마감한 대변동일**은 **시가는 고가와 비슷하게 형성되고, 종가는 저가에 근접하며 끝난다**.

이는 매매 시 두 가지를 고려해야 한다는 의미다. 첫째, 상승 대변동일이라는 생각이 들 때는 시가를 한참 밑도는 지점에서 매수점을 찾으면 안 된다. 이미 언급했듯이 당일 시가보다 많이 하락한 가격대에서 매매가 활발히 이뤄지는 상승 대변동일은 거의 없기 때문이다. **가격이 시가 이하로 너무 많이 떨어지는 상황이면** 매수 시도를 하지 말아야 한다는 의미다.

## 호랑이 꼬리 잡기

마찬가지 논리로 호랑이 꼬리를 잡았다 싶은 (대변동일이 될 가능성이 있는) 날이지만 장중 가격이 시가를 크게 밑돈다면 이날이 상승 대변동일이 될 가능성은 크게 줄어든다.

이는 단기 매매에서 이익을 내는 데 도움이 되는 중요한 통찰이다. 그러니 흘려 넘기지 마라. 이 개념의 유효성을 증명하는 몇 가지 차트 분석 결과를 살펴보자. 그림 2.17은 1970년부터 1998년까지 모든 날의 재무부 장기 채권의 종가와 시가 차이값을 가격 점으로 나타낸 분포도다. 즉 세로축은 일간 가격의 순변화폭으로서, 종가와 시가의 차이로 구한다.

그림의 왼쪽 부분을 먼저 보자. 시가(영기준선<sub>zero horizontal line</sub>) 아래에 가격 점이 적게 분포할수록 그리고 그 시가 아래의 가격 점이 영기준선에 가까울수록 일간 가격의 순변화폭이 양수(+)로 나타나는 상승 대변동일의 수가 더 많아진다. 한편 그림의 오른쪽 부분을 보면 가격 점이 영기준선 아래로 많이 내려갈수록 영기준선 위에 있는 양(+)의 가격 점의 개수가 줄어든다는 것을 알 수 있다.

이 차트의 왼편을 보면, 큰 이익 가능성이 있는 상승 대변동일에 종가와 시가의 차이값이 작게 나타나는 경우는 거의 없다. 이러한 경향은 가격 점들이 왼쪽에서 (이익을 내기 어려운) 오른쪽으로 갈수록 점차 낮게 분포하는 것을 보면 명확해진다. 즉 시가에서 저가로의 하락폭이 크면 (가격점이 x축의 오른쪽으로 이동할수록) 종가와 시가의 차이가 큰 상승 대변동일일 가능성은 작아진다(가격점이 y축의 아래쪽으로 이동한다).

이 또한 시장이 무작위로 움직이지 않는다는 점을 보여주는 확실한 증거다. 만일 시장 움직임이 무작위적이었다면, 고가와 시가 간 차이의 분포도가 시가와 저가 간 차이와 똑같은 분포를 보일 것이다. 이 자료는 단순해 보이지만 성공하는 트레이더가 되기 위해 필요한 강력한 기초적 규칙을 보여준다.

**그림 2.17 미 재무부 채권: [시가−저가]/당일 가격폭 대비 [종가−시가]의 분포도**

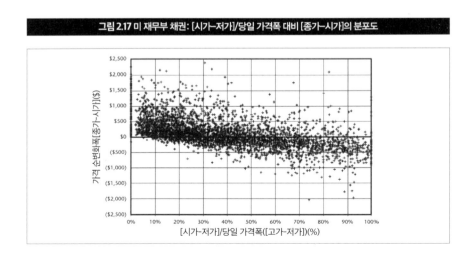

그림 2.18에서는 각기 다른 세 가지 선을 볼 수 있다. 이 그림은 그림 2.17과 마찬가지로 가로축을 당일 가격폭(고가-저가)에 대한 [시가-저가]의 비율로 하고 있다. 가장 위에 있는 선은 종가가 시가보다 높을 확률을 나타낸다. × 표시한 지점은 시가와 저가 간 격차가 당일 가격폭의 20%이면 종가가 시가를 넘어서 끝날 확률이 약 87%임을 나타낸다.

두 번째 선은 종가와 시가 간 차이가 500달러를 넘은 날만을 대상으로 한다. 역시 × 표시한 지점은 시가에서 저가로의 하락폭이 당일 가격폭의 10% 수준이라면 종가가 시가보다 500달러 이상 높게 끝날 확률이 약 42%라는 의미다.

마지막 세 번째 선은 종가가 시가보다 1,000달러 이상 높게 끝난 날을 나타낸다. 이 정도면 채권 시장에서 상승 대변동일에 해당된다고 볼 수 있다. × 표시 지점은 시가에서 저가로의 하락폭이 당일 가격폭의 15% 수준이면 이와 같은 상승 대변동이 나타날 확률이 10% 정도라는 의미다. 이와 같은 논리로, 세 번째 선의 오른쪽 부분을 보면 시가에서 저가로의 하락폭이 당일 가격 변화폭의 70~80%에 달한 경우 종가가 시가를 크게 앞서는 상승 대변동일이 될 가능성은 제로에 가깝다는 것을 알 수 있다.

**그림 2.18 미 재무부 채권: [시가-저가]/당일 가격폭 대비 [종가-시가]가 특정 가격 이상일 확률**

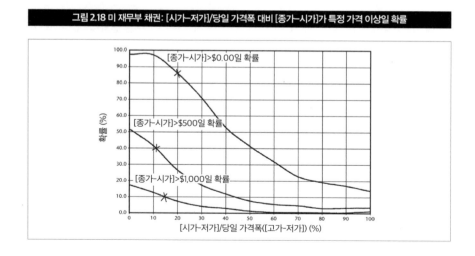

세 개의 선은 시가 밑으로 장중 가격이 많이 떨어질수록 종가와 시가 간 차이 값이 양수가 될 가능성이 줄어든다는 사실을 다시 한번 확인시킨다. 이는 다음과 같은 시장 매매 규칙을 뒷받침한다.

1. 상승 마감이 예상되는 날에 가격이 시가에서 큰 폭으로 떨어졌을 때는 매수하지 마라.
2. 매수 포지션을 취하는 중 큰 폭의 상승 마감이 예상되는 날에 시가를 크게 밑도는 수준의 가격 하락이 나타났을 때는 포지션을 청산하라.
3. 하락 마감이 예상되는 날에 가격이 시가에서 큰 폭으로 올랐을 때는 매도하지 마라.
4. 매도 포지션을 취하는 중 큰 폭의 하락 마감이 예상되는 날에 시가를 크게 상회하는 수준으로 가격 상승이 나타났을 때는 포지션을 청산하라.

이런 통계와 맞서려 하지 마라. 이 자체가 주식과 상품의 가격 추이를 통제하는 힘의 법칙이기 때문이다. 이러한 사항은 자유로운 매매가 가능한 시장이라면 어느 곳에든 적용할 수 있다. 따라서 이는 데이 트레이딩 시 평균적으로 참고할 만한 보편적 규칙이라 하겠다. 시가에서 하락하다가 반등하여 상승 대변동일로 끝나거나 시가에서 상승하다가 반락하여 하락 대변동일로 끝나는 경우도 종종 있겠지만, 이는 어디까지나 예외적인 상황이다. 보통의 시장은 이 법칙을 거스르려 하지 않는다. 트레이더의 한 사람으로서 가능한 한 내게 유리한 상황을 많이 만들어가고 싶다. 내가 이익 매매를 많이 해온 이유는 단순히 운이 좋아서가 아니라 내게 유리한 방향으로 표와 자료를 최대한 활용했기 때문이다.

그림 2.19는 2011년 대두 차트인데 역시 동일한 가격 패턴을 보여준다. 차트에 최대 변동일을 표시했다. 대변동일 대부분에서 시가와 종가가 긴 가격 봉의 양 끝 부분에 위치한다는 사실을 한 눈에 확인할 수 있다. 대변동일이 나타나는 시점을 정확히 예측할 수는 없지만, 이런 대변동일의 종가가 거의 양극단에서 끝이 난다는 사실은 예측할 수 있다. 이는 단기 트레이더로서 이익을 극대화하려면 이런 변동일의 장이 끝날 때까지 포지션을 유지해야 한다는 의미다.

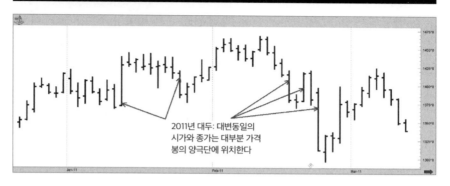

그림 2.19 대두: 대변동일과 소변동일

2011년 대두: 대변동일의
시가와 종가는 대부분 가격
봉의 양극단에 위치한다

# 추세 이용하기-유용한 두 번째 가격 패턴

　시장이 상승세인가 아니면 하락세인가? 앞으로 가격이 상승할 가능성이 큰가 아니면 하락할 가능성이 큰가? 미래 가격 추이를 가늠하는 데 도움이 될 만한 도구나 요소가 존재하기는 하는가? 이것은 너무도 중요한데도 매매가 시작된 이래로 트레이더들이 답을 얻지 못했던 질문이다.

　일반적으로 소변동 이후 대변동이 발생한다는 규칙을 배웠듯이, 특정 기간이나 시장 혹은 국가를 불문하고 주식 및 상품 가격이 어떻게 움직이는지를 설명하는 또 다른 기본 규칙이 존재한다.

　따라서 우리는 시장 추세 분석과 관련해 처음으로 알게 된 사실에서 시작하겠다. 기본 원칙은 가격이 저점에서 고점 방향으로 움직이면 하루의 가격 변동폭 내에서 종가의 상대적 위치도 움직인다는 점이다. 이때 5분봉이나 시봉 혹은 주봉 등 어떤 봉 차트를 이용하느냐는 중요하지 않다. 어떤 차트든 동일한 규칙이 적용된다.

　시장 저점이 형성되면 당일 가격폭의 저가 혹은 저가에 근접한 수준에서 당일(혹은 다른 기간 틀) 종가가 형성된다. 그러다 갑자기 가격이 반등하기 시작하고 이 반등세가 명확해지면서 주요 가격 점 간의 관계 변화가 두드러진다. 이 변화를 구체적으로 말하자면, 상승세가 진행될수록 일봉에 표시되는 종가의 위치가 더 높아진다. 그림 2.20은 이런 관계 변화를 잘 보여준다.

> **시장이 바닥을 칠 때 종가가 일일 저가 혹은 저가 부근에 형성되고, 시장이 천장을 찍을 때 일일 고가 혹은 고가 부근에 종가가 형성된다.**

시장 정보가 적은 사람들은 '스마트 머니smart money'가 시장에 들어오면 추세가 전환된다고 생각한다. 그러나 이는 사실과 다르다. 오랜 친구인 톰 디마크가 이런 말을 했다. "시장이 바닥을 치고 오르는 이유는 사는 사람이 유입돼서가 아니라 더 이상 팔 사람이 없기 때문이다."

거의 매일 혹은 특정 기간을 기준으로 한 가격 봉에서 매수자와 매도자 간의 이런 관계성을 확인할 수 있다. 1965년에 처음으로 밝혔던 내 시장 매매 규칙은 당일 고가에서 종가까지의 가격 하락폭은 매도자를 대변하고, 당일 저가에서 종가까지의 가격 상승폭은 매수자를 대변한다는 사실이었다. 즉 주어진 기간의

**그림 2.20 상승세와 함께 당일 가격폭 내의 종가 위치에 관계 변화가 일어난다**

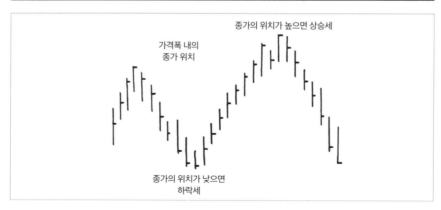

종가의 위치가 높으면 상승세

가격폭 내의
종가 위치

종가의 위치가 낮으면
하락세

매도자 세력, 즉 매도세는 당일 고점에서 종가까지의 가격 변동으로 나타나고, 매수세는 종가와 저가 간의 차이로 나타난다는 사실이었다. 즉, 종가와 저가 간의 차이는 매수세의 강도를 나타내고 종가와 고가 간의 차이는 매도세가 가격에 미치는 영향을 나타낸다.

이상의 내용이 OBV 차트를 이해하려고 노력하는 과정에서 터득한 사실이었다. OBV는 조 밀러와 돈 사우사드가 시작했고 딘 위터<sub>Dean Witter</sub>의 손을 거치며 다듬어진 매매 기법이다. 1960년대 초부터 1970년대 중반에 활동하던 트레이더는 커피를 마시며 잡담 나눌 장소나 찾아다니는 한가한 노인들처럼 그저 거래소에 둘러앉아 당일 이뤄진 모든 거래 내역이 담긴 티커 테이프<sub>ticker tape</sub>(가격과 거래량이 표시된 주식 시세표-역주)를 들여다보며 빈둥대는 수준이었다.

이곳에 매일 나타나 유용한 정보를 알려주는 노인이 두 명 있었는데 한 사람은 잭<sub>Jack</sub>이었고 또 한 사람은 머리<sub>Murray</sub>였다. 우리는 한마디라도 놓칠세라 이 두 사람이 하는 말을 아주 열심히 들었다. 둘 중 연장자였던 머리는 1929년 시장 붕괴 당시 중역실 서기였으며 시장 붕괴 첫날 뱅크오브아메리카<sub>Bank of America</sub> 주가가 정확히 100포인트 하락했던 상황을 떠올렸다. 젊은 시절의 머리가 중역실에서 분필로 A 종목의 최신 가격 B를 썼다가 금방 지우고 더 하락한 가격으로 바꿔 쓰는 모습이 그려진다. 머리는 당시 매매 간 최대 가격 하락폭이 23포인트였다고 말했다.

다른 한 명인 잭이 입에 달고 살았던 말도 이와 크게 다르지 않는데 그때 했던 말이 내 귀에 아직도 생생하다. 잭은 적어도 하루에 한 번은 이렇게 말하곤 했다. "떨어지는 칼은 절대 잡으려 하면 안 돼." 그러고는 또 이렇게 덧붙였다. "칼이 바닥에 완전히 떨어지고 미세한 진동마저 끝날 때까지 기다려. 그런 다음에 칼을 집어 들어야 해. 지난 50년 동안 손실을 낸 사람들을 지켜보면서 배운 가장 소중한 교훈이지."

이 교훈을 따르자면 단기 트레이더는 가격이 폭락 중일 때는 매수해서는 안 된다. 달려오는 화물 열차 앞을 막아서지 말라는 의미다. 나는 주가가 '바닥을 친' 시점과 추세 전환 지점을 알 수 있다고 자만하다 손실을 많이 봤다. 트레이더 초창기의 내 매매 계좌가 내게는 저점이라든가 전환점을 딱딱 알아맞히는 재주가 없었음을 보여주는 확실한 증거인 셈이다.

수년이 지나 결국은 나도 천장과 바닥을 찾으려 하지 말아야 한다는 사실을 배웠지만, 이것은 시장에서 실제로 어떤 일이 벌어지는지 또 이런 시장 작동 기제를 어떻게 이용해야 하는지를 완전히 이해하고 나서야 비로소 알게 된 사실이었다. 점점 줄어드는 계좌 잔고를 보고서 급락 장세에서의 매수가 무모한 시도였음을 깨달았지만, 솔직히 왜 그런지 이유는 몰랐다. 물론 지금은 안다.

그림 2.21을 보면 이 교훈이 실제 매매에서 얼마나 가치가 있는지 알 수 있다. 나는 비싼 대가를 치르고 어렵사리 배웠지만, 여러분은 아까운 시간과 돈을 낭비하지 않고 쉽게 배울 수 있다! 그림 2.21은 실제 시장에서 거래되는 커피의 가격 추이를 나타내며 하루 동안의 가격 변동이 오른쪽에 표시한 봉에 반영돼 있다.

표를 보면 알 수 있듯이 시장 개장과 함께 시가가 형성됐고 가격이 하락하며 저가를 찍었다. 다시 가격이 상승해 고가를 찍었다가 매물이 쏟아졌고 장이 마감됐다. 시장에서 매일 매수자와 매도자 간에 '전쟁'이 벌어진다는 사실은 다들

**그림 2.21 커피(15분봉)**

제공: 내비게이터(제네시스 파이낸셜 데이터 서비스)

알고 있을 것이다. 이제 여러분은 매수자와 매도자를 어디서 어떻게 찾아야 하는지도 안다. 그러나 무엇보다 관계 변화에 대해 알게 됐다는 점이 중요하다. 종가가 가격 봉의 위쪽에 형성될수록 천장에 가까워지고, 봉의 아래쪽에 형성될수록 바닥에 가까워진다. 이와 관련한 시장 규칙이 두 가지 있다.

**1. 거의 모든 시장 고점은 시장이 당일 고가에서 마감되거나 마감된 직후에 형성될 수 있다.**

**2. 거의 모든 시장 저점은 시장이 당일 저가에서 마감되거나 마감된 직후에 형성될 수 있다.**

이해가 됐는가? 그렇다면 실전 사례를 통해 이런 이론적 개념이 어떻게 구현되는지 살펴보자. 그림 2.22는 1982년부터의 미 재무부 채권 시장의 가격 차트다. 찾기 어렵지 않으니 차트에서 가격 변곡점을 찾아 살펴보면서 가격 상승세 및 하락세가 끝났을 때 혹은 끝나기 직전에 형성되는 높은 종가 마감일과 낮은 종가 마감에 초점을 맞춰보라. 이해가 됐는가? **일일 종가가 당일 고가 부근에서 형성됐다는 사실만 보고도 상승세가 끝났음을 예감할 수 있다. 마찬가지로 당일 저가 부근에서 종가가 형성되면 하락세의 끝을 예고하는 신호일 수 있다.**

이는 특정한 상황에서만 발생하는 일도 아니고 다음에 제시할 몇몇 사례에서 확인할 수 있듯이 일봉 차트에만 국한된 것도 아니다. 그림 2.23부터 그림 2.27까

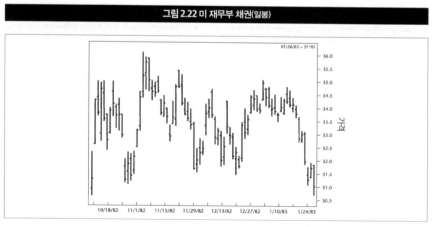

**그림 2.22 미 재무부 채권(일봉)**

제공: 내비게이터(제네시스 파이낸셜 데이터 서비스)

지는 S&P500의 15분봉 차트부터 차례로 60분봉 차트, 일봉 차트, 주봉 차트, 월봉 차트를 나타낸 것이다. 각 차트에서도 앞서와 동일한 현상이 나타난다. 일일 종가가 가격 봉의 고가에 가까운 지점에 형성될수록 그리고 그런 봉이 여럿 등장할수록 시장 고점에 근접해진다.

기간과 관계없이 시장 저점 형성은 위와 정반대로 진행된다. 종가가 가격 봉의 아래쪽에 형성될수록 시장의 상승 반전에 더 가까워진다. 이것이 시장 현실이고 투기 세계가 작동하는 방식이다. 언제나 그랬고 앞으로도 항상 그럴 것이다.

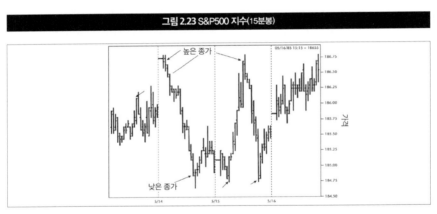

**그림 2.23 S&P500 지수(15분봉)**

제공: 내비게이터(제네시스 파이낸셜 데이터 서비스)

**그림 2.24 S&P500 지수(60분봉)**

제공: 내비게이터(제네시스 파이낸셜 데이터 서비스)

그림 2.25 S&P500 지수(일봉)

제공: 내비게이터(제네시스 파이낸셜 데이터 서비스)

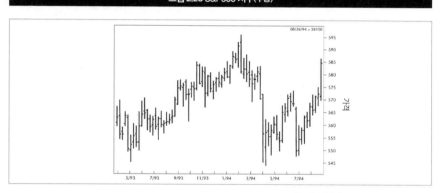

그림 2.26 S&P500 지수(주봉)

제공: 내비게이터(제네시스 파이낸셜 데이터 서비스)

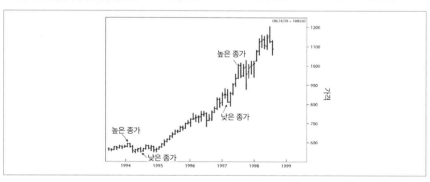

그림 2.27 S&P500 지수(월봉)

제공: 내비게이터(제네시스 파이낸셜 데이터 서비스)

이 장에서 가장 강조하고 싶었던 사실은 이 책을 읽는 것뿐만 아니라 다른 자료 및 차트를 보며 공부하는 것이 매우 중요하다는 점이다. 그림 2.28(2011년 대두유 차트)에서 보듯이 시장 매매는 비슷한 방식으로 진행된다.

이런 특수한 관계를 관찰해 연구할 수 있도록 가능한 한 많은 차트를 보기를 권한다. 시장이 천장을 찍는 이유는 매도 압력 때문이 아니라 더 살 만한 매수자가 없기 때문이다. 바닥을 치는 이유는 이와는 정반대다. 즉 모두가 팔 만큼 팔아버려서 종가가 당일 저가 부근에 형성되면 주가가 반등하며 상승 반전할 가능성이 높다.

이 책에서 설명한 수많은 매매 기법이 거의 그렇듯이 시장이 움직이는 방식에는 예나 지금이나 변화가 없다.

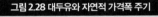

그림 2.28 대두유와 자연적 가격폭 주기

# 제 3장

# 단기 매매 비법

*long-term*
*secrets*
*to short-term*
*trading*

•

단기 매매 '비법'은 다름 아니라 매매 기간을 짧게 가져갈수록
이익은 줄어든다는 사실을 명심하라는 것이다.

•

장 서두의 문장은 씁쓸하지만 진실이다. 지금까지의 투자 결과를 돌이켜보라. 하루 만에 큰돈을 챙긴 적이 있었던가? 물론 불가능한 일은 아니다. 억세게 운이 좋아서 단번에 큰 이익을 낸 적이 있다 하더라도 그런 일이 과연 몇 번이나 될까? 그렇게 많지는 않으리라 생각한다. 인생의 이익에 관한 보편적인 규칙은 투기의 이익과 관한 보편적인 규칙과 별반 다르지 않기 때문이다. 즉 **이익을 늘려가려면 시간이 필요하다.**

　간단한 산수만으로도 금방 이해할 수 있는 부분이다. 이익이 발생하려면 큰 폭의 가격 변동이 전제돼야 하는데 단기 트레이더는 그런 기회를 포착할 시간이 처음부터 몇 시간 정도로 제한돼 있다. 따라서 단기 트레이더는 시장에 들어가고 나오는 시점을 정확히 포착해야 한다. 한 치의 오차도 허용되지 않는다.

　단기 트레이더가 큰돈을 벌려면 포지션 크기를 늘려야 한다. 가격이 크게 변동하는 상황은 그리 빈번하지 않기 때문이다. 간단한 예를 하나 들어보겠다. 은 선물 포지션 크기를 5로트$_{lot}$(표준 거래 단위 혹은 계약 단위-역주)로 하면 다음 달에 5만 달러를 벌 수 있다. 그러나 다음 달이 아니라 바로 내일이라면 5만 달러를 버는 일은 사실상 불가능하다. 은 선물 시장에서 당장 내일 5만 달러 이익을 내려면 포지션 크기를 늘리는 외에 다른 방법은 없다.

　이런 수치는 물론 상대적이다. 내게는 큰 이익이라도 다른 사람에게는 아주 작은 이익일 수 있다. 반대로 내게는 미미한 이익이지만, 다른 사람에게는 아주 큰 이익일 수도 있다. 이렇듯 구체적 수치는 달라도 규칙은 영원하다. 즉, 단기 트레이더가 크게 이익을 내려면 포지션 크기를 늘리는 방법 외에는 없다.

그러나 여기에 문제가 있다. 포지션이 크면 손실 위험도 커진다. 은 선물 포지션을 5로트로 할 때 손실 한도를 5만 달러로 가져가는 것은 어리석은 일이다. 나라면 아마도 5,000달러 정도의 손실에서 손절할 것이다. 그러나 일반적인 단기 트레이더들의 손익비(위험 대 보상 비율risk/reward ratio)는 재앙에 가까운 수준이다. 그들의 평균 수익은 평균 손실과 엇비슷하니 말이다. 크게 걸면 어느 순간에는 크게 잃을 수밖에 없다. 그리고 매매는 크게 잃으면 완전히 빈털터리가 되는 게임이다.

여기서 반드시 새겨야 할 사실이 있다. 모든 이익은 추세에서 나온다는 점이다. 추세가 없으면 이익도 없다. 추세는 시간의 함수다. 따라서 매매 포지션을 유지하는 시간이 길수록 포착할 수 있는 추세 변동폭도 커진다. 이런 관계성을 고려할 때 데이 트레이더day trader는 시간적 측면에서 명백히 불리하다. 시간은 이들의 '적'이다. 당일 장 마감 시점이면 시장에서 나와야 하기에 이들이 활용할 추세 변동폭에도 한계가 있다. 반면 우리 같은 포지션 트레이더position trader(몇 주 혹은 몇 개월 동안 가격 변동 추이를 지켜보며 매매하는 트레이더-역주)에게 시간은 '친구'이며, 시간을 이용해 이득을 본다는 사실을 우리는 알고 있다.

**시간이 다할 때까지 이 규칙은 영원할 것이다.**

성공하는 트레이더는 시장 가격의 움직임은 시간에 비례한다는 사실을 잘 알고 있다. 1분이면 아주 조금 움직이고 5분이면 좀 더 움직이며 60분이면 당연히 더 많이 움직인다. 하물며 하루 혹은 일주일이면 시장 변화 폭이 어느 정도일지는 더 말할 필요도 없다. 그런데 실패하는 트레이더는 아주 짧은 시간 안에 매매를 마치려 한다. 자연히 이익 잠재력이 제한될 수밖에 없다.

결과적으로 이들은 '이익 제한, 손실 무제한'이라는 최악의 시나리오를 만든다. 단기 매매에서 처참한 성과를 내는 사람이 왜 그리 많은지 답이 나오는 대목이다. 이들은 때때로 브로커나 시스템 판매상의 부추김에 넘어가서 당일 장중 고점과 저점을 포착하면 큰돈을 벌 수 있다는 허울 좋은 명목으로 승산 없는 게임 틀 안에 스스로를 가둔다. 당일 매매를 완료하고 밤중에는 아무것도 보유하지 않음으로써 중요한 변화나 뉴스에 노출되지 않고 손실 위험을 줄일 수 있다는 등의 표면상 그럴싸한 주장이 이 같은 명목에 더욱 힘을 실어준다.

그러나 이는 완전히 잘못된 생각이다. 두 가지 이유가 있다.

첫째, 손실 위험은 얼마든지 통제가 가능하다. 단기 매매에서 위험을 통제하는 '유일한' 방법은 포지션을 청산할 손절가를 미리 정하는 것뿐이다. 물론 다음 날 아침에 이 손절가보다 훨씬 높은 가격으로 시장이 갭 상승하며 출발할 수도 있지만, 이는 매우 드문 일이다. 설사 이런 일이 발생하더라도 적절한 손절가와 손실 매매를 청산하려는 단호한 의지만 있으면 손실 규모를 줄일 수 있다. 패자는 손실 포지션을 계속 붙들고 있지만, 승자는 과감하게 털고 나온다.

포지션을 취할 때 손절 가격을 정해놓으면 그 수준으로 손실 규모가 제한된다. 시장에 진입하는 시점과 방식에 관계없이 손절가로 위험을 통제하는 셈이다. 그러면 신고가에서 매수하든 신저가에서 매수하든 위험 수준은 동일하다.

더 중요한 두 번째 이유는 당일 장 마감 시 포지션을 청산하거나 5분이나 10분 차트에서와 같은 인위적 중단점에서 매매를 끝내면 이익 잠재력이 현저하게 제한된다는 점이다.

포지션을 당일만 보유하면 포지션을 당일만 보유하면 투자 이익을 늘리는 데 필요한 절대적 시간이 제한된다. 다음 날 시장이 자신에게 불리하게 출발할 때도 간혹 있지만, **밤새 포지션을 보유한다는 정도**正道**를 지키면** 다음 날 시장은 대부분 우리에게 유리하게 시작된다.

패자는 손실 포지션을 계속 끌어안고 있는 것이 매매라는 게임에서 승자와 패자의 차이점이라고 말했던 것을 기억하는가? 또 다른 차이점이 있다. 승자는 이익 포지션을 계속 유지하는 반면에 패자는 이익 포지션을 너무 일찍 청산한다. 패자들은 마치 이익이 난 포지션을 못 견뎌 하는 것처럼 보일 지경이다. 이익이 난다 싶으면 만족감을 주체 못하고 해당 포지션을 너무 빨리 (대체로 시장에 들어간 바로 그날) 털어버린다.

매매의 승자들처럼 포지션을 오래 유지할수록 이익 잠재력이 증가한다는 사실을 깨닫지 못하면 큰돈을 벌기는 어렵다. 농부는 작물을 심고 나서 몇 분마다 땅을 파헤쳐 그 작물이 얼마나 자랐는지 확인하는 짓은 하지 않는다. 잘 심은 다음에는 알아서 잘 자라게 내버려둔다. 우리 같은 트레이더도 작물이 자라나는 과정을 보며 많은 것을 배울 수 있다. 트레이더로 성공하는 일도 이와 다르지 않다. 승자가 되는 데도 시간이 걸린다.

## 시간 요소의 중요성

방금 말한 내용은 투자에 관한 한 너무도 명백한 절대적 진리다. 이익이 나는 데는 시간이 걸리는 법이다. 그러므로 단기 트레이더는 '단기'라는 용어의 본질적 속성상 이익 기회에 한계가 생길 수밖에 없다.

단기 트레이더는 시장의 단기 변곡점을 포착할 수 있고 가격이 움직이는 방향을 대부분 예측할 수 있으며 시장 고점과 저점 그리고 가격이 천장과 바닥에 도달하는 시점을 정확히 예측할 수 있다고 믿는다. 그러나 실제로는 그렇지가 못하다. 유감스럽게도 이런 예측에는 일관성이 없다. 이런 예측이 가능하리라는 믿음은 단기 트레이더의 헛된 꿈이자 몽상일 뿐이다.

하지만 너무 실망하지는 마라. 수년간의 시장 분석과 매매 경험을 통해 나는 단기 이익 매매 비법이라 할 시장 구조에 관한 핵심적 사실을 알게 됐다.

이제는 다음 내용을 다 이해했으리라고 본다. ①단기적 가격 변곡점은 예측이 어렵고 ②매매 시 손실을 제한해야 하며 ③단기 트레이더는 자신에게 유리한 방향으로 큰 폭의 가격 변동이 있을 때만 좋은 성과를 낼 수 있고 ④이익을 내는 데는 시간이 필요하기 때문에 트레이더는 시간을 '친구'로 삼아야 한다.

단기 매매로 큰 이익을 내려면 자신에게 가장 유리한 단기 가격 변동 상황이 보통 얼마나 지속되는지 감지할 수 있어야 한다. 이는 시간 요소만의 문제가 아니며 가격 요소도 함께 고려해야 한다. 천국으로 직행하는 직선도로가 없듯이, 가격이 다른 지점으로 움직일 때 곧바로 움직이지는 않는다. 여기서 답해야 할 질문은 이것이다. "이와 같은 가격과 시간 간의 균형을 대체로 대변하는 지표는 무엇인가?" 여기서는 '대체로'라는 단어에 주목할 필요가 있다. 요컨대 상상 이상으로 가격 변동폭이 커지고 변동 기간이 길어질 때가 아주 많다. 또 반대로 시장 흐름과의 '싸움'에서 승기를 잡았다고 생각하는 순간 가격 변동세가 급격히 꺾일 때도 적지 않다.

이상의 모든 사실을 바탕에 깔고 지금부터 내가 첫손에 꼽는 단기 매매 비법을 설명하겠다. 이 비법의 핵심은 가격과 시간이라는 두 가지 주요 변동 인자 간의 균형점 찾기에 있다. 비법은 크게 두 가지로 구성된다.

1. 대변동일에만 이익이 난다.
2. 대변동일이 상승 대변동일이면 대체로 고가나 고가 근처에서 종가가 형성되고, 하락 대변동일이면 대체로 저가나 저가 근처에서 종가가 형성된다.

여전히 몽상 속을 헤매는 단기 트레이더에게 일간 가격 변동성에 관한 진실을 기꺼이 알려주고자 한다. 이들이 내가 전하는 비법을 제대로 이해할지 의심스럽기는 하다. 제대로 이해했더라도 이 작업은 상당히 어렵고 때로는 좌절감도 느끼게 하는 만만치 않은 일이다. 앞서 언급했던 두 고수 역시 시세표 읽기에 관한 정보와 오랜 시장 지식을 바탕으로 했음에도 시세표를 보며 시장 흐름을 정확히 알아내는 능력에서 여느 트레이더들과 크게 다를 바가 없었다. 시장 추이를 관찰하는 도구가 시세표에서 호가 단말기로 바뀌었으나 게임의 규칙은 그대로다. 따라서 어려움의 정도 역시 그대로다. 하루 7시간 동안 호가 단말기 앞에 앉아 숫자와 씨름하며 시장 추세를 예측해보지만, 대부분이 잘못된 예측으로 드러난다. 이보다 스트레스가 심한 작업이 또 어디 있겠는가!

# 이른바 잘나간다는 트레이더

이른바 잘나간다는 트레이더가 자금을 운용해 주겠다며 내게 접근하는 일이 1년에 두 번쯤 있다. 그들은 이런 단기 변동성에서 이익을 낼 수 있다고 호언장담한다. 35년 동안 해마다 두 명이라 치면, 지금 내가 여러분에게 알려주고자 하는 사실을 총 70번이나 몸소 배운 셈이다. 이들이 말하는 대로 단기 가격 변동에서 큰 이익을 낼 수 있다고는 생각하지 않는다. 내가 일단 강조하고픈 것은 매매 시스템이나 기계적 접근법 없이는 단기 변동성에서 큰 이익을 낼 수 없다는 점이다.

유난히 뛰어난 '직감'으로 이익을 내는 트레이더들이 종종 있기는 하다. 그러나 그런 직감은 머지않아 그들을 망치며, 다른 사람에게 전수할 수 있는 성질의 것도 아니다. 그러나 내 방법은 다르다. 내가 전수하는 비법은 다른 사람들이 얼마든지 따라 할 수 있다.

나는 시장의 모든 날이 다음 세 가지 유형 가운데 하나라는 사실을 염두에 두고 매매를 한다. 세 가지 유형이란 ① 소규모 이익이나 손실이 발생하는 소변동일, ② 내가 취한 포지션과 정반대 방향으로 가격이 움직이는 날 그리고 ③ 대변동일이다. 특히 대변동일에는 내가 취한 포지션이 옳은 방향이면 상승일의 고점에 근접한 지점에서 혹은 하락일의 저점에 근접한 지점에서 종가가 형성된다. 대변동일의 고가나 저가가 어느 정도에서 형성될지는 아무도 예측할 수 없지만, 대부분의 대변동일에서 고가나 저가와 같은 극단 부근에서 종가가 형성되고 장이 마감된다는 사실은 충분히 예측이 가능하다. 즉 이런 대변동일의 장

중에 매도와 매수를 반복하는 이른바 찔러보기식의 조급한 매매는 바람직하지 않다.

아래 차트를 통해 대변동일에 관한 내 의견을 증명할 수 있다. 그림 3.1부터 3.6은 각기 다른 기간 및 다양한 시장을 대상으로 한 구리, 면화, 대두, 삼겹살, 금, 미 재무부 채권의 가격 차트다. 각 차트를 세심하게 살펴보면서 대변동일에 초점을 맞춘 다음에 그날의 시가와 종가 위치에 주목하라.

상승 마감한 대변동일 대부분에서 시가는 당일 저가 부근에서, 종가는 고가 부근에서 형성됐을 것이다. 하락 마감한 대변동일에는 이와는 정반대 현상이

**그림 3.1 고급 구리(일봉)**

제공: 내비게이터(제네시스 파이낸셜 데이터 서비스)

**그림 3.2 면화(일봉)**

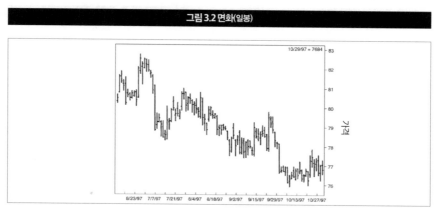

제공: 내비게이터(제네시스 파이낸셜 데이터 서비스)

## 그림 3.3 대두(일봉)

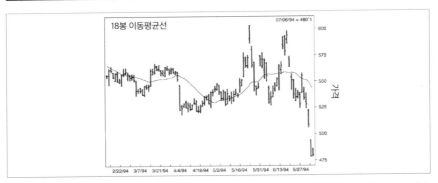

제공: 내비게이터(제네시스 파이낸셜 데이터 서비스)

## 그림 3.4 삼겹살(일봉)

제공: 내비게이터(제네시스 파이낸셜 데이터 서비스)

## 그림 3.5 Comex 거래소 금(일봉)

제공: 내비게이터(제네시스 파이낸셜 데이터 서비스)

그림 3.6 미 재무부 채권(일봉)

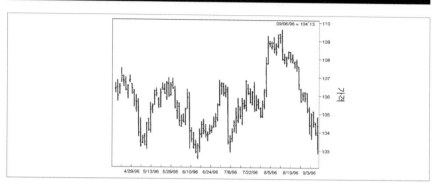

제공: 내비게이터(제네시스 파이낸셜 데이터 서비스)

나타난다. 즉, 시가는 고가 근처에서 형성되고 종가는 저가 근처에서 형성된다.

**이 모든 사실을 종합해보면 단기 트레이더로서 가장 유리한 이익 매매 전략은 장 마감 시까지 포지션을 유지하는 방법이다.**

이 부분은 아무리 강조해도 지나치지 않다. 내가 실제로 사용하는 전략 가운데 이익이 가장 많이 발생하는 단기 매매 전략은 시장에 진입해서 보호적 손절 가격을 설정한 후 시장에서 눈을 돌리고 기다리다가, 장이 마감될 때 종가에서 청산하거나 더 나중에 청산하는 것이다. 운 좋게 대변동일을 맞이한다면 이 전략을 이용해 큰 시장 변동성을 포착하여 소변동일에서 놓친 성과를 충분히 벌충할 수 있다. 마감 시까지 참지 못하고 시장을 춤추듯이 들락날락하면, 마감 시까지 진득하게 포지션을 유지할 때만큼 이익을 내지 못한다. 그렇게 화려하게 춤추듯 매매할 때마다 나는 비싼 대가를 치러야만 했다.

## 핵심 사실 증명

좀 더 확실하게 증명하자는 차원에서 그림 3.7부터 3.9까지 살펴보기로 한다.

S&P500을 대상으로 한 단순한 시스템 매매 결과를 보여주는 차트다. 매매 규칙은 단순하다. 매주 월요일에 시가가 전주 금요일 종가보다 낮으면 매수한다. 이는 단기 매매 시스템을 구축하는 출발점에 불과하므로 이 매매의 결과 혹은 이 시스템을 너무 맹신하지는 마라. 장 마감 시까지 포지션을 유지하면 큰 이익을 낼 수 있다는 사실을 알면 크게 도움이 된다는 것이 핵심이다.

그림 3.7은 대다수 단기 트레이더가 무엇을 하려 하는지를 보여준다. 즉 그들은 하루에 약 500달러의 이익 목표치를 잡고 '익절'하려 한다. 손절가는 3,000달러(액수가 크지만 어쩌겠는가, S&P500처럼 변동성이 큰 시장에서는 이 정도를 각오해야 한다)나 되지만, 이익금은 자동으로 500달러로 제한된다. 이익 매매 비율은 59%로 높은 편이기는 하나 평균 손실 대비 평균 이익의 비율(손익비)이 0.61로 작아 결과적으로는 8,150달러의 손실이 발생한다.

그림 3.8은 이익 목표치가 1,000달러라는 점을 제외하고 나머지는 다 동일하

**그림 3.7 이익 목표치를 500달러로 한 매매: 손실이 발생한다**

자료: S&P500 IND-9967 6/98

기간: 1982년 7월 2일~1998년 8월 24일

| Num. | Conv. | P. Value | Comm | Slippage | Margin | Format | FileName |
|------|-------|----------|------|----------|--------|--------|----------|
| 149 | 2 | $2,500 | $50 | $0 | $3,000 | CServe | F58 |

| | | | | |
|---|---|---|---|---|
| 총순이익 | -$8,150.00 | | | |
| 총이익 | $84,875.00 | 총손실 | -$93,025.00 | |
| 총매매 횟수 | 389 | 이익 매매 비율 | 59% | |
| 이익 매매 횟수 | 232 | 손실 매매 횟수 | 157 | |
| 최대 이익 매매 | $450.00 | 최대 손실 매매 | -$3,050.00 | |
| 평균 이익 매매 | $365.84 | 평균 손실 매매 | -$592.52 | |
| 평균 손실 대비 평균 이익 비율 | 0.61 | 평균 매매(이익&손실) | -$20.95 | |
| 최다 연속 이익 매매 | 19 | 최다 연속 손실 매매 | 7 | |
| 이익 매매 평균 봉 수 | 0 | 손실 매매 평균 봉 수 | 0 | |
| 최대 계좌 잔고 감소액 | -$12,837.50 | 일중 최대 잔고 감소액 | -$12,837.50 | |
| 이익률 | 0.91 | 최대 보유 계약 수 | 1 | |
| 필요 계좌 크기 | $15,837.50 | 잔고 회수율 | -51% | |

**그림 3.8 이익 목표치를 1,000달러로 한 매매: 평균 매매 이익 35달러**

자료: S&P500 IND-9967 6/98

기간: 1982년 7월 2일~1998년 8월 24일

| Num. | Conv. | P. Value | Comm | Slippage | Margin | Format | FileName |
|------|-------|----------|------|----------|--------|--------|----------|
| 149 | 2 | $2,500 | $50 | $0 | $3,000 | CServe | F58 |

| | | | |
|---|---|---|---|
| 총순이익 | $13,737.50 | | |
| 총이익 | $115,537.50 | 총손실 | -$101,800.00 |
| 총매매 횟수 | 389 | 이익 매매 비율 | 55% |
| 이익 매매 횟수 | 217 | 손실 매매 횟수 | 172 |
| 최대 이익 매매 | $950.00 | 최대 손실 매매 | -$3,050.00 |
| 평균 이익 매매 | $532.43 | 평균 손실 매매 | -$591.86 |
| 평균 손실 대비 평균 이익 비율 | 0.89 | 평균 매매(이익&손실) | $35.31 |
| 최다 연속 이익 매매 | 9 | 최다 연속 손실 매매 | 7 |
| 이익 매매 평균 봉 수 | 0 | 손실 매매 평균 봉 수 | 0 |
| 최대 계좌 잔고 감소액 | -$8,887.50 | 일중 최대 잔고 감소액 | -$8,887.50 |
| 이익률 | 1.13 | 최대 보유 계약 수 | 1 |
| 필요 계좌 크기 | $11,887.50 | 잔고 회수율 | 115% |

**그림 3.9 당일 종가에서 청산한다는 기본 규칙을 따른 매매: 평균 매매 이익 100달러**

자료: S&P500 IND-9967 6/98

기간: 1982년 7월 2일~1998년 8월 24일

| Num. | Conv. | P. Value | Comm | Slippage | Margin | Format | FileName |
|------|-------|----------|------|----------|--------|--------|----------|
| 149 | 2 | $2,500 | $50 | $0 | $3,000 | CServe | F58 |

| | | | |
|---|---|---|---|
| 총순이익 | $39,075.00 | | |
| 총이익 | $145,937.50 | 총손실 | -$106,862.50 |
| 총매매 횟수 | 389 | 이익 매매 비율 | 53% |
| 이익 매매 횟수 | 210 | 손실 매매 횟수 | 179 |
| 최대 이익 매매 | $6,575.00 | 최대 손실 매매 | -$3,050.00 |
| 평균 이익 매매 | $694.94 | 평균 손실 매매 | -$597.00 |
| 평균 손실 대비 평균 이익 비율 | 1.16 | 평균 매매(이익&손실) | $100.45 |
| 최다 연속 이익 매매 | 9 | 최다 연속 손실 매매 | 7 |
| 이익 매매 평균 봉 수 | 0 | 손실 매매 평균 봉 수 | 0 |
| 최대 계좌 잔고 감소액 | -$6,550.00 | 일중 최대 잔고 감소액 | -$6,550.00 |
| 이익률 | 1.36 | 최대 보유 계약 수 | 1 |
| 필요 계좌 크기 | $9,550.00 | 잔고 회수율 | 409% |

다. 이번에도 총매매 건수는 389건으로 동일하지만 이번에는 돈을 벌었다. 총순이익은 1만 3,737달러고 평균 매매 이익은 작지만 소중한 35달러다. 이 계산에서 수수료commission로 50달러를 공제했다(이 책에서 제시한 모든 시험 매매 사례에 동일하게 적용됨). 1만 3,737달러의 총순이익을 내는 동안 최대 계좌 잔고 감소액은 8,887달러였고, 이익 매매 비율은 55%였다.

마지막으로, 나의 기본 매매 규칙을 적용해보자(그림 3.9). 우리는 이익 목표치를 따로 두지 않고 장 마감 시까지 포지션을 유지하다가 종가에서 청산함으로써 큰 이익을 남길 수 있다. 총순이익을 3만 9,075달러, 평균 매매 이익을 100달러나 남겼으니, 얼마나 큰 차이인가! 이익 목표치를 1,000달러로 제한할 때(그림 3.8)보다 세 배나 더 나은 성과다. 최대 계좌 잔고 감소액은 6,550달러로, 이익 목표치를 500달러로 잡았을 때(그림 3.7)의 1만 2,837달러에 비하면 훨씬 작은 수준이다.

이상에서 드러나는 사실은 너무도 명확하다. 트레이더 간에 효과가 있는 방식과 효과가 없는 방식에 관해 온종일 갑론을박을 벌일 수는 있지만, 여기 제시한 사실을 꼼꼼히 들여다보면 결국 내 주장에 힘이 실린다. 요컨대 **시장을 들락날락하지 말고 인내심을 갖고 포지션을 유지하면 이익이 발생할 기회가 생긴다.**

나는 최소한 장 마감 시까지는 포지션을 유지한 후 청산한다. 누군가 단기 가격 변동을 모두 예측하여 '주름을 펴서 먹는' 불가능한 일을 해내지 않는 한 단기 트레이더에게 이보다 더 좋은 전략은 없을 것이다. 이렇게 하면 고수익 발생 기회가 있는 대변동일을 포착할 수 있기 때문이다. 세 가지 시험 매매 결과(그림 3.7~3.9)의 유일한 차이점은 매매 포지션을 유지하는 기간이다. 즉 **보유 기간이 짧을수록 이익을 낼 기회는 줄어든다.** 이 기본 규칙을 잊지 마라.

# 고수익을 올리는 방법

종가를 지나 마감 이후까지 포지션을 유지하면 더 많은 이익이 발생한다. 다만 이는 전에 헌 말, 즉 이익이 발생하려면 시간이 필요하다는 말이 타당하다는 전제 아래서 그렇다. 개별 시장에 관해 논하면서 이런 수익성 매매에서 이익을 더 늘릴 수 있는 좀 더 구체적인 방법을 제시할 것이다.

내 주장을 뒷받침할 추가 증거로서 그림 3.10을 제시한다. 이 역시 앞서 살펴본 것들과 동일한 시스템으로, 월요일 시가가 전주 금요일 종가보다 낮을 때 매수하는 상황을 보여준다. 그러나 이번에는 시장 진입 다음 날의 장 마감 또는 애초 설정한 손절가, 둘 중 하나라도 먼저 발생하는 시점까지 포지션을 유지한 후 청산한다. 이 전략을 구사했을 때의 총순이익은 6만 8,312달러였다. 당일 종가에서 청산했을 때(그림 3.9)에 비해 총순이익은 3만 달러가 늘고 평균 매매 이익은 71달러가 증가한 셈이다.

| 그림 3.10 타이밍을 이용한 이익 극대화 – 익일 종가 또는 손절가에서 청산한 매매: 평균 매매 이익 172달러 ||||||||
| --- | --- | --- | --- | --- | --- | --- | --- |

자료: S&P500 IND-9967 6/98
기간: 1982년 7월 2일~1998년 8월 24일

| Num. | Conv. | P. Value | Comm | Slippage | Margin | Format | FileName |
| --- | --- | --- | --- | --- | --- | --- | --- |
| 149 | 2 | $2,500 | $50 | $0 | $3,000 | CServe | F58 |

| | | | | |
| --- | --- | --- | --- | --- |
| 총순이익 | $68,312.50 | | | |
| 총이익 | $224,450.00 | 총손실 | -$156,137.50 | |
| 총매매 횟수 | 397 | 이익 매매 비율 | 55% | |
| 이익 매매 횟수 | 222 | 손실 매매 횟수 | 175 | |
| 최대 이익 매매 | $7,025.00 | 최대 손실 매매 | -$3,500.00 | |
| 평균 이익 매매 | $1,011.04 | 평균 손실 매매 | -$892.21 | |
| 평균 손실 대비 평균 이익 비율 | 1.13 | 평균 매매(이익&손실) | $172.07 | |
| 최다 연속 이익 매매 | 10 | 최다 연속 손실 매매 | 5 | |
| 이익 매매 평균 봉 수 | 0 | 손실 매매 평균 봉 수 | 0 | |
| 최대 계좌 잔고 감소액 | -$11,000.00 | 일중 최대 잔고 감소액 | -$11,000.00 | |
| 이익률 | 1.43 | 최대 보유 계약 수 | 1 | |
| 필요 계좌 크기 | $14,000.00 | 잔고 회수율 | 487% | |

마지막으로 그림 3.11을 살펴보라. 그림 3.11은 시장 진입 6일 후 종가 혹은 손절가까지 포지션을 유지한 상황을 나타낸다. 이 전략에 따른 결과는 내 주장이 틀리지 않았음을 보여준다. 따라서 자주 사고 팔며 작은 변동성의 주름을 다 펴서 먹고 큰돈을 벌겠다는 생각은 폐기해야 한다. 이때는 당일 장 마감 시 청산했을 때(그림 3.9)의 거의 두 배에 달하는 총순이익을 올렸고, 평균 매매 이익은 251달러로 상당히 괜찮은 수준이었다. 다른 조건들은 동일하며, 유일한 차이점은 포지션 유지 기간이라는 점을 기억하라.

이런 상황은 전설적인 트레이더 제시 리버모어<sub>Jesse Livermore</sub>가 가장 정확히 표현했다. "내가 큰돈을 벌 수 있었던 이유는 내 머리가 뛰어나서가 아니라 포지션을 '깔고 앉아' 기다릴 줄 알았기 때문이다. 깔고 앉아라, 비결은 단지 그뿐이다."

리버모어는 이렇게 덧붙였다. "올바르게 판단할 줄 알면서 동시에 끈덕지게

**그림 3.11 타이밍이 정말 중요하다 - 6일 후 종가 또는 손절가에서 청산한 매매: 평균 매매 이익 251달러**

자료: S&P500 IND-9967 6/98

기간: 1982년 7월 2일~1998년 8월 24일

| Num. | Conv. | P. Value | Comm | Slippage | Margin | Format | FileName |
|---|---|---|---|---|---|---|---|
| 149 | 2 | $2,500 | $50 | $0 | $3,000 | CServe | F58 |

| | | | | |
|---|---|---|---|---|
| 총순이익 | $71,600.00 | | | |
| 총이익 | $298,400.00 | 총손실 | -$226,800.00 | |
| 총매매 횟수 | 285 | 이익 매매 비율 | 52% | |
| 이익 매매 횟수 | 151 | 손실 매매 횟수 | 134 | |
| 최대 이익 매매 | $10,750.00 | 최대 손실 매매 | -$4,175.00 | |
| 평균 이익 매매 | $1,976.16 | 평균 손실 매매 | -$1,692.54 | |
| 평균 손실 대비 평균 이익 비율 | 1.16 | 평균 매매(이익&손실) | $251.23 | |
| 최다 연속 이익 매매 | 7 | 최다 연속 손실 매매 | 6 | |
| 이익 매매 평균 봉 수 | 5 | 손실 매매 평균 봉 수 | 4 | |
| 최대 계좌 잔고 감소액 | -$19,725.00 | 일중 최대 잔고 감소액 | -$19,725.00 | |
| 이익률 | 1.31 | 최대 보유 계약 수 | 1 | |
| 필요 계좌 크기 | $22,725.00 | 잔고 회수율 | 315% | |

깔고 앉을 줄도 아는 사람은 흔치 않다."

내가 여지껏 수백만 달러 규모로 이익 매매를 달성할 수 있었던 유일한 방법은 (선택한 매매 기간 내에서) 대변동 흐름을 포착하는 것이었음을 알려주고 싶다. 매매에서 숨 쉬듯 당연하게 발생하는 손실을 벌충하려면 이익이 스스로 불어나도록 내버려둬야 한다. 매매를 하다 보면 필연적으로 손실이 발생한다. 그렇다면 손실을 메우려면 어떻게 해야 하는가? 이 부정적 상황을 극복하는 방법은 두 가지밖에 없다. 하나는 손실 매매의 비율을 많이 낮추는 것이고(적게 지거나), 또 하나는 평균 손실을 훨씬 상회하는 이익을 내는 것이다(많이 벌거나). 더 큰 이익을 가능케 하는 요소는 오직 '시간'뿐이다. 잘 생각한다고 될 일이 아니고, 시장을 자주 들락거린다고 될 일도 아니고, 고점과 저점에서 사고팔고자 노력한다고 될 일도 아니다. 이런 건 다 어리석은 게임 방식이다. 이것은 개인적인 견해가 아니고, 이 장에서 제시했던 단순한 매매 시스템이 분명하게 보여주듯 얼마든지 입증 가능한 명제이다.

지금쯤이면 여러분도 시장이 움직이는 방식(1장)과 가장 중요한 세 가지 주기(2장)에 관해 알았을 테고, 혼돈 속에서 질서를 찾는 '감'이 발달하고 있을 것이다. 그러나 무엇보다도 이번 3장에서 선택한 매매 기간이 끝날 때까지 이익 포지션을 유지해야 한다는 사실을 배웠기 바란다. 나는 2~5일 동안의 가격 변동을 기준으로 매매에 임한다. 눈앞의 이익에 욕심이 생겨 예정보다 빨리 이익을 실현하거나 매매 기간을 넘겼을 때는 어김없이 그 대가를 톡톡히 치렀다.

다음 장에 나올 E-미니E-mini S&P500(소액 개인 투자자용으로 S&P500 지수의 계약 단위를 5분의 1로 축소해 전산 거래가 가능하게 한 선물-역주) 일일 차트에서 확인할 수 있듯이 이는 수년 전이나 지금이나 강력한 매매 법칙이다. 나중에 나온 E-미니 S&P500 패턴은 동일하게 유지된다. 즉 대변동일(단기 트레이더가 이익을 낼 기회)에는 당일 고가나 저가 부근에서 종가가 형성된다. **승기를 잡았다 싶으면 '그 포지션을 털지 말고 유지하라'.** 시장 흐름이 끝나기도 전에 포지션을 청산해버리면 어떻게 대변동 흐름을 포착할 수 있겠는가?

이는 주식 시장 지수에만 국한된 현상은 아니다. 금 차트(그림 3.12) 역시 마찬가지다. 시간은 우리 편이다.

**그림 3.12 금 차트 역시 포지션 유지의 중요성을 보여준다**

대변동일은 고가나 저가 근처에서 종가가 형성된다

**래리의 당부**

이 장에서 말하고자 하는 핵심은 시간은 우리 편이라는 점 그리고 가능한 한 오랫동안 이익 매매 포지션을 유지하게 하는 매매 기제가 필요하다는 점이다.

# 변동성 돌파: 모멘텀 돌파

필요가 발명의 어머니인지 아닌지는 분명치 않지만,
필요가 위험 감수(를 통한 기회 포착)의 아버지인 것만은 분명하다.

이번 장은 최근 수십 년 동안 매매 환경에서 일어난 가장 큰 변화에 대해 다룬다. 장내 매매 시대가 막을 내리면서 전자 매매의 시대로 급격히 전환된 것이다. 새로 등장한 주요 시장 기준을 다시 배우고 익혀야 한다는 차원에서 트레이더로서는 그야말로 녹록지 않은 새로운 세상을 맞이하게 됐다.

1965년부터 1990년대 말까지 활동한 트레이더는 매일의 시가와 그 지점에서 가격이 어떻게 움직이는지에 초점을 맞췄다. 그런데 시가는 해당일 가격 추이의 시발점일 뿐이다.

당시 주식 시장은 매일 오후 4시 15분에 마감해서 다음 날 오전 9시 30분에 개장했다. 따라서 트레이더에게는 주가에 영향을 미칠만한 각종 시장 정보와 뉴스, 당일 사건을 약 18시간 예의주시할 시간이 있었다. 밤중에 매매가 없는 상황에서 시가는 ① 폭발적으로 움직이고 ② 전일 종가에 좀처럼 근접하지 않았으며 ③ 전일 종가와 큰 격차(갭gap)가 있었고 ④ 매매가 시작되는 시발점이었다. 시가에 대한 우리의 이해는 이렇게 시작되었던 것이다.

그림 4.1은 1990년도 S&P500 지수 차트인데 여기서 보듯이 대체로 전일 종가와 시가 간에 큰 격차가 나타난다.

그런데 2011년에는 이런 현상이 더는 나타나지 않는다(금요일 종가와 월요일 시가 간의 가격 격차는 제외. 이런 격차는 실제로 일요일 밤에 벌어지는 현상임). 이 장의 전체 내용보다 차트 하나가 더 많은 사실을 알려줄 수 있다. 그림 4.2에 제시한 'E-미니 S&P' 차트에 초점을 맞춰라.

그림 4.1 1990년의 장내 매매 시장: S&P500의 전일 종가와 시가 간 격차(갭)

전일 종가와 시가 간의
격차

그림 4.2 2011년의 전자 매매 시장: E-미니 S&P의 전일 종가와 시가 간 격차(갭)

= MONDAY

지금은 월요일에만 나타나는
가격 격차. 그 외 요일에는
전일 종가와 시가가 거의 동일함

이처럼 전일 종가와 시가 간 격차(갭)가 사라진 이유는 E-미니 계약은 오후 4시 15분에 마감되고 나서 몇 분 후에 다시 개시되기 때문이다. 따라서 주문 간의 불균형이 발생할 시간이 없다. 게다가 지금은 시가가 늦은 오후에 형성되기 때문에 더 이상 '실제 매매'가 시작되는 기준점이 되지 못한다.

이런 사실은 그림 4.3에 가장 잘 드러난다. 동부 표준시 오후 4시 15분 즈음에 가격폭과 거래량의 변동이 멈추는 부분에 주목하라. 그러고 나서 다시 주문 및 거래 물량이 대규모로 쏟아져 나온다.

그림 4.4에서 보는 바와 같이 트레이더는 다음 날 아침 시장이 다시 활기를 띨 때까지 거래량은 적을지언정 가격 변동이 계속 이어진다는 문제에 직면한다.

그림 4.3 2011년의 전자 매매 시장: 매매 시간에 따라 가격 변동폭이 다르다

오후 4시 15분(EST)에
거래 물량 소진 및 매매 종료

그림 4.4 야간 매매의 '무인 지대'에서 봉은 짧아진다

실제 매매 및 거래는 오전
9시 30분(EST)에 개시됨

　여기서 짚고 넘어가야 할 사실은 '무인 지대'라 할, 즉 거래량을 뒷받침할 거래자가 거의 없는 야간 매매 시간 때보다 오전 9시 30분부터 오후 3시 15분까지 15분봉의 가격폭이 더 크다는 점이다. 다시 말해 거래량이 변동성을 증가시키지만, 거래량이 적은 야간 매매 영역에서도 이미 가격 변동은 발생하고 있는 것이다. 이는 새로운 국면이자 단기 트레이더가 반드시 풀어야 할 숙제이기도 하다.

　이런 변화 때문에 내가 초판에서 썼던 내용이 지금은 그때만큼 딱 들어맞지는 않는다. 요즘은 장내 종가를 앞으로 설명한 매매 규칙들의 기준점으로 삼을 수 있다.

　모멘텀momentum(가격 추세의 속도가 증가하고 있는지 감소하고 있는지를 추세 운동량으로 측정해 나타내는 지표를 의미함-역주)은 단기 매매에 이익을 안겨줄 5개 개념

가운데 하나다. 뉴턴은 물체가 일단 움직이기 시작하면 외부 힘이 가해지지 않는 한 그 움직임이 계속되려는 '관성'이 있다고 했다. [트레이더가 누리는 이점 중 하나가 동료 트레이더이자 아이작 뉴턴Isaac Newton의 후손이기도 한 리밍턴 경 부부처럼 흥미로운 사람을 많이 만난다는 사실이다. 이 부부 덕분에 뉴턴이 쓰던 캘리퍼스calipers(직경을 재는 기구-역주)와 모자를 써볼 수 있었다. 이 얼마나 멋진 일인가! 아주 소중한 경험이었다.]

내가 말하고자 하는 핵심도 마찬가지다. 즉, 주식과 상품에도 이와 비슷한 법칙이 적용된다. 일단 가격 추이가 시작되면 같은 방향으로 그 추이가 계속되는 경향이 있다. 수많은 트레이더가 존재하는 만큼 모멘텀을 측정하는 방법도 다양하다. 모든 방법을 다 살펴볼 수는 없으니, 효과가 확인되었고 내가 실제 매매에 사용하는 방법에만 초점을 맞출 생각이다. 물론 당신이 부지런하다면 내가 했던 것처럼 모든 방법을 다 살펴봐도 좋다. 수학자라면 이번 장은 자신의 모든 수학적 기법과 개념, 공식을 활용할 공간이 될 수도 있다. 덧셈과 뺄셈, 곱셈 정도의 기본 연산만 할 줄 아는 사람보다는 훨씬 유리하리라 본다.

1980년대 중반까지 시장이 어떻게 움직이는지를 충분히 이해한 사람은 없었다고 본다. 물론 우리 트레이더들은 추세에 대해서 확실히 알고 있었다. 나아가 과매수 및 과매도 시장, 몇 가지 패턴, 계절적 영향, 시장간 기본적 관계fundamental (이 책에서 언급된 'fundamental'은 기업 분석 방법 중 '기본적 분석fundamental analysis'과는 전혀 관련이 없다. 저자는 기본적 분석에는 아무런 관심을 두지 않는다. 이 책에서 'fundamental'이라는 단어는 '서로 다른 자산 시장 간의 기본적인 관계'를 표현하기 위해 사용되고 있으며, 9장 후반부에 이에 대한 자세한 설명이 나온다-감수자 주) 등에 관해서도 알았다. 그러나 추세를 형성하는 요인이 무엇인지, 보다 정확히 말하자면 추세가 어떻게 시작해서 어떻게 끝나는지는 잘 몰랐다. 물론 지금은 안다. 이제 시장 가격 구조 및 움직임에 관한 자명한 진실을 배울 차례다.

추세가 만들어지는 것은 내가 '폭발적 가격 변동'이라 칭하는 현상 때문이다. **간단히 말해 분, 일, 주, 월 등 당신이 선택한 기간 단위당 가격이 폭발적으로 상승 혹은**

하락한다면, 그와 정반대 방향으로 동일하거나 더 큰 규모의 폭발적 가격 변동이 발생할 때까지 그 시장 가격의 움직임은 계속 이어진다. 더그 브리$_{Doug\ Brie}$는 1980년 초에 발표한 내 연구를 근간으로 해서 이 현상을 변동성 돌파(변동성 팽창)$_{volatility\ breakout}$라는 신조어로 표현했다.

결국은 이렇다. 중심점에서 상승 혹은 하락하는 방향으로 폭발적인 가격 돌파가 일어난다. 이를 통해 추세가 형성된다. 여기서 우리는 두 가지 문제에 봉착한다. ①어느 정도의 변동성 변화를 변동성 팽창(변동성 돌파)이라고 정의하는가(상승 혹은 하락폭이 어느 정도여야 하는가)? ②이러한 가격 변동성의 팽창을 어느 시점에서부터 측정해야 하는가? 즉 이 두 문제는 각각 변동성 돌파의 폭과 기준점에 대한 문제로 귀결된다.

첫 번째 문제부터 다시 시작해보자. 변동성 돌파을 측정하려면 어떤 데이터를 사용해야 하는가?

급속하고도 큰 폭의 가격 변화가 필요하므로 나는 당일 고가와 저가의 차이인 일일 가격 변동폭(일일 가격폭)$_{daily\ range}$을 사용하는 쪽을 선호한다. 이 값으로 일일 시장 변동 수준을 알 수 있다. 이렇게 측정한 변동성이 최근의 수준보다 증가하는 순간이 바로 추세가 변화하는 순간이다.

이런 식으로 변동성을 측정하는 방법은 몇 가지 있다. 최근 n일 동안의 평균 가격폭이나 다양한 변곡점들에서의 평균 가격폭 등을 사용할 수 있다. 그러나 '전일 가격폭' 하나로도 변동성 수준을 비교하는 도구로써 상당한 효과가 있다는 사실을 알게 됐다. 예를 들어 밀 시장에서 전일 가격폭이 12센트라고 했을 때 당일 가격폭이 전일 가격폭을 어느 정도 넘어서면 추세 변화가 일어났다고 봐야 한다. 최소한 시장 진입을 고려할 시점임에 틀림이 없다. 이는 특정 방향으로 가격이 움직일 추동력이 생겼다는 분명한 표시다. 관성의 법칙 아래 움직이는 물체와 마찬가지로 가격이 움직이기 시작하면 이 움직임이 계속 유지되는 경향이 있다.

아주 단순한 이야기다. 당일 가격폭이 전일 가격폭을 크게 넘어서면 현 시장 방향에 변화가 생겼다는 신호다.

이 사실은 두 번째 문제로 이어진다. 변동성 돌파를 어느 지점부터 측정해야 하는가? 대다수 트레이더는 당일 종가를 그 기준으로 삼아야 한다고 본다. 즉 종가와 종가 간 가격 변화폭을 비교하는 것이 일반적인 생각이다. 하지만 이는 정답이 아니다. 이에 관해서는 곧 설명하겠지만 우선은 변동성 돌파를 어느 지점을 기준으로 측정할지부터 생각해보자. 그 지점은 당일 종가나 당일 평균 가격이 될 수도 있고, 혹은 당일 고가(매수 시)나 저가(매도 시)가 될 수도 있다.

다양한 변동성 돌파의 기준점을 사용해 서로 연관성이 없는 몇몇 상품을 대상으로 한 최상의 시나리오를 살펴보자. 표 4.1은 당일 가격폭의 일정 비율을 당일 종가에 가산해[당일 종가+(고가-저가)×n%] 이 값을 익일 매수 가격으로 삼은 상황을 보여준다. 항목별 자료는 순서대로 상품, 당일 가격폭 대비 비율, 이익, 매매 횟수, 적중률(이익 매매 비율), 평균 매매 이익 등이다.

당일 가격폭 대비 비율의 최적값으로는 매수 시 종가에 가산할 비율과 매도 시 종가에 감산할 비율을 각각 따로 제시했다. 표의 어떤 자료에서도 손절가는

| 상품 | 매수/매도용 당일 가격폭 대비 비율(%) | 이익($) | 이익 매매 횟수 / 전체 매매 횟수 | 적중률(%) | 평균 매매 이익($) |
|---|---|---|---|---|---|
| 소 | 70/50 | 24,556 | 117/265 | 44 | 92 |
| 삼겹살 | 70/50 | 352,044 | 1,285/2,817 | 45 | 124 |
| 면화 | 50/150 | 54,485 | 200/465 | 43 | 117 |
| 커피 | 70/50 | 145,346 | 88/178 | 49 | 816 |
| 오렌지 주스 | 70/50 | 129,720 | 906/2,028 | 44 | 63 |
| 대두 | 70/50 | 164,287 | 1,277/2,998 | 47 | 55 |
| 영국 파운드화 | 70/50 | 228,631 | 981/2,358 | 41 | 96 |
| 금 | 190/70 | 64,740 | 289/717 | 40 | 90 |
| 난방유 | 50/130 | 66,397 | 182/418 | 43 | 158 |
| 채권 | 110/110 | 197,781 | 420/905 | 46 | 218 |
| S&P500 | 100/190 | 85,350 | 133/330 | 40 | 258 |

표 4.1 당일 종가를 기준으로 삼아 당일 가격폭의 일정 비율을 가감했을 때

사용하지 않았다.

　이 표에는 변동성 항목의 비율(당일 가격폭 대비 비율)의 최적값만 제시했다. 이를 실제로 활용하려면 매수 시에는 종가에 변동성 항(가격폭×매수용 비율)을 가산하고, 매도 시에는 종가에 변동성 항(가격폭×매도용 비율)을 감산해야 한다. 상품 중 '소'를 예로 들어본다(표 4.1의 2행). 소 가격이 상승해 전일 종가(기준점)에서 전일 가격폭의 70%(변동성 항)만큼 더 올랐을 때 매수하고, 가격이 하락해 전일 종가(기준점)에서 전일 가격폭의 50%(변동성 항)만큼 빠졌을 때 공매도했다.

　다음으로 변동성 돌파의 기준점으로 고가나 저가를 이용하는 방법을 살펴보자. 익일 매수 시에는 당일 고가에 당일 가격폭의 일정 비율을 가산하여 매수 가격으로 잡고, 익일 매수 시에는 당일 저가에서 이 비율을 감산한다(표 4.2 참고).

　조건이 잘 들어맞는 최적의 환경에서는 이처럼 고가 및 저가를 기준으로 하는 매매 공식으로 이익을 낼 수 있지만, 종가를 기준으로 할 때만큼 효과적이지는 않다. 고가 및 저가를 기준으로 할 때와 종가를 기준으로 할 때의 결과를 비교하는 간단한 방법은 평균 매매 이익을 살펴보는 것이다. '종가에 가산/감산하는' 방법을 취하면 매매당 평균 이익이 327달러다. 반면에 '고가에 더하거나 저

| 상품 | 매수/매도용 당일 가격폭 대비 비율(%) | 이익($) | 이익 매매 횟수 / 전체 매매 횟수 | 적중률(%) | 평균 매매 이익($) |
|---|---|---|---|---|---|
| 소 | 70 | 17,012 | 191/456 | 41 | 37 |
| 삼겹살 | 110 | 141,288 | 278/608 | 45 | 232 |
| 면화 | 90 | 46,945 | 150/357 | 42 | 131 |
| 커피 | 60 | 120,573 | 36/86 | 41 | 1,402 |
| 오렌지 주스 | 110 | 60,825 | 261/582 | 44 | 104 |
| 대두 | 80 | 99,568 | 444/1,022 | 43 | 97 |
| 영국 파운드화 | 120 | 175,506 | 295/698 | 42 | 251 |
| 금 | 130 | 57,600 | 198/504 | 39 | 114 |
| 난방유 | 60 | 43,117 | 168/435 | 38 | 99 |
| 채권 | 90 | 154,968 | 290/605 | 47 | 256 |
| S&P500 | 100 | 80,787 | 225/569 | 40 | 141 |

**표 4.2 당일 고가나 저가를 기준으로 삼아 당일 가격폭의 일정 비율을 가감했을 때**

**제4장** 변동성 돌파: 모멘텀 돌파 　　　　　　　　　　　———— **121**

가에서 빼는' 방법을 취하면 평균 이익이 313달러다.

이제 세 번째 기준점 후보로 익일 시가를 시험해보자. 매수 가격을 잡을 때는 당일 가격폭의 일정 비율을 익일 시가에 가산하고, 매도 가격을 잡을 때는 익일 시가에서 당일 가격폭의 일정 비율을 감산한다. 그 결과는 표 4.3에서 확인할 수 있다.

이 자료를 자세히 들어다보면 매매당 평균 이익은 389달러로 앞서 살펴본 기준들에 비해 더 많고 이익 매매 비율도 더 높다는 점을 알 수 있다. 이 시험에서 5개 상품은 이익 매매 비율(적중률)이 50% 이상이었는데 이전 두 시험에서는 50%를 넘는 상품이 하나도 없었다.

**이로서 변동성 돌파 항을 가감할 최적의 기준점은 익일 시가라는 결론이 나온다. 나는 기존에도 항상 시가 기준으로 매매를 해왔지만, 이 책을 준비하면서 이전의 시험 자료를 이용해 내 판단이 옳았는지를 확인해보았다. 그리고 이처럼 나의 직관이 사실에 부합한 다는 점을 확인하니 기쁠 따름이다.**

단기 트레이더로서 우리는 이 개념을 사용해 더 큰 폭의 가격 변동성 팽창이 발생할 가능성이 있는 시점을 확인할 수 있다. 다만 이것만으로 시장에 진입하

| 상품 | 매수/매도용 당일 가격폭 대비 비율(%) | 이익($) | 이익 매매 횟수 / 전체 매매 횟수 | 적중률(%) | 평균 매매 이익($) |
|---|---|---|---|---|---|
| 소 | 140 | 37,992 | 124/230 | 53 | 163 |
| 삼겹살 | 70 | 303,792 | 1,076/2,236 | 48 | 135 |
| 면화 | 60 | 71,895 | 454/988 | 45 | 73 |
| 커피 | 130 | 135,915 | 38/63 | 60 | 2,157 |
| 오렌지 주스 | 50 | 169,140 | 1,184/2,754 | 52 | 75 |
| 대두 | 100 | 228,293 | 620/1,293 | 47 | 176 |
| 영국 파운드화 | 130 | 242,062 | 300/600 | 50 | 403 |
| 금 | 130 | 95,070 | 290/634 | 45 | 149 |
| 난방유 | 140 | 42,163 | 87/196 | 44 | 215 |
| 채권 | 100 | 227,468 | 464/919 | 50 | 247 |
| S&P 500 | 50 | 247,850 | 768/1,727 | 44 | 143 |

표 4.3 익일 시가를 기준으로 삼아 당일 가격폭의 일정 비율을 가감했을 때

지는 않을 것이며, 시간과 조건이 맞을 때에 한해 이 진입 기준을 활용할 생각이다.

이동평균에서 추세선까지, 오실레이터<sub>oscillator</sub>(주가 침체 및 과열 수준을 나타내는 지표-역주)부터 점쾌판까지, 복잡한 고등 수학부터 단순 차트에 이르기까지 내가 아는 모든 추세 진입 접근법 가운데 '변동성 돌파(팽창)'만큼 꾸준히 이익을 내주는 시장 진입 도구는 본 적이 없다. 지금까지 매매하고 연구하고 지켜봐왔던 모든 진입 기준 가운데 가장 일관성이 있었다. 자, 이제 구체적으로 이 기본 개념을 활용하는 몇 가지 방법을 살펴보자.

## 단순 일일 변동성 돌파

이 장을 시작할 때 시가의 중요성에 변화가 생겼다는 취지로 말했다. 그렇기는 해도 시가는 하나의 기준점으로서 여전히 중요한 의미가 있다고 생각한다.

**변동성 돌파값(항)을 익일 시가에 더해야 한다**는 점은 이미 언급한 바 있다. 그렇다면 최적의 변동성 돌파값은 어떻게 알 수 있을까? 최적값으로 쓸 만한 후보가 몇 가지 있는데 가장 간단한 방법은 앞서 살펴봤듯이 당일 가격폭의 일정 비율을 익일 시가에 가산하는 것이다. 이 단순한 접근법은 20여 년 전에 처음 고안한 이후로 줄곧 매매 이익을 꾸준히 내주는 유용한 도구였다.

이제 이런 결과물에서 조금 더 나아가 실제로 적용했을 때 돈을 벌어다줄 실전 매매 모형을 만들어낼 차례다. 그림 4.5는 채권 매매 시 시가에서 전일 가격폭의 100%(표 4.3에서 채권의 최적 비율은 100%였다)가 상승할 때 매수하고 시가에서 같은 비율이 하락할 때 매도한 결과를 나타낸다.

시장 진입가에서 전일 가격폭의 50% 혹은 금액 기준 1,500달러만큼 빠진 가격을 손절가로 사용하고, 진입 후 처음으로 이익이 발생하는 지점에서 청산하

| | 그림 4.5 채권에 대한 실전 매매 모형: 기준점은 시가, 변동성 팽창값은 전일 가격폭의 100% | | | | | | | |
| --- | --- | --- | --- | --- | --- | --- | --- | --- |

자료: DAY 재무부 채권(T-bond) 67/99

기간: 1990년 1월 1일~1998년 8월 25일

| Num. | Conv. | P. Value | Comm | Slippage | Margin | Format | FileName |
| --- | --- | --- | --- | --- | --- | --- | --- |
| 144 | -3 | $31,250 | $0 | $0 | $3,000 | CSI | F061 |

| | | | | |
| --- | --- | --- | --- | --- |
| 총순이익 | $73,468.75 | | | |
| 총이익 | $213,156.25 | 총손실 | | -$139,687.50 |
| 총매매 횟수 | 651 | 이익 매매 비율 | | 80% |
| 이익 매매 횟수 | 523 | 손실 매매 횟수 | | 128 |
| 최대 이익 매매 | $3,968.75 | 최대 손실 매매 | | -$1,812.50 |
| 평균 이익 매매 | $407.56 | 평균 손실 매매 | | -$1,091.31 |
| 평균 손실 대비 평균 이익 비율 | 0.37 | 평균 매매(이익&손실) | | $112.86 |
| 최다 연속 이익 매매 | 20 | 최다 연속 손실 매매 | | 4 |
| 이익 매매 평균 봉 수 | 1 | 손실 매매 평균 봉 수 | | 2 |
| 최대 계좌 잔고 감소액 | -$10,031.25 | 일중 최대 잔고 감소액 | | -$10,031.25 |
| 이익률 | 1.52 | 최대 보유 계약 수 | | 1 |
| 필요 계좌 크기 | $13,031.25 | 잔고 회수율 | | 563% |

는 기법을 활용한다. 이 기법으로 총 651회 매매에서 이익 매매 적중률 80%로 7만 3,468달러의 총순이익이 발생한다. 대체로 이 시스템으로는 연간 7,000달러의 이익이 발생하며, 연 70%의 이익률을 올리려면 1만 3,000달러 크기의 계좌가 필요하다. 그렇게 기본적인 시스템을 이용했는데 최대 계좌 잔고 감소액이 1만 31달러에 불과한 정도면 상당히 괜찮은 매매 결과다. 문제는 평균 매매 이익이 112.86달러밖에 안 된다는 점이다. 이보다는 많아야 한다. 이 자료 세트의 대상 기간은 1990년부터 1998년 8월까지다.

그렇게 높은 수준의 목표를 어떻게 달성해야 하는가? 이제부터는 우리의 기본 매매 규칙 가운데 '요일별 매매 혹은 주중 매매일TDW, trading day of the week' 전략을 활용해 특정 요일에만 매수·매도를 하면 어떻게 되는지 살펴보자. 이에 관해서는 요일별 매수와 매도 결과를 나타내는 그림 4.6부터 4.10까지 보면 이해가 빠를 것이다. 각 표에서 요일별 매도와 매수의 결과를 살펴보았으며, 이를 이용

그림 4.6 채권의 요일별 매매: 월요일

| 매수 | | | |
|---|---|---|---|
| 총순이익 | $9,500.00 | | |
| 총이익 | $22,968.75 | 총손실 | -$13,468.75 |
| 총매매 횟수 | 77 | 이익 매매 비율 | 87% |
| 이익 매매 횟수 | 67 | 손실 매매 횟수 | 10 |
| 최대 이익 매매 | $1,437.50 | 최대 손실 매매 | -$1,500.00 |
| 평균 이익 매매 | $342.82 | 평균 손실 매매 | -$1,346.87 |
| 평균 손실 대비 평균 이익 비율 | 0.25 | 평균 매매(이익&손실) | $123.38 |
| 최다 연속 이익 매매 | 15 | 최다 연속 손실 매매 | 1 |
| 이익 매매 평균 봉 수 | 1 | 손실 매매 평균 봉 수 | 4 |
| 최대 계좌 잔고 감소액 | -$2,843.75 | 일중 최대 잔고 감소액 | -$2,968.75 |
| 이익률 | 1.70 | 최대 보유 계약 수 | 1 |
| 필요 계좌 크기 | $5,968.75 | 잔고 회수율 | 159% |

| 매도 | | | |
|---|---|---|---|
| 총순이익 | $5,218.75 | | |
| 총이익 | $11,656.25 | 총손실 | -$6,437.50 |
| 총매매 횟수 | 37 | 이익 매매 비율 | 86% |
| 이익 매매 횟수 | 32 | 손실 매매 횟수 | 5 |
| 최대 이익 매매 | $1,437.50 | 최대 손실 매매 | -$1,500.00 |
| 평균 이익 매매 | $364.26 | 평균 손실 매매 | -$1,287.50 |
| 평균 손실 대비 평균 이익 비율 | 0.28 | 평균 매매(이익&손실) | $141.05 |
| 최다 연속 이익 매매 | 15 | 최다 연속 손실 매매 | 2 |
| 이익 매매 평균 봉 수 | 1 | 손실 매매 평균 봉 수 | 5 |
| 최대 계좌 잔고 감소액 | -$3,406.25 | 일중 최대 잔고 감소액 | -$3,406.25 |
| 이익률 | 1.81 | 최대 보유 계약 수 | 1 |
| 필요 계좌 크기 | $6,406.25 | 잔고 회수율 | 81% |

그림 4.7 채권의 요일별 매매: 화요일 – 매수 시 준수한 평균 매매 이익

| 매수 | | | |
|---|---|---|---|
| 총순이익 | $21,718.75 | | |
| 총이익 | $38,062.50 | 총손실 | -$16,343.75 |
| 총매매 횟수 | 108 | 이익 매매 비율 | 89% |
| 이익 매매 횟수 | 97 | 손실 매매 횟수 | 11 |
| 최대 이익 매매 | $1,687.50 | 최대 손실 매매 | -$1,500.00 |
| 평균 이익 매매 | $392.40 | 평균 손실 매매 | -$1,485.80 |
| 평균 손실 대비 평균 이익 비율 | 0.26 | 평균 매매(이익&손실) | $201.10 |

| | | | |
|---|---|---|---|
| 최다 연속 이익 매매 | 42 | 최다 연속 손실 매매 | 2 |
| 이익 매매 평균 봉 수 | 1 | 손실 매매 평균 봉 수 | 2 |

| 매도 | | | |
|---|---|---|---|
| 총순이익 | -$6,375.00 | | |
| 총이익 | $21,625.00 | 총손실 | -$28,000.00 |
| 총매매 횟수 | 79 | 이익 매매 비율 | 75% |
| 이익 매매 횟수 | 60 | 손실 매매 횟수 | 19 |
| 최대 이익 매매 | $1,437.50 | 최대 손실 매매 | -$1,687.50 |
| 평균 이익 매매 | $360.42 | 평균 손실 매매 | -$1,473.68 |
| 평균 손실 대비 평균 이익 비율 | 0.24 | 평균 매매(이익&손실) | -$80.70 |
| 최다 연속 이익 매매 | 14 | 최다 연속 손실 매매 | 3 |
| 이익 매매 평균 봉 수 | 1 | 손실 매매 평균 봉 수 | 4 |
| 최대 계좌 잔고 감소액 | -$11,156.25 | 일중 최대 잔고 감소액 | -$11,593.75 |
| 이익률 | 0.77 | 최대 보유 계약 수 | 1 |
| 필요 계좌 크기 | $14,593.75 | 잔고 회수율 | -43% |

**그림 4.8 채권의 요일별 매매: 수요일 – 매도 시 준수한 평균 매매 이익**

| 매수 | | | |
|---|---|---|---|
| 총순이익 | $5,218.75 | | |
| 총이익 | $23,343.75 | 총손실 | -$18,125.00 |
| 총매매 횟수 | 77 | 이익 매매 비율 | 84% |
| 이익 매매 횟수 | 65 | 손실 매매 횟수 | 12 |
| 최대 이익 매매 | $1,406.25 | 최대 손실 매매 | -$1,625.00 |
| 평균 이익 매매 | $359.13 | 평균 손실 매매 | -$1,510.42 |
| 평균 손실 대비 평균 이익 비율 | 0.23 | 평균 매매(이익&손실) | $67.78 |
| 최다 연속 이익 매매 | 17 | 최다 연속 손실 매매 | 2 |
| 이익 매매 평균 봉 수 | 1 | 손실 매매 평균 봉 수 | 2 |

| 매도 | | | |
|---|---|---|---|
| 총순이익 | $12,250.00 | | |
| 총이익 | $27,500.00 | 총손실 | -$15,250.00 |
| 총매매 횟수 | 68 | 이익 매매 비율 | 85% |
| 이익 매매 횟수 | 58 | 손실 매매 횟수 | 10 |
| 최대 이익 매매 | $1,562.50 | 최대 손실 매매 | -$1,718.75 |
| 평균 이익 매매 | $474.14 | 평균 손실 매매 | -$1,525.00 |
| 평균 손실 대비 평균 이익 비율 | 0.31 | 평균 매매(이익&손실) | $180.15 |
| 최다 연속 이익 매매 | 14 | 최다 연속 손실 매매 | 2 |

| 이익 매매 평균 봉 수 | 1 | 손실 매매 평균 봉 수 | 2 |
|---|---|---|---|
| 최대 계좌 잔고 감소액 | -$3,000.00 | 일중 최대 잔고 감소액 | -$3,000.00 |
| 이익률 | 1.80 | 최대 보유 계약 수 | 1 |
| 필요 계좌 크기 | $6,000.00 | 잔고 회수율 | 204% |

**그림 4.9 채권의 요일별 매매: 목요일 – 매수 및 매도 시 모두 준수한 평균 매매 이익**

| 매수 | | | |
|---|---|---|---|
| 총순이익 | $15,875.00 | | |
| 총이익 | $32,562.50 | 총손실 | -$16,687.50 |
| 총매매 횟수 | 88 | 이익 매매 비율 | 87% |
| 이익 매매 횟수 | 77 | 손실 매매 횟수 | 11 |
| 최대 이익 매매 | $1,687.50 | 최대 손실 매매 | -$1,687.50 |
| 평균 이익 매매 | $422.89 | 평균 손실 매매 | -$1,517.05 |
| 평균 손실 대비 평균 이익 비율 | 0.27 | 평균 매매(이익&손실) | $180.40 |
| 최다 연속 이익 매매 | 17 | 최다 연속 손실 매매 | 1 |
| 이익 매매 평균 봉 수 | 1 | 손실 매매 평균 봉 수 | 1 |

| 매도 | | | |
|---|---|---|---|
| 총순이익 | $15,937.50 | | |
| 총이익 | $33,937.50 | 총손실 | -$18,000.00 |
| 총매매 횟수 | 81 | 이익 매매 비율 | 85% |
| 이익 매매 횟수 | 69 | 손실 매매 횟수 | 12 |
| 최대 이익 매매 | $2,406.25 | 최대 손실 매매 | -$1,500.00 |
| 평균 이익 매매 | $491.85 | 평균 손실 매매 | -$1,500.00 |
| 평균 손실 대비 평균 이익 비율 | 0.32 | 평균 매매(이익&손실) | $196.76 |
| 최다 연속 이익 매매 | 13 | 최다 연속 손실 매매 | 1 |
| 이익 매매 평균 봉 수 | 1 | 손실 매매 평균 봉 수 | 3 |
| 최대 계좌 잔고 감소액 | -$3,343.75 | 일중 최대 잔고 감소액 | -$3,937.50 |
| 이익률 | 1.88 | 최대 보유 계약 수 | 1 |
| 필요 계좌 크기 | $6,937.50 | 잔고 회수율 | 229% |

**그림 4.10 채권의 요일별 매매: 금요일**

| 매수 | | | |
|---|---|---|---|
| 총순이익 | $7,250.00 | | |
| 총이익 | $39,218.75 | 총손실 | -$31,968.75 |
| 총매매 횟수 | 117 | 이익 매매 비율 | 82% |
| 이익 매매 횟수 | 96 | 손실 매매 횟수 | 21 |

| 최대 이익 매매 | $1,656.25 | 최대 손실 매매 | -$2,000.00 |
|---|---|---|---|
| 평균 이익 매매 | $408.53 | 평균 손실 매매 | -$1,522.32 |
| 평균 손실 대비 평균 이익 비율 | 0.26 | 평균 매매(이익&손실) | $61.97 |
| 최다 연속 이익 매매 | 17 | 최다 연속 손실 매매 | 2 |
| 이익 매매 평균 봉 수 | 2 | 손실 매매 평균 봉 수 | 2 |

| 매도 | | | |
|---|---|---|---|
| 총순이익 | $12,468.75 | | |
| 총이익 | $35,906.25 | 총손실 | -$23,437.50 |
| 총매매 횟수 | 95 | 이익 매매 비율 | 82% |
| 이익 매매 횟수 | 78 | 손실 매매 횟수 | 17 |
| 최대 이익 매매 | $3,968.75 | 최대 손실 매매 | -$1,531.25 |
| 평균 이익 매매 | $460.34 | 평균 손실 매매 | -$1,378.68 |
| 평균 손실 대비 평균 이익 비율 | 0.33 | 평균 매매(이익&손실) | $131.25 |
| 최다 연속 이익 매매 | 12 | 최다 연속 손실 매매 | 3 |
| 이익 매매 평균 봉 수 | 1 | 손실 매매 평균 봉 수 | 3 |
| 최대 계좌 잔고 감소액 | -$4,093.75 | 일중 최대 잔고 감소액 | -$4,093.75 |
| 이익률 | 1.53 | 최대 보유 계약 수 | 1 |
| 필요 계좌 크기 | $7,093.75 | 잔고 회수율 | 175% |

해 실전 매매에 활용할 최적의 매수/매도 요일의 조합을 찾아낼 것이다.

각각의 표는 **최적의 매수 요일은 화요일과 목요일, 최적의 매도 요일은 수요일과 목요일**이라는 사실을 알려준다. 그림 4.11은 우리가 이 요일에만 매매를 하면 총순이익이 5만 6,437달러로서 그리 큰돈을 벌지는 못하지만, 매매 횟수를 기본 모형(그림 4.5, 651회)의 절반(326회)으로 줄이면서도 평균 매매 이익은 173달러까지 증가한다는 점을 보여준다. 이 정도면 매매할 가치가 충분하다.

이런 사실을 보면 채권의 요일별 매매$_{TDW}$(그림 4.11)는 성과 면에서 기본 시스템 매매(그림 4.5)와 큰 차이를 낸다는 점을 알 수 있다. 무엇보다 최대 계좌 잔고 감소액이 1만 31달러에서 3,500달러로 크게 줄어들고 이익 매매 비율은 80%에서 84%로 증가한다는 점에 주목할 필요가 있다. 제13장 '자금 관리' 부분에서 설명하겠지만, 이는 상당히 진일보한 성과라 하겠다.

그림 4.11 채권의 요일별 매매일(TDW)에만 매매: 성과가 크게 개선된다

자료: DAY 재무부 채권(T-bond) 67/99

기간: 1990년 1월 1일~1998년 8월 25일

| Num. | Conv. | P. Value | Comm | Slippage | Margin | Format | FileName |
|------|-------|----------|------|----------|--------|--------|----------|
| 144 | -3 | $31,250 | $0 | $0 | $3,000 | CSI | F061 |

| 모든 매매 | | | | |
|------|------|------|------|------|
| 총순이익 | $56,437.50 | | | |
| 총이익 | $122,375.00 | 총손실 | -$65,937.50 | |
| 총매매 횟수 | 326 | 이익 매매 비율 | 84% | |
| 이익 매매 횟수 | 277 | 손실 매매 횟수 | 49 | |
| 최대 이익 매매 | $2,406.25 | 최대 손실 매매 | -$1,718.75 | |
| 평균 이익 매매 | $441.79 | 평균 손실 매매 | -$1,345.66 | |
| 평균 손실 대비 평균 이익 비율 | 0.32 | 평균 매매(이익&손실) | $173.12 | |
| 최다 연속 이익 매매 | 23 | 최다 연속 손실 매매 | 2 | |
| 이익 매매 평균 봉 수 | 1 | 손실 매매 평균 봉 수 | 2 | |
| 최대 계좌 잔고 감소액 | -$3,500.00 | 일중 최대 잔고 감소액 | -$3,500.00 | |
| 이익률 | 1.85 | 최대 보유 계약 수 | 1 | |
| 필요 계좌 크기 | $6,500.00 | 잔고 회수율 | 868% | |

| 매수 | | | | |
|------|------|------|------|------|
| 총순이익 | $30,406.25 | | | |
| 총이익 | $64,406.25 | 총손실 | -$34,000.00 | |
| 총매매 횟수 | 186 | 이익 매매 비율 | 86% | |
| 이익 매매 횟수 | 161 | 손실 매매 횟수 | 25 | |
| 최대 이익 매매 | $1,687.50 | 최대 손실 매매 | -$1,687.50 | |
| 평균 이익 매매 | $400.04 | 평균 손실 매매 | -$1,360.00 | |
| 평균 손실 대비 평균 이익 비율 | 0.29 | 평균 매매(이익&손실) | $163.47 | |
| 최다 연속 이익 매매 | 16 | 최다 연속 손실 매매 | 1 | |
| 이익 매매 평균 봉 수 | 1 | 손실 매매 평균 봉 수 | 1 | |

| 매도 | | | | |
|------|------|------|------|------|
| 총순이익 | $26,031.25 | | | |
| 총이익 | $57,968.75 | 총손실 | -$31,937.50 | |
| 총매매 횟수 | 140 | 이익 매매 비율 | 82% | |
| 이익 매매 횟수 | 116 | 손실 매매 횟수 | 24 | |
| 최대 이익 매매 | $2,046.25 | 최대 손실 매매 | -$1,718.75 | |
| 평균 이익 매매 | $499.73 | 평균 손실 매매 | -$1,330.73 | |
| 평균 손실 대비 평균 이익 비율 | 0.37 | 평균 매매(이익&손실) | $185.94 | |

| 최다 연속 이익 매매 | 15 | 최다 연속 손실 매매 | 3 |
|---|---|---|---|
| 이익 매매 평균 봉 수 | 1 | 손실 매매 평균 봉 수 | 3 |
| 최대 계좌 잔고 감소액 | -$3,812.50 | 일중 최대 잔고 감소액 | -$3,812.50 |
| 이익률 | 1.81 | 최대 보유 계약 수 | 1 |
| 필요 계좌 크기 | $6,812.50 | 잔고 회수율 | 382% |

# S&P500에서의 가격 변동성 고찰

이 매매 개념을 S&P500(주식 시장)에도 적용할 수 있을까?

표 4.3에서 보았듯이 S&P500에 변동성 돌파 항에 50%의 비율을 적용하는 방법은 유효한 기법임에 틀림이 없으나 이를 더 개선할 수 있다. 어떻게? TDW에서 해법을 찾을 수 있다. 다음에 제시할 자료들은 변동성 돌파를 통한 S&P500의 요일별 매매 성과를 나타난다. 청산 기법은 앞서 제시했던 재무부 채권 때(그림 4.5 참고)와 동일하다. 다른 요일보다 매매 성과가 더 좋은 요일이 분명히 있다. 그림 4.12부터 4.16까지는 요일별 매수 결과를 보여주며 그림 4.17부터 4.21까지는 요일별 매도 결과를 나타낸다.

| 그림 4.12 S&P500의 요일별 매수: 월요일 – 준수한 이익 | | | | | | | |
|---|---|---|---|---|---|---|---|

자료: S&P500 IND-9967 1/80

기간: 1982년 7월 2일~1998년 8월 25일

| Num. | Conv. | P. Value | Comm | Slippage | Margin | Format | FileName |
|---|---|---|---|---|---|---|---|
| 149 | 2 | $2,500 | $0 | $0 | $3,000 | CT/PC | F59 |
| 총순이익 | | $75,712.50 | | | | | |
| 총이익 | | $167,200.00 | | 총손실 | | -$91,487.50 | |
| 총매매 횟수 | | 347 | | 이익 매매 비율 | | 85% | |
| 이익 매매 횟수 | | 298 | | 손실 매매 횟수 | | 49 | |
| 최대 이익 매매 | | $4,975.00 | | 최대 손실 매매 | | -$4,400.00 | |
| 평균 이익 매매 | | $561.07 | | 평균 손실 매매 | | -$1,867.09 | |
| 평균 손실 대비 평균 이익 비율 | | 0.30 | | 평균 매매(이익&손실) | | $218.19 | |

| | | | |
|---|---|---|---|
| 최다 연속 이익 매매 | 26 | 최다 연속 손실 매매 | 3 |
| 이익 매매 평균 봉 수 | 1 | 손실 매매 평균 봉 수 | 3 |
| 최대 계좌 잔고 감소액 | -$9,150.00 | 일중 최대 잔고 감소액 | -$9,750.00 |
| 이익률 | 1.82 | 최대 보유 계약 수 | 1 |
| 필요 계좌 크기 | $12,750.00 | 잔고 회수율 | 593% |

## 그림 4.13 S&P500의 요일별 매수: 화요일 – 준수한 이익

**자료: S&P500 IND-9967 1/80**

**기간: 1982년 7월 2일~1998년 8월 25일**

| Num. | Conv. | P. Value | Comm | Slippage | Margin | Format | FileName |
|---|---|---|---|---|---|---|---|
| 149 | 2 | $2,500 | $0 | $0 | $3,000 | CT/PC | F59 |

| | | | |
|---|---|---|---|
| 총순이익 | $63,075.00 | | |
| 총이익 | $150,725.00 | 총손실 | -$87,650.00 |
| 총매매 횟수 | 294 | 이익 매매 비율 | 83% |
| 이익 매매 횟수 | 246 | 손실 매매 횟수 | 48 |
| 최대 이익 매매 | $8,512.50 | 최대 손실 매매 | -$3,962.50 |
| 평균 이익 매매 | $612.70 | 평균 손실 매매 | -$1,826.04 |
| 평균 손실 대비 평균 이익 비율 | 0.33 | 평균 매매(이익&손실) | $214.54 |
| 최다 연속 이익 매매 | 24 | 최다 연속 손실 매매 | 2 |
| 이익 매매 평균 봉 수 | 1 | 손실 매매 평균 봉 수 | 3 |
| 최대 계좌 잔고 감소액 | -$10,800.00 | 일중 최대 잔고 감소액 | -$10,800.00 |
| 이익률 | 1.71 | 최대 보유 계약 수 | 1 |
| 필요 계좌 크기 | $13,800.00 | 잔고 회수율 | 457% |

## 그림 4.14 S&P500의 요일별 매수: 수요일 – 준수한 이익

**자료: S&P500 IND-9967 1/80**

**기간: 1982년 7월 2일~1998년 8월 25일**

| Num. | Conv. | P. Value | Comm | Slippage | Margin | Format | FileName |
|---|---|---|---|---|---|---|---|
| 149 | 2 | $2,500 | $0 | $0 | $3,000 | CT/PC | F59 |

| | | | |
|---|---|---|---|
| 총순이익 | $73,297.50 | | |
| 총이익 | $163,372.50 | 총손실 | -$90,075.00 |
| 총매매 횟수 | 326 | 이익 매매 비율 | 85% |
| 이익 매매 횟수 | 278 | 손실 매매 횟수 | 48 |
| 최대 이익 매매 | $4,462.50 | 최대 손실 매매 | -$3,912.50 |
| 평균 이익 매매 | $587.67 | 평균 손실 매매 | -$1,876.56 |
| 평균 손실 대비 평균 이익 비율 | 0.31 | 평균 매매(이익&손실) | $224.84 |

| | | | |
|---|---|---|---|
| 최다 연속 이익 매매 | 28 | 최다 연속 손실 매매 | 3 |
| 이익 매매 평균 봉 수 | 1 | 손실 매매 평균 봉 수 | 3 |
| 최대 계좌 잔고 감소액 | -$6,762.50 | 일중 최대 잔고 감소액 | -$7,187.50 |
| 이익률 | 1.81 | 최대 보유 계약 수 | 1 |
| 필요 계좌 크기 | $10,187.50 | 잔고 회수율 | 719% |

### 그림 4.15 S&P500의 요일별 매수: 목요일

자료: S&P500 IND-9967 1/80

기간: 1982년 7월 2일~1998년 8월 25일

| Num. | Conv. | P. Value | Comm | Slippage | Margin | Format | FileName |
|---|---|---|---|---|---|---|---|
| 149 | 2 | $2,500 | $0 | $0 | $3,000 | CT/PC | F59 |
| 총순이익 | | $56,400.00 | | | | | |
| 총이익 | | $152,175.00 | | 총손실 | | -$95,775.00 | |
| 총매매 횟수 | | 307 | | 이익 매매 비율 | | 84% | |
| 이익 매매 횟수 | | 260 | | 손실 매매 횟수 | | 47 | |
| 최대 이익 매매 | | $6,687.50 | | 최대 손실 매매 | | -$5,575.00 | |
| 평균 이익 매매 | | $585.29 | | 평균 손실 매매 | | -$2,037.77 | |
| 평균 손실 대비 평균 이익 비율 | | 0.28 | | 평균 매매(이익&손실) | | $183.71 | |
| 최다 연속 이익 매매 | | 30 | | 최다 연속 손실 매매 | | 2 | |
| 이익 매매 평균 봉 수 | | 2 | | 손실 매매 평균 봉 수 | | 3 | |
| 최대 계좌 잔고 감소액 | | -$9,700.00 | | 일중 최대 잔고 감소액 | | -$12,537.50 | |
| 이익률 | | 1.58 | | 최대 보유 계약 수 | | 1 | |
| 필요 계좌 크기 | | $15,537.50 | | 잔고 회수율 | | 362% | |

### 그림 4.16 S&P500의 요일별 매수: 금요일

자료: S&P500 IND-9967 1/8

기간: 1982년 7월 2일~1998년 8월 25일

| Num. | Conv. | P. Value | Comm | Slippage | Margin | Format | FileName |
|---|---|---|---|---|---|---|---|
| 149 | 2 | $2,500 | $0 | $0 | $3,000 | CT/PC | F59 |
| 총순이익 | | $60,162.50 | | | | | |
| 총이익 | | $148,387.50 | | 총손실 | | -$88,225.00 | |
| 총매매 횟수 | | 297 | | 이익 매매 비율 | | 86% | |
| 이익 매매 횟수 | | 256 | | 손실 매매 횟수 | | 41 | |
| 최대 이익 매매 | | $4,387.50 | | 최대 손실 매매 | | -$8,800.00 | |
| 평균 이익 매매 | | $579.64 | | 평균 손실 매매 | | -$2,151.83 | |
| 평균 손실 대비 평균 이익 비율 | | 0.26 | | 평균 매매(이익&손실) | | $202.57 | |

| 최다 연속 이익 매매 | 21 | 최다 연속 손실 매매 | 2 |
|---|---|---|---|
| 이익 매매 평균 봉 수 | 1 | 손실 매매 평균 봉 수 | 3 |
| 최대 계좌 잔고 감소액 | -$13,125.00 | 일중 최대 잔고 감소액 | -$13,125.00 |
| 이익률 | 1.68 | 최대 보유 계약 수 | 1 |
| 필요 계좌 크기 | $16,125.00 | 잔고 회수율 | 373% |

그림 4.17 S&P500의 요일별 매도: 월요일

| 총순이익 | -$4,812.50 | | |
|---|---|---|---|
| 총이익 | $135,525.00 | 총손실 | -$140,337.50 |
| 총매매 횟수 | 277 | 이익 매매 비율 | 73% |
| 이익 매매 횟수 | 203 | 손실 매매 횟수 | 74 |
| 최대 이익 매매 | $16,712.50 | 최대 손실 매매 | -$5,875.00 |
| 평균 이익 매매 | $667.61 | 평균 손실 매매 | -$1,896.45 |
| 평균 손실 대비 평균 이익 비율 | 0.35 | 평균 매매(이익&손실) | -$17.37 |
| 최다 연속 이익 매매 | 27 | 최다 연속 손실 매매 | 5 |
| 이익 매매 평균 봉 수 | 2 | 손실 매매 평균 봉 수 | 4 |
| 최대 계좌 잔고 감소액 | -$26,225.00 | 일중 최대 잔고 감소액 | -$26,900.00 |
| 이익률 | 0.96 | 최대 보유 계약 수 | 1 |
| 필요 계좌 크기 | $29,900.00 | 잔고 회수율 | -16% |

그림 4.18 S&P500의 요일별 매도: 화요일

| 총순이익 | -$21,400.00 | | |
|---|---|---|---|
| 총이익 | $142,825.00 | 총손실 | -$164,225.00 |
| 총매매 횟수 | 329 | 이익 매매 비율 | 75% |
| 이익 매매 횟수 | 248 | 손실 매매 횟수 | 81 |
| 최대 이익 매매 | $9,987.50 | 최대 손실 매매 | -$14,125.00 |
| 평균 이익 매매 | $575.91 | 평균 손실 매매 | -$2,027.47 |
| 평균 손실 대비 평균 이익 비율 | 0.28 | 평균 매매(이익&손실) | -$65.05 |
| 최다 연속 이익 매매 | 15 | 최다 연속 손실 매매 | 4 |
| 이익 매매 평균 봉 수 | 2 | 손실 매매 평균 봉 수 | 3 |
| 최대 계좌 잔고 감소액 | -$37,275.00 | 일중 최대 잔고 감소액 | -$37,975.00 |
| 이익률 | 0.86 | 최대 보유 계약 수 | 1 |
| 필요 계좌 크기 | $40,975.00 | 잔고 회수율 | -52% |

그림 4.19 S&P500의 요일별 매도: 수요일

| 총순이익 | -$15,987.50 | | |
|---|---|---|---|

| 총이익 | $141,512.50 | 총손실 | -$157,500.00 |
|---|---|---|---|
| 총매매 횟수 | 312 | 이익 매매 비율 | 74% |
| 이익 매매 횟수 | 232 | 손실 매매 횟수 | 80 |
| 최대 이익 매매 | $4,837.50 | 최대 손실 매매 | -$4,975.00 |
| 평균 이익 매매 | $609.97 | 평균 손실 매매 | -$1,968.75 |
| 평균 손실 대비 평균 이익 비율 | 0.30 | 평균 매매(이익&손실) | -$51.24 |
| 최다 연속 이익 매매 | 22 | 최다 연속 손실 매매 | 3 |
| 이익 매매 평균 봉 수 | 2 | 손실 매매 평균 봉 수 | 3 |
| 최대 계좌 잔고 감소액 | -$24,737.50 | 일중 최대 잔고 감소액 | -$25,475.00 |
| 이익률 | 0.89 | 최대 보유 계약 수 | 1 |
| 필요 계좌 크기 | $28,475.00 | 잔고 회수율 | -56% |

**그림 4.20 S&P500의 요일별 매도: 목요일 – 준수한 이익**

| 총순이익 | $36,250.00 | | |
|---|---|---|---|
| 총이익 | $183,775.00 | 총손실 | -$147,525.00 |
| 총매매 횟수 | 318 | 이익 매매 비율 | 75% |
| 이익 매매 횟수 | 241 | 손실 매매 횟수 | 77 |
| 최대 이익 매매 | $8,737.50 | 최대 손실 매매 | -$4,212.50 |
| 평균 이익 매매 | $762.55 | 평균 손실 매매 | -$1,915.91 |
| 평균 손실 대비 평균 이익 비율 | 0.39 | 평균 매매(이익&손실) | $113.99 |
| 최다 연속 이익 매매 | 19 | 최다 연속 손실 매매 | 5 |
| 이익 매매 평균 봉 수 | 1 | 손실 매매 평균 봉 수 | 3 |
| 최대 계좌 잔고 감소액 | -$12,950.00 | 일중 최대 잔고 감소액 | -$13,187.50 |
| 이익률 | 1.24 | 최대 보유 계약 수 | 1 |
| 필요 계좌 크기 | $16,187.50 | 잔고 회수율 | 223% |

**그림 4.21 S&P500의 요일별 매도: 금요일**

| 총순이익 | $26,350.00 | | |
|---|---|---|---|
| 총이익 | $182,400.00 | 총손실 | -$156,050.00 |
| 총매매 횟수 | 347 | 이익 매매 비율 | 76% |
| 이익 매매 횟수 | 267 | 손실 매매 횟수 | 80 |
| 최대 이익 매매 | $9,262.50 | 최대 손실 매매 | -$4,250.00 |
| 평균 이익 매매 | $683.15 | 평균 손실 매매 | -$1,950.62 |
| 평균 손실 대비 평균 이익 비율 | 0.35 | 평균 매매(이익&손실) | -$75.94 |
| 최다 연속 이익 매매 | 42 | 최다 연속 손실 매매 | 4 |
| 이익 매매 평균 봉 수 | 1 | 손실 매매 평균 봉 수 | 2 |

| | | | |
|---|---|---|---|
| 최대 계좌 잔고 감소액 | -$32,812.50 | 일중 최대 잔고 감소액 | -$32,812.50 |
| 이익률 | 1.16 | 최대 보유 계약 수 | 1 |
| 필요 계좌 크기 | $35,812.50 | 잔고 회수율 | 73% |

그림 4.22는 더 영향력 있는 요일에만 매매할 때의 자료다. 최적의 매수일은 월·화·수요일이었고 최적의 매도일은 목요일이었다. 반면 금요일은 매도하기에 최악인 날이었다. 이처럼 변동성 돌파에 TDW 개념까지 적용한 결과는 나쁘지 않다. 총 1,333회 매매 중 이익을 낸 매매 비율, 즉 매매 적중률이 74%였고 이로써 22만 7,822달러의 순이익을 올렸으며 최대 계좌 잔고 감소액은 1만 3,737달러로 매우 적었다. 그리고 평균 매매 이익도 170달러로 나쁘지는 않지만, 나는 개인적으로 이보다 평균 수익이 더 많은 쪽을 선호한다.

사려 깊은 트레이더라면 이 결과를 보고 다음과 같은 궁금증이 생길 수 있다. "변동성 돌파값 적용 비율을 50%로 적용한 결과가 시원찮았다면, 상승일에는

**그림 4.22 S&P500의 요일별 매매일(TDW)에만 매매: 성과가 크게 개선된다**

자료: S&P500 IND-9967 1/80

기간: 1982년 7월 2일~1998년 8월 25일

| Num. | Conv. | P. Value | Comm | Slippage | Margin | Format | FileName |
|---|---|---|---|---|---|---|---|
| 149 | 2 | $2,500 | $0 | $0 | $3,000 | CT/PC | F59 |

| | | | | |
|---|---|---|---|---|
| 총순이익 | | $227,822.50 | | |
| 총이익 | | $642,447.50 | 총손실 | -$414,625.00 |
| 총매매 횟수 | | 1,333 | 이익 매매 비율 | 74% |
| 이익 매매 횟수 | | 993 | 손실 매매 횟수 | 340 |
| 최대 이익 매매 | | $8,737.50 | 최대 손실 매매 | -$4,400.00 |
| 평균 이익 매매 | | $646.98 | 평균 손실 매매 | -$1,219.49 |
| 평균 손실 대비 평균 이익 비율 | | 0.53 | 평균 매매(이익&손실) | $170.91 |
| 최다 연속 이익 매매 | | 24 | 최다 연속 손실 매매 | 4 |
| 이익 매매 평균 봉 수 | | 1 | 손실 매매 평균 봉 수 | 1 |
| 최대 계좌 잔고 감소액 | | -$13,737.50 | 일중 최대 잔고 감소액 | -$13,737.50 |
| 이익률 | | 1.54 | 최대 보유 계약 수 | 1 |
| 필요 계좌 크기 | | $16,737.50 | 잔고 회수율 | 1,361% |

비율을 작게 잡아 더 자주 매수하고 하락일에는 비율을 크게 잡아 더 신중하게 매도하면 어떨까?" 그리고 청산 기준에 관해서도 질문해볼 수 있다. "상승일 및 하락일에 포지션을 더 오래 유지해보면 어떨까?"

이런 질문들은 무한정 이어질 수 있지만 성과를 극대화하려면 결국 질문에 답을 해야 한다. 그림 4.23은 이런 질문에 대한 연구가 값어치가 있음을 증명한다. 시가로부터 전일 가격폭의 40%(50%보다 작음)가 상승한 가격에서 매수 진입하고, 시가로부터 전일 가격폭의 200%(50%보다 큼)가 빠진 지점에서 매도 진입한다. 비율을 바꾸니 결과에 큰 차이가 생겼다. 그림 4.22의 결과와 비교했을 때 총순이익은 아주 조금(1만 4,000달러) 부족했지만, 이익 매매 비율은 83%로 올랐고 평균 매매 이익은 251달러로 증가했으며 매매 횟수는 36% 감소했다.

이 아이디어를 10년이 지나고 되돌아보며, 2000년 이후의 시장에 대해서도 이 개념을 적용할 수 있는지 확인해보았다. 나는 변동성 항을 가감할 최적의 기준점을 찾고자 몇 가지 시험을 했다. 이런 시험을 통해 ①익일 시가(그림 4.24),

**그림 4.23 매수 시 40%, 매도 시 200%로 변동성 돌파값 적용 비율 변경: 연구 조사의 보람이 있다**

자료: S&P500 IND-9967 1/80

기간: 1982년 7월 2일~1998년 8월 25일

| Num. | Conv. | P. Value | Comm | Slippage | Margin | Format | FileName |
|------|-------|----------|------|----------|--------|--------|----------|
| 149 | 2 | $2,500 | $0 | $0 | $3,000 | CT/PC | F59 |

| | | | | |
|---|---|---|---|---|
| 총순이익 | $213,560.00 | | | |
| 총이익 | $473,110.00 | 총손실 | | -$259,550.00 |
| 총매매 횟수 | 850 | 이익 매매 비율 | | 83% |
| 이익 매매 횟수 | 709 | 손실 매매 횟수 | | 141 |
| 최대 이익 매매 | $10,250.00 | 최대 손실 매매 | | -$6,850.00 |
| 평균 이익 매매 | $667.29 | 평균 손실 매매 | | -$1,840.78 |
| 평균 손실 대비 평균 이익비율 | 0.36 | 평균 매매(이익&손실) | | $251.25 |
| 최다 연속 이익 매매 | 40 | 최다 연속 손실 매매 | | 3 |
| 이익 매매 평균 봉 수 | 1 | 손실 매매 평균 봉 수 | | 2 |
| 최대 계좌 잔고 감소액 | -$9,712.50 | 일중 최대 잔고 감소액 | | -$10,087.50 |
| 이익률 | 1.82 | 최대 보유 계약 수 | | 1 |
| 필요 계좌 크기 | $13,087.50 | 잔고 회수율 | | 1,631% |

②당일 종가(그림 4.25), ③당일 고가(그림 4.26), ④당일 저가(그림 4.27) 및 ⑤당일 중간가(고가와 저가의 평균값) 등에 변동성 요인을 가미한 결과를 살펴봤다.

당일 장이 하락 마감down close했는지(당일 종가가 전일 종가보다 낮았는지), 또한 당일 종가가 당일 시가보다도 낮았는지를 살펴봤다. 상승 마감일 대상 시험에 서는 이와 정반대로 당일 종가가 상승 마감up close했는지(전일 종가보다 높았는지), 그리고 당일 시가보다도 높았는지를 살펴봤다. 이제부터 살펴볼 그림들(그림 4.24~4.27)은 변동성 항을 가감할 여러 가지 기준점과 변동성 항으로 사용할 **이전 3일간 ATR(평균 실제 가격폭**average true range**)의 최적 적용 비율**을 활용한 매매 결과를 보여준다(실제 가격폭true range은 |당일 고가-당일 저가|, |당일 고가-전일 종가|, |당일 저 가-전일 종가|의 3개 값 중 가장 큰 값으로 계산된다-감수자 주).

이는 고도로 최적화된 값들이다. 즉 나는 여기서 가장 좋은 성과를 낸 기준점 과 최적 비율을 선택했다. 물론 과거에는 최적값이 분명했지만, 미래에도 그러 리라는 보장도 그런 징후도 없다. 그러나 이러한 시험 매매의 목적은 그 값을 알 고 있었다면 최상의 결과를 낼 수 있었다는 사실을 보여주는 데 있다. 그림 4.24 에 나타난 결과를 보고 난 후에 이에 대한 내 생각을 읽어보기 바란다.

확실히 2007년까지는 별 효과가 없었으나 그 이후로 비로소 효과가 나타나 기 시작했다. 이런 사실은 그림 4.25에서도 확인할 수 있다. 이 그림들에서 다른

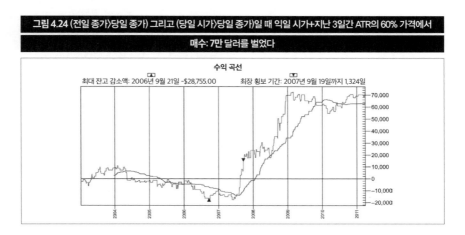

**그림 4.24 (전일 종가〉당일 종가) 그리고 (당일 시가〉당일 종가)일 때 익일 시가+지난 3일간 ATR의 60% 가격에서 매수: 7만 달러를 벌었다**

그림 4.25 당일 종가+지난 3일간 ATR의 60% 가격에서 매수: 3만 달러를 벌었다

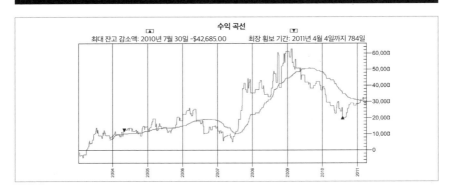

수익 곡선

최대 잔고 감소액: 2010년 7월 30일 -$42,685.00     최장 횡보 기간: 2011년 4월 4일까지 784일

일관성 있는 결과도 눈에 띄지만, 그림 4.24의 총순이익 7만 달러는 다른 자료들의 총순이익값보다 확실히 높은 수준이다.

이처럼 시기에 따라 효과가 들쭉날쭉한 것은 시스템 매매에서 볼 수 있는 전형적 모습이다. 즉 한동안 효과를 보다가, 효과가 아주 잘 먹히다가, 어느 순간에는 '약발'이 떨어지는 모양새가 자주 관찰된다. 이 접근법을 장기적으로 추종하는 사람이라면 그림 4.26의 결과도 그리 불편하지는 않으리라. 그런 사람에게는 이 접근법이 효과가 있겠지만, 단기적인 성과에 집착하는 사람에게는 이 수익 곡선이 너무 고르지 못한 것으로 보일 것이다.

나는 이 곡선이 매우 흥미롭다. 약세장이 시작된 2008년까지는 이 접근법이

그림 4.26 당일 고가+지난 3일간 ATR의 30% 가격에서 매수: 1만 5천 달러를 벌었다

수익 곡선

최대 잔고 감소액: 2010년 7월 23일 -$29,230.00     최장 횡보 기간: 2011년 4월 4일까지 887일

그림 4.27 당일 저가+지난 3일간 ATR의 20% 가격에서 매수: 6만 달러를 벌었다

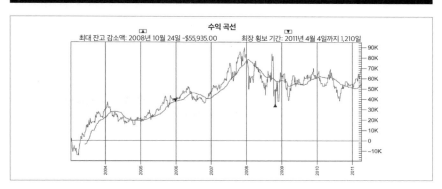

꽤 효과가 있었다. 그러나 안타깝게도 강세장으로 돌아선 2009년에는 이익을 내지 못하는 상황이 시작됐다. 그림 4.27에서 2009년 이후의 지지부진한 성과를 보라. 이건 대체 무슨 상황이란 말인가? 이 물음에 답하지 못한다면 효과적인 매매 접근법을 보유하지 못한 셈이다.

나중 2~3년간의 성과는 아쉬웠으나 그림 4.27은 가장 최적화된 패턴으로 보인다. 차트에서 보듯이 초기 몇 년 동안은 이 접근법이 꽤 효과적이었고 2008년 약세장 때를 제외하고는 수익 곡선이 꾸준하게 상승한다. 나는 최종 순이익이 7만 달러 정도는 되는 방법을 선호한다. 그런 면에서 볼 때 첫 번째 차트(그림 4.24)와 그림 4.27은 관심이 간다.

여기서 도출할 가장 확실한 결론은 **어떤 기준점을 선택하느냐에 따라 이익 수준에 큰 차이가 있으며,** 각 기준점이 최적의 결과를 내기 위해서는 각기 다른 변동성 돌파값 적용 비율이 필요하다는 사실이다. 완벽한 것은 없다. 내가 선택한 최적의 전략은 익일 시가를 기준으로 3일 ATR(평균 실제 가격폭)의 60%를 더하거나(그림 4.24), 당일 저가를 기준으로 3일 ATR의 20%를 더하는 방식(그림 4.27)이다. 이 두 가지 방식이 가장 생산적이기는 하지만, 실제로 이렇게 매매해야 한다고 보기는 어렵다. 효과적인 전략을 개발하는 시발점일 뿐이다.

나는 첫 번째 시험으로 저가를 기준점으로 삼은 상태에서 어느 요일이 매매

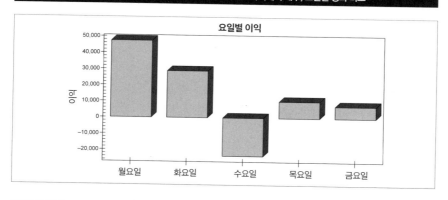

그림 4.28 당일 저가+지난 3일간 ATR의 20% 가격에서 매수, 요일별 성과 비교

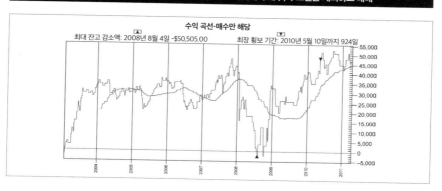

그림 4.29 당일 저가+지난 3일간 ATR의 20% 가격에서 매수, 수요일은 제외하고 매매

하기에 더 나은지 확인하고 싶었다. 그림 4.28은 당일 저가에 ATR의 20%를 더한 가격에서 시장에 진입할 때의 요일별 성과를 나타낸다. 매매에 최적인 요일은 월요일과 화요일이고 목요일과 금요일이 그 뒤를 잇는다. 이는 20여 년 전에 이 책을 처음 썼을 당시 언급한 것(그림 4.12~4.16)과 비슷한 편향성을 보인다. 따라서 시장에서는 이런 편향성이 꾸준히 이어진다는 사실을 알 수 있다. 이런 사실을 바탕으로 수요일은 제외한다고 할 때 어떤 부분이 얼마나 나아지는지 그림 4.29를 보자.

전반적으로 괜찮아 보이기는 하지만, 약세장이었던 2008년을 살펴보자. 2008년은 워낙 성과가 저조해서 이전에 얻은 이익 전부를 까먹었다. 아쉽다. 뭔가 '번쩍' 하고 떠오르는 생각이 있는가? 상승 추세일 때만 매매하면 어떨까? 좋은 생각이다. 그러나 그 상승 추세라는 것은 어떻게 정의할 것인가? 내가 선호하는 방식 중 하나는 종가의 20일 이동평균이 전일보다 당일에 더 높으면 상승 추세라고 판단하는 것이다. 이 시험 결과는 그림 4.30에 제시된다.

여기서 확인할 수 있는 사실은 변동성 돌파을 매매 진입 기준으로 삼으려면 시장이 상승세를 탈 때에만 시장에 들어가야 한다는 점이다. 이 방법은 확실히 효과를 개선시킨다. 시장의 '추세'는 분명히 우리 편이며 이 추세를 우리에게 유리하게 이용할 수 있다.

여태껏 하락 마감일에 어떤 일이 벌어지는지 살펴봤으니 이제 상승 마감일에

**그림 4.30 당일 저가+지난 3일간 ATR의 20% 가격에서 매수, 수요일은 제외, 상승 추세에서만 매매**

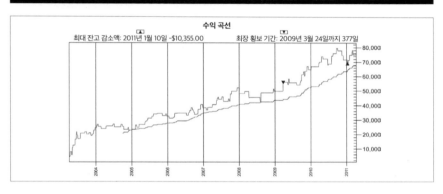

**그림 4.31 (전일 종가〈당일 종가) 그리고 (당일 시가〈당일 종가)일 때 당일 저가+지난 3일간 ATR의 90% 가격에서 매수**

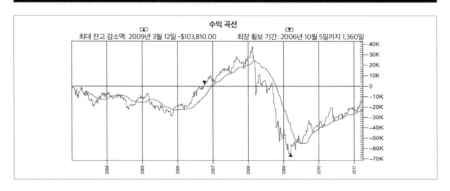

는 어떻게 되는지 알아보자. 그 첫 번째 결과는 상승 마감일의 저가를 기준으로 삼은 그림 4.31이다.

다음으로는 고가를 기준점으로 한 그림 4.32를 보자. 2006년과 2008년 그리고 2009년 이후의 좋은 성과에도 불구하고 이 접근법으로는 큰 이익을 내지 못한다. 우리가 약세장을 피해서 매매할 수 있다면 이 접근법도 얼마간 가치가 있을지 모른다. 그러나 이 수익 곡선만 보자면, 상세히 들여다볼수록 변동성이 더 커지고 비합리적인 특성이 드러나 보인다.

중간가(고가와 저가의 평균값)를 기준으로 한 그림 4.33의 수익 곡선 역시 정말로 변동성이 커서 추세의 부침이 심하다. 그러나 최종적으로는 신고점이 형성

그림 4.32 당일 고가+지난 3일간 ATR의 40% 가격에서 매수

그림 4.33 당일 중간가+지난 3일간 ATR의 90% 가격에서 매수

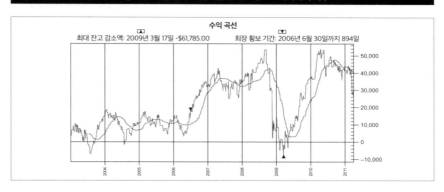

**그림 4.34 익일 시가+지난 3일간 ATR의 20% 가격에서 매수**

수익 곡선

최대 잔고 감소액: 2009년 3월 17일 -$61,785.00  최장 횡보 기간: 2006년 6월 30일까지 894일

된다. 이전 그림들과 비슷한 일관성이 나타난다는 점이 매우 인상적이다. 이 접근법의 효용성을 개선할 만한 여지가 있음은 분명하다.

익일 시가를 기준으로 둔 그림 4.34를 보자. 여기서도 마찬가지로 2008~2009년 약세장을 제외하면 꽤 괜찮은 성과가 나타났다. 익일 시가를 기준점으로 했더니 이익이 발생했음을 알 수 있다. 2008년 시장 대붕괴 사태만 없었다면 결과가 훨씬 쏠쏠했을 것이다. 수익 곡선이 전반적으로 일관되고 결국에는 신고점이 형성되는 것을 볼 때, 이 방법에도 성과 개선의 여지가 있다. 즉 이 전략에도 모종의 매매 실익이 있음이 그림 4.34에서 드러난다.

종가를 기준으로 한 그림 4.35에는 원치 않는 불규칙한 성과가 2006년까지 나타난다. 그럼에도 불구하고 나에게는 이 방법(종가 기준)이 상승 마감일에서 변동성 돌파로 이익을 내기에 가장 적합해 보인다. 이 경우에 2008년 약세장에서도 매매 성과는 그다지 나쁘지 않았고 그 이후로 일관성 있는 성과를 보였다. 다만 이러한 변동성 돌파이 2006년까지는 일관성 있게 이익을 내지 못했다는 문제가 있다.

그렇다면 트레이더는 어떻게 해야 하는가? 상승 추세일 때만 매수 신호를 취하는 방식의 이점은 이미 확인한 바 있다. 그렇다면 추세가 상승하는 상황에서 트레이더가 취할 선택지가 두 가지 있다. 앞서 살펴본 모든 변동성 돌파 매수 신호들을 상승 추세와 결합하여 시험해볼 수도 있고, 아니면 하나의 변동성 돌파 매수 신호만을 선택하여 상승 추세에서의 매매 결과를 시험할 수도 있다. 나는 후자, 즉 가장 좋아 보이는 전략 하나만 추가로 시험해보는 것을 택했다. 이런 접근법 가운데 종가에다 지난 3일간 ATR의 40%를 더한 가격에서 매수하는 방법(그림 4.35)이 가장 일관성 있는 성과를 내는 듯하다. 이제 이러한 변동성 돌파 전략에 상승 추세를 결합하면 어떻게 되는지 살펴보자.

물론 첫 번째 단계는 변동성 돌파 전략이 특히 효과적인 요일이 있는지 알아보는 일이다. 그림 4.36에서 보듯이 화요일과 금요일에 발생하는 상승 마감일의 매수 신호는 손실을 발생시킨다. 따라서 종종 이익도 나리라 헛되이 기대하면

**그림 4.35 당일 종가+지난 3일간 ATR의 40% 가격에서 매수**

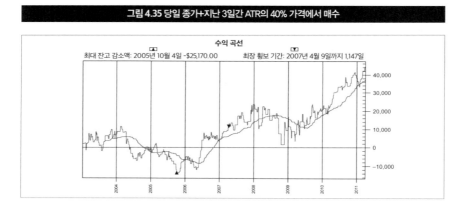

**그림 4.36 그림 4.35와 동일 조건 + 상승 마감일일 때 매수, 요일별 성과 비교: 저조한 성과를 낸 화·금요일**

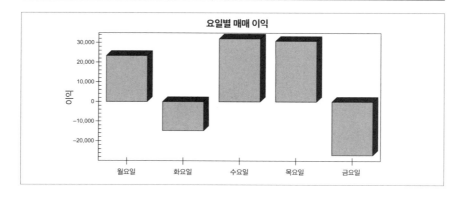

화요일과 금요일에도 포착한 신호에 응해 시장에 진입하거나 아니면 해당 요일은 피하든가 둘 중 하나를 선택해야 한다. 나라면 후자를 선택하겠다.

그림 4.37은 동일한 변동성 돌파의 기준(종가에 ATR의 40% 가산)을 이용한 결과이며, 다만 화요일과 금요일에는 매매하지 않는다는 차이가 있을 뿐이다. 2008년이 약세장이었음에도 불구하고 수익 곡선이 가파른 상승세를 보인다. 약세장의 존재에도 불구하고 최적의 요일에 변동성 돌파를 이용해 매수했을 때는 상당한 이익이 발생했다.

그림 4.37을 그림 4.35와 비교해보라. 갑자기 수익 곡선이 훨씬 나아보인다. 더 일관성 있는 성과가 나올 뿐 아니라 이익도 더 많아진다. 이익 규모가 4만 달러에서 9만 달러 수준으로 껑충 뛴다. 일주일 중에 특히 매매 효과가 좋은 요일이 언제인지만 알아도 이렇듯 뚜렷한 성과 개선이 나타난다. 그렇다면 상승 추세까지 고려하면 어떻게 될까? 이 공식에 추세 요소를 가미하면 더 나은 성과를 기대할 수 있을까?

앞서 하락 마감일 매매 시 상승 추세 여부를 판단하기 위해 종가의 20일 이동평균을 이용한 바 있다. 그림 4.30은 이와 같은 방식으로 판단한 상승 추세 요소를 상승 마감일 매매에 추가했을 때의 결과를 보여준다. 다른 규칙들은 동일하다. 종가에 적용하는 변동성 돌파 비율은 동일하며 화요일이나 금요일에는 매

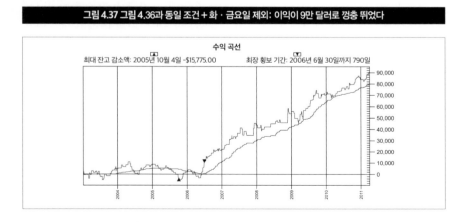

**그림 4.37 그림 4.36과 동일 조건 + 화·금요일 제외: 이익이 9만 달러로 껑충 뛰었다**

수익 곡선

최대 잔고 감소액: 2005년 10월 4일 -$15,775.00    최장 횡보 기간: 2006년 6월 30일까지 790일

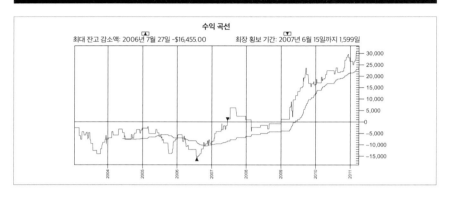

**그림 4.38 그림 4.37과 동일 조건 + 상승 추세에서만 매매 : 상승 마감일일 때는 상승 추세가 먹히지 않는다**

수익 곡선

최대 잔고 감소액: 2006년 7월 27일 -$16,455.00        최장 횡보 기간: 2007년 6월 15일까지 1,599일

매하지 않는다. 그런데 상승 추세를 결합해보니 기대만큼 이익이 나오지 않는다. 그림 4.37을 보면 상승 마감일의 변동성 돌파 전략에 요일별 매매를 적용했을 때는 약 9만 달러를 벌었지만, 그림 4.38을 보면 여기에 상승 추세 조건까지 결합했을 때는 약 3만 달러밖에 벌지 못했다는 사실을 알 수 있다. 이런 현상이 나타나는 이유는 추세 요소가 수익성 있는 매매 기회를 상당수 제거했기 때문이다. 따라서 상승 마감일에는 추세에 크게 주의를 기울일 필요가 없어 보인다. 반면 하락 마감일에는 추세에 주의를 기울일 만한 가치가 분명히 있었다. 다시 말해, 하락 마감일과 상승 추세가 결합되면 더 좋은 결과가 나온다.

다만 상승 마감일이든 하락 마감일이든 간에 우리가 매매할 요일을 선택하는 것에 주의를 기울여야 한다는 사실은 그림 4.37을 보면 여전히 명백하다.

이제 여러분은 매매 시스템을 고안하는 첫 발을 내디뎠다. 우리는 변동성 돌파 혹은 가격 변동폭 돌파(변동성 돌파 전략은 여러 가지가 있었는데 대부분이 이익을 냈다는 점에 주목하라)라는 괜찮은 생각으로 시작했다. 변동성 돌파에다 약간의 상식(상승 추세를 타라)과 시험(어느 요일이 매매하기 좋은가)을 더하여 시장이 어떻게 작동하는지를 더 잘 이해할 수 있었다.

# 가격 변동값을 이용해 매수자와 매도자 구분하기

변동성 돌파 수준을 측정하는 세 번째 방법은 지난 며칠 동안의 가격 변동값 price swings을 살펴보는 일이다. 이 개념을 처음 생각해낸 사람은 마이크 차렉Mike Chalek 인데 이를 매매 시스템으로 발전시켜 '탤런Talon'이라 명명했다. 이 개념의 핵심 은 지난 몇 년간의 다양한 가격 변동 수준을 관찰하는 데 있다. 당연하게도 연구 해야 할 지점이 꽤 많다.

시장 가격의 움직임을 예측하기 위해 사용하는 이 세 번째 방법은 3단계로 이뤄져 있다. 1단계는 3일 전 고가에서 당일 저가까지의 가격 변동값을 측정하 는 것이다. 2단계에서는 전일 고가에서 3일 전 저가를 뺀 변동값을 취한다. 마지 막 3단계로 둘 중 더 큰 변동값을 기본적인 변동성 측정치로 삼아, 익일 시가에 서 변동성 항을 더한 가격에 매수하거나 뺀 가격에 매도하는 식으로 가격 필터

### 그림 4.39 가격 변동값을 이용하여 시장 변동성 확인

자료: S&P500 INS-9967, 1/80

기간: 1982년 7월 2일~1998년 8월 25일

| Num. | Conv. | P. Value | Comm | Slippage | Margin | Format | FileName |
|------|-------|----------|------|----------|--------|--------|----------|
| 149 | 2 | $2,500 | $0 | $0 | $3,000 | CT/PC | F59 |
| 총순이익 | | $122,837.50 | | | | | |
| 총이익 | | $264,937.50 | 총손실 | | -$142,100.00 | | |
| 총매매 횟수 | | 538 | 이익 매매 비율 | | 84% | | |
| 이익 매매 횟수 | | 454 | 손실 매매 횟수 | | 84 | | |
| 최대 이익 매매 | | $10,675.00 | 최대 손실 매매 | | -$8,150.00 | | |
| 평균 이익 매매 | | $583.56 | 평균 손실 매매 | | -$1,691.67 | | |
| 평균 손실 대비 평균 이익 비율 | | 0.34 | 평균 매매(이익&손실) | | $228.32 | | |
| 최다 연속 이익 매매 | | 83 | 최다 연속 손실 매매 | | 5 | | |
| 이익 매매 평균 봉 수 | | 1 | 손실 매매 평균 봉 수 | | 2 | | |
| 최대 계좌 잔고 감소액 | | -$13,025.00 | 일중 최대 잔고 감소액 | | -$13,112.50 | | |
| 이익률 | | 1.86 | 최대 보유 계약 수 | | 1 | | |
| 필요 계좌 크기 | | $16,112.50 | 잔고 회수율 | | 762% | | |

를 설계한다.

이 시스템은 비교적 잘 작동한다. 즉, 1982년부터 1998년까지 S&P500 매매 결과(그림 4.39 참고)에서 보듯이 꽤 이익이 났다. 여기서의 매매 규칙은 이렇다. 익일 시가로부터 가격 변동값[(3일 전 고가 - 당일 저가)와 (전일 고가 - 3일 전 저가) 중 더 큰 값]의 80%가 상승한 가격에서 매수하고 시가에서 가격 변동값의 120% 가 하락한 가격에서 매도한다. 금액 기준으로 1,750달러를 손절가로 삼아라. 1982년부터 1998년까지 이 매매 규칙으로 발생한 총순이익은 12만 2,837달러 고 평균 매매 이익은 228달러다.

# 결과

항상 그렇듯이 우리가 더 잘할 수 있느냐는 질문이 따라온다. 더 잘하려는 마지막 시도로서 TDW 필터를 추가해 매매 성과를 현격히 개선할 수 있었다. 이제 더 나아가 '채권 가격이 주식 가격에 미치는 영향'이라는 시장간 기본적 관계를 추가로 고려할 생각이다.

주식에 대한 채권의 영향력을 필터로 삼아 시험해보자(그림 4.40). 규칙은 매우 단순하다. 채권의 당일 종가가 5일 전 종가보다 높을 때만 매수 신호를 취하고, 35일 전 종가보다 낮을 때만 매도 신호를 취한다. 이 추론은 채권 가격이 높으면, 즉 금리가 낮으면 주식 가격이 상승하고 채권 가격이 낮으면 주식 가격이 하락한다는 시장 상식에 근거한 것이다.

이 규칙을 활용할 때 매매 결과에 얼마나 큰 차이가 나타나는지 보라. 그림 4.40을 그림 4.39와 비교해보면 평균 매매 이익은 228달러에서 281달러로 높아진 반면에, 최대 계좌 잔고 감소액은 1만 3,025달러에서 5,250달러로 줄어든다. 무엇보다 바람직한 결과는 '채권 필터를 적용하지 않은' 원 매매(그림 4.39)에

그림 4.40 '채권 가격이 주식 가격에 미치는 영향' 필터까지 추가로 적용

자료: S&P500 INS-9967, 01/80

기간: 1982년 7월 2일~1998년 8월 25일

| Num. | Conv. | P. Value | Comm | Slippage | Margin | Format | FileName |
|------|-------|----------|------|----------|--------|--------|----------|
| 149 | 2 | $2,500 | $0 | $0 | $3,000 | CT/PC | F59 |
| 총순이익 | | $82,987.50 | | | | | |
| 총이익 | | $148,350.00 | | 총손실 | | -$65,362.50 | |
| 총매매 횟수 | | 295 | | 이익 매매 비율 | | 87% | |
| 이익 매매 횟수 | | 258 | | 손실 매매 횟수 | | 37 | |
| 최대 이익 매매 | | $10,675.00 | | 최대 손실 매매 | | -$2,075.00 | |
| 평균 이익 매매 | | $575.00 | | 평균 손실 매매 | | -$1,766.55 | |
| 평균 손실 대비 평균 이익 비율 | | 0.32 | | 평균 매매(이익&손실) | | $281.31 | |
| 최다 연속 이익 매매 | | 59 | | 최다 연속 손실 매매 | | 3 | |
| 이익 매매 평균 봉 수 | | 1 | | 손실 매매 평균 봉 수 | | 3 | |
| 최대 계좌 잔고 감소액 | | -$5,250.00 | | 일중 최대 잔고 감소액 | | -$5,250.00 | |
| 이익률 | | 2.26 | | 최대 보유 계약 수 | | 1 | |
| 필요 계좌 크기 | | $8,250.00 | | 잔고 회수율 | | 1,005% | |

서는 최대 손실 매매 규모가 8,150달러인 반면에 채권 필터를 적용한 매매(그림 4.40)에서는 최대 손실 매매가 2,075달러에 불과했다는 점이다.

# 한 단계 더 나아가기

이렇게 채권 시장 추세로 주식이 강세장인지 약세장인지 확인하는 필터에 더해 최적의 TDW에서만 매매 신호를 취한다면 어떤 결과가 나올지 궁금하지 않은가? 이런 궁금증이 생겼다면 당신은 이제 거의 다 배운 것이나 다름없다.

TDW 필터를 추가로 적용한 결과는 역시 자명하다. 지금까지 설명한 요소를 전부 결합하면 단기 매매의 승률이나 손익비가 높아진다. 일단 매매 횟수가 현저히 줄어드는데, 이는 손실 위험에 노출되는 정도가 줄어든다는 의미이다. 그

러나 이와 동시에 평균 매매 이익은 증가한다. 이익 규모는 7만 6,400달러로서 이전(그림 4.40, $82,987)보다 '좀' 감소했지만, 평균 매매 이익은 444달러로 기존의 281달러에 비해 크게 증가했다. 또 잔고 감소액은 5,912달러로 이전과 거의 비슷한 수준이었지만, 이익 매매 비율은 90%로 더더욱 증가했다.

여기서 우리가 한 작업은 세 가지 조건(변동성 돌파, 채권 필터, TDW 필터)에 부합하지 않는 매매를 걸러내는 일이었다. 필터를 적용한 매매를 하면 다른 단기 트레이더가 따라올 수 없을 만큼 월등한 성과를 내리라 장담한다. 필터 매매의 이점은 여기서 끝나지 않는다. 필터를 사용한다는 말은 시장에 특정한 매매 조건을 설정한다는 의미다. 이렇게 되면 조건이 충족되지 않을 때는 매매를 하지 않게 되므로 자연히 매매 횟수가 줄어들 수밖에 없다. 매매를 활발하게 하는 트레이더들은 대부분 손실을 낸다. 반면 우리가 필터로 걸러낸 지점에서만 매매를 하면 성공할 확률이 높아진다. 우리에게 유리한 흐름에 편승했기 때문이다. 이것이 바로 현명한 트레이딩의 본모습이다.

> **☑ 래리의 당부**
>
> 이 장을 통해 일일 매매 동향을 매수자의 활동과 매도자의 활동으로 구분하는 다양한 방법이 있으며, 그들이 시장 변동성에 어떻게 영향을 미치는지를 여러분이 충분히 배웠기 바란다.
> 더불어 이러한 시장의 변동성 돌파(변동성 팽창)을 이용해 시장 진입 시점을 결정하는 방법도 배웠으면 한다.

제 **5** 장

# 단기 매매 이론

*long-term*
*secrets*
*to short-term*
*trading*

단기적으로는 이론이 통하지만, 장기적으로는 현실이 승자가 된다.

이 장은 처음 썼을 때와 달라진 부분 없이 그대로지만, 그래도 건너뛰지 말고 읽어야 한다. 5장의 내용을 숙지한다면 재정적으로나 정서적으로 최고 상태를 유지하리라 믿기 때문이다. 다들 알다시피 시장의 매매 방식은 항상 변화하지만, 올바른 매매 규칙은 항상 똑같다. 그런 의미에서 매매하는 사람은 시장의 매매 방식과 올바른 매매 규칙, 이 두 가지를 완벽하게 이해해야 한다.

그동안 나는 수많은 트레이더를 훈련시켰는데 대부분이 매매에 성공했고 개중에는 큰 성공을 거둔 전문가도 있다. 이들의 공통점은 이 장의 내용을 충실히 따랐다는 것이다. 규칙에서 어긋나거나 게으름을 피울 때는 어김없이 손실이 난다.

시장 변동이 어떻게 일어나는지, 또 이런 변동을 최대한 이용하는 데 필요한 기본 전략에 관해서는 어느 정도 알았으리라 생각한다. 이제 우리가 수행하는 작업에 관한 이론적 측면을 살펴볼 차례다. 그래야 이를 실전 매매에 적용할 수 있다.

우리의 기본 개념 혹은 유효 이론은 **무언가가 폭발적인 시장 움직임을 유발한다**는 것이다. 이런 폭발적 변화가 시장 추세를 만드는데, 대다수 시장에서 이런 추세는 1일에서 5일 동안 유지된다. 우리는 폭발적 변화가 시작되는 시점과 최대한 가까운 지점에서 시장에 진입하는 것을 목표로 한다.

여기서 이런 질문이 생긴다. "폭발적 시장 변동의 원인은 무엇인가?", "이런 변화가 가장 발생하기 쉬운 때는 언제인가?", "이런 폭발적 시장 변동이 일어나는 시점과 장소를 찾아내는 데 활용할 무언가가 존재하는가?"

이상 언급한 문제는 내가 거의 평생을 바쳐 연구해온 주제라 하겠다. 문제가 무엇인지 모르면 그 문제를 절대 해결할 수 없다는 사실을 나는 아주 오래전에 깨달았다. 문제를 알았으니 이제 해결책을 찾아보자. 다만 이 까다로운 문제를 내가 전부 풀었으며 이에 대한 해답을 모두 알고 있다고 말하기는 어렵다. 이 세상에 경험만 한 스승은 없다. 자신이 그렇게 똑똑하지 않으며 그래서 아직 더 배워야 한다는 사실을 깨닫는 데는 직접 큰 손실을 입는 것만큼 확실한 방법이 없다. 나 또한 예외는 아니다. 나는 지금도 손실을 내고 있으며 그래서 배워야 할 것이 아직도 많다. 앞으로도 그럴 것이다.

이런 폭발적 변화를 일으키는 가장 큰 원인은 바로 뉴스다. 그러나 뉴스에 기초해 매매하는 데에는 어려움이 있다. 첫째, 뉴스란 것은 마치 날씨처럼 순식간에 그리고 예측하지 못하는 순간에 변할 수 있기 때문이다. 뉴스, 즉 세상과 시장에서 일어나는 변화는 그야말로 예측 불허다. 무작위하게 일어나는 사건이나 뉴스에 시장이 이리저리 휘둘린다. 수학자가 널을 뛰는 시장을 '술에 취한 선원'에 빗댄 이유도 바로 여기에 있다. 즉, 뉴스에 따라 가격이 오르락내리락하며 시장이 출렁대는 모양새가 딱 연상되기 때문이다. 둘째, 우리는 '뉴스 취득 먹이사슬'에서 맨 아래층에 있기 때문에 어떤 뉴스든 가장 늦게 접하게 마련이다. 셋째, 우리가 보거나 관찰하는 사실 가운데 미래에 어떤 뉴스가 발생할지 예측하게 도와주는 것은 없다.

넷째, 그간의 매매 경험에 비춰보건대 뉴스에 가장 근접한 혹은 가장 먼저 취득하는 사람들은 그 뉴스가 공표되기 전에 행동에 나선다(주의: 뉴스로 이득을 취하는 집단이 하나만 존재하는 것은 아니다. 뉴스 출처에 따라 이득 집단은 각기 달라질 수 있다). 은행원은 재무부 채권에 관한 내부 정보를 보유할지 몰라도 소 선물에 관해서는 잘 모를 것이다. 반면에 소 선물에 관한 정보는 가축 사육장 책임자가 알겠지만, 이 사람들은 채권에 관해서는 잘 모른다. 모든 뉴스 출처를 통제하는 이른바 일루미나티Illuminati(세상을 뒤에서 지배하는 집단이라는 음모론에 휩싸인 비밀 결사 조직-역주) 같은 집단은 존재하지 않는다. 영화 〈컨스피러시Conspiracy Theory〉에서 멜 깁슨Mel Gibson이 연기한 제리 플레처에게는 음모론이 통했지만, 시장에서는 먹힐 리 만무하다. 그 영화를 잘 모른다면 대신 맷 데이먼이나 톰 크루즈가 출연한 다른 음모론 영화를 떠올려보라.

이 책 초판을 쓸 당시 내 고고학 탐사 이야기를 담은 하워드 블룸Howard Blum의 책 《액소더스The Gold of Exodus》에 관한 비평 글이 여러 잡지와 신문에 실린 적이 있다. 그 가운데 하나를 보니 내가 사는 집 주소를 잘못 적었을 뿐만 아니라 직업과 나이, 자동차, 내가 책에 대해 설명한 내용 등등이 전부 사실과 달랐다. 간단히 말해 나와 인터뷰한 기자가 나 자신에 대해 쓴 글조차 사실과 달라서 믿을 수 없는데, 하물며 누군가가 쓴 오렌지주스나 귀리, 기름 등에 관한 글을 전적으로 믿어서야 되겠는가!

〈월스트리트 저널〉 같은 권위지라도 예외는 아니다. 1998년 초에 이 신문은 미연방준비제도Fed; Federal Reserve System(연준)의 내부 소식통에 따르면 연방공개시장위원회Federal Open Market Committee; FOMC에서 금리를 인상할 가능성이 매우 높다고 보도했다. 그러나 우리는 6주 후에 공개된 의사록을 통해 진실을 알게 되었다. 연준에서 금리 인상 문제를 표결에 부친 결과 반대 11에 찬성 1로 금리를 인상하지 않기로 결정했던 것이다. 그런데 최소한 두 차례에 걸쳐 〈월스트리트 저널〉 기자들이 자신들이 보유한 주식에 대해 유리한 기사를 썼다는 사실이 드러났다.

TV도 예외 없이 이와 똑같은 문제가 있었다. CNBC의 대표적 '내부 소식통' 댄 도프먼Dan Dorffman은 위 사례와 비슷하게 시청자를 호도한 혐의로 방송계에서 퇴출됐다. 몇 년 전에는 증권거래위원회Securities and Exchange Commission; SEC가 제너럴 모터스General Motors와 특정 타이어 회사 주식을 공매도한 혐의로 저명한 사회 운동가 랠프 네이더Ralph Nader의 모친을 고발하기도 했다. 네이더는 거대 자동차 회

사인 제너럴모터스를 상대로 차량 결함에 대한 소비자 소송을 제기해 유명해졌는데, 그 소송 직전에 모친이 그 회사 주식을 공매도했던 것이다.

우리가 뉴스의 진위를 파악할 수 없다면 대체 어디에 주목해야 할까?

기술적 분석가와 대부분의 단기 스윙 트레이더는 이렇게 말할 것이다. "가격 움직임을 봐야지! 차트를 봐야지!" 차트에 반영된 가격 움직임을 살펴볼 때 긍정적인 부분은 살펴보고 분석할 자료가 많다는 것이다. 그중 대표적인 세 가지 요소는 ①가격 패턴, ②가격 움직임에 기초한 지표, ③가격 추세 혹은 모멘텀이다. 그리고 이 세 가지보다는 덜 일반적이지만 내가 사용하는 네 번째 도구는 바로 '시장 간의 관계'다. 채권 가격이 상승 추세일 때만 S&P500을 매매하면 얼마나 성과가 개선됐는지 기억하는가? 이런 채권 시장과 주식 시장의 관계가 시장 간 관계의 한 예시인데, 시장 간 관계에 대해서는 나중에 더 상세히 다루겠다.

마지막이자 다섯 번째 자료는 '맞는' 일반 대중이 아니라 '틀리는' 일반 대중으로부터 나온다. 단기적 관점에서 평범한 수준의 트레이더는 패자가 된다. 늘 그래왔고 앞으로도 그럴 것이다. 그동안 항간에 떠돌던 바에 따르면, 주식이나 상품 선물을 매매하는 일반인 가운데 80%가 투자 자금을 전부 잃는다고 한다. 따라서 이런 일반 대중이 시장에 들어오면 가격이 급변하면서 우리 같은 트레이더는 단기적으로 이익을 얻는다. 이런 대중의 심리와 행동 양태를 측정하는 다양한 방법이 있으며 이런 측정치를 *(투자) 심리 지표*sentiment indicators라고 칭한다. 나는 심리 지표를 자체적으로 개발했을 만큼 이에 대한 신뢰가 크다. 이 지표는 제네시스 파이낸셜 데이터Genesis Financial Data에서 이용할 수 있다. 나는 이 개념을 릭 벤시너Rick Bensignor가 2000년에 발표한《기술적 분석에 대한 새로운 사고 New Thinking in Technical Analysis: Trading Models from the Masters》에서 처음으로 언급한 바 있다.

우리가 해야 할 일은, 현 시황을 강세장 혹은 약세장으로 보는 자문가 및 관련 웹사이트 등이 각각 몇이나 되는지를 매주 측정하는 것이다. 이는 지금까지 사용했던 것 중 가장 강력한 도구의 하나다. 내가 하는 말을 무조건 받아들이지는 마라. 그보다는 그림 5.1, 5.2, 5.3을 살펴보라.

첫 번째 차트는 가격(주봉)과 내가 개발한 '래리 윌리엄스 심리 지수$_{\text{LW Sentiment}}$
$_{\text{Index}}$'를 함께 나타낸 것이다. 판독하기는 어렵지 않다. LW 심리 지수가 낮으면
대다수 자문가가 약세장으로 본다는 뜻이다. 대체로 이들의 판단이 틀리기 때
문에 나는 반대로 가격 반등을 예상한다. 지수가 높으면 사람들이 강세장으로

**그림 5.1 가격(주봉)과 LW 심리 지수**

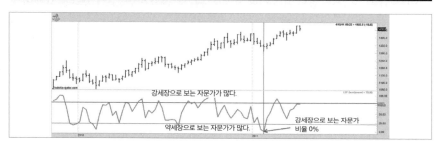

**그림 5.2 가격(주봉)과 LW 심리 지수**

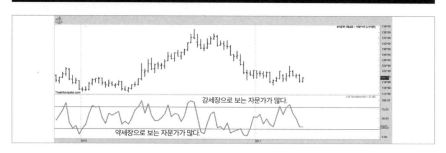

**그림 5.3 가격(일봉)과 LW 심리 지수**

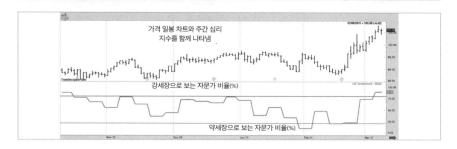

본다는 뜻이다. 이들의 판단이 틀리리라 보기 때문에 나는 가격이 하락한다고 본다.

스마트 머니(대부분 옳은 판단으로 확인됨)는 대규모 상품 생산자 및 사용자로 구성된 '상업적 트레이더'(자산 관리상 헤지, 즉 위험 회피를 주된 목적으로 선물이나 옵션을 매매하는 은행 등 금융기관 및 상품을 생산, 가공, 판매하는 상기업을 통칭함-역주) 가 주로 운용하는 자금이다.

이 자금의 흐름은 상품선물거래위원회CFTC가 발표하는 주간 '트레이더 미결 제 약정 포지션 현황Commitment of Traders: COT' 보고서에서 확인할 수 있다. 나는 이를 주제로 한 첫 번째 책《내부자 거래Trading with the Insiders》(2006)를 비롯해 여러 방식으로 이 문제를 광범위하게 다뤘다. 단기 트레이더의 관점에서 볼 때 문제는 COT 보고서의 영향이 하루이틀에 그치지 않는다는 점이다. 이 보고서의 예측력은 장기적 속성을 지닌다.

나는 단기적인 폭발적 가격 변동을 포착하는 데 도움이 되는 5가지 주요 요소를 찾아냈다. 가격 등락 흐름에 올라탈 수 있도록 시장 가격 구조에 이런 '도구' 혹은 '사건'을 추가할 것이다. 이런 도구는 전부 정량화가 가능하므로 이 도구들과 관찰 결과를 수학적 모형으로 전환하는 것이 논리적으로는 합당하다. 그다음 논리적 단계는 이렇게 전개된다. 즉, 수학은 항상 완벽하므로(2 더하기 2 는 항상 4) 매매에도 완벽한 해답이 있어야 하고 수학이 그 해답을 알려준다.

그러나 이러한 논리는 사실과 다르다. 기계적 매매 접근법 가운데 100% 완벽한 것은 없다. 관찰 결과를 기준으로 할 때 제대로 작동하는 효과적인 도구와 기법은 분명 존재한다. 그런데도 손실이 발생하는 이유는 잘못된 결론에 이르렀거나 아니면 자료가 부족해서 올바른 결론을 도출하지 못했기 때문이다. 따라서 수학이나 기계적 접근법은 답을 주지 못한다. 충분한 관찰과 올바른 논리 그리고 가용 자료로부터 도출된 옳은 결론이 있어야 시장의 진실을 알 수 있다.

내가 이런 사실을 직설적으로 밝히는 이유는 트레이딩은 특정한 지도자나 시스템 혹은 완벽한 접근법을 맹목적으로 따르는 게임이 아니라는 점을 알려주고 싶어서다. 시장에 관한 분명한 진실은 '모든 것은 변한다'는 사실뿐이다. 1960년대 초에는 통화(공급)량 증가는 강력한 강세장으로 이어질 것으로 여겨졌고, 실제로도 주가는 계속 상승했다. 그러나 1990년대에 들어서는 시장에서 통화량을 거의 주목하지 않았고 시장에 대한 영향력도 크지 않았다. 이처럼 한때는 신성시됐던 요소도 시간이 지나면서 그 의미가 퇴색되곤 한다.

내가 가장 활발하게 매매했던 곳 가운데 하나가 채권 시장이었는데 1988년 이후로 매매 방식이 완전히 달라졌다. 이유가 무엇일까? 1988년 10월 이전에는 정규 개장 시간에만 매매했다. 그런데 그 이후로 야간 매매가 가능해지더니 결국에는 거의 24시간 시장이 열렸다. 이렇게 되면서 매매 패턴에 큰 변화가 생겼다. 연구자들이 더 혼란스러워한 부분은 연준의 보고서 발표 시기와 관련이 있다. 즉, '예전에는' 목요일에 보고서를 발표했고 이 내용이 다음 날인 금요일 채권 가격에 큰 영향을 미쳤다. 연준 보고서의 영향력이 워낙 컸기 때문에 월가에서 일어나는 사기 사건을 주제로 한 대중 소설에 연준 보고서의 영향력에 관한 내용이 등장할 정도였다. 그런데 내가 처음 이 책을 썼던 1998년에는 목요일에 연준 보고서가 나오지 않았고 따라서 금요일의 시장 상황도 예전과는 달라졌다.

내가 쓴 책을 읽으면 매매의 기본 도구에 대해 알게 될 뿐 아니라 최근 시장 상황의 변화를 파악하는 법을 배울 수 있을 것이다. 뛰어난 트레이더는 매우 현명해서 변화의 조짐을 놓치지 않고 이에 신속하게 반응한다. 나는 여러분이 이런 트레이더가 되기를 바란다. 이들은 절대 불변의 매매법이라는 블랙박스에 자신을 가둬두지 않는다.

1960년부터 1983년까지 활동했던 뛰어난 트레이더 가운데 프로야구 선수였던 사람이 있다. 프랭키 조Frankie Joe는 기지가 뛰어났고 자신의 매매 접근법에 대한 이해도도 높았다. 두뇌 회전이 빠르고 말이 잘 통하는 사람이었다. 우리가 친분을 맺은 지 3년이 지났을 때 프랭키는 자신의 매매 비법을 내게 알려줬다. 가격이 상승할 때 매도하고 충분히 하락하면 매수한다! 더 보태거나 뺄 것 없는 아주 단순한 규칙이었다. 당시에는 꽤나 효과적인 기법이었고 덕분에 프랭키는 큰돈을 벌었다.

그 이후 로널드 레이건의 감세 및 예산 삭감 정책으로 역대 최고의 강세장이 형성됐다. 강세장이 형성되리라는 점은 충분히 예측 가능한 일이었다. 그런데 이전 18년 동안 지켜봤던 상황과는 달리 강세장이 진행되는 동안 가격 조정이 일어나지 않았다. 아무도 이를 예견하지 못했다. 역대 최고의 트레이더 중 한 명이었던 프랭키 조도 예외는 아니었다. 프랭키는 가격이 오를 때 매도한다는 매매 규칙을 고수했다. 그러나 가격이 바닥일 때 매수해야 하는데 가격 바닥이 형성되질 않으니 매수 기회가 오지 않았고 결국은 큰 손실을 내고 말았다. 금전적 손실과 더불어 성공하지 못했다는 사실에 크게 상심한 프랭키는 결국 자살로 생을 마감했다(뛰어난 트레이더가 거의 그렇듯이 프랭키 또한 '승리'에 대한 집착이 강박적으로 강했다).

지금은 효과가 있는 것이라 할지라도, 그 효과는 대개 오래 지속되지 않는다. 매매의 세계에서도 마찬가지다. 내가 발레리나를 존경하는 이유가 바로 여기에 있다. 그들은 발끝만으로도 자세를 오래 지속할 수 있으니 말이다!

## 정보화 시대에 대한 오해

기본 원칙은 변하지 않는다. 그래서 '기본'이라고 하는 것이다. "다른 사람이 자신에게 해주기 바라는 그대로 다른 사람에게 똑같이 해주어라." 2,000년 전의 성경에 나온 이 명언은 지금도, 2,000년 후에도 변할 일 없다. 내가 이 책을 통해 말하고자 하는 원칙 역시 다행스럽게도 변화에 견뎌내고 있다. 40년 가까이 사용한 원칙이고 수백만 달러를 벌어들이는 데 사용된 매우 효과적인 도구다.

그럼에도 지금 내가 혼수상태에 빠졌다가 10년 후에 깨어난다면 그때는 이 기본 원칙을 사용하지 못할지도 모른다. 기본 원칙은 영원하지만, 이를 구체적으로 적용하는 방법이나 세부사항들은 변하기 때문이다. (이 부분을 업데이트하면서 이 문장의 예측력에 스스로 감탄했다. 14년이 지나 개정판을 쓰는 지금, 나는 예전에 매매했던 방식 그대로 매매에 임할 생각은 추호도 없으니 말이다. 인생이 그렇듯이 시장 또한 변화로 가득한 곳이다.)

기술이 '왕'이 되면서 일상생활 모든 측면의 속도가 빨라지고 있다. 요즘은 무엇이든 더 빨리 배우고 더 빨리 소통하며 가격 변화도 더 빨리 감지한다. 매수하고 매도하는 속도도 더 빨라진다. 따라서 더 빨리 부자가 되고 또 더 빨리 빈털터리가 된다. 거짓말과 속임수로 남의 돈을 사취하는 속도도 말할 수 없이 빨라졌다. 그리고 인류 역사상 그 어느 때보다 빨리 병이 들 수도 있지만 또 그 어느 때보다 빨리 치료할 수도 있다.

오늘날의 트레이더는 그 어느 때보다 많은 정보를 보유하고 있으며 이런 정보를 처리할 능력도 충분히 크다. 이것은 컴퓨터 덕분이며 또한 최초이자 최상의 실무용 소프트웨어 시스템 라이터System Writer를 개발한 빌 크루즈와 랄프 크루즈Bill and Ralph Cruz 덕분이기도 하다. 참고로 시스템 라이터는 트레이드 스테이션Trade Station의 전신이다. 오메가 리서치Omega Research에서 나온 이러한 제품들 덕분에 우리 같은 평범한 사람도 시장 아이디어를 시험 매매로 확인해볼 수 있다. 빌의 선견지명 덕분에 10여 년 넘게 '시장 진실'을 알아내는 데 필요한 그 어떤 질문도 확인해 볼 수 있었다.

그러나 기술 혁신은 트레이딩 분야에서는 그다지 큰 영향력을 발휘하지 못했다. 기술 혁신이 주도하는 오늘날의 정보화 시대에도 승자와 패자의 숫자는 변하지 않는다. 최신 컴퓨터로 무장한 사람들도 주기적으로 큰 손실을 낸다. 일련의 사건들이 지나가고 나면 승자와 패자가 극명하게 갈린다. 승자는 무언가를 하려는 의지가 있고 변화를 포착해 여기에 반응하려 한다. 반면에 패자는 노력하지 않으면서 쉽게 원하는 바를 얻고 싶어 한다. 완벽한 시스템이나 변치 않는 전문가 및 지표 등을 맹신하며 이를 무조건 따르려 한다. 패자는 다른 사람의 말이나 시장에 귀 기울이지 않는다. 그리고 자신의 매매 방식을 고집스럽게 밀고 나간다.

무엇보다 이들은 성공적 트레이딩의 기본 원칙을 고수하지 못한다. 기본 원칙이 나쁜 거래는 걸러내고 좋은 거래만 유지함으로써 당신의 돈과 일을 지켜주는데도 말이다. 나는 어떤지 궁금한가? 나는 기본 원칙을 충실히 고수하되, 변화에 기꺼이 적응하려는 열린 마음을 함께 가진다. 변화에 대응하는 유연성을 유지하는 한 결코 흔들리거나 무너지는 일은 없으리라 생각한다.


## 해리먼의 매매 규칙

해리먼 가문의 자산은 해리먼 옹E. H. Harriman에 의해 오늘에 이르렀다. 해리먼은 장내 트레이더floor trader(선물 거래소 회원으로서 거래소 안에서 자신의 계산 또는 타인의 계산하에 주문을 성사시키는 사람-역주)로 출발해 은행업과 증권업에서 거물 반열에 오른 인물이다. 1905년에 유니언퍼시픽Union Pacific 주식 매매로 단번에 1,500만 달러를 벌었다. 투기의 귀재 해리먼은 당시 인기주였던 철도주에 집중했다.

1912년에 해리먼과 인터뷰한 진행자는 주식 매매 기술과 비법이 무엇인지를 물었다. 해리먼은 이렇게 대답했다. "주식 시장에서 이익을 내는 비법? 간단하다. 손절하면 된다. 주식 선물 가격이 진입가에서 0.75 포인트 이상 불리한 방향으로 가지 않도록 손절하라. 그러나 가격 변동이 자신에게 유리한 방향으로 진행되면 포지션을 계속 유지하라. 그리고 가격 추이에 맞춰 기준치를 조금씩 더 상향 조정하라."

해리먼은 증권사에서 고객 매매 계정을 조사하면서 이 중요한 규칙을 터득했다. 해리먼이 알아낸 사실은 일반 고객 계정에서 총 수백만 회에 달하는 매매를 살펴봤을 때 5~10포인트 손실이 나온 매매 건수가 5~10포인트 이익 매매를 훨씬 넘어선다는 점이었다. 구체적으로 그 비율이 '50대 1'이라고 말했다. 자신이 운영하는 매장에서 혹은 근무하는 직장에서는 통제력도 있고 회계 업무도 능숙하게 잘 처리하는 사람이 매매에 나설 때만은 통제력을 상실한다는 사실이 항상 놀라웠다고 한다. 나는 투기 매매에 관한 한 해리먼을 능가하는 실력자를 본 적이 거의 없고 1912년에 해리먼이 알려준 매매 규칙보다 더 오랫동안 제몫을 다했던 규칙도 없다고 생각한다.

통제력을 상실하느냐 아니냐에 따라 승자와 패자가 갈린다. 러시안 룰렛 게임을 생각해보라. 여러 약실藥室 가운데 단 한 곳에 장전된 총알에 목숨이 날아가듯이 단 한 번의 매매로 당신의 은행 계정이 다 털릴 수 있다. 단 한 번만으로!

**래리의 당부**

기본 매매 규칙은 100년 전이나 지금이나 똑같다. 말했듯이 '기본'은 변하지 않는다. 지금까지 그랬고 앞으로도 그럴 것이다. 이것이 당신이 배워야 할 '현실'이다.

제 **6** 장

# 진실에
# 다가가기

long-term
secrets
to short-term
trading

시장이 무작위로 움직이지 않는다는 사실을 증명하고

시장 가격 폭발의 핵심 '열쇠' 제시하기

어느 게임에서든 패자는 게임이 조작됐다거나 아무도 이길 수 없는 게임이었다고 투덜거리면서 자신의 실패를 변명한다. 글쎄다, 시장에서 벌어지는 게임에는 항상 승자들이 존재했는데 말이다. 폴 쿠트너Paul Cootner 같은 학자 역시 오래된 책《주가의 무작위적 특성The Random Character of Stock Market Prices》(1964)에서 비슷하게 투덜거렸다. 즉 가격은 예측할 수 없으며 과거 가격 추이는 미래 가격에 영향을 주지 않는다는 시큰둥한 반응을 보였다. 쿠트너를 비롯해 트레이딩에 대해 잘 모르는 학자들은 시장이 효율적이기 때문에 가격을 예측할 수 없는 것이라고 설명한다. 효율적 시장 가설에서는 모든 사실과 정보가 시장에 다 알려져 있고 그 내용이 현재 가격이 이미 반영되었다고 본다. 따라서 과거 가격은 미래 가격에 영향을 줄 수 없으며, 시장에 유입되는 새로운 정보(뉴스)만이 당일 가격 변동에 영향을 준다는 논리다.

근 25년 동안 이익의 50%를 수수료로 공제하고도 연평균 30%의 수익률을 기록하며 그 누구와도 비교 불가한 성과로 시장을 지배했던 전설적 트레이더 스티브 코헨Steve Cohen에게 이 말을 전해보라. 이번 장에서는 독자 여러분 또한 코헨처럼 큰돈을 벌기 바라는 마음에서 어떠한 인식 변화가 필요한지 설명하고자 한다. 더불어 시장에 대한 이해도를 높여줄 연구 결과도 제시할 생각이다.

앞서 말했던 여러 저자 및 학자가 주장하는 내용의 핵심은 오늘의 이익과 내일의 이익은 아무 관련성이 없다는 것이다. 따라서 가격은 무작위 변수의 영향을 받을 뿐이므로 가격은 완전히 무작위로 움직이고 향후 가격 추이를 예측할 수 없다고 본다. 랜덤 워크random walk 가설(가격 추이는 무작위적이고 그 변화를 예측할 수 없다는 가설-역주)에 따르면 시장은 효율적이고 모든 정보가 시장에 이미 반영돼 있다고 본다. 분명 여러분은 이 개념을 받아들이지 않을 것이다. 그래서 대다수 트레이더나 투자자가 모르는 뭔가 중요한 사실을 내가 알고 있으리라는 생각에 애써 번 돈으로 이 책을 사지 않았을까 생각한다.

여러분 생각이 맞다! 쿠트너와 그 추종자는 1차원적인 피상적 방식으로 과거 가격과 미래 가격 간의 연관성을 검증했다. 나는 이들이 일종의 이동평균에 기초해 미래 가격 변화를 검증했을 것이라고 생각한다. 검증의 방향은 옳았으나 검증 도구에 문제가 있었다고 본다.

과거와 미래의 가격에 연관성이 존재하지 않는다면, 충분히 오랜 기간이 주어졌을 때 상승 마감 비율과 하락 마감 비율이 각각 50%씩이어야 한다. 마치 동전 던지기와 같은 상황인 것이다. 동전 던지기를 할 때 동전에 기억이 없듯이 가격에도 기억이 없다. 즉, 이전 사건은 이후 사건과 무관하다. 동전을 새로 던질 때 그 직전에 나타난 결과가 영향을 미치지 않는다. 화요일마다 동전을 던졌을 때 앞면과 뒷면이 나올 확률이 50:50이면 다른 요일에도 결과는 마찬가지여야 한다.

## 무작위의 쿠트너 vs. 편향성의 코헨: 승자는 코헨이다!

시장 움직임이 무작위적이라는 쿠트너의 랜덤 워크 가설이 맞다면 일일 가격 변화 검증 작업이 어려울 리 없다. 아주 단순한 질문으로 시작해보자. "시장이 무작위로 움직인다면 당일 고가에서 저가를 뺀 값인 일일 가격 변동폭(가격폭)도 어떤 요일이든 관계없이 모두 같아야 하지 않을까?"

이런 질문도 던져봐야 한다. "모든 가격 흐름이 무작위적이라면 가격 상승과

하락을 불문하고 일일 가격 순변화값(종가-시가)의 절댓값으로 계산되는 일일 가격 순변화량daily change(|종가-시가|) 역시 요일별로 거의 같아야 하지 않을까?"

이러한 질문도 해봐야 한다. "가격 추이가 무작위적이라면 일주일 중 강력한 상승 혹은 하락 편향이 발생하는 요일이 없어야 하지 않을까?" 시장에 기억이 존재하지 않는다면 매매를 무슨 요일에 하든 상승 또는 하락 편향성은 없어야 한다. 동전에는 기억이 없어 동전을 던지는 요일이 결과에 영향을 미치지 않듯이 말이다. 그런데 실제로는 매매하는 요일이 중요하다. 그것도 매우 중요하다.

나는 이론가의 말에 귀 기울이는 대신에 실제 시장 자료를 직접 살펴보기로 했다. 그래서 상술한 3개의 질문을 포함한 수많은 질문을 던지고, 시장 자료로 검증해보았다. 이를 통해 나는 오늘 가격이 내일 가격에 영향을 미치는지 그리고 내일 가격에 일관적인 영향을 주는 가격 패턴이 존재하는지를 파악하고자 했다. 그리고 이에 대한 답은 분명했다. 시장은 쿠트너의 주장과는 다르게 움직인다. 이 같은 사실은 표 6.1과 표 6.2에 잘 드러난다. 500대 주식을 대상으로 한 S&P500과 미 재무부 채권 등 가장 크고 가장 '효율적인' 두 시장을 표본으로 검증 작업을 진행했다.

쿠트너를 유명하게 한 다소 급진적 개념, 즉 시장 게임은 동전 던지기와 같이 무작위적이라는 주장을 논박하려는 목적으로 1998년에 수행한 연구 결과에 따라 나는 의견을 피력했다. 그때 내가 쓴 글과 연구 결과를 살펴보면 1998년 이후에도 동일한 검증을 시도했음을 알 수 있을 것이다. 따로 덧붙여 말할 필요가 없을 정도로 드러난 사실 자체가 너무도 자명하다. 그때나 지금이나 내 결론은 동일하다. 시장은 무작위성으로 가득하지만, 또 한편으로는 질서와 편향성이 존재한다. 이곳이 바로 매매 기회를 포착할 수 있는 지점이다.

이제 세월을 통해 검증된 내 연구 결과를 살펴보자.

내 첫 번째 질문은 "요일별로 일일 가격 변동폭(고가-저가)에 차이가 있는가?"였다. 그다음 질문은 "요일별로 일일 가격 순변화량(|종가-시가|)에 차이가 있는

## 표 6.1 S&P500(1982~1998)의 요일별 가격 지표: 이래도 무작위적인가?

|  | 가격 변동폭(고가-저가) | 가격 순변화값(종가-시가) |
|---|---|---|
| 월요일 | 4.22 | .631 |
| 화요일 | 4.30 | .130 |
| 수요일 | 4.29 | .221 |
| 목요일 | 4.19 | -.044 |
| 금요일 | 4.45 | -.116 |

## 표 6.2 미 재무부 채권(1982~1998)의 요일별 가격 지표: 이래도 무작위적인가?

|  | 가격 변동폭(고가-저가) | 가격 순변화값(종가-시가) |
|---|---|---|
| 월요일 | .708 | -.001 |
| 화요일 | .781 | .064 |
| 수요일 | .767 | .010 |
| 목요일 | .823 | -.017 |
| 금요일 | 1.05 | .022 |

가?"였으며 마지막 질문은 요일별 일일 가격 순변화값(종가-시가)에 관한 것이었다. 쿠트너의 관점에서는 이 세 가지 질문에 대한 답이 모두 '차이가 (거의) 없음'으로 동일해야 한다.

표 6.1과 표 6.2의 2열을 보라. S&P500은 일일 가격 변동폭이 다른 요일보다 화요일과 금요일에 더 컸다(표 6.1). 채권 시장에서는 목요일과 금요일에 가격 변동폭이 크게 나타났다(표 6.2). 일일 가격 변동폭이 이렇게 요일별로 차이가 날 수 있을까?

가능한 일이다. 게다가 표 6.1과 표 6.2의 3열은 일일 가격 순변화값(종가-시가)의 절댓값, 즉 가격 순변화량(|종가-시가|) 역시 각기 다르다는 사실을 보여준다. S&P500 시장(표 6.1)에서는 가격 순변화량이 월요일에 평균 0.631로 가장 크게 나타났고 목요일에 0.044(|-0.044|)로 가장 작았다.

채권 시장(표 6.2)에서는 이 차이가 훨씬 크게 나타났다. 가격 순변화량은 화요일에 0.064로 가장 컸고 월요일에 0.001(|-0.001|)로 가장 작았다.

마지막으로 세 번째 질문에 답하기 위해 표 6.1과 6.2의 3열을 다시 보라. 음(-)

의 가격 순변화값이 나타난 날이 S&P500은 목요일과 금요일이고 채권은 월요일과 목요일이었다. 쿠트너는 시장이 효율적이므로 특정 요일에 가격이 더 크게 상승하거나 하락하는 이와 같은 일은 발생할 수 없다고 주장할 것이다. 그러나 시장 현실은 달랐다. 일주일 중 매수 혹은 매도에 더 유리한 요일이 분명히 존재했다.

이 점을 확실히 알리고 싶다. 쿠트너와 그 추종 집단은 가격 지표들의 요일별 편향성을 검증하지 않았음이 틀림없다. 나는 컴퓨터로 매일 시가에 매수하고 종가에 청산하도록 설정해 그 결과를 살펴보기로 했다. 모든 곡물 시장grain markets을 대상으로 이 작업을 진행했다. 이 방법 자체를 단독의 매매 시스템으로 활용할 수 있는 건 아니지만, 그 결과는 분명 유의미하다. 그러니 이 책을 꼼꼼히 읽은 사람은 책꽂이에 책을 그냥 던져두고 마는 사람보다 더 유리해지는 셈이다. 이 자료는 다음과 같은 사실을 명확히 해준다.

**곡물 시장 모두가 일주일 중 수요일에 가격이 더 상승하는 패턴을 보였다.**

표 6.3 요일별 대두 매매: 곡물 시장의 수요일에는 뭔가가 있다

| 요일 | 매매 횟수 | 이익($) | 매매당 평균 이익($) |
|---|---|---|---|
| 월요일 | 522 | 24,238 | 46 |
| 화요일 | 506 | 39,138 | 77 |
| 수요일 | 558 | 65,075 | 117 |
| 목요일 | 551 | 7,925 | 14 |
| 금요일 | 512 | 30,875 | 60 |

표 6.4 요일별 밀 매매: 곡물 시장의 수요일에는 뭔가가 있다

| 요일 | 매매 횟수 | 이익($) | 매매당 평균 이익($) |
|---|---|---|---|
| 월요일 | 473 | 16,225 | 34 |
| 화요일 | 449 | 19,375 | 43 |
| 수요일 | 465 | 41,800 | 90 |
| 목요일 | 465 | 20,675 | 44 |
| 금요일 | 447 | 23,875 | 52 |

이는 내가 예상했던 수준을 훨씬 넘어서는 결과였다. 표 6.3에서 보는 바와 같이 이후 몇 년간 대두는 수요일 매매에서 큰 이익을 주었다.

밀에 대해서도 동일한 검증을 했는데(표 6.4 참고) 이번에도 검증은 유의미했다. 트레이더들이 기대하는 강세 편향이 있는 요일은 역시 수요일이었다.

이런 수치가 있으면 대두용 매매 전략을 수립하기가 매우 쉽다. 상승 추세이면(당일 종가 > 30일 전 종가) 수요일에 매수하자. 앞서의 모든 검증에서와 마찬가지로 금액 손절점인 1,600달러 혹은 이익 실현이 가능한 첫 번째 시가에서 청산한다. 대두 매매 결과는 그림 6.1에서 확인할 수 있다.

결과를 살펴보라. 랜덤 워크가 가당키나 한가? 곡물 시장의 수요일에는 뭔가 특별한 편향성이 있는 것이 확실하다. 매매라는 게임에서의 우위가 분명해지는 순간이다. 카지노는 무작위 확률을 가진 게임들에서 대체로 1.5%에서 4% 정도의 작은 확률적 우위를 확보함으로써 돈을 번다. 티끌 모아 태산이라는 말이 있듯이, 이 적은 확률적 우위를 쌓고 또 쌓아서 카지노가 화려한 호텔도 세우고 뷔페도 제공하는 것이다.

특히 대두 같은 곡물 시장에서 어느 정도의 단기 매매 기회가 발생하기는 하지만(이 부분은 21세기로 접어드는 시점에 쓴 내용), S&P500이나 미 재무부 채권, 영국 파운드화, 금 등의 시장은 더 폭발적인 가격 변동이 발생하므로 살펴볼 만한

**그림 6.1 대두 매매 전략: 상승 추세일 때, 수요일에 매수**

## 표 6.5 각 자산의 요일별 가격 변동 지표: 일간 종가 변화값(당일 종가-전일 종가)

| | 금 | | 영국 파운드화 | | 채권 | | S&P500 | |
|---|---|---|---|---|---|---|---|---|
| 월요일 | 50% | +$7 | 53% | +$13 | 54% | +$59 | 52% | +$91 |
| 화요일 | 48 | -2 | 54 | 15 | 49 | -18 | 52 | +59 |
| 수요일 | 49 | -3 | 49 | 0 | 54 | +16 | 52 | -27 |
| 목요일 | 51 | 0 | 49 | -21 | 53 | +30 | 50 | -10 |
| 금요일 | 49 | -13 | 54 | 0 | 50 | -35 | 57 | +134 |

가치가 있다. 특히 S&P500과 채권 시장은 우리 같은 단기 트레이더에게는 최고의 시장이다.

표 6.5는 시장에서 특정 요일이 일간 가격 변화값day-to-day price change에 미치는 영향이 어느 정도인지를 보여준다. 이번에도 랜덤 워크 가설을 추종하는 전통적 학자들은 가격 변화가 무작위적이라는 가정에 따라 요일별 일간 가격 변동값의 편차가 없거나 아주 미미하리라고 주장할 것이다. 그러나 이 표가 보여주듯이 요일별 매매에는 분명히 가격 편향성이 있으며, 이 편향성에서 이익 매매 기회가 발생한다.

요일별 매매는 내가 좋아하는 단기 매매의 우위 전략들 중 하나이다. 그런데 여기서 내가 중요하게 여기는 가격 변동 지표는 표 6.5에 나타낸 종가의 일간 변화값(당일 종가-전일 종가)이 아니라 표 6.6에 나타낸 일일 가격 순변화값(당일 종가-당일 시가)이다. 여러분은 그 이유를 분명히 알아야 한다. 단기 트레이더는 시가에 시장에 진입하고 최소한 (데이 트레이더라면) 당일 종가에 포지션을 청산

## 표 6.6 각 자산의 요일별 가격 변동 지표: 일일 가격 순변화값(당일 종가-당일 시가)

| | 금 | | 영국 파운드화 | | 채권 | | S&P500 | |
|---|---|---|---|---|---|---|---|---|
| 월요일 | 53% | +$8 | 54% | +$10 | 55% | +$53 | 50% | +$45 |
| 화요일 | 52 | -3 | 58 | -12 | 47 | -35 | 55 | +56 |
| 수요일 | 53 | +4 | 55 | +18 | 52 | +4 | 51 | -27 |
| 목요일 | 52 | +1 | 55 | +11 | 50 | +8 | 50 | -37 |
| 금요일 | 53 | -9 | 56 | +13 | 51 | -14 | 57 | +109 |

하기 때문이다.

표 6.6은 각 TDW에 채권이나 S&P500 등의 자산을 요일별로 시가에 매수하고 같은 날 종가에 매도한 결과를 나타낸다. 랜덤 워크 이론가는 이쯤에서 할 말을 잃을 것이다. 표의 내용을 간략히 설명하면 이렇다. 영국 파운드화는 수요일에 시가로부터 상승 마감한 비율이 55%이고 이때 평균 매매 이익 18달러가 '발생'한다. 여기서 이익 '발생' 부분에 따옴표를 쳐서 굳이 강조한 이유는 매매 수수료와 슬리피지<sub>slippage</sub>(매매 주문 시 발생하는 체결 오차로 인해 원하는 가격에 현물이나 선물을 매수할 수 없기 때문에 발생하는 비용-역주)를 공제하면 남은 이익이 크지 않기 때문이다. 그렇다고 해도 이와 같은 패턴은 이익이 나는 매매 시스템으로 발전시킬 만한 시장 편향성을 충분히 드러낸다.

표 6.6을 계속해서 보자. 1998년까지의 검증 기간 중 금 매수의 최적일은 금요일이었다. 나는 주 후반부에 성공적인 금 매매 전략을 수립하기 위해 할 수 있는 일이 아주 많다고 확신한다. 반면 화요일의 금은 시가로부터 상승 마감한 비율이 52%였고 평균 매매 이익은 -3달러였다.

채권 시장도 화요일 사정은 크게 다르지 않아서, 이익 매매 비율은 47%이고 평균 매매 이익은 -35달러였다. 당신이 채권 트레이더라면, 월요일에 장이 상승 마감한 비율이 55%이고 이때 평균 매매 이익이 53달러였다는 점에 주목해야 한다.

이런 요일별 가격 편향성은 S&P500에서 가장 크게 나타났다. S&P500은 변동성이 가장 큰 금요일에 상승 마감 비율이 57%이고 평균 매매 이익은 109달러에 달했다. 사실 나는 S&P500에서 처음으로 이 편향성을 발견했고, 1984년 이후 줄곧 이를 기회 삼아 매매를 했다. 그림 6.2는 1982년부터 1998년까지 요일별 편향을 이용하여 금요일에 국한하여 S&P500을 매수한 시험 매매 결과이다. 또한 그림 6.3은 금요일을 취하는 전략이 1999~2011년에도 비슷하게 잘 통하고 있음을 보여준다. 이때 적용한 청산 조건은 앞서 곡물 시장에 적용했던 것

그림 6.2 요일별 편향성을 이용한 S&P500 금요일 매매(1982~1998)

자료: S&P500 IND-9967 1/80

기간: 1982년 7월 2일~1998년 8월 25일

| Num. | Conv. | P. Value | Comm | Slippage | Margin | Format | FileName |
|---|---|---|---|---|---|---|---|
| 149 | 2 | $2,500 | $0 | $0 | $3,000 | CT/PC | F59 |

| | | | |
|---|---|---|---|
| 총순이익 | $76,400.00 | | |
| 총이익 | $104,787.50 | 총손실 | -$28,387.50 |
| 총매매 횟수 | 172 | 이익 매매 비율 | 90% |
| 이익 매매 횟수 | 156 | 손실 매매 횟수 | 16 |
| 최대 이익 매매 | $10,675.00 | 최대 손실 매매 | -$2,075.00 |
| 평균 이익 매매 | $671.71 | 평균 손실 매매 | -$1,774.22 |
| 평균 손실 대비 평균 이익 비율 | 0.37 | 평균 매매(이익&손실) | $444.19 |
| 최다 연속 이익 매매 | 34 | 최다 연속 손실 매매 | 2 |
| 이익 매매 평균 봉 수 | 1 | 손실 매매 평균 봉 수 | 4 |
| 최대 계좌 잔고 감소액 | -$5,912.50 | 일중 최대 잔고 감소액 | -$5,912.50 |
| 이익률 | 3.69 | 최대 보유 계약 수 | 1 |
| 필요 계좌 크기 | $8,912.50 | 잔고 회수율 | 857% |

그림 6.3 요일별 편향성을 이용한 S&P500 금요일 매매(1999~2011)

수익 곡선-매수만 해당

최대 잔고 감소액: 2008년 10월 31일 -$7,900.00    최장 횡보 기간: 2002년 9월 19일까지 1,801일

(그림 6.1)과 동일하다.

일일 가격 순변화값(당일 종가-당일 시가)의 편향성 외에 일간 종가 변화값(당일 종가-전일 종가)의 편향성도 궁금하다면 직접 조사해 보라. 결론적으로 말하자면 이때도 역시 가격 변동 편향성이 두드러지게 나타나고 여기서 매매 기회가 생긴다.

표 6.7 시가 매수 후 3일 보유 시 최적 TDW 매매 결과: 금을 제외하면 편향성이 존재한다

| 상품 | 요일 | 상승 비율(%) | 평균 이익($) |
|---|---|---|---|
| 금 | 화요일 | 50 | 0 |
| 파운드화 | 금요일 | 54 | 36 |
| 채권 | 화요일 | 52 | 86 |
| S&P500 | 월요일 | 57 | 212 |

표 6.7은 네 가지 자산을 특정 요일의 시가에 매수하고 3일 후 매도 청산한 결과를 나타낸다. 아직도 랜덤 워크 추종자들이 남아 있는지는 모르겠으나, 이 경우에도 그들은 요일별 차이가 나타날 수 없다고 주장할 것이다. 효율적 시장이 그런 차이를 완전히 제거한다는 취지다. 그러나 요일에 따라 3일간의 가격 변화 지표에도 편향성이 나타난다는 사실이 표에 확실히 드러난다. 따라서 이번에도 시장이 완전히 무작위로 움직이지는 않는다는 사실을 매매에 유용하게 활용할 수 있다. 다만 유일한 예외가 바로 금 시장이다. 즉 시가 매수 후 3일 보유하는 전략을 사용할 경우 금은 무작위적인 시장이다. 내 연구 대상 중 금 시장을 제외한 나머지 시장은 랜덤 워크 가설을 따르지 않았다. 특히 채권과 S&P500의 편향성이 돋보였으며, 이를 이용하면 상당한 이익을 낼 수 있다.

TDW는 유의미한 성과를 낸다. 따라서 이런 요일별 편향성을 이익 매매 기회로 활용할 수 있다. 이 기회를 활용해 이익을 내는 방법은 아주 많다. 어쩌면

그림 6.4 시가 매수 후 3일 보유 시 요일별 편향성을 이용한 S&P500 매매(1999~2011)

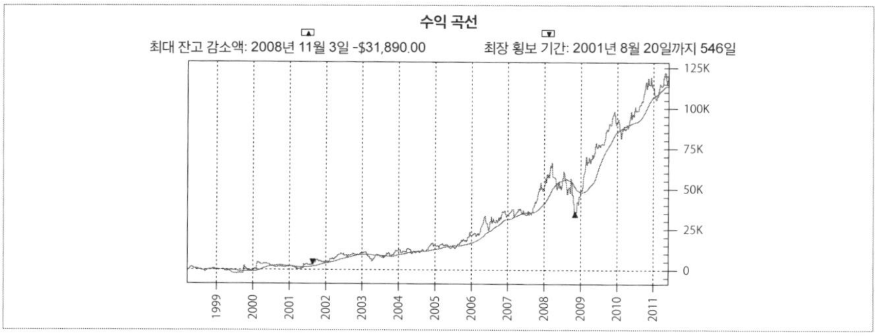

수익 곡선
최대 잔고 감소액: 2008년 11월 3일 -$31,890.00    최장 횡보 기간: 2001년 8월 20일까지 546일

벌써 자신만의 방법을 생각해낸 사람이 있을지도 모른다. **단기 매매로 이익을 내고 싶으면 해당 시장별로 이런 편향성이 있음을 인지하고 이를 적극 활용해야 한다.**

S&P500에서는 손절가 적용 없이 매수하고 나서 3일 후에 매도하는 방법으로 11만 9,650달러의 이익을 냈다. 그림 6.4는 이 상황을 담은 수익 곡선_equity-curve이다.

앞서 시가가 중요하다고 했다. 시가 기준으로 가격 변화가 일어나기 시작하면 대개는 가격이 그 방향으로 계속 움직인다. 이제 시가를 활용한 접근법의 효용성을 검증하고자 한다. 이 접근법에서는 단순한 매매 규칙에 TDW 편향성을 가미할 것이다. 방법은 다음과 같다. 편향성이 있는 요일의 시가에 전일 가격폭의 일정 비율을 더한 가격에서 매수한다. 즉 편향이 있는 요일에 초점을 맞추고, 이날 시가로부터 변동성 돌파이 일어날 때 시장에 진입하는 것이다. 청산 규칙도 단순하다. 즉 당일 장 마감 시까지 포지션을 유지하다가 종가에서 이익 또는 손실을 실현한다(이보다 더 효과적인 청산 기법이 있는데 이에 관해서는 나중에 설명한다).

S&P500은 월요일 시가에 그 전 금요일 가격 변동폭의 50%를 더한 지점에서 매수할 때 꽤 만족스러운 매매 결과가 나왔다(그림 6.5 참고). 일주일 중 단 하루 매매로 이런 성과가 나타난다! 총 758회 매매 중 이익 매매는 435건이고 총순이익은 9만 5,150달러다. 따라서 평균 매매 이익은 125달러고 이익 매매 비율(적중률)은 57%다.

채권은 화요일 시가에 월요일 가격 변동폭의 70%를 더한 가격에서 매수해 이익을 챙겼다(그림 6.6). 총순이익은 2만 8,812달러고 이익 매매 비율은 53%이며 평균 매매 이익은 86달러로 적은 편이다.

하지만 여기서 더 나은 청산 기법을 활용하면 매매 성과가 훨씬 개선된다. 이와 같은 자료들의 요점은 TDW라는 간단한 필터 하나만으로도 전문가들이 불가능하다고 주장했던 '과업', 즉 시장에서의 승리를 이룰 수 있다는 것이다.

그림 6.5 S&P500 매매에 TDW(월요일)와 변동성 돌파 활용

자료: S&P500 IND-9967 1/80

기간: 1982년 7월 2일~1998년 8월 26일

| Num. | Conv. | P. Value | Comm | Slippage | Margin | Format | FileName |
|---|---|---|---|---|---|---|---|
| 149 | 2 | $2,500 | $0 | $0 | $3,000 | CT/PC | F59 |

| | | | | |
|---|---|---|---|---|
| 총순이익 | $95,150.00 | | | |
| 총이익 | $286,037.50 | | 총손실 | -$190,887.50 |
| 총매매 횟수 | 758 | | 이익 매매 비율 | 57% |
| 이익 매매 횟수 | 435 | | 손실 매매 횟수 | 323 |
| 최대 이익 매매 | $6,950.00 | | 최대 손실 매매 | -$3,000.00 |
| 평균 이익 매매 | $657.56 | | 평균 손실 매매 | -$590.98 |
| 평균 손실 대비 평균 이익 비율 | 1.11 | | 평균 매매(이익&손실) | $125.53 |
| 최다 연속 이익 매매 | 11 | | 최다 연속 손실 매매 | 7 |
| 이익 매매 평균 봉 수 | 0 | | 손실 매매 평균 봉 수 | 0 |
| 최대 계좌 잔고 감소액 | -$16,337.50 | | 일중 최대 잔고 감소액 | -$16,337.50 |
| 이익률 | 1.49 | | 최대 보유 계약 수 | 1 |
| 필요 계좌 크기 | $19,337.50 | | 잔고 회수율 | 492% |

그림 6.6 채권 매매에 TDW(요일)와 변동성 돌파 활용

자료: DAY 재무부 채권(T-bond) 67/99

기간: 1977년 12월 2일~1998년 8월 26일

| Num. | Conv. | P. Value | Comm | Slippage | Margin | Format | FileName |
|---|---|---|---|---|---|---|---|
| 144 | -3 | $31,250 | $0 | $0 | $3,000 | CSI | F061 |

| | | | | |
|---|---|---|---|---|
| 총순이익 | $28,812.50 | | | |
| 총이익 | $66,781.25 | | 총손실 | -$37,968.75 |
| 총매매 횟수 | 334 | | 이익 매매 비율 | 53% |
| 이익 매매 횟수 | 180 | | 손실 매매 횟수 | 154 |
| 최대 이익 매매 | $1,625.00 | | 최대 손실 매매 | -$1,750.00 |
| 평균 이익 매매 | $371.01 | | 평균 손실 매매 | -$246.55 |
| 평균 손실 대비 평균 이익 비율 | 1.50 | | 평균 매매(이익&손실) | $86.26 |
| 최다 연속 이익 매매 | 10 | | 최다 연속 손실 매매 | 6 |
| 이익 매매 평균 봉 수 | 0 | | 손실 매매 평균 봉 수 | 0 |
| 최대 계좌 잔고 감소액 | -$3,718.75 | | 일중 최대 잔고 감소액 | -$3,718.75 |
| 이익률 | 1.75 | | 최대 보유 계약 수 | 1 |
| 필요 계좌 크기 | $6,718.75 | | 잔고 회수율 | 428% |

정리하자면 이렇다. 주식은 월요일에 가격이 특히 상승하는 경향이 있고(표 6.1) 채권은 화요일(표 6.2), 거의 모든 곡물은 수요일(표 6.3, 6.4)에 이런 가격 편향성을 나타낸다. 1968년(이 책의 초판이 쓰인 기준으로 30년 전)까지 거슬러 올라가 곡물 가격을 조사했고 채권은 1977년(21년 전), S&P는 매매가 시작된 1982년(17년 전)부터 현재까지의 자료를 검토한 후 이런 결론에 이르렀다. 우리는 결론의 신뢰성이 담보될 만큼 충분히 주사위를 던졌고, 편향성의 존재 여부를 확인하기 위해 충분한 자료를 검토했다. 이에 따라 가격 변화는 랜덤 워크 가설만으로 설명할 수 없다는 결론에 이르렀다.

이번 조사로 우리는 다른 트레이더보다 유리한 위치에서 게임의 우위를 얻을 수 있게 되었다. 그리고 매매 시 집중해야 할 특정 기간이 있음을 알게 되었다. 매매에서 승자가 되는 길은 매매를 많이 하는 데 있지 않다. 어찌 됐든 바보들도 매일 매매할 수는 있지 않겠는가. 그러나 나같은 경험 많은 트레이더는 잘 안다. 성공으로 가는 길은 얼마나 '자주' 매매하느냐가 아니라 얼마나 '선택적으로' 매매하느냐에 달려 있다.

아마도 영민한 트레이더라면 벌써 이 부분이 궁금할 것이다. "주중 매매일$_{TDW}$에 편향이 있다면 월중 매매일$_{TDM, \text{ trading day of month}}$에도 그런 편향이 존재할까?"

이제 이 궁금증을 풀어줄 생각이다. 이 질문에는 '그렇다'라고 답할 수 있으며 여기 그 증거를 제시한다. 다음 결과들(표 6.8, 표 6.9)은 월중 매매일의 시가에 매수 또는 매도로 시장에 진입한 결과이다. 진입 후에는 금액 기준 손절가를 적용하거나 (S&P500의 경우 2,500달러, 채권의 경우 1,500달러) 또는 시장 진입 후 3일째 되는 날 종가에서 청산한다.

시장 진입일은 역일$_{曆日}$(달력 표시 일자-역주)이 *아니라* '월중 매매일$_{TDM}$' 기준이다. 월중 매매 가능일은 22일이지만, 휴일과 주말 등을 고려하면 월중 매매일이 22일이 안 될 때도 있다. 우리의 시장 진입 규칙은 TDM의 시가에서 매수 혹은 매도하는 것이었다. 그러자면 당월에 매매 가능한 날이 며칠인지 계산해야 한다.

TDM 개념은 계절적 영향과 유사하다. 시장 움직임을 분석하는 대다수 학자와 학생은 주로 역일에 초점을 맞추지만, 여기에는 본질적인 문제가 있다. 컴퓨터로 계산해보니 매매 최적일이 역일 기준으로 15일이라고 하자. 그런데 해당월 15일이 토요일이고 그 전날 금요일이 휴일이라면 대체 언제 매매를 해야 하는가? 수요일? 목요일? 아니면 그다음 주 월요일? 반면 TDM 개념은 매매가 가능한 날 중 하나를 특정해주므로 문제가 자연스레 해결된다.

그렇지만 오늘날 나는 (TDW도 마찬가지지만) TDM만을 단독으로 사용하여 매매하지는 않는다. 언제 어떤 행동을 취해야 할지를 판단할 때 TDM을 보조적인 선행 지표로 사용한다. TDM에 매매를 할 수도, 하지 않을 수도 있다. 적정 시점이 올 때까지는 실제로 매매에 나설지 말지에 대한 판단을 유보한다. 무슨 일이 벌어질지 지켜보고 결정한다. 이는 기계의 가상 현실 체험이 아니라 생각하는 인간의 실제 게임이기 때문이다. 내 연구 결과에 따르면, 모든 시장에는 우리에게 유리한 승산$_{odds}$이 형성되는 TDM 기간이 존재한다. 이 책에서 언급한 곳 이외의 시장에서 매매할 때는 컴퓨터나 프로그래머를 통해 자신의 매매 도구에 관한 정보를 취득해야 한다.

해마다 매달, 매주 씨를 뿌리기(진입) 좋은 때가 있고 수확하기(청산) 좋은 때가 있다. 특별히 더 좋은 때는 분명 있지만, 그렇다고 해서 그런 매매 방식만을 맹목적으로 따르는 사람은 경험이 일천한 트레이더뿐이다. 내 전략은 TDW과 TDM 같은 가격 변동상의 편향을 포착한 다음 또 다른 편향과 조합하여 이를 유리하게 이용하는 것이다. 돈을 벌려고 여러분과 내가 한 편이 돼서 카드 게임을 한다면, 내가 미리 술수를 써뒀으니 나를 믿고 미리 표시해둔 카드 더미를 집어라. 그것이 바로 나의 매매 방식, 즉 승산이 있는 편향들만 최대한 모아둔 카드 더미다. 저울이 내 쪽으로 충분히 기울어 있지 않다면, 굳이 매매를 할 이유가 있을까? 이런 '패를 아는' 카드 더미 같은 매매 기회가 연중에도 몇 번씩 있다. 나는 그런 기회가 올 때까지 충분히 기다렸다가 수익을 챙긴다.

| 표 6.8 S&P500에 최적인 TDM, 1982~1998 | | | | | |
|---|---|---|---|---|---|
| TDM | 이익($) | 이익 매매 횟수 / 전체 매매 횟수 | 적중률(%) | 평균 매매 이익 ($) | 최대 잔고 감소액 ($) |
| 6 | 48,787 | 97/166 | 58 | 293 | 13,025 |
| 7 | 54,212 | 101/168 | 60 | 322 | 6,100 |
| 8 | 51,312 | 102/175 | 58 | 293 | 10,675 |
| 19 | 64,162 | 84/145 | 57 | 442 | 8,187 |
| 20 | 55,600 | 60/110 | 54 | 505 | 11,825 |
| 21 | 70,875 | 48/75 | 64 | 945 | 7,750 |
| 22 | 42,375 | 40/61 | 65 | 694 | 10,075 |

| 표 6.9 미 재무부 채권에 최적인 TDM, 1977~1998 | | | | | |
|---|---|---|---|---|---|
| TDM | 이익($) | 이익 매매 횟수 / 전체 매매 횟수 | 적중률(%) | 평균 매매 이익 ($) | 최대 잔고 감소액 ($) |
| 8 | 38,375 | 128/230 | 55 | 166 | 7,125 |
| 18 | 46,562 | 132/231 | 57 | 201 | 12,656 |
| 19 | 43,593 | 116/195 | 59 | 223 | 12,343 |
| 20 | 30,131 | 84/148 | 56 | 203 | 7,093 |
| 21 | 31,562 | 59/106 | 55 | 297 | 7,406 |
| 22 | 21,687 | 49/76 | 64 | 285 | 7,250 |

이야기는 충분히 했으니 이제 표를 보자. 표 6.8과 표 6.9는 각각 S&P500과 채권에 가장 적합한 TDM을 나타낸다.

그 결과가 정말로 놀랍다. 매우 단순한 몇 가지 매매 규칙을 따랐을 뿐인데 S&P500에서는 한 달에 단 7일 매매만으로 38만 7,320달러의 이익을 내고, 채권에서는 한 달에 단 6일 매매만으로 21만 1,910달러의 이익을 냈다. S&P500 매매에서는 시장 진입일에는 손절가를 적용하지 않고, 진입 다음 날부터 2,000달러를 손절가로 삼았다. 채권의 경우는 시장 진입일부터 1,500달러의 손절가를 적용했다.

여러분은 이렇게 계산해 찾아낸 월중 매매일을 맹목적으로 따르고 싶지 않을 수도 있겠지만, 그렇다고 해도 이런 중요한 기간에는 정신을 바짝 차리고 있어야 한다. 언제쯤 강력한 가격 상승이 일어날 확률이 높은지를 아는 것이 이 게임에서 명백한 우위를 제공해주기 때문이다.

# 금 TDM 연구

그림 6.7부터 그림 6.12까지는 업데이트된 연구 결과다. 그림 6.7은 금을 월중 매매일TDM의 시가에 매수하고 같은 날 종가에 매도했을 때 나타난 결과다. 그림 6.8은 금을 TDM 시가에 매수하고 이익 실현이 가능한 첫 번째 시가, 혹은 금액 기준 손절점에서 청산했을 때의 결과를 나타낸다.

금은 시가에 매수하고 같은 날 종가에 포지션을 청산하는 방식으로 매매할 때(그림 6.7) TDM 11일부터 TDM 16일까지가 이익이 가장 많이 나는 기간이었

그림 6.7 금을 TDM 시가에 매수, 같은 날 종가에 청산 (1998~2011): 중순에 강세

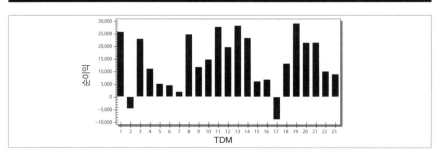

그림 6.8 금을 TDM 시가에 매수, 이익 실현이 가능한 첫 번째 시가 혹은 금액 기준 손절가에서 청산(1998~2011): 중순에 강세

다. 가격 상승 가능성이 가장 큰 지점은 매월 중순으로 보인다. TDM 3일과 4일도 가격 상승 가능성이 꽤 큰 날이지만, TDM 7일은 매수하는 데 있어 최악의 시점인 듯하다. 물론 반대로 생각하면 TDM 7일은 매도하기에 최적의 시점이다.

그림 6.8만 봐서는 금 시장에서 포지션을 얼마간 유지해야 하는지 알기 어렵다. 1998년 이후로 거의 매일 이익 실현이 가능할 정도로 매우 강력한 상승장이 유지됐기 때문이다. 매일 이익이 나는 것처럼 보인다! 사실 이는 강력한 추세에서 비롯된 결과다. 그러나 좀 더 분석해보면 그림 6.7에서 봤던 결과가 나타난다. 역시 최적의 매매 기간은 매월 중순경이다. TDM 3일은 역시 꽤 이익이 나는 매매일이었으나 TDM 6일과 7일 그리고 17일은 저조한 성과를 기록했다.

# 채권 TDM 연구

금 매매에서 확인한 사실은 채권 매매에서도 별 차이가 없다.

금과 마찬가지로 채권 역시 시가에 매수해서 같은 날 종가에 매도하는 방식을 취하면 성공 가능성이 컸다. 그림 6.9에서 이런 사실을 확인할 수 있다. 전통적으로 채권은 월말 경에 가격이 상승하는 경향이 있으며 매수 포지션으로 이익을 내기에 최적인 매매일은 TDM 20일이었다.

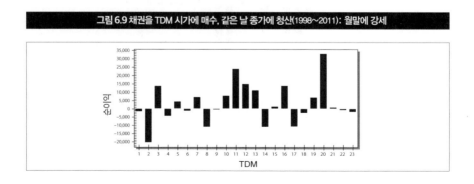

**그림 6.9 채권을 TDM 시가에 매수, 같은 날 종가에 청산(1998~2011): 월말에 강세**

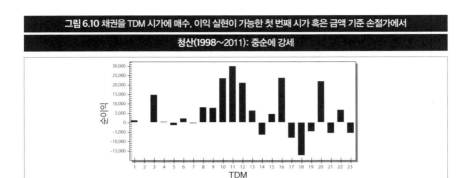
**그림 6.10 채권을 TDM 시가에 매수, 이익 실현이 가능한 첫 번째 시가 혹은 금액 기준 손절가에서**
**청산(1998~2011): 중순에 강세**

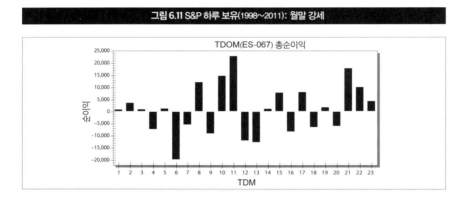
**그림 6.11 S&P 하루 보유(1998~2011): 월말 강세**

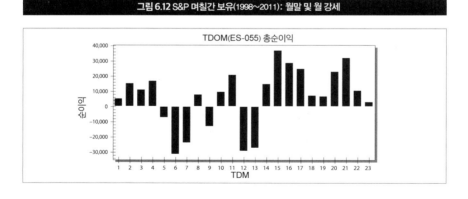
**그림 6.12 S&P 며칠간 보유(1998~2011): 월말 및 월 강세**

　　채권을 매수해서 첫 번째로 이익 실현이 가능한 시가까지 포지션을 보유하는 경우(그림 6.10) 1998년 이후로는 매월 중순경에 가격 강세가 나타나는 것이 일반적인 시장 흐름이었고, 트레이더는 이런 편향을 이익 매매 기회로 활용해야 한다.

그림 6.11을 보면 S&P500은 월말에 가격이 상승하는 경향성이 두드러진다. 3일 연속으로 이익을 낸 사례가 월말에만 유일하게 등장한다는 점에 주목하라. 우리가 시장에 진입한 날에 청산까지 한다는 매우 엄격한 보유기간 제한을 두고 있다는 점을 고려하면, 이것은 상당한 편향이다.

그림 6.12는 S&P500을 며칠 동안 보유할 때 어떤 현상이 나타나는지를 아주 명확하게 보여준다. TDM 5일부터 7일까지 그리고 TDM 12일부터 13일까지 가격 약세가 두드러진다. 그러다 월말 가격 강세가 다음 달 초까지 이어진다. 매달 초에 4일 연속으로 이익이 발생하며 '월초 강세'를 드러낸다.

연구를 더 진행하고자 한다면, 한 해를 월별로도 구분해야 한다. 여러분에게 이 사실을 알려주지 않는다면 나는 직무유기를 하는 셈일 테다. 매일이 똑같은 날이 아니듯이 매달이 똑같은 달이 아니다. 어떤 달은 다른 달보다 강세를 보인다. 그렇다면 더 나은 성과를 위해 월별로 TDM 검증을 따로 해야 하지 않을까?

## <u>월별 로드맵</u>

연중 월별 TDM에 가격이 어떻게 변화하는지를 보여주는 일봉 차트(그림 6.13)를 보면 월별 가격 추이가 더 명확히 눈에 들어온다. 이는 과거의 월별 가격 추이를 대략적으로 보여주는 그림이기도 하다. 로드맵과 마찬가지로, 당해 및 당월의 가격은 과거의 패턴을 따를 수도 있고 따르지 않을 수도 있다. 그럼에도 일반적으로는 가격은 이런 패턴(로드맵)을 따른다.

그림 6.13은 2011년 미 재무부 채권 차트다. 가격 추이 밑에 표시된 선은 월별 일일 가격 움직임(로드맵)을 나타낸다. 실제 가격이 이 지표와 정확히 일치하리라 예상해서는 안 되지만, 일반적으로 상승과 하락 추세는 비슷하게 형성된다. 이 지표는 과거부터 1998년까지의 자료를 바탕으로 만들어졌다. 보는 바와

제공: 내비게이터(제네시스 파이낸셜 데이터 서비스)

같이 이 지표는 1월에 가격 정점을 찍고 5월에 저점을 찍었다가 6월에 반등하고 7월 말에 다시 하락하는 모양새다.

이 모든 가격 패턴이 단순히 우연의 소산일까? 그럴 수도 있겠지만, 또 다른 TDM 로드맵을 살펴보자. 이번에는 S&P500 차트인데, 역시 1998년까지의 자료를 기초로 한 월별 로드맵 지표를 아래에 함께 나타내었다(그림 6.14). 2011년에 가격이 로드맵과 비교하여 어떻게 변화했는지를 살펴보라. 완벽하게 똑같지는 않아도 비슷한 추세를 보이는 것은 틀림없다. 과거(~1998)의 계절적 추세가 예고한 것과 비슷하게 미래(2011)의 계절적 추세가 나타났으니, '패를 알고' 매매할 수 있는 기회가 주어진 셈이다.

제공: 내비게이터(제네시스 파이낸셜 데이터 서비스)

TDM 로드맵과 딱 맞아떨어지며 2011년 7월에 시작된 주식 시장 하락세는 최고의 예시다. 이 지표는 2011년 6월에 내가 보유한 주식을 전부 청산할 때 사용한 여러 도구 가운데 하나다.

나는 과거가 미래를 정확히 예측한다고 생각하지는 않는다. 다만 과거는 미래에 무슨 일이 일어날 가능성이 높은지를 알려주는 지시등과도 같다고 생각한다. 따라서 과거 자료는 우리가 참고할 수 있고 또 참고해야만 하는 일반적인 지침이 된다. 이제 이익 기회를 담고 있는 매매일 혹은 매매 기간에 무엇을 해야 하는지 생각할 차례다.

내가 1998년에 했던 실제 매매 사례를 소개하면서 이 장을 마무리하고자 한다. 당시 채권 매매에 사용하던 시스템을 기초로 300여 건의 채권 계약을 공매했다 (그림 6.15). 그런데 공매도하기에 그렇게 좋은 지점은 아니었나 보다. 가격이 상승하면서 내 매도 포지션에 불리한 방향으로 25만 달러 정도나 움직였기 때문이다. 설정한 손절가에 가까워질수록 매우 불안했다. 손절가 $122\frac{22}{32}$ (122.6875) 포인트에 도달하면 큰 손실을 확정하고 포지션을 청산해야 하는 상황이었다.

이 로드맵 혹은 가격 패턴에 대해 전혀 모르는 상태였다면 아마도 이 손절가에서 포지션을 청산했을 것이다. 그러나 TDM의 12일부터 가격이 하락하는 패

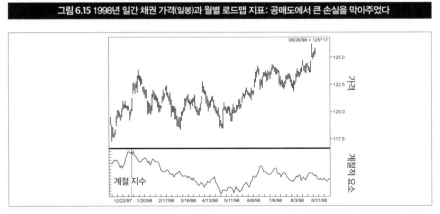

**그림 6.15 1998년 일간 채권 가격(일봉)과 월별 로드맵 지표: 공매도에서 큰 손실을 막아주었다**

제공: 내비게이터(제네시스 파이낸셜 데이터 서비스)

턴을 알고 있었기 때문에 $122\frac{28}{32}$ (122.875)로 손절가를 올렸고 TDM이 평년처럼 효과를 발휘하기를 기대하면서 2월 19일에 추가로 공매도했다. 다행히 마치 어떻게 해야 할지 알고 있었다는 듯이 가격이 하락하기 시작했다. 하락 흐름은 2월 24일까지 이어졌는데, 이날 매매 시스템상 매수 신호가 발생하자 매도 포지션을 청산했다. 결국 이 매매에서 약간의 손실이 발생했지만, 그래도 이런 시장 편향 요소를 인지하지 못했을 때 발생했을 손실에는 비할 바가 못 된다.

물론 TDM의 가격 하락 예고와는 다르게 시장 가격이 더 상승했을 수도 있다. 틀릴 가능성은 언제나 존재한다. 내가 여전히 손절가를 활용하는 이유가 바로 여기에 있다. 다만 내가 한 일은 보유한 로드맵을 바탕으로 손절가를 살짝 수정한 것이었다. 매매에는 '생각'이 필요하다. 과거에도 그랬고 앞으로도 항상 그럴 것이다. 내가 사람들에게 성공 매매로 이끄는 비결을 전수하려는 이유가 여기에 있다. 내가 큰 이익을 내는 데 중요한 역할을 했던 핵심 요소 가운데 하나가 바로 TDW/TDM 개념이다. 이 개념을 처음으로 생각해낸 사람이 나 자신인지 아니면 상품 선물 매매에서 최고의 연구자 중 하나인 셸던 나이트<sub>Sheldon Knight</sub>인지는 분명치 않다. 그러나 내가 이 기법에 가장 많이 의존했다고 생각한다.

트레이더 동료 몇몇은 TDW 개념을 인정하지 않고 요일별 차이는 없다고 주장한다. 물론 나는 이 주장에 동의하지 않는다. 실제로 이 개념은 내일 내가 무엇을 할지를 결정할 때 가장 먼저 고려하는 요소다. 이번 장에서 제시한 각종 자료는 특정 요일에 가격 변동 편향이 존재한다는 사실을 뒷받침한다. 이 기회를 극대화하는 것이 트레이더로서 내가 할 일이다.

**래리의 당부**  이번 장에서 알아야 할 내용은 월중 매매일이라는 신뢰할 만한 가격 패턴을 매매에 적극 이용해야 한다는 점이다. 모든 날이 같지는 않다. 예컨대 상품 사용자 및 생산자가 특별히 매수와 매도활동에 잘 나서는 월중 시기가 있다.

제 **7** 장

# 이익 매매를
# 위한 패턴 읽기

*long-term*
*secrets*
*to short-term*
*trading*

이 장에서는 시장 움직임에는 다 이유가 있다는 점을
뒷받침하는 증거를 제시하고자 한다.

차티스트는 차트상의 특정한 패턴이나 형태로 시장 움직임을 예측할 수 있다고 믿었다. 이들은 주로 시장 움직임의 장기적 패턴에 주목했다. 이런 주제에 관심이 많다면 로버트 에드워즈와 존 매기Robert Edwards and John Magee가 쓴 고전《주가 추세에 대한 기술적 분석Technical Analysis of Stock Trend》(1998)부터 읽어야 한다.

1930년대에 리처드 와이코프Richard Wyckoff와 오웬 테일러Owen Taylor, 에이치 엠 가틀리H. M. Gartley, 조지 시먼George Seaman 등은 오랜 시간 체계적 매매 기법을 구축하려는 목적으로 장기적 주가 패턴을 분석했다. 1950년대에는 기존 연구자들이 여전히 30~60일 가격 패턴에 주목하는 동안 리처드 더니건Richard Dunnigan이 한 단계 더 나아가 10~15일간의 가격 패턴에 초점을 맞췄다.

이미 언급했듯이 차트화가 가능한 그 어떤 행동에서든 가격 패턴과 동일한 패턴이 나타날 수 있다. 동전을 던져 결과를 기록하면 삼겹살이나 옥수수 가격 차트에서 나타나는 패턴과 똑같은 형태를 확인할 수 있다. 일부 분석가가 가격 구조 분석에서 눈을 돌린 이유가 여기에 있고, 이런 반응이 이해가 간다. 일반적으로 이런 패턴으로 미래 가격 흐름을 정확히 예측하기는 어렵다. 그 이유는 차트 패턴에 예측성이 없거나 관찰 기간이 정확하지 않았기 때문이다. 더블유 엘 린든W. L. Linden은 〈포브스〉지에 실린 글을 보면서 1970년대 이후 중대 전환점에서 난다 긴다 하는 유명 경제학자가 내놓은 예측이 번번이 빗나갔다는 사실에 주목했다. 타운센드-그린스펀Townsend-Greenspan도 예외는 아니라는 사실에, 부정적 의미로 오싹하다. 그렇다. 여기서 말하는 그린스펀은 세계에서 가장 영향력 있는 연방준비제도이사회 의장이 된 바로 그 사람이다.

이런 글에서 찾을 수 있는 한 줄기 희망은 시간 틀을 짧게 잡으면 이런 예측의 정확도가 높아진다는 진단이었다. 당연한 말이겠으나 5년 후를 예측하기보다 5분 후를 예측하기가 훨씬 쉽기 때문이다. 시간이 지날수록 더 많은 변수와 변화가 생긴다. 그러므로 예측은 미래라는 미지의 블랙홀 안으로 더듬더듬 걸어 들어가는 일과 다를 바 없어서, 한때 옳은 길이라 여겼던 사실도 어느새 변해버리곤 한다.

내가 패턴을 이용해 어떻게 이익을 내왔는지는 이런 사실로 설명할 수 있다고 생각한다. 내가 매매에 사용한 패턴은 1일에서 5일 정도의 초단기 시장 가격의 변동을 예측하는 용도일 뿐이다. 물론 주요 시장 고점과 저점을 망라하는 포괄적 패턴 같은 장기적인 큰 그림이 존재할지도 모른다. 그러나 나는 여태까지 그런 것은 확인하지 못했다. 다만 '단기적' 시장 패턴은 확실히 여럿 존재하며, 게임의 상당한 우위를 제공한다.

## 패턴의 공통 요소

우선 패턴이 효과적인 혹은 최소한 게임에 유리하게 작용한다는 사실을 증명해야 한다. 그다음에 이런 패턴이 왜 효과적이라고 생각하는지, 시장 가격 움직임을 이해하는 방법이 무엇인지, 이익 매매 도구로써 이런 패턴의 작동에 깔린 전제가 무엇인지 등을 설명할 것이다.

S&P500 차트를 보며 기본적인 패턴부터 시작해보자. 매매가 광범위하게 일어나는 이 시장에서 종가가 시가보다 높은 상승 마감일과 시가보다 낮은 하락 마감일의 발생 확률은 각각 50%다. TDW를 고려하지 않는다고 가정하면, 다음 날 상승 혹은 하락 마감이 일어날 확률은 동전 던지기를 했을 때 앞면과 뒷면이

나올 확률과 동일하다.

그러나 패턴은 이런 확률을 극적으로 변화시킬 수 있다.

일단 기본 변수를 설정하는 것부터 시작해보자. 매일 S&P500을 매수해서 익일 종가 혹은 금액 기준 손절가 3,250달러에서 청산하면 어떻게 될까? 1982년 7월부터 1998년 2월까지 총매매 횟수는 2,064회였고 이익 매매 비율은 52%였으며 평균 매매 이익은 134달러였다. 1998년 이후로는 총 1,739회 매매에서 총 순이익 15만 1,000달러가 발생했고 이익 매매 비율 52%에 평균 매매 이익은 87달러였다.

이 편향이 앞으로도 계속 유지될 수 있을까?

여기에 우리가 말하는 첫 번째 가격 패턴을 추가해보자. 즉 당일 하락 마감할 때만 익일에 매수한다면 어떻게 될까? 이 경우 총매매 횟수는 1,334회에 이익 매매 비율은 똑같이 52%였지만 평균 매매 이익은 134달러에서 212달러로 증가했다. 1998년 이후의 기간을 검증했을 때 총매매 횟수는 1,218회에 이익 매매 비율은 55%였고 평균 이익은 79달러였다.

여기에 3회 연속 하락 마감하는 패턴까지 추가하면 총 248회 매매에서 이익 매매 비율은 52%에서 58%로 높아지고 평균 매매 이익도 212달러에서 353달러로 치솟는다. 이런 가격 패턴에 무언가 중요한 의미가 담겨 있지는 않을까? 1998년 이후의 기간을 검증했을 때는 총 579회 매매에 이익 매매 비율은 54%이고 평균 매매 이익은 79달러에서 179달러로 증가했다!

단순한 시험용 패턴으로서 아래와 같은 조건일 때 그다음 날 어떤 상황이 전개되는지 살펴보자. 첫째, 당일 가격이 30일 전 종가보다 높아서 일종의 상승 추세가 형성되어 있다. 둘째, 상승 추세에서 미미한 수준의 가격 조정이 일어나 당일 종가가 9일 전 종가보다는 낮게 형성된다. 이 두 가지 조건이 충족될 때 익일 시가에 매수하고 그다음 날 종가에 매도 청산한다. 시장이 정말로 무직위로 움직인다면 총매매 중 52% 정도는 이익을 내는 매매여야 한다(여기서 그 비율이 정확히 50%가 아닌 이유는 검증 대상 기간 내내 상승 편향이 전반적 시장 추세를 지배했기 때문이다. 이 같은 사실은 상승 마감 비율이 52%로 동일했던 패턴 추가 전의 초기 조사가 충분히 입증해 준다).

그런데 현실은 이와 달랐다. 이 간단한 패턴만 적용했을 뿐인데도 총 354회 매매 중 이익 매매 비율이 57%였고 평균 매매 이익은 421달러라는 결과가 나왔다. 이익 매매 비율이 52%에서 57%로 높아지고 평균 이익은 거의 4배나 치솟은 것이다.

표 7.1은 1984년부터 1998년까지를 대상으로 한 요일별 성과를 나타낸다. 보는 바와 같이 매수 최적일은 월요일과 수요일이었고, 특히 월요일은 시장이 뜨거워 안절부절못하게 되는 유일한 날이었다.

이번 개정판에서는 초판 때의 조사 대상 기간을 2011년 5월까지로 확장해 검증한 결과를 제시한다(표 7.2 참고).

한 번 살펴보라! 이번에도 역시 월요일과 수요일이 최적의 매매일이었고 이

**표 7.1 S&P500, 요일별 성과 기록(1984~1998년)**

| 요일 | 매매 횟수 | 이익 매매 비율 | 평균 이익 | 평균 손실 | 손익비 (P/L) | 평균 매매 이익 | 최대 손실 | 총이익 |
|---|---|---|---|---|---|---|---|---|
| 월요일 | 385 | 60% | $723 | -$650 | 1.11 | $174 | -$3,450 | $66,813 |
| 화요일 | 413 | 47% | $684 | -$680 | 1.01 | -$29 | -$4,300 | -$12,063 |
| 수요일 | 413 | 52% | $696 | -$682 | 1.02 | $39 | -$10,000 | $16,088 |
| 목요일 | 404 | 50% | $615 | -$767 | 0.80 | -$62 | -$4,675 | -$25,000 |
| 금요일 | 408 | 49% | $696 | -$761 | 0.91 | -$47 | -$3,650 | -$19,213 |

**표 7.2 S&P500, 요일별 성과 기록(1998년 5월~2011년 5월)**

| 요일 | 매매 횟수 | 이익 매매 비율 | 평균 이익 | 평균 손실 | 손익비 (P/L) | 평균 매매 이익 | 최대 손실 | 총이익 |
|---|---|---|---|---|---|---|---|---|
| 월요일 | 360 | 50% | $2,801 | -$2,229 | 1.26 | $286 | -$9,575 | $102,925 |
| 화요일 | 382 | 47% | $2,610 | -$2,372 | 1.10 | -$24 | -$4,250 | -$9,325 |
| 수요일 | 420 | 49% | $2,629 | -$2,385 | 1.10 | $74 | -$5,750 | $31,150 |
| 목요일 | 372 | 47% | $2,557 | -$2,368 | 1.08 | -$38 | -$6,625 | -$14,000 |
| 금요일 | 400 | 47% | $2,733 | -$2,436 | 1.12 | $32 | -$8,925 | $12,750 |

익 규모가 컸던 요일 역시 월요일이었다. 주가가 무작위적이라던 폴 쿠트너는 이런 결과를 보고 어떻게 말할지 궁금해진다.

**내가 확인한 최적의 패턴에는 공통적인 요소가 있다. 극단적 시장 분위기를 반영하는 패턴은 반대 방향으로 진행되는 가격 변동에서 매매 기회를 제공한다.**

다시 말해 대중이 차트에서 부정적이라고 인식하는 신호가 실제로는 단기적으로 긍정적인 신호일 때가 꽤 많다. 반대 경우도 마찬가지다. 1장에서도 살펴본 하락 마감 장악형 매매일outside day이 그 좋은 예다. 하락 장악형은 당일 고가가 전일 고가보다 높고 당일 저가가 전일 저가보다 낮으며 종가가 전일 저가보다 낮다. 마치 하늘이 무너지는 것처럼 장세가 험악해 보인다. 그동안 내가 읽은 책에서는 이를 강력한 매도 신호로 본다. 그와 같은 극단적 가격 변동은 종가 방향으로, 즉 이 사례에서는 하락 마감하는 방향으로 추세가 반전되는 신호로 해석한다.

이런 류의 책을 쓴 저자들은 하나같이 가격 차트에 거의 관심을 두지 않았다! 실제로는 그림 7.1에 제시한 달러 지수에서 보듯이 하락 장악형은 매우 강력한 강세장 패턴이 될 수 있다.

간이 컴퓨터 검증을 통해 내가 선호하는 단기 가격 패턴 가운데 하나의 위력이 드러났듯이 현실은 추측이나 예측과는 사뭇 다르다. 패턴의 유용성, 효용성을 입증하거나 실제로 무슨 일이 벌어지는지 확인하는 데 그렇게 많은 시간이 걸리지 않는다. 내가 주목한 이 장악형 매매일이 발생한 경우 익일 가격 패턴에 더 큰 영향을 줄 수 있는 최종적 필터 혹은 사건이 추가로 존재한다. 그림 7.2에서 보듯이 익일 시가의 방향이 바로 이 '필터'에 해당한다. S&P500 지수에서 하락 장악형 매매일의 하락 마감 종가보다 익일 시가가 낮게 출발할 때 익일 시가에 매수하면 총 109회 매매 중 이익 매매 비율 85%이며, 총순이익이 5만 2,062달러고 평균 매매 이익은 477달러로 나타난다(그림 7.2 참고).

이런 상황이 1998년 이후에도 이어지는지 궁금할 것이다. 확실히 그렇다. 총

**그림 7.1 미 달러화(일봉): 강세장을 시시하는 하락 장악형 패턴**

하락 장악형 패턴

제공: 내비게이터(제네시스 파이낸셜 데이터 서비스)

**그림 7.2 S&P500 매매: 하락 장악형 패턴 + '낮은 익일 시가' 필터**

자료: S&P500 IND-9967 1/80

기간: 1982년 7월 2일~1998년 8월 27일

| Num. | Conv. | P. Value | Comm | Slippage | Margin | Format | FileName |
|------|-------|----------|------|----------|--------|--------|----------|
| 149 | 2 | $2,500 | $0 | $0 | $3,000 | CT/PC | F59 |

| | | | | |
|---|---|---|---|---|
| 총순이익 | $52,062.50 | | | |
| 총이익 | $84,062.50 | 총손실 | -$32,000.00 | |
| 총매매 횟수 | 109 | 이익 매매 비율 | 85% | |
| 이익 매매 횟수 | 93 | 손실 매매 횟수 | 16 | |
| 최대 이익 매매 | $4,887.50 | 최대 손실 매매 | -$2,000.00 | |
| 평균 이익 매매 | $903.90 | 평균 손실 매매 | -$2,000.00 | |
| 평균 손실 대비 평균 이익 비율 | 0.45 | 평균 매매(이익&손실) | $477.64 | |
| 최다 연속 이익 매매 | 44 | 최다 연속 손실 매매 | 4 | |
| 이익 매매 평균 봉 수 | 2 | 손실 매매 평균 봉 수 | 1 | |
| 최대 계좌 잔고 감소액 | -$8,000.00 | 일중 최대 잔고 감소액 | -$8,000.00 | |
| 이익률 | 2.62 | 최대 보유 계약 수 | 1 | |
| 필요 계좌 크기 | $11,000.00 | 잔고 회수율 | 473% | |

76회 매매 중 이익 매매 비율은 53%이고 이때 총순이익이 3만 9,500달러에 평균 매매 이익은 500달러다. 랜덤 워크 가설을 추종하는 사람들의 코를 납작하게 해주는 결과다.

목요일은 매도 압박이 금요일까지 이어지는 경향이 있으므로 제외하고 다른 요일에만 매수해보자(그림 7.3). 총순이익은 상술한 5만 2,062달러보다 약간 적은 5만 37달러가 되나 평균 매매 이익은 555달러로 더 높고 이익 매매 비율은 86%로 약간 상승하며 최대 계좌 잔고 감소액은 8,000달러에서 6,000달러로 줄어든다. 이는 금액 기준 손절가 2,000달러 혹은 이익 실현이 가능한 첫 번째 시가를 청산점으로 삼았을 때의 결과다(그림 7.3 참고).

채권 시장에서도 이와 동일한 패턴을 활용해 매매 기회를 포착할 수 있다. 이 패턴의 위력은 상당히 강해서 거의 모든 시장에서 독립적 매매 시스템으로서 활용할 수 있다. 그러나 나는 '패를 아는' 최고의 카드 더미를 고르고 싶으므로, 다른 추가 패턴을 함께 이용하는 것을 선호한다. 그림 7.4는 채권 시장에서 하락 장악형 패턴이 나오고 그다음 날 시가가 더 낮을 때의 결과를 나타낸다. 금액 기준 손절가 1,500달러 혹은 이익 실현이 가능한 첫 번째 시가를 청산점으로 삼는

| 그림 7.3 S&P500 매매: 하락 장악형 패턴+ '낮은 익일 시가' 필터+목요일 제외 | | | | | | | |
|---|---|---|---|---|---|---|---|

**자료: S&P500 IND-9967 1/80**

**기간: 1982년 7월 2일~1998년 8월 27일**

| Num. | Conv. | P.Value | Comm | Slippage | Margin | Format | FileName |
|---|---|---|---|---|---|---|---|
| 149 | 2 | $2,500 | $0 | $0 | $3,000 | CT/PC | F59 |
| 총순이익 | | $50,037.50 | | | | | |
| 총이익 | | $74,187.50 | | 총손실 | | -$24,150.00 | |
| 총매매 횟수 | | 90 | | 이익 매매 비율 | | 86% | |
| 이익 매매 횟수 | | 78 | | 손실 매매 횟수 | | 12 | |
| 최대 이익 매매 | | $4,887.50 | | 최대 손실 매매 | | -$2,150.00 | |
| 평균 이익 매매 | | $951.12 | | 평균 손실 매매 | | -$2,012.50 | |
| 평균 손실 대비 평균 이익 비율 | | 0.47 | | 평균 매매(이익&손실) | | $555.97 | |
| 최다 연속 이익 매매 | | 39 | | 최다 연속 손실 매매 | | 3 | |
| 이익 매매 평균 봉 수 | | 2 | | 손실 매매 평균 봉 수 | | 1 | |
| 최대 계좌 잔고 감소액 | | -$6,000.00 | | 일중 최대 잔고 감소액 | | -$6,000.00 | |
| 이익률 | | 3.07 | | 최대 보유 계약 수 | | 1 | |
| 필요 계좌 크기 | | $9,000.00 | | 잔고 회수율 | | 555% | |

그림 7.4 채권 매매: 하락 장악형 패턴+ '낮은 익일 시가' 필터

자료: 미 재무부 채권. 67/99

기간: 1990년 6월 10일~1998년 8월 27일

| Num. | Conv. | P. Value | Comm | Slippage | Margin | Format | FileName |
|---|---|---|---|---|---|---|---|
| 144 | -3 | $31,250 | $55 | $0 | $3,000 | CSI | F061 |

| | | | |
|---|---|---|---|
| 총순이익 | $12,115.00 | | |
| 총이익 | $27,665.00 | 총손실 | -$15,550.00 |
| 총매매 횟수 | 57 | 이익 매매 비율 | 82% |
| 이익 매매 횟수 | 47 | 손실 매매 횟수 | 10 |
| 최대 이익 매매 | $2,101.25 | 최대 손실 매매 | -$1,555.00 |
| 평균 이익 매매 | $588.62 | 평균 손실 매매 | -$1,555.00 |
| 평균 손실 대비 평균 이익 비율 | 0.37 | 평균 매매(이익&손실) | $212.54 |
| 최다 연속 이익 매매 | 11 | 최다 연속 손실 매매 | 3 |
| 이익 매매 평균 봉 수 | 2 | 손실 매매 평균 봉 수 | 1 |
| 최대 계좌 잔고 감소액 | -$5,416.25 | 일중 최대 잔고 감소액 | -$5,510.00 |
| 이익률 | 1.77 | 최대 보유 계약 수 | 1 |
| 필요 계좌 크기 | $8,510.00 | 잔고 회수율 | 142% |

다. 이런 기계적인 매매 접근법이 상당히 효과적이라는 사실을 대다수의 트레이더는 잘 모른다. 1990년 이후로 총 57회 매매 중 이익 매매 비율은 82%고 평균 매매 이익은 212달러로 준수한 결과라 할 수 있다.

이 패턴의 효용성을 더 높일 수 있을까? 물론이다. 구체적으로 어떻게 해야할까? 이쯤 됐으면 당신도 감을 잡았을 것이다. 이 패턴에서도 요일별로 성과에 차이가 날지 궁금하지 않은가? 결론을 말하자면 그렇다. S&P500에서와 마찬가지로 채권도 목요일을 제외한 요일에 매매하면 이익 매매 비율이 90%로 높아지고 총 41회 매매를 통해 1만 7,245달러의 이익이 발생했으며 평균 매매 이익은 420달러로 껑충 뛴다(그림 7.5 참고). 이보다 더 좋을 수는 없지 않은가!

하지만 이런 장악형 패턴은 생각보다 그리 자주 나타나지 않는다. 그러니 다음번에 하락 장악형 매매일을 만난다면 겁내지 말고 매수할 준비를 하라!

S&P500 시장에서 나타나는 또 다른 강세 패턴을 살펴보자. 이전 2일 동안 연

| 그림 7.5 채권 매매: 하락 장악형 패턴 + '낮은 익일 시가' 필터 + 목요일 제외 |

**자료: 미 재무부 채권. 67/99**

**기간: 1990년 6월 10일~1998년 8월 27일**

| Num. | Conv. | P. Value | Comm | Slippage | Margin | Format | FileName |
|------|-------|----------|------|----------|--------|--------|----------|
| 144 | -3 | $31.250 | $55 | $0 | $3,000 | CSI | F061 |

| 총순이익 | $17,245.00 | | |
|---------|------------|---|---|
| 총이익 | $23,465.00 | 총손실 | -$6,220.00 |
| 총매매 횟수 | 41 | 이익 매매 비율 | 90% |
| 이익 매매 횟수 | 37 | 손실 매매 횟수 | 4 |
| 최대 이익 매매 | $2,101.25 | 최대 손실 매매 | -$1,555.00 |
| 평균 이익 매매 | $634.19 | 평균 손실 매매 | -$1,555.00 |
| 평균 손실 대비 평균 이익 비율 | 0.40 | 평균 매매(이익&손실) | $420.61 |
| 최다 연속 이익 매매 | 11 | 최다 연속 손실 매매 | 1 |
| 이익 매매 평균 봉 수 | 2 | 손실 매매 평균 봉 수 | 1 |
| 최대 계좌 잔고 감소액 | -$1,555.00 | 일중 최대 잔고 감소액 | -$1,555.00 |
| 이익률 | 3.77 | 최대 보유 계약 수 | 1 |
| 필요 계좌 크기 | $4,555.00 | 잔고 회수율 | 378% |

속으로 상승 마감했고 3일째인 날의 종가가 전일 고가보다도 높은 날을 기다린다. 그러면 3일 연속으로 상승 마감일이 발생하는 셈이다. 이처럼 겉보기에 강력해 보이는 상승 신호는 사람들을 유혹해 매수하도록 부추긴다.

예를 들어 1986년부터 1998년까지 S&P500 시장에서 분석해보니 이런 추세가 화요일에 25회 발생하면서 수요일에 매도 기회가 생겼다. 이 가운데 이익 매매가 19건이었고 총순이익이 2만 1,487달러였다.

채권 시장에서는 이와 동일한 패턴이 목요일에 28회 나타나면서 금요일에 매도 기회가 생겼다. 이때 총순이익은 1만 3,303달러이고 이익 매매 비율은 무려 89%였다. 랜덤 워크 추종자들에게 한 방 먹이는 결과다. 채권은 1989년부터 1998년 8월까지의 자료를 검증 대상으로 했다.

금액 기준 손절가는 S&P500은 2,000달러고 채권은 1,500달러였다. 두 시장에서 모두 단순한 청산 기법을 사용했으며 이에 관해서는 추후 설명하겠다.

내가 매매할 때 활용하는 이 같은 중요한 단기 패턴이 몇 가지 있다. 나는 현재 가격 패턴에서 미래 가격 추이를 예측하고자 매일 차트를 분석한다. 수년 동안 사용했던 주가 패턴이 몇 가지 있지만, 이에 만족하지 않고 새로운 패턴을 계속 찾는다.

1998년 이후의 기간에 대해 E-미니 S&P에서 이런 가격 패턴들을 검증했을 때도 비슷한 결과를 얻었다. 새로운 전자 시장에서조차 하락 장악형 패턴은 강세 신호였다.


# 시장 패턴에 대해 던져야 할 질문

패턴은 효과적인 도구다. 그래서 나는 수년간에 걸쳐 수백 개에 달하는 패턴을 정리해 목록으로 만들었다. 여러분도 내가 알려준 패턴부터 시작해서 목록을 정리해보기를 권한다. 그리고 이런 패턴이 왜 효과를 발휘하는지를 생각해봐야 한다. 패턴은 무엇을 의미하는가? 모든 시장에서 효과적 패턴을 찾을 수 있을까? 요일별 매매가 중요한가? 이런 것들이 내가 늘상 하는 질문이지만, 사실 정말로 궁금한 것은 따로 있다. 나는 대중을 감정적으로 유혹해서 그들이 잘못된 타이밍에 (나에게는 좋은 타이밍이다) 매매하게 만드는 일종의 시각적 패턴을 찾고 싶다. 차트에 반영된 대중의 감정을 이해하는 일이야말로 '차트 분석'의 핵심이다.

내가 이 부분을 쓰고 있을 때 최근에 열린 세미나 참가자 릭이라는 트레이더가 아래와 같은 이메일을 보내왔다. 내용을 읽어보라. 당신의 과거 매매들을 반추해볼 기회이자 앞으로 무엇에 주목해야 하는지 생각해볼 기회가 되리라 본다.

> **감정에 휘둘리면 안 된다는 점을 확실하게 뒷받침해줄 증거가 더 필요하지 않으신가요? 내가 사례를 하나 알려드릴게요. 흥미가 생길 겁니다.**

지난주에 나는 월요일 아침이 되자마자 구리 5월물에 대해 77.80에 매수 역지정가 주문<sub>buy stop order</sub>(현재 시장 가격보다 높은 가격에 미리 걸어두는 매수 주문을 뜻한다. 향후 시장가가 역지정가를 상승 돌파하면 상승 추세가 확실해졌다고 판단하고 모멘텀에 편승하려는 것이다. 즉 시장가라는 버스가 역지정가라는 정거장<sub>stop</sub>을 지날 때 매수<sub>buy</sub>하여 상승 추세에 올라타겠다는 전략이다-감수자 주)을 내겠다고 결심했었어요. 월요일 개장 직후에 브로커(아쉽게도 내 담당 브로커는 오전 8시까지도 출근을 하지 않음)에게 전화를 걸어 이렇게 물어봤습니다. "오늘 구리 가격이 어떤가요?" 그러자 이렇게 대답하더군요. "구리요? 구리는 안 봐서 잘 모르겠는데요? 지금 확인해 볼게요." (이런 젠장, 휴, 참자!)

그래서 내가 말했어요. "알았어요. 그럼 가장 최근 매매가가 얼마지요?" 그랬더니 77.90에서 가격이 떨어져 77.00에 매매가 이뤄졌다더군요. 77.90이라면 나도 모르는 사이에 지정가(77.80)를 이미 넘어섰는데 나는 매수 기회를 놓쳤다는 얘기잖아요. 그런데 77.00에 거래됐다니 차라리 여기서 가격이 더 떨어지기를 기다리는 게 낫겠다 생각했지요.

좀 지나서 다시 전화를 걸었을 때는 구리 가격이 77.30이었어요. 이때도 저는 움직이지 않았어요. 왜냐고요? 뭐가 뭔지 모르겠더라고요. 내가 뭘 해야 할지 모르니 그냥 시장을 지켜보는 수밖에 없다고 생각할 수밖에요. 그런데 재미있는 것은 나는 아마 가격이 더 오르면 또 더 떨어지기를 기다렸을 거고 가격이 하락하면 이번에는 매수를 망설였을 거라는 사실이죠. 그러니까 가격이 오르든 내리든 나는 결국 이도저도 못하고 계속 고민만 했을 겁니다.

같은 날 한참 후에 다시 전화를 걸어 알아봤더니 그때는 가격이 80.30으로 뛰었더군요. "젠장, 그래도 아직은 괜찮네. 시장가로 매수하세요." 그제야 구리 시장이 달아오른 것을 알았으니 급하게 산 겁니다. 그렇게 매수하는 것은 직전 주말 세미나 때 선생님이 말씀하신 규칙에 어긋나는 일이었는데도 말이죠. 그런데 그때는 뭐에 홀렸는지 분위기에 휩쓸려 나도 매수 대열에 합류한 거죠. 그래서 당일 고가 수준에 대량 매수하는 '사고'를 쳤어요. 더 오르기 전에 빨리 매수했어야 했는데 그러지 못했다고 자책하면서 여기서 더 늦으면 안 된다는 조바심에서 그렇게 한 거죠.

하, 그런데 다음 날 구리 가격이 하락 출발하더군요. 다행히 장중에는 오르면서 상승으로 마감하기는 했지만, 결과적으로는 전날 꼭지에서 산 탓에 500달러 손실이 났어요. 이런 멍청이, 멍청이, 멍청이! 이런데도 아직 배운 것이 하나도 없을까요? 아니, 배운 게 있습니다. 아주 간단합니다. 일단 매매 규칙을 마련하라. 그리고 그 규칙을 절대 어기지 마라. 감정에 휘둘려 잘못된 시점에 잘못된 방향으로 내달리며 벼랑 끝으로 자신을 몰고 가지 마라.

이 메일을 읽고 낚시하는 장면이 문득 떠올랐다. 바늘에 미끼를 꿰어 물속에 던져 넣고는 낚싯대를 살살 흔든다. 물고기가 미끼를 물지 않는다. 조금 더 흔들어본다. 여전히 물지 않는다. 그러다 마침내 반응이 오는 것을 느껴 단번에 낚아챈다. 이렇게 해서 튼실한 물고기를 낚아 올렸다. 미끼를 달고 살랑거리며 물고기를 유인하는 낚싯대처럼 시장은 이리저리 휘둘리는 트레이더 앞에 살살 움직이는 가격을 '미끼'처럼 던져서 감정적이고 미숙한 트레이더를 낚으려 한다. 어리석은 트레이더는 여기에 완전히 속아 넘어간다.

문제는 물고기는 미끼를 물어도 낭만적인 낚시꾼을 만난다면 풀려날 수 있지만, 트레이더는 미끼를 물면 곧장 패배한다는 데 있다.

어느 때이든 욕심이 스멀스멀 올라오거나 눈앞에서 살살 흔들리는 '미끼'에 마음이 흔들리더라도 절대 덥석 물면 안 된다.

## 스매시 데이 패턴

업계에서는 탐욕의 유혹에 빠지면 필패다. 그러나 욕심이 어리석은 일반 대중을 어떻게 물어뜯는지 또 어떻게 잘못된 선택을 하게 하는지를 아는 사람은 오히려 기회를 얻는다. 나는 이런 '상황'을 **스매시 데이 반전**smash day reversal이라 명명했다. 시장에 주요 돌파(상승 혹은 하락)가 일어나고 폭발적 가격 변동으로 사람들이 우르르 행동에 나서는 날을 의미한다.

스매시 데이smash day(적합한 한국어 표현이 없어서 원어를 그대로 사용함-역주)에는 크게 두 가지 유형이 있다. **첫 번째 유형**은 매우 명확하다. '매수형 스매시 데이smash day buy setup'는 종가가 전일 저가보다 낮은 날인데, 차트 분석의 권위자 조 스토웰Joe Stowell은 이를 '네이키드 종가naked close'(종가가 전일의 저가보다 낮거나 고가보다 높게 형성되어 전일의 가격 막대 범위 밖으로 '노출되었음naked'을 의미한다-감수자 주)라 칭한다. 이런 날은 이전 3~8일간의 저점을 깨고 내려간 날일 수도 있다. 차티스트와 일반 대중, 기술적 분석가는 이를 '하향 돌파'로 보고 극단적 매도세를 취한다.

이들이 옳을 때도 간혹 있지만, 대개 시장 추세가 곧바로 반전되면 완전한 판단 착오가 되고 만다.

'매도형 스매시 데이smash day sell setup'는 이와는 정반대 상황이다(그림 7.6 참고). 즉 종가가 전일 고가보다 높은 날로, 가격 변동폭을 상회하는 수준으로 '상향 돌파'가 이뤄질 가능성이 높아 보인다. 마치 살랑거리는 미끼와도 같은 상황이라서 사람들이 더 살펴보지도 않고 덥석 미끼를 물듯 행동에 나서는 경향이 있다. 그림 7.7은 첫 번째 유형의 매수형(왼쪽) 및 매도형(오른쪽) 스매시 데이를 보여준다.

**그림 7.6 전일 고가보다 높은 종가: 매도형(상승 마감) 스매시 데이**

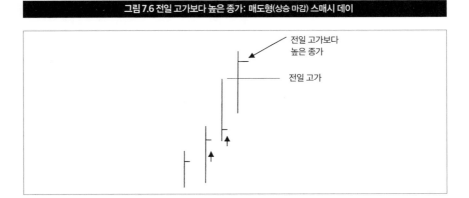

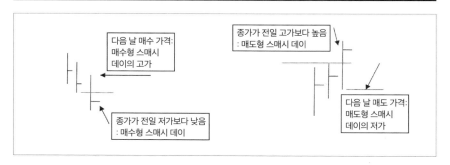

그림 7.7 첫 번째 유형의 스매시 데이: 매수형(왼쪽) 및 매도형(오른쪽)

다음 날 매수 가격:
매수형 스매시
데이의 고가

종가가 전일 고가보다 높음
: 매도형 스매시 데이

다음 날 매도 가격:
매도형 스매시
데이의 저가

종가가 전일 저가보다 낮음
: 매수형 스매시 데이

　　이런 미끼 같은 '돌파'가 진짜일 때도 있다. 그러나 이런 패턴이 나타난 *바로
그다음 날* 시장이 해당 스매시 데이와 정반대 방향으로 움직여서 '하락 마감(매수형) 스매시 데이'의 고가보다 높은 가격에 매매가 이뤄진다면 이는 매우 강력한 매수 신호다. 이와 동일한 논리로, *바로 그다음 날* '상승 마감(매도형) 스매시 데이'의 저가보다 낮은 수준에서 매매가 이뤄지면 매도 신호로 볼 수 있다.

　　'스매시 데이 반전'은 스매시 데이 바로 다음 날 즉각적 추세 반전이 발생하는 현상으로, 이때 일반 대중은 손해를 본다. 그들이 예상했던 돌파가 결국 이뤄지지 않았기 때문이다. 이들이 미끼 달린 낚시 바늘을 홀랑 삼켰는데 바로 추세 반전이 일어난 것이다. 그러면 우리 같은 사람은 시장에 진입할 절호의 기회를 얻는다. 이것이 바로 패턴이고 패턴이 작동해야 하는 이유다. 나는 시장에서 '당연히 발생하리라 예상한 일'이 벌어지지 않으면 새로운 정보를 기반으로 매매에 나서야 하는 강력한 근거가 된다고 굳게 믿는다.

　　시장에서 통하는 스매시 데이 패턴의 두 가지 예시를 살펴보라(그림 7.8, 7.9 참고). 그리고 이제 두 번째 '스매시 데이 반전' 유형을 살펴본 다음에 이 패턴을 활용하는 방법을 설명하겠다.

　　**두 번째 스매시 데이 반전 유형**은 첫 번째 유형에 비해 포착하기가 어렵지만, 하루 동안의 시장 움직임이 계속 유지되지 않고 그다음 날 추세 반전이 일어난다

그림 7.8 스매시 데이 패턴을 이용한 매매: S&P500

자료: S&P500 IND-9967 01/80

기간: 1982년 7월 2일~1998년 8월 27일

| Num. | Conv. | P. Value | Comm | Slippage | Margin | Format | FileName |
|------|-------|----------|------|----------|--------|--------|----------|
| 149 | 2 | $2,500 | $0 | $0 | $3,000 | CT/PC | F59 |

| | | | | | |
|---|---|---|---|---|---|
| 총순이익 | $21,487.50 | | | | |
| 총이익 | $33,487.50 | | 총손실 | | -$12,000.00 |
| 총매매 횟수 | 25 | | 이익 매매 비율 | | 76% |
| 이익 매매 횟수 | 19 | | 손실 매매 횟수 | | 6 |
| 최대 이익 매매 | $4,850.00 | | 최대 손실 매매 | | -$2,000.00 |
| 평균 이익 매매 | $1,762.50 | | 평균 손실 매매 | | -$2,000.00 |
| 평균 손실 대비 평균 이익 비율 | 0.88 | | 평균 매매(이익&손실) | | $859.50 |
| 최다 연속 이익 매매 | 6 | | 최다 연속 손실 매매 | | 2 |
| 이익 매매 평균 봉 수 | 2 | | 손실 매매 평균 봉 수 | | 6 |
| 최대 계좌 잔고 감소액 | -$4,000.00 | | 일중 최대 잔고 감소액 | | -$4,775.00 |
| 이익률 | 2.79 | | 최대 보유 계약 수 | | 1 |
| 필요 계좌 크기 | $7,775.00 | | 잔고 회수율 | | 276% |

그림 7.9 스매시 데이 패턴을 이용한 매매: 채권

자료: DAY 재무부 채권 67/99

기간: 1989년 1월 26일~1998년 8월 27일

| Num. | Conv. | P. Value | Comm | Slippage | Margin | Format | FileName |
|------|-------|----------|------|----------|--------|--------|----------|
| 144 | -3 | $31,250 | $55 | $0 | $3,000 | CSI | F061 |

| | | | | | |
|---|---|---|---|---|---|
| 총순이익 | $13,303.75 | | | | |
| 총이익 | $18,000.00 | | 총손실 | | -$4,696.25 |
| 총매매 횟수 | 28 | | 이익 매매 비율 | | 89% |
| 이익 매매 횟수 | 25 | | 손실 매매 횟수 | | 3 |
| 최대 이익 매매 | $2,413.75 | | 최대 손실 매매 | | -$1,586.25 |
| 평균 이익 매매 | $720.00 | | 평균 손실 매매 | | -$1,565.42 |
| 평균 손실 대비 평균 이익 비율 | 0.45 | | 평균 매매(이익&손실) | | $475.13 |
| 최다 연속 이익 매매 | 9 | | 최다 연속 손실 매매 | | 1 |
| 이익 매매 평균 봉 수 | 3 | | 손실 매매 평균 봉 수 | | 6 |
| 최대 계좌 잔고 감소액 | -$1,586.25 | | 일중 최대 잔고 감소액 | | -$2,648.75 |
| 이익률 | 3.83 | | 최대 보유 계약 수 | | 1 |
| 필요 계좌 크기 | $5,648.75 | | 잔고 회수율 | | 235% |

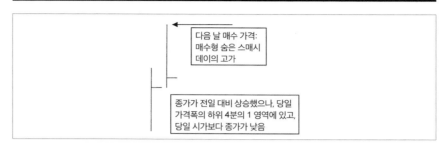

**그림 7.10 매수형 숨은 스매시 데이**

다음 날 매수 가격:
매수형 숨은 스매시
데이의 고가

종가가 전일 대비 상승했으나, 당일
가격폭의 하위 4분의 1 영역에 있고,
당일 시가보다 종가가 낮음

는 동일한 시장 원칙에 따라 작동한다. 매수형 패턴(그림 7.10)은 네이키드 하락 종가(첫 번째 유형의 매수형 스매시 데이)가 아니라 ①종가가 상승한 날, 즉 당일 종가가 전일 종가보다 높은 날이다. 그러나 보다 중요한 조건들이 더 있는데, ② 당일 종가가 당일 가격폭의 하위 4분의 1(25%) 영역에서 형성되고 또한 ③당일 종가가 당일 시가보다는 낮게 마감되는 패턴이다. 상승 마감 종가에서 매수형 패턴이 발생하므로 나는 이를 '숨은 스매시 데이hidden smash day'라 칭한다.

이런 날의 가격 움직임은 크게 둘 중 하나다. 시가가 매우 높게 형성됐다가 하락하면서, 전일 종가보다는 상승 마감하되 당일 고가에는 한참 못 미치며 끝날 수도 있고, 아니면 시가가 약간 높게 형성되고 장중 가격이 더 상승했으나 결국 상승분을 반납하고 마감할 수도 있다. 둘 다 분명히 당일 종가가 전일 종가보다는 약간 상승하며 마감했으나 당일 고가를 넘어서지는 못했다. 두 가지 중 어떤 패턴에서든 당일 고가에서 매수한 사람은 낭패를 보고, 차티스트는 하락을 예상하고 큰 기회를 노리며 매도 포지션으로 진입할 것이다.

그러나 그다음 날 가격이 반등하고 숨은 스매시 데이의 고가를 상승 돌파하면 차티스트가 오히려 낭패를 보는 상황이 된다. 여기서 다시 그다음 날 바로 추세가 반전되는 시장 실패 패턴이 나타난다. 이 패턴이 TDW, TDM, 시장 간의 관계, 과매수 및 과매도, 시장 추세와 같은 필터들에 의해 뒷받침되는 국면에서 나타난다면 이는 가장 확실한 매수 신호가 된다.

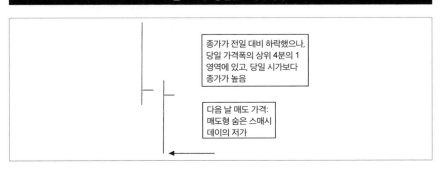

**그림 7.11 매도형 숨은 스매시 데이**

종가가 전일 대비 하락했으나,
당일 가격폭의 상위 4분의 1
영역에 있고, 당일 시가보다
종가가 높음

다음 날 매도 가격:
매도형 숨은 스매시
데이의 저가

매도형 숨은 스매시 데이 패턴은 이와는 정반대다. ①종가가 전일 대비 하락
했으나 ②당일 가격폭의 상위 4분의 1 영역에서 형성되고 ③당일 시가보다 높
은 날을 찾아라. 그다음 날 가격이 이 숨은 스매시 데이의 저가보다 낮아지며 반
등이 실패했다는 신호가 나타날 때 시장에 매도로 진입한다. 그림 7.11을 참고
하라.

## 스매시 데이 패턴을 이용하는 방법

스매시 데이 패턴을 이용하는 방법이 두 가지 있다. 첫 번째 방법은 '급격한
상승 또는 하락 추세 속에서' 스매시 데이 패턴을 찾는 것이다. 이런 급격한 추
세에서는 대다수가 포지션을 보유하거나 더 추가하고 싶어 한다. 급상승 추세
일 때는 네이키드든 숨은 패턴이든 매수형 스매시 데이 패턴을 만나면 다음 날
매수 포지션을 취한다. 이 패턴은 상승 추세가 여전히 유지되고 있으며, 따라서
트레이더가 이 상승장에서 추가로 이득을 볼 수 있음을 암시한다.

반대로 급격한 하락 추세에서 매도형 스매시 데이 패턴을 만나면, 이는 가격
하락에서 기회를 노리라는 확실한 신호다. 여기서는 네이키드든 숨은 패턴이든

매도형 스매시 데이 패턴을 기다린다. 그다음 날 가격이 스매시 데이 저가 밑으로 떨어지면 매도 포지션을 취해야 한다. 여기 제시한 사례들은 스매시 데이 패턴이 얼마나 중요한지를 깨닫는 데 도움이 되리라 생각한다.

스매시 데이를 활용하는 또 다른 방법은 '한동안 가격 변동이 지지부진했던 시장에서' 이 패턴을 찾는 것이다. 그리고 스매시 데이의 고가 혹은 저가가 돌파되는 것을 확인하면 약속된 행동에 나선다. 스매시 데이에 즉각적 반전이 뒤따르면 혼조세가 해소되고 돌파가 일어나리라 예상할 수 있다. 이런 스매시 데이 반전은 돌파 후의 역지정가buy/sell stop에 주문을 넣고 기다리는 이른바 '돌파 추종자'들에게 이익을 쥐어주는 시장 움직임으로 이어진다.

스매시 데이의 '미끼 돌파'는 마치 자석처럼 특정한 행동을 하게 사람을 끌어들이고 결국 사람들은 그 행동을 한다. 그러나 다음 날에 바로 발생하는 추세 반전이 함정이다. 이들은 추세 반전에 아랑곳하지 않고 계속 버티기로 한다. 며칠 후 결국 이들은 자신들이 취한 포지션을 던지면서 우리가 스매시 데이 덕분에 한창 타기 시작한 시장 흐름에 모멘텀을 더해주는 역할을 한다.

'백문이 불여일견'이라는 명언을 남긴 공자야말로 진정한 차티스트였다고 생각한다. 나는 나는 여러분의 학습을 위해 스매시 데이 패턴 사례 몇 가지를 제시

**그림 7.12 스매시 데이 패턴 사례: Comex 은(일봉)**

제공: 내비게이터(제네시스 파이낸셜 데이터 서비스)

그림 7.13 스매시 데이 패턴 사례: 일간 재무부 채권(일봉)

제공: 내비게이터(제네시스 파이낸셜 데이터 서비스)

그림 7.14 스매시 데이 패턴 사례: 일간 재무부 채권(일봉)

제공: 내비게이터(제네시스 파이낸셜 데이터 서비스)

그림 7.15 스매시 데이 패턴 사례: 대두분(일봉)

제공: 내비게이터(제네시스 파이낸셜 데이터 서비스)

그림 7.16 스매시 데이 패턴 사례: Comex 은(일봉)

제공: 내비게이터(제네시스 파이낸셜 데이터 서비스)

그림 7.17 스매시 데이 패턴 사례: CBT(시카고상품거래소) 밀(일봉)

제공: 내비게이터(제네시스 파이낸셜 데이터 서비스)

했다. 이에 관해서는 그림 7.12부터 7.17까지 참고하라.

 이 패턴은 시장 진입을 결정할 때 내가 여전히 즐겨 사용하는 도구이다. 나는 아주 초보자였던 1960년대부터 이 도구로 톡톡히 효과를 봤고 2011년에도 여전히 효과를 누리고 있다. 여러분 또한 이 도구를 소중히 여겼으면 한다. 분명히 큰 도움이 될 것이다.

# 스페셜리스트 함정

스매시 데이 개념을 또 다른 방식으로 활용할 수 있는 패턴이 있다. 이것은 1930년대에 주식 매매에 관한 책을 썼던 리처드 와이코프가 생각해냈다. 나는 와이코프가 쓴 책에 상당한 친근감을 느꼈다. 와이코프가 책 작업을 할 때 캘리포니아주 카멜에 있는 도서관을 이용했고 나중에 이곳에 책을 기증했는데 나도 1966년과 1967년에 바로 그 도서관에서 작업을 했기 때문이다. 어느 날 점심시간에 와이코프가 기증한 책을 우연히 발견했고 이듬해 내내 와이코프가 쓴 책을 열심히 읽었다.

와이코프는 특정한 시장 조작자가 아니라 한쪽으로 쏠린 '사람들'의 집단의식이 시장을 조작한다고 생각한다. 이 집단의식이 시장을 움직이고, 그 꼬드김에 넘어간 일반 대중은 잘못된 시점에 매매에 나선다는 것이다. 뉴욕증권거래소 스페셜리스트<sub>specialist</sub>(거래소 회원으로서 자기 매매 및 위탁 매매를 담당하는 전문 트레이더-역주)는 가격을 '조작해' 대중을 함정에 빠뜨린다는 이유로 종종 비난을 받는다. 그래서 스페셜리스트 함정이라고 명명했다. 그러나 나는 시장 조작이 이들 때문이라고 보지 않는다. 그보다는 가격을 움직이는 좀 더 거대한 힘이 존재한다고 생각한다. 개인적으로 스페셜리스트를 잘 아는 편이다. 이 가운데 한 명이 빌 에이브럼스<sub>Bill Abhrams</sub>다. 빌은 15년 지기인데 스페셜리스트가 주가를 조작하는 것이 아니라는 사실을 꽤나 설득력 있게 설명해줬다.

**스페셜리스트 '매도' 함정**은 5일에서 10일 동안 혼조세 혹은 박스권 횡보세가 이어지다가 박스권 상단을 뚫고 네이키드 상승 종가를 만드는 '상승장'에서 나타난다. 이때 상승 돌파일의 참저점<sub>true low</sub>이 중요한 지점이 된다. 이후 1~3일 이내에 가격이 다시 하락해 돌파일의 참저점이 깨진다면 상향 돌파가 거짓이었고 결국 대중이 이 흐름에 속았을 확률이 매우 높다. 대중은 감정적 매수 함정에 빠졌고 주식이나 상품 판매자는 이 모든 부담을 대중에게 떠넘겼을 가능성이 매우 크다.

**스페셜리스트 '매수' 함정**은 이와는 정반대다. 5~10일 동안 횡보세가 이어지다가 박스권 내의 모든 저점을 하회하며 하향 돌파가 이뤄지는 '하락 추세' 상황에서 일어난다. 보통은 이 상황을 접하면 이론적으로 가격이 훨씬 더 하락한다고 예상할 것이다. 일반적으로는 그렇기도 하다. 그러나 가격이 급반등하며 돌파일의 참고점true high을 웃도는 수준으로 가격이 치솟는다면 결국은 추세 반전이 일어났다고 봐야 한다. 시장가를 밑도는 수준에서 매도 역지정가sell stop 주문이 실행되면서 하락을 예상하고 매도 포지션을 취한 대중은 이제 큰 손실을 보

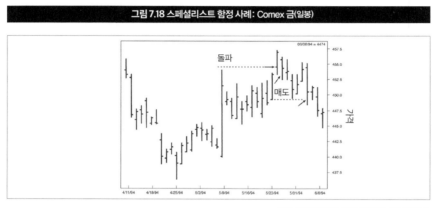

**그림 7.18 스페셜리스트 함정 사례: Comex 금(일봉)**

제공: 내비게이터(제네시스 파이낸셜 데이터 서비스)

**그림 7.19 스페셜리스트 함정 사례: Comex 금(일봉)**

제공: 내비게이터(제네시스 파이낸셜 데이터 서비스)

그림 7.20 스페셜리스트 함정 사례: 비육우(일봉)

제공: 내비게이터(제네시스 파이낸셜 데이터 서비스)

그림 7.21 스페셜리스트 함정 사례: 면화(일봉)

제공: 내비게이터(제네시스 파이낸셜 데이터 서비스)

그림 7.22 스페셜리스트 함정 사례: 면화(일봉)

제공: 내비게이터(제네시스 파이낸셜 데이터 서비스)

그림 7.23 스페셜리스트 함정 사례: NYMEX(뉴욕상품거래소) 경질유(일봉)

제공: 내비게이터(제네시스 파이낸셜 데이터 서비스)

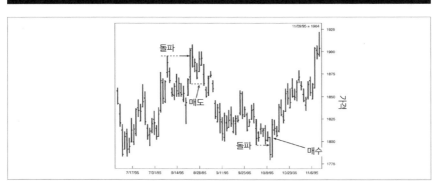

그림 7.24 스페셜리스트 함정 사례: 코코아(일봉)

제공: 내비게이터(제네시스 파이낸셜 데이터 서비스)

그림 7.25 스페셜리스트 함정 사례: 엑슨 주가(일봉)

제공: 내비게이터(제네시스 파이낸셜 데이터 서비스)

기 시작하고 막상 추세 반전이 일어나도 매수를 주저한다.

여기에 몇 가지 실제 사례를 제시해 여러분의 이해를 돕겠다(그림 7.18~7.25). 그림 7.25는 석유 회사 엑슨Exxon의 주식 차트다.

## 더 짧은 시간 틀에서도 작동한다

수년간 나는 스매시 데이 패턴과 스페셜리스트 함정을 5분봉이나 30분봉 혹은 60분봉 차트상에서 이용하는 성공적인 매매 사례를 꽤 많이 봐왔다. 초단기 트레이더는 자신의 일중intraday 매매 접근법에 이 기법도 추가하고 싶을 것이다. 단기 트레이더 역시 이런 패턴을 중요한 시장 진입 신호로 활용할 수 있다. 여기서 핵심은 매매를 뒷받침할 다른 무언가, 즉 자신이 취하는 행동을 지지하는 무언가가 반드시 있어야 한다는 점이다. 그렇지 않으면 단지 가격을 예측하기 위해 가격을 이용하는 꼴밖에 안 된다. 최상의 매매를 하려면 단순히 가격 구조만이 아니라 몇 가지 요건을 매매 규칙에 더해야 한다.

## 웁스! 패턴 매매

이제부터 제시하려는 패턴에 실수나 오류가 있다면 이는 패턴 자체가 아니라 내가 사람들에게 그 패턴을 제대로 이해시키지 못한 데서 오는 문제다. 이것은 내가 연구하고 실제 매매에 사용했던 모든 단기 패턴 중 가장 믿음직하다. 수많은 연구자와 시스템 개발자가 이 도구를 자신의 작업에 차용했을 정도다. 이 가운데 몇몇—예를 들어 뛰어난 재능의 소유자 린다 브래드포드 라쉬케Linda Bradford Ratschke, 비평가 중의 비평가 브루스 밥콕Bruce Babcock, 제이크 번스타인

Jake Bernstein—은 존경할 만한 사람들로서 내 공로를 깔끔하게 인정해줬다. 그러나 이 부분에 대한 내 공을 인정하지 않거나 심지어 자신들의 공이라고 주장하는 뻔뻔한 사람들이 훨씬 많았다. 나는 1978년에 이미 내 추종자들에게 이 패턴을 가르쳐줬는데 말이다.

이 패턴은 정서적 과잉 반응 및 그에 따른 가격의 과잉 반응이 빠르게 반전되면서 발생한다. 가격의 과잉 반응은 대개 밤 종가와 다음 날 아침 시가 간의 큰 차이로 나타난다. 확실한 **매수 신호**로 활용할 과잉 반응은 **시가가 전일 저가보다 확연히 낮은** 상황이다. 지극히 드문 현상이기는 한데 일단 이 현상이 나타나면 시장 반전이 일어날 가능성이 있다는 뜻이다. 극단적인 매도세가 발생하여 개장 직후 엄청난 공포감에 휩싸인 사람들이 매도 주문을 쏟아내면, 시가는 전일 가격폭을 훨씬 하회하며 갭 하락으로 출발하게 된다. 대부분의 경우 시가는 전일 가격 변동폭 내에서 형성되기 때문에 이는 이례적인 현상이다.

슬슬 시장 분위기가 형성된다. 전일 저가보다 낮은 수준으로 시가가 하락한 후에 가격이 다시 전일 저가 수준으로 반등할 때 시장에 매수 진입한다. 이런 일이 가능할 정도로 시장이 힘을 받으면 대부분의 경우 매도 압력이 줄어들고 가격 급반등 현상이 뒤따르게 된다.

다들 짐작하다시피 **매도 신호**은 이와 정반대다. 즉, 시가가 전일 고가보다 높은 갭 상승 패턴이 나오기를 고대한다. 감정적 반응은 장이 열림과 동시에 매수 주문 폭주로 이어져, 시가가 전일 고가보다 높게 형성되며 출발하게 된다. 그러다가 전일 고가 수준으로 가격이 다시 하락하면 시장에 매도로 진입한다. 그러면 상승 갭(시가-전일 고가)이 더 이상 유지될 수 없으며 단기적으로 가격이 더 하락할 것이라고 예상할 수 있다.

매수 신호로서의 '웁스!ₒₒₚₛ'(당황스러운 상황에서 나오는 감탄사-역주)는 사람들이 뉴스나 차트 등을 근거로 시가에 포지션을 던지고 공매도할 때의 가격 움직임을 나타내는 패턴이다. 한동안은 예상했던 하락 방향으로 가는 듯하지만, 이

내 가격이 반등하며 갭 하락으로 출발했던 시가가 전일 저가 수준까지 상승한다. 그러면 브로커는 고객에게 전화를 걸어 가격이 예상과 반대로 불리하게 움직인다며 호들갑을 떤다. "웁스! 우리가 (또) 틀렸는지도 모르겠네요. 가격이 너무 오릅니다. 어떻게 하시겠어요? 공매도 포지션을 계속 유지할 건가요?"

**2011년 개정판에 추가:** 초판에 실었던 연구 결과를 여기에 남긴다. 웁스!는 앞으로도 절대 잊을 수 없는 패턴이다. 내가 이 패턴으로 매매한 규모가 대략 추산해서 100만 달러가 넘는다. 그러나 애석하게도 이제는 이 패턴이 먹히지 않는다. 이유는 간단하다. 장내 매매의 시대가 끝났기 때문이다. 예전에는 장 마감 후 익일 개장 때까지 약 16~18시간 동안 매매를 할 수 없어서 매수 혹은 매도 주문 및 이와 관련한 트레이더의 감정이 처리되지 않은 채 쌓였다. 이런 상태가 아침에 개장과 함께 시가에 반영되면서 전일 가격과 시가 간에 차이가 발생했다.

반면 지금의 전자 매매 시장은 장 마감과 다음 개장 사이에 시간차가 거의 발생하지 않기 때문에 적체됐던 주문이 한꺼번에 실행될 때 나타나는 '폭발적' 이점을 더는 누리지 못한다. 이 점을 염두에 둬야겠지만, 지금부터 제시할 내용은 여전히 흥미롭고 또한 유용하리라 생각한다.

브로커의 전화를 받은 사람들이 손실 중인 공매도 포지션을 청산하기로 마음먹을 즈음이 되면, 가격은 어느새 전일 저가보다 높아져 있다. 게다가 이들의 신규 매수 혹은 공매 포지션 청산용 환매수 행위(숏 커버링short covering)는 우리가 매수 역지정점buy stop에서 올라탄 가격 상승세에 더 힘을 보태는 상황이 된다. 그림 7.26과 7.27을 보면 웁스! 신호가 어떻게 나타나는지 확인할 수 있다.

그러면 단기 트레이더가 이 패턴을 어떻게 활용하는지 그 방법을 살펴보자.

일단 S&P500에서 매수 신호를 취하는 일에서 시작해보자(그림 7.28 참고). 6장에서 살펴본 대로 S&P500 가격이 하락할 가능성이 꽤 큰 수요일과 목요일을 제외한 다른 요일에 매수한다. 결과를 보면 내가 이 패턴에 관해 말하고자 하는 바가

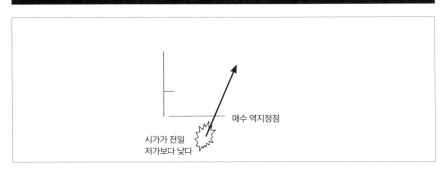

**그림 7.26 옵스! 매수 신호**

매수 역지정점

시가가 전일
저가보다 낮다

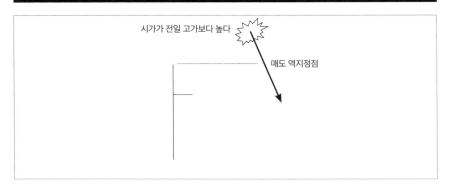

**그림 7.27 옵스! 매도 신호**

시가가 전일 고가보다 높다

매도 역지정점

명확히 드러난다. 매매 결과는 상당히 인상적이다. 이익 매매 비율이 82% 이상이고 총순이익은 4만 2,687달러였으며 평균 매매 이익은 무려 435달러나 된다. 보유 기간이 통상 1일하고 반나절이라는 점을 고려하면 꽤 고무적인 성과인 셈이다. 금액 기준 손절가는 정확히 2,000달러였다. 여기서 설명하는 내용에 관해 더 자세히 알고 싶다면 손절 및 청산에 관한 부분(제11장)을 참고하기 바란다.

주식 시장은 그렇다 치고 채권은 어떨까? 채권 시장에서는 수요일을 제외한 요일에 매수 포지션을 취한다. 손절가는 진입가 기준으로 1,800달러 지점이다. 청산 규칙은 향후 11장에서 설명할 구제형 이익실현 기법<sub>bailout technique</sub>을 사용한다. 그림 7.29에서 보듯이 이익 매매 비율은 86%고 총순이익이 2만 7,875달러

그림 7.28 웁스! 매수 신호의 효용성: S&P500 매매(수 · 목요일 제외)

자료: S&P500 IND-9967 09/80

기간: 1987년 9월 15일~1998년 8월 28일

| Num. | Conv. | P. Value | Comm | Slippage | Margin | Format | FileName |
|---|---|---|---|---|---|---|---|
| 149 | 2 | $2,500 | $50 | $0 | $3,000 | CT/PC | F59 |
| 총순이익 | | $42,687.50 | | | | | |
| 총이익 | | $76,687.50 | | 총손실 | | -$34,000.00 | |
| 총매매 횟수 | | 98 | | 이익 매매 비율 | | 82% | |
| 이익 매매 횟수 | | 81 | | 손실 매매 횟수 | | 17 | |
| 최대 이익 매매 | | $3,950.00 | | 최대 손실 매매 | | -$2,000.00 | |
| 평균 이익 매매 | | $946.76 | | 평균 손실 매매 | | -$2,000.00 | |
| 평균 손실 대비 평균 이익 비율 | | 0.47 | | 평균 매매(이익&손실) | | $435.59 | |
| 최다 연속 이익 매매 | | 23 | | 최다 연속 손실 매매 | | 3 | |
| 이익 매매 평균 봉 수 | | 1 | | 손실 매매 평균 봉 수 | | 1 | |
| 최대 계좌 잔고 감소액 | | -$6,000.00 | | 일중 최대 잔고 감소액 | | -$6,000.00 | |
| 이익률 | | 2.25 | | 최대 보유 계약 수 | | 1 | |
| 필요 계좌 크기 | | $9,000.00 | | 잔고 회수율 | | 474% | |

그림 7.29 웁스! 매수 신호의 효용성: 채권 매매(수요일 제외)

자료: 재무부 채권-9967 1/80

기간: 1990년 01월 01일~1998년 8월 28일

| Num. | Conv. | P. Value | Comm | Slippage | Margin | Format | FileName |
|---|---|---|---|---|---|---|---|
| 44 | -5 | $31,250 | $50 | $0 | $3,000 | CT/PC | F62 |
| 총순이익 | | $27,875.00 | | | | | |
| 총이익 | | $60,812.50 | | 총손실 | | -$32,937.50 | |
| 총매매 횟수 | | 138 | | 이익 매매 비율 | | 86% | |
| 이익 매매 횟수 | | 120 | | 손실 매매 횟수 | | 18 | |
| 최대 이익 매매 | | $2,031.25 | | 최대 손실 매매 | | -$2,125.00 | |
| 평균 이익 매매 | | $506.77 | | 평균 손실 매매 | | -$1,829.86 | |
| 평균 손실 대비 평균 이익 비율 | | 0.27 | | 평균 매매(이익&손실) | | $201.99 | |
| 최다 연속 이익 매매 | | 24 | | 최다 연속 손실 매매 | | 3 | |
| 이익 매매 평균 봉 수 | | 2 | | 손실 매매 평균 봉 수 | | 3 | |
| 최대 계좌 잔고 감소액 | | -$5,812.50 | | 일중 최대 잔고 감소액 | | -$5,812.50 | |
| 이익률 | | 1.84 | | 최대 보유 계약 수 | | 1 | |
| 필요 계좌 크기 | | $8,812.50 | | 잔고 회수율 | | 316% | |

그림 7.30 웁스! 매도 신호의 효용성: 채권 매매(수요일)

자료: 재무부 채권-9967 01/80

기간: 1990년 01월 01일~1998년 8월 28일

| Num. | Conv. | P. Value | Comm | Slippage | Margin | Format | FileName |
|---|---|---|---|---|---|---|---|
| 44 | -5 | $31,250 | $50 | $0 | $3,000 | CT/PC | F62 |
| 총순이익 | | $9,875.00 | | | | | |
| 총이익 | | $34,031.25 | | 총손실 | | -$24,156.25 | |
| 총매매 횟수 | | 55 | | 이익 매매 비율 | | 56% | |
| 이익 매매 횟수 | | 31 | | 손실 매매 횟수 | | 24 | |
| 최대 이익 매매 | | $2,687.50 | | 최대 손실 매매 | | -$1,093.75 | |
| 평균 이익 매매 | | $1,097.78 | | 평균 손실 매매 | | -$1,006.51 | |
| 평균 손실 대비 평균 이익 비율 | | 1.09 | | 평균 매매(이익&손실) | | $179.55 | |
| 최다 연속 이익 매매 | | 5 | | 최다 연속 손실 매매 | | 3 | |
| 이익 매매 평균 봉 수 | | 4 | | 손실 매매 평균 봉 수 | | 3 | |
| 최대 계좌 잔고 감소액 | | -$4,437.50 | | 일중 최대 잔고 감소액 | | -$4,437.50 | |
| 이익률 | | 1.40 | | 최대 보유 계약 수 | | 1 | |
| 필요 계좌 크기 | | $7,437.50 | | 잔고 회수율 | | 132% | |

그림 7.31 웁스! 매도 신호의 효용성: S&P500 매매(목요일)

자료: S&P500 IND-9967 09/80

기간: 1987년 9월 15일~1998년 8월 28일

| Num. | Conv. | P. Value | Comm | Slippage | Margin | Format | FileName |
|---|---|---|---|---|---|---|---|
| 149 | 2 | $2,500 | $50 | $0 | $3,000 | CT/PC | F59 |
| 총순이익 | | $14,200.00 | | | | | |
| 총이익 | | $40,200.00 | | 총손실 | | -$26,000.00 | |
| 총매매 횟수 | | 60 | | 이익 매매 비율 | | 78% | |
| 이익 매매 횟수 | | 47 | | 손실 매매 횟수 | | 13 | |
| 최대 이익 매매 | | $4,612.50 | | 최대 손실 매매 | | -$2,000.00 | |
| 평균 이익 매매 | | $855.32 | | 평균 손실 매매 | | -$2,000.00 | |
| 평균 손실 대비 평균 이익 비율 | | 0.42 | | 평균 매매(이익&손실) | | $236.67 | |
| 최다 연속 이익 매매 | | 14 | | 최다 연속 손실 매매 | | 2 | |
| 이익 매매 평균 봉 수 | | 2 | | 손실 매매 평균 봉 수 | | 2 | |
| 최대 계좌 잔고 감소액 | | -$6,725.00 | | 일중 최대 잔고 감소액 | | -$7,012.50 | |
| 이익률 | | 1.54 | | 최대 보유 계약 수 | | 1 | |
| 필요 계좌 크기 | | $10,012.50 | | 잔고 회수율 | | 141% | |

이며, 수수료 50달러를 공제하고도 평균 매매 이익은 201달러로 준수한 수준이다. 이는 랜덤 워크 가설을 충분히 논파할 만한 매매 결과다.

채권 시장의 매도 측면에서는 웁스! 매도 신호가 발생하여 갭 상승이 실패로 돌아가고 하락이 시작되면 수요일에 매도한다. 1990년 이후 총 55회 매매 중 이익 매매는 31회였고 이때 총순이익은 9,875달러였다(그림 7.30 참고). 이때 금액 기준 손절가는 1,000달러고 4일 구제형 청산 기준을 사용한다.

S&P 매도 시에는 매도에 최적인 요일이 목요일로서 이때 이익 매매 비율 78%에 총순이익은 1만 4,200달러다(그림 7.31 참고). 그림 7.30과 7.31의 매매 결과는 웁스! 매도 기법의 가치를 공고히 한다.

웁스! 기법을 기계적으로 단독 활용하지 않고 유리한 시장 상황에 대한 이해를 가미하면 더 큰 가치를 얻을 수 있다. 여기 이런 아이디어를 활용한 사례 하나를 제시한다.

### 그림 7.32 웁스! 매수 신호에 다른 시장 상황 가미: 채권 매매(목요일 제외) + 과매도 시장 상황

자료: 재무부 채권-9967 01/80

기간: 1990년 01월 01일~1998년 08월 28일

| Num. | Conv. | P. Value | Comm | Slippage | Margin | Format | FileName |
|---|---|---|---|---|---|---|---|
| 44 | -5 | $31,250 | $50 | $0 | $3,000 | CT/PC | F62 |

| | | | | | |
|---|---|---|---|---|---|
| 총순이익 | $24,625.00 | | | | |
| 총이익 | $46,750.00 | | 총손실 | | -$22,125.00 |
| 총매매 횟수 | 66 | | 이익 매매 비율 | | 81% |
| 이익 매매 횟수 | 54 | | 손실 매매 횟수 | | 12 |
| 최대 이익 매매 | $2,625.00 | | 최대 손실 매매 | | -$2,125.00 |
| 평균 이익 매매 | $865.74 | | 평균 손실 매매 | | -$1,843.75 |
| 평균 손실 대비 평균 이익 비율 | 0.46 | | 평균 매매(이익&손실) | | $373.11 |
| 최다 연속 이익 매매 | 20 | | 최다 연속 손실 매매 | | 2 |
| 이익 매매 평균 봉 수 | 3 | | 손실 매매 평균 봉 수 | | 6 |
| 최대 계좌 잔고 감소액 | -$5,500.00 | | 일중 최대 잔고 감소액 | | -$5,500.00 |
| 이익률 | 2.11 | | 최대 보유 계약 수 | | 1 |
| 필요 계좌 크기 | $8,500.00 | | 잔고 회수율 | | 289% |

그림 7.32는 채권 시장에서 웁스! 매수 신호를 취했을 때의 결과다. 이때 가미된 시장 상황이란 금요일의 9일 이동평균이 목요일의 이동평균보다 낮은 과매도 시장 상황이다. 이러한 조건 아래 목요일을 제외한 아무 요일에나 웁스! 매수 신호가 발생하면 앞서 배운 대로 시장에 진입한다. 그리고 매매 3일 후 이익 실현이 가능한 첫 번째 시가가 발생한 날 종가에서 포지션을 청산한다(3일 구제형 청산 기법). 이런 경우 이익 매매 비율이 81%였고 총순이익은 2만 4,625달러였다. 평균 매매 이익이 373달러로 상당히 높은 수준이라는 점에도 주목하라.

매도 측면에서는 과매수 시장 상황을 선택하기 위해 9일 이동평균이 월요일보다 화요일에 더 크게 나타나면 수요일에 웁스! 매도 신호를 취한다. 이때 이익 매매 비율은 79%이고 총순이익은 1만 3,406달러였으며 평균 매매 이익은 394달러였다(그림 7.33 참고). 단기 매매치고는 그다지 나쁘지 않은 성과였다. 이때 손절 및 청산 규칙은 앞서 설명했던 매수 사례와 동일하다.

### 그림 7.33 웁스! 매도 신호에 다른 시장 상황 가미: 채권 매매 (수요일) + 과매수 시장 상황

자료: 재무부 채권-9967 01/80

기간: 1990년 01월 01일~1998년 8월 28일

| Num. | Conv. | P. Value | Comm | Slippage | Margin | Format | FileName |
|---|---|---|---|---|---|---|---|
| 44 | -5 | $31,250 | $50 | $0 | $3,000 | CT/PC | F62 |

| | | | | |
|---|---|---|---|---|
| 총순이익 | $13,406.25 | | | |
| 총이익 | $25,281.25 | 총손실 | -$11,875.00 | |
| 총매매 횟수 | 34 | 이익 매매 비율 | 79% | |
| 이익 매매 횟수 | 27 | 손실 매매 횟수 | 7 | |
| 최대 이익 매매 | $2,375.00 | 최대 손실 매매 | -$1,812.50 | |
| 평균 이익 매매 | $936.34 | 평균 손실 매매 | -$1,696.43 | |
| 평균 손실 대비 평균 이익 비율 | 0.55 | 평균 매매(이익&손실) | $394.30 | |
| 최다 연속 이익 매매 | 8 | 최다 연속 손실 매매 | 1 | |
| 이익 매매 평균 봉 수 | 4 | 손실 매매 평균 봉 수 | 6 | |
| 최대 계좌 잔고 감소액 | -$2,781.25 | 일중 최대 잔고 감소액 | -$3,312.50 | |
| 이익률 | 2.12 | 최대 보유 계약 수 | 1 | |
| 필요 계좌 크기 | $6,312.50 | 잔고 회수율 | 212% | |

# S&P 웁스! 매매

S&P 매매에서도 동일한 규칙으로 이익을 낼 수 있다.

9일 추세로 확립된 과매도 기준에 따르면 최적의 매수일은 화요일과 수요일 그리고 금요일이다. 그 결과는 이익 매매 비율 81%에 총순이익은 2만 2,362달 러였고 평균 매매 이익은 456달러로 진입일에 청산까지 한 당일 매매 성과로는 상당히 만족스러운 수준이다(그림 7.34 참고). 매매에 유리한 과매도 시장 조건을 9일 이동평균으로 판단한다는 발상은 내 후배이자 열성적인 시스템 개발자 조 크러트싱어<sub>Joe Krutsinger</sub>의 작업에 기반을 둔다.

S&P 시장에서 9일 과매수 기법을 활용하면 최적의 매도일은 수요일이다. 이 경우 총매매 횟수는 39회고 이익 매매 비율은 89%에 총순이익은 1만 8,962달 러다(그림 7.35 참고). 평균 매매 이익이 486달러라는 사실에서 이 접근법의 효용

**그림 7.34 웁스! 매수 신호에 다른 시장 상황 가미: S&P 매매(화·수·금요일)+과매도 시장 상황**

**S&P500 IND-9967 9/80**
**기간: 1987년 9월 15일~1998년 8월 28일**

| Num. | Conv. | P. | Value | Comm | Slippage | Margin | Format | FileName |
|---|---|---|---|---|---|---|---|---|
| 149 | 2 | $ | 2.500 | $50 | $0 | $3,000 | CT/PC | F59 |
| 총순이익 | | | $22,362.50 | | | | | |
| 총이익 | | | $40,600.00 | | 총손실 | | -$18,237.50 | |
| 총매매 횟수 | | | 49 | | 이익 매매 비율 | | 81% | |
| 이익 매매 횟수 | | | 40 | | 손실 매매 횟수 | | 9 | |
| 최대 이익 매매 | | | $3,875.00 | | 최대 손실 매매 | | -$2,237.50 | |
| 평균 이익 매매 | | | $1,015.00 | | 평균 손실 매매 | | -$2,026.39 | |
| 평균 손실 대비 평균 이익 비율 | | | 0.50 | | 평균 매매(이익&손실) | | $456.38 | |
| 최다 연속 이익 매매 | | | 28 | | 최다 연속 손실 매매 | | 2 | |
| 이익 매매 평균 봉 수 | | | 1 | | 손실 매매 평균 봉 수 | | 0 | |
| 최대 계좌 잔고 감소액 | | | -$4,925.00 | | 일중 최대 잔고 감소액 | | -$4,925.00 | |
| 이익률 | | | 2.22 | | 최대 보유 계약 수 | | 1 | |
| 필요 계좌 크기 | | | $7,925.00 | | 잔고 회수율 | | 282% | |

그림 7.35 웁스! 매도 신호에 다른 시장 상황 가미: S&P 매매(수요일) + 과매수 시장 상황

**S&P500 IND-9967 9/80**

**기간: 1987년 9월 15일~1998년 8월 28일**

| Num. | Conv. | P. | Value | Comm | Slippage | Margin | Format | FileName |
|---|---|---|---|---|---|---|---|---|
| 149 | 2 | $ | 2,500 | $50 | $0 | $3,000 | CT/PC | F59 |

| | | | |
|---|---|---|---|
| 총순이익 | $18,962.50 | | |
| 총이익 | $26,962.50 | 총손실 | -$8,000.00 |
| 총매매 횟수 | 39 | 이익 매매 비율 | 89% |
| 이익 매매 횟수 | 35 | 손실 매매 횟수 | 4 |
| 최대 이익 매매 | $3,175.00 | 최대 손실 매매 | -$2,000.00 |
| 평균 이익 매매 | $770.36 | 평균 손실 매매 | -$2,000.00 |
| 평균 손실 대비 평균 이익 비율 | 0.38 | 평균 매매(이익&손실) | $486.22 |
| 최다 연속 이익 매매 | 26 | 최다 연속 손실 매매 | 2 |
| 이익 매매 평균 봉 수 | 1 | 손실 매매 평균 봉 수 | 2 |
| 최대 계좌 잔고 감소액 | -$4,000.00 | 일중 최대 잔고 감소액 | -$4,000.00 |
| 이익률 | 3.37 | 최대 보유 계약 수 | 1 |
| 필요 계좌 크기 | $7,000.00 | 잔고 회수율 | 270% |

성을 익히 짐작할 수 있다.

이제 S&P500에서 웁스! 진입 규칙을 활용하는 또 다른 방법을 살펴보자. 수년간 연구자들은 매월 초에 주가가 상승한다는 점에 주목했다(그림 6.12 참고). 이러한 월중 매매일_TDM_ 편향을 함께 활용하면 웁스! 규칙을 더 완벽하게 쓸 수 있다. 웁스! 패턴이 월말에 그리고 TDM 17일 이후에 형성되면, 이 패턴과 월중 매매일의 영향이 합쳐진 효과가 나타난다. 다시 말하면 아주 좋은 매매 기회가 된다!

이 같은 S&P500의 월말 가격 상승이 다음 달로 이어진다는 사실을 염두에 둔 상태에서 나는 웁스! 신호를 '채권 시장'의 TDM 1~5일에서 취하면 어떻게 되는지도 시험해보았다. 역시 매우 인상적인 결과가 나왔다. 월초의 채권 시장에서 웁스! 신호를 취하여 S&P500을 매매하는 이 조합은 매월 꾸준히 나타나는 가장 강력한 단기 매매 방식 가운데 하나다.

일부 관찰자는 우리가 제한된 기회 구간window of opportunity에서만 웁스! 신호를 취하는 식으로 결과를 끼워 맞추고 있다고 주장할지도 모른다. 나는 아트 메릴Art Merrill의 고전《월가의 가격 흐름The Behavior of Prices on Wall Street》을 읽었던 1966년에 처음으로 기회 구간, 즉 월말의 주가 강세를 깨닫게 됐다. 백발 노학자인 메릴이 가장 먼저 상승 추세를 포착해 자신의 책에서 상세히 설명했던 인물이라고 생각한다.

나는 단지 이미 알려진 시장 편향(주가의 월중 편향)에 내가 고안한 웁스! 진입과 합리적 손절 및 청산 규칙을 추가하는 작업을 했을 뿐이다. 그런데 알기로는 내가 학생들에게 이 사실을 가르쳤던 1988년까지 '채권 시장에도' 이와 동일한 월중 매매일 편향이 존재한다는 사실을 아는 사람은 없었다. 물론 여기서도 예외는 존재한다. 이런 결론이 불변의 약속 같은 것은 아니다.

월말의 주가 강세는 왜 발생할까? 놈 포스백Norm Fosback과 글렌 파커Glen Parker 같은 유명 인사를 비롯해 메릴과 비슷한 입장을 취하는 사람들은 월말에 주가가 상승하는 이유는 뮤추얼 펀드의 월말 리밸런싱(포트폴리오 재조정)과 월말의 분식 결산(윈도우 드레싱window-dressing; 펀드가 기말의 결산기에 수익률이 낮은 주식을 팔고 잘나가는 주식을 사서 표면적인 실적을 인위적으로 올리는 행위-감수자 주) 때문이라는 의견을 제시했다. 그러나 나는 월말에 채권 가격이 상승한다는 점을 발견하고나서부터, 펀드 때문이 아니라 채권 때문에 주가가 상승한다는 전제하에 매매 포지션을 취했다. 채권 가격이 움직이면 주식 가격도 움직인다. 채권(금리)이라는 '개'가 주식이라는 '꼬리'를 흔든다는 점을 항상 명심하라.

하락장이 예상될 때 웁스! 매도 신호가 빛을 발하듯이, 상승장이 예상될 때는 웁스! 매수 신호를 취할 만한 가치가 충분히 있다. 이 패턴은 놀라운 성과를 나타내며 여기에는 타당한 근거가 있다. 이는 내가 발견한 숱한 패턴 중 최적이자 유일한 패턴이다. 이 패턴의 가치를 누려라. 그리고 신중하게 다루고 현명하게 사용하라.

지금쯤은 왜 그렇게 많은 사람이 차트를 살펴보는지 이유를 알았으리라 생각한다. 차트
는 분명히 유용한 도구다. 그러나 대다수 트레이더는 추세 반전을 불러오는 패턴이나 매
수/매도 신호들을 잘 모른다. 이제 여러분은 내가 사용하는 패턴과 신호들을 알게 됐으
리라 생각한다.

# 제 8 장

# 매수인과
# 매도인

*long-term*
*secrets*
*to short-term*
*trading*

매도인과 매수인이 동수로 존재하며 일대일로 대응하는 관계라는 말이 사실이라면
가격이 상승하거나 하락하는 일이 어떻게 가능할까?

닭이 먼저인가 달걀이 먼저인가? 같은 맥락에서 매수인이 먼저인가 매도인이 먼저인가? 이 문제야말로 투기자들이 반드시 답해야 할 '궁극의 선문답'이다. 매도인이 보유한 주식이나 선물 계약을 사들일 매수인이 존재하는 한 가격이 그렇게 많이 움직일 것 같지는 않다. 매도인과 매수인이 서로 균형을 이루며 가격이 유지되지 않겠는가?

모든 것이 완벽한 이상적 세상에서는 위와 같은 일이 가능할지 모르겠으나, 현실 매매는 불완전하고 운에도 크게 좌우된다. 일간 신문이나 담당 브로커가 전하는 시세 정보에서 알 수 있듯이 현실 세계에서는 가격이 급격하게 변화한다. 가격 변동의 이유는 매수하고 매도하는 주식이나 선물 계약의 '양' 때문이 아니다. 그 양은 결국 균형을 이루게 마련이다. 가격 변동이 일어나는 이유는 매수인이나 매도인 중 한쪽에 순간적으로 생긴 공백 혹은 부재에서 찾아야 한다.

다시 말해 균형을 이루던 둘 중 한쪽이 포지션을 취하고 싶어지면 가격을 올리면서 사거나 내리면서 파는 것이다. 이때 가격 변화를 일으키는 불균형은 매매량의 불균형이 아니라 '시급성immediacy'의 불균형이다. 매매를 원하는 쪽, 그것도 급매매를 원하는 쪽이 가격을 상승 혹은 하락시키는 역할을 한다.

이미 언급했듯이 우리는 시가를 기준으로 주어진 날의 매매량을 분석할 수 있다. 이번 장에서는 내가 1987년에 100만 달러 넘게 이익을 냈을 때 사용했던 매매 시스템과 접근법을 설명한다.

이 점을 고려하라. 상품 선물 시장에서는 밤새 축적된 매수 및 매도 주문을 기준으로 해서 매일 공개 호가$_{\text{open outcry}}$(상품의 매수 및 매도 가격을 공개적으로 크게 외쳐 거래 상대방을 찾는 호가 방법-역주)를 통해 형성된 가격에 매매가 개시된다.

1998년 3월 27일에 삼겹살 5월물의 시가는 46.20이었고 저가로는 45.95, 고가로는 48.60에 매매됐다. 매수자들은 가격을 시가 위로 상승 변동값$_{\text{upswing}}$ 2.40만큼 상승시켰고, 매도자들은 가격을 시가 아래로 하락 변동값$_{\text{downswing}}$ 0.25만큼 하락시켰다. 그리고 전일 종가 46.40보다 높은 종가 48.32에 장이 마감됐다.

다음 날, 개장 후 매도 주문이 쇄도하면서 삼겹살 가격이 0.25포인트 하락 출발했다. 종가가 상승 마감한 다음 날의 시가가 0.25포인트 하락 출발했으니, 새로운 매도자들이 시장에 들어왔다는 의미다. 어제보다 오늘 매도인이 더 늘어났으므로 이 경우 매도 신호가 위력을 발휘할지도 모른다.

그림 8.1은 최대 가격 변동값$_{\text{GSV; greatest swing values}}$ 즉 상승(매수) 변동값과 하락(매도) 변동값을 일봉마다 표시하여 실제 시장, 즉 1990년 대두 5월물 시장에서 일어나는 가격 변동 상황을 확인하기 쉽게 한 것이다. 매수(상승) 가격 변동과 매도(하락) 가격 변동은 매일 일어난다. 시가 대비 종가의 방향을 보면 어느 쪽이 이 매매 전쟁의 승자인지를 알 수 있다.

여기서 조금 더 가보자. 지난 며칠 동안 시가에서 저가까지의 하락 변동값을

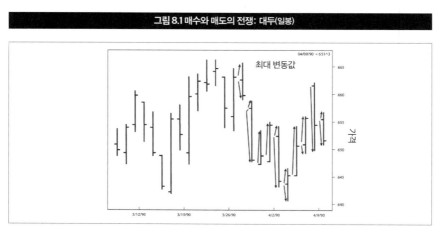

**그림 8.1 매수와 매도의 전쟁: 대두(일봉)**

제공: 내비게이터(제네시스 파이낸셜 데이터 서비스)

전부 합하면 매도(하락) 변동값의 평균을 구할 수 있다. 그리고 당일 시가로부터의 하락 변동값이 지난 며칠간의 평균 하락 변동값을 넘어선다면 이를 매도 신호로 볼 수 있다.

조금 더 복잡한 과정이 남아 있다. 매도인 측면을 제대로 이해하려면 종가가 시가를 상회하며 장을 마감한 상승 마감일에만 이 값을 적용해야 한다. 이 변동값은 하락 마감까지는 이르지 않는 날의 가격 하락폭이기 때문이다.

마찬가지 원리로, 하락 마감일에만 매일 시가에서 고가까지의 상승 변동값을 합하면 매수 주문 쇄도로 종가가 상승 마감하는 수준까지는 이르지 않는 날의 매수(상승) 변동값을 구할 수 있다.

# 최대 가격 변동값

전자 매매가 등장하면서 최대 가격 변동값의 사용이 급격히 줄어들었다. 이미 언급했듯이 이제는 전날 밤의 종가와 오늘 시가에 별 차이가 없다. 따라서 내가 1990년대 말에 변동성의 지표로서 사용했던 시가와 고가 간의 상승 변동값은 더는 의미가 없다.

달라진 점은 또 있다. 그때 나는 익일 시가에 변동성값을 추가하여 사용하고 있었다. 그러나 이제는 일요일 저녁 시장을 제외하고 익일 시가는 본질적으로 당일 종가와 동일하므로 우리가 설정한 기준점도 바뀌었다. 한때 효과적이었던 규칙이 더 이상 효과가 없다.

다른 방법으로 이 문제를 다룰 수 있을 것이라 생각하고 있는가? 최대 변동값 개념을 다시 부활시켰을 때 내가 취했던 접근법을 소개하겠다. 일단 기준점으로는 전일 고가나 저가, 혹은 종가 등을 사용해봤다. 그리고 기준점에 더할 값으로도 여러 값을 시험해봤다. 시가와 종가 그리고 전일 종가 등의 기준점에 지난 n일간의 평균 실제 가격폭<sub>ATR; average true range</sub>을 가감하는 식으로도 검증을 진행했다. 정말 다양한 기준점과 다양한 변동성 요소값을 검증한 것이다.

이렇게 광범위한 조사를 했음에도 실제 매매 시스템으로 활용할 만한 것을 만들어내지 못했다. 그러나 흥미롭게도 '주중 매매일<sub>TDW</sub>' 자료는 여전히 일관성을 보였다. 채권 시장에서 매매에 가장 적합한 요일은 여전히 월요일이고 주식 시장에서는 화요일이 그렇다. 그리고 '월중 매매일<sub>TDM</sub>' 개념도 여전히 유효했다.

그러나 전자 시장이 등장하면서 트레이더로서는 상승 추세가 나타날 때 언제 시장에 진입해야 할지 그 정확한 지점을 설정하기가 어려워졌다. 희망적인 말을 하고 싶지만, 매매의 세계는 사실을 다루는 세계인 것을 어찌하겠는가!

시장은 변한다. 그리고 시장 변화에 적응하는 것이 우리의 의무다. 우리가 하는 행위에 시장이 적응하지는 않을 것이기 때문이다. 따라서 한때 효과적이었으나 이제는 효과가 없는데도 계속 그 방향을 고집하는 것은 어리석은 일이다.

따라서 예전에 썼던 내용의 상당 부분은 잊고, 지금은 단기 트레이더에게 도움 되는 방향으로 시장 변화 혹은 변동성 요소를 활용하는 새로운 방법에 관심을 돌릴 때다.

최대 변동값은 이익 매매에 다양한 방식으로 활용할 수 있다. 이 개념을 활용하면 할수록 하락일의 상승 변동값과 상승일의 하락 변동값을 활용해야 하는 논리의 타당성을 더 확실히 인정하게 된다. 이런 역행적 가격 변동을 나는 '착오 가격 변동<sub>failure swing</sub>'으로 분류한다. 즉 시장 가격이 그 변동값만큼은 변할 수 있었지만, 이런 변화가 그 이상으로 유지되지 못하고 결국은 가격이 반대 방향으로 바뀌면서 장이 마감되는 것이다.

이 같은 착오 변동값을 활용할 수 있는 방법이 몇 가지 있다. 우선 지난 며칠 간의 **'평균 착오 변동값'**을 구하고, **익일 시가에 이 값을 더하거나 뺀 값을 시장 진입가로 이용한다.** 혹은 n일 동안의 모든 착오 변동값을 취한 다음에 해당 값의 표준 편차 혹은 표준 편차의 2배만큼을 기준가에 더해 시장 진입가로 활용하면 어떨까?

채권 시장에서 이런 값을 매매에 사용해 이익을 내는 단순한 방법부터 설명한다. 첫 단계는 **매수 조건**을 설정하는 일이다. 좋은 기법이 하나 있다고 해서 그 것만 사용하고 싶지는 않으니 말이다. 내가 선정한 매수 조건은 과매도 시장이다. 가격이 하락 중인 시장을 찾아야 이후 조금이라도 가격이 상승할 여지가 있기 때문이다. 이런 조건에 맞는 상황이 전개되면 앞서 설명했던 내 소중한 매매 도구 중 하나인 TDW를 여기에 추가한다.

이 경우 첫 번째 매수 조건은 당일 종가가 5일 전의 종가보다 낮은 상태로서 이는 과매도 시장이 반등할 수 있음을 시사한다. 그리고 주중 화요일이나 수요일 혹은 금요일에만 매수 포지션을 취하기로 한다.

그다음에는 이전 4일 동안 일일 시가와 고가 간의 차이(매수 혹은 상승 변동값)를 합하고 이 값을 4로 나눠 평균 '매수 변동값'을 구한다. 나는 시장이 새로운 강세 영역에 들어섰음을 보여주는 확실한 증거를 원한다. 그래서 시가에서 4일 평균 매수 변동값의 180%만큼 상승할 때 매수에 나선다.

**매도 신호**는 이와는 정반대로 이해하면 된다. 즉, 이전 4일 동안 일일 시가와 저가 간의 차이(매도 혹은 하락 변동값)를 합하고 이 값을 4로 나눠 평균값을 구한다. 그리고 시가를 기준으로 4일 평균 매도 변동값의 180%만큼이 하락하면 매도에 나선다. 단 매도 조건이 충족됐을 때 말이다.

여기서 말하는 채권 시장의 매도 조건은 당일 종가가 6일 전 종가보다 높은 과매수 시장을 의미한다. 사실은 금 선물 가격이 20일 전보다 낮아진 상태가 더 나은 성과를 보여주는 채권 매도 조건이었다.

매수와 매도를 불문하고 금액 기준 손절가는 1,600달러다. 2일간 보유한 후 이익 실현이 가능한 첫 번째 시가에서 이익을 취하며 청산한다. 1990년부터 1998년까지 이 매매 프로그램을 작동한 결과를 그림 8.2에 제시했다. 보다시피 꽤나 인상적인 매매 결과를 통해 매매 조건과 최대 변동값$_{GSV}$ 개념의 조합이 얼

**그림 8.2 변동성 돌파(시가±(GSVx180%)를 진입가로 설정)와 과매수/과매도 시장 조건을 결합한 채권 매매**

자료: 재무부 채권-9967 1/80

기간: 1990년 01월 01일~1998년 8월 28일

| Num. | Conv. | P. Value | Comm | Slippage | Margin | Format | FileName |
|------|-------|----------|------|----------|--------|--------|----------|
| 44 | -5 | $31,250 | $0 | $0 | $3,000 | CT/PC | F62 |

| 모든 매매 | | | |
|---|---|---|---|
| 총순이익 | $52,812.50 | | |
| 총이익 | $105,000.00 | 총손실 | -$52,187.50 |
| 총매매 횟수 | 161 | 이익 매매 비율 | 75% |
| 이익 매매 횟수 | 122 | 손실 매매 횟수 | 39 |
| 최대 이익 매매 | $3,437.50 | 최대 손실 매매 | -$1,718.75 |
| 평균 이익 매매 | $860.66 | 평균 손실 매매 | -$1,338.14 |
| 평균 손실 대비 평균 이익 비율 | 0.64 | 평균 매매(이익&손실) | $328.03 |
| 최다 연속 이익 매매 | 13 | 최다 연속 손실 매매 | 2 |
| 이익 매매 평균 봉 수 | 4 | 손실 매매 평균 봉 수 | 3 |
| 최대 계좌 잔고 감소액 | -$6,343.75 | 일중 최대 잔고 감소액 | -$6,781.25 |
| 이익률 | 2.01 | 최대 보유 계약 수 | 1 |
| 필요 계좌 크기 | $9,781.25 | 잔고 회수율 | 539% |

| 매수 | | | |
|---|---|---|---|
| 총순이익 | $48,187.50 | | |
| 총이익 | $88,281.25 | 총손실 | -$40,093.75 |
| 총매매 횟수 | 122 | 이익 매매 비율 | 77% |
| 이익 매매 횟수 | 94 | 손실 매매 횟수 | 28 |
| 최대 이익 매매 | $3,437.50 | 최대 손실 매매 | -$1,687.50 |
| 평균 이익 매매 | $939.16 | 평균 손실 매매 | -$1,431.92 |
| 평균 손실 대비 평균 이익 비율 | 0.65 | 평균 매매(이익&손실) | $394.98 |
| 최다 연속 이익 매매 | 13 | 최다 연속 손실 매매 | 2 |
| 이익 매매 평균 봉 수 | 4 | 손실 매매 평균 봉 수 | 4 |

| 매도 | | | |
|---|---|---|---|
| 총순이익 | $4,625.00 | | |
| 총이익 | $16,718.75 | 총손실 | -$12,093.75 |
| 총매매 횟수 | 39 | 이익 매매 비율 | 71% |
| 이익 매매 횟수 | 28 | 손실 매매 횟수 | 11 |
| 최대 이익 매매 | $1,593.75 | 최대 손실 매매 | -$1,718.75 |
| 평균 이익 매매 | $597.10 | 평균 손실 매매 | -$1,099.43 |
| 평균 손실 대비 평균 이익 비율 | 0.54 | 평균 매매(이익&손실) | $118.59 |

| 최다 연속 이익 매매 | 6 | 최다 연속 손실 매매 | 2 |
|---|---|---|---|
| 이익 매매 평균 봉 수 | 2 | 손실 매매 평균 봉 수 | 2 |
| 최대 계좌 잔고 감소액 | -$2,500.00 | | -$2,500.00 |
| 이익률 | 1.38 | | 1 |
| 필요 계좌 크기 | $5,500.00 | | 84% |

마나 중요한지를 알 수 있다. 솔직히 말해 난다 긴다 하는 기술적 분석가들이 취급하는 채권 매매 시스템 가운데 이보다 더 나은 성과를 내는 시스템이 없다고 생각한다.

# 주가 지수 매매와 GSV

S&P500 매매 역시 기본 공식은 동일하다. 이때도 매수 시에는 4일 평균 매수 변동값(고가-시가)의 180%를 더하고, 매도 시에는 4일 평균 매도 변동값(시가-저가)의 180%를 뺄 것이다. 예상할 수 있듯이 채권 시장의 종가가 15일 전 종가보다 높을 때(즉 채권 시장이 상승세라서 주식 시장 역시 상승세에 있을 가능성이 높을 때) S&P500을 매수하고, 15일 전 종가보다 낮으면 매도한다는 조건을 추가하면 매매 성과가 극적으로 향상된다. 채권과 주식 시장 간의 기본적 관계는 확실한 차이를 만든다. 닳고 닳은 차티스트나 말만 번지르르한 기술적 분석가의 감언이설에 휘둘리지 마라. TDW 필터는 월요일이나 화요일 혹은 수요일 매수에 호의적이다. 매도는 월요일을 제외한 어느 요일이든 가능하다. 매수 조건 기준은 종가가 6일 전 종가보다 낮을 때고 매도 조건은 종가가 6일 전 종가보다 높을 때다.

금액 기준 손절가를 2,500달러로 두고 구제 청산 규칙을 활용한 매매로 이익 매매 비율 67%에 순이익이 10만 5,675달러 발생했다(그림 8.3 참고). 평균 매매 이익이 427달러나 된다는 사실에서 훌륭한 시스템이라는 점이 분명히 드러난다.

**그림 8.3 변동성 돌파(시가±(GSVx180%)를 진입가로 설정)와 과매수/과매도 시장 조건을 결합한 S&P500 매매**

자료: S&P500 IND-9967 9/80

기간: 1987년 9월 15일~1998년 8월 28일

| Num. | Conv. | P. Value | Comm | Slippage | Margin | Format | FileName |
|---|---|---|---|---|---|---|---|
| 149 | 2 | $2,500 | $0 | $0 | $3,000 | CT/PC | F59 |

| 모든 매매 | | | | |
|---|---|---|---|---|
| 총순이익 | $105,675.00 | | | |
| 총이익 | $277,250.00 | 총손실 | -$171,575.00 | |
| 총매매 횟수 | 247 | 이익 매매 비율 | 67% | |
| 이익 매매 횟수 | 167 | 손실 매매 횟수 | 80 | |
| 최대 이익 매매 | $10,962.50 | 최대 손실 매매 | -$3,587.50 | |
| 평균 이익 매매 | $1,660.18 | 평균 손실 매매 | -$2,144.69 | |
| 평균 손실 대비 평균 이익 비율 | 0.77 | 평균 매매(이익&손실) | $427.83 | |
| 최다 연속 이익 매매 | 10 | 최다 연속 손실 매매 | 5 | |
| 이익 매매 평균 봉 수 | 4 | 손실 매매 평균 봉 수 | 4 | |
| 최대 계좌 잔고 감소액 | -$12,500.00 | 일중 최대 잔고 감소액 | -$13,462.50 | |
| 이익률 | 1.61 | 최대 보유 계약 수 | 1 | |
| 필요 계좌 크기 | $16,462.50 | 잔고 회수율 | 641 | |

| 매수 | | | | |
|---|---|---|---|---|
| 총순이익 | $51,575.00 | | | |
| 총이익 | $148,437.50 | 총손실 | -$96,862.50 | |
| 총매매 횟수 | 123 | 이익 매매 비율 | 65% | |
| 이익 매매 횟수 | 81 | 손실 매매 횟수 | 42 | |
| 최대 이익 매매 | $10,962.50 | 최대 손실 매매 | -$3,587.50 | |
| 평균 이익 매매 | $1,832.56 | 평균 손실 매매 | -$2,306.25 | |
| 평균 손실 대비 평균 이익 비율 | 0.79 | 평균 매매(이익&손실) | $419.31 | |
| 최다 연속 이익 매매 | 8 | 최다 연속 손실 매매 | 4 | |
| 이익 매매 평균 봉 수 | 4 | 손실 매매 평균 봉 수 | 3 | |

| 매도 | | | | |
|---|---|---|---|---|
| 총순이익 | $54,100.00 | | | |
| 총이익 | $128,812.50 | 총손실 | -$74,712.50 | |
| 총매매 횟수 | 124 | 이익 매매 비율 | 69% | |
| 이익 매매 횟수 | 86 | 손실 매매 횟수 | 38 | |
| 최대 이익 매매 | $9,125.00 | 최대 손실 매매 | -$3,100.00 | |
| 평균 이익 매매 | $1,497.82 | 평균 손실 매매 | -$1,966.12 | |
| 평균 손실 대비 평균 이익 비율 | 0.76 | 평균 매매(이익&손실) | $436.29 | |

| 최다 연속 이익 매매 | 9 | 최다 연속 손실 매매 | 6 |
|---|---|---|---|
| 이익 매매 평균 봉 수 | 4 | 손실 매매 평균 봉 수 | 6 |
| 최대 계좌 잔고 감소액 | -$16,575.00 | 일중 최대 잔고 감소액 | -$16,662.50 |
| 이익률 | 1.72 | 최대 보유 계약 수 | 1 |
| 필요 계좌 크기 | $19,662.50 | 잔고 회수율 | 275% |

## 실제 결과는 더 좋다

실제 매매 결과는 시험 매매보다 훨씬 낫다. 실제 매매에서와는 달리 내 컴퓨터 소프트웨어로는 시장 진입일에 보호적 손절이 작동하지 않기 때문이다. 따라서 실제 매매에서의 손절가는 컴퓨터가 내놓는 수준보다 시장가에 더 근접한다. 실제 매매에서 일단 매수 혹은 매도 포지션을 취하고 나면, 나는 시가 혹은 시가와 비슷한 수준으로 손절가를 정한다.

매매 신호가 발동될 정도로 변동값의 일정 비율만큼 가격이 상승한 후에 다시 시가로 하락한다면 애초에 노렸던 가격 흐름이 아닐지 모른다. 추세가 형성되는 듯했으나 추세가 유지되지는 않은 것이다.

나처럼 시가를 손절가로 사용하지 않는다면, 저가를 손절가로 사용할 수도 있겠다. 저가 정도면 노렸던 가격 흐름이 실패로 돌아갔다는 점이 확실할 테니 말이다. 실제 매매에서 이와 같은 보호적 손절을 활용하면 컴퓨터 시험 매매 결과보다는 손실 규모가 작아질 것이다.

## 이 개념의 사용 확대하기

혼란스러울 때도 나는 이 아이디어를 활용해 돌파구를 찾곤 했다. 매매 포지션을 유지하는 상태에서 청산 지점을 찾고 있거나 아니면 매수나 매도 포지션을 취하고 싶은데 언제 진입해야 하는지가 명확하지 않을 때 나는 GSV를 사용한다. 이를 통해 매수 및 매도 주문 쇄도의 방향이 반전되는 시점을 알 수 있다.

| | 시가 | 고가 | 저가 | 종가 | GSV(매도 변동값) |
|---|---|---|---|---|---|
| 3/11 | 1,078.00 | 1,082.40 | 1,077.20 | 1,080.80 | 0.80 |
| 3/12 | 1,080.00 | 1,085.20 | 1,075.50 | 1,084.00 | 4.50 |
| 3/13 | 1,087.00 | 1,088.60 | 1,078.40 | 1,080.90 | 8.60 |
| 3/16 | 1,085.00 | 1,092.40 | 1,084.60 | 1,091.70 | 0.40 |
| 4일 평균 GSV=(0.80+4.50+8.60+0.40)/4=3.57 | | | | | |
| 4일 평균 GSV×180%=3.57×1.8=6.45 | | | | | |
| 3/17 시가-6.45=1,092.20-6.45=1,085.75: 이 가격에서 매수 진입 | | | | | |
| 3/17 | 1,092.20 | 1,094.50 | 1,086.00 | 1,094.20 | |

**표 8.1 S&P500 일일 가격 추이**

그저 평균치를 뛰어넘는 GSV를 계산하기만 하면 타이트한 손절가나 진입가를 설정하는 데 활용할 수 있다.

데이 트레이더는 이 값을 약간 다르게 사용할 수 있다. 데이 트레이더 대다수 (나는 제외)는 과매수 영역에서 매도하고 과매도 영역에서 매수하고 싶어 한다. 이 경우 GSV를 활용하면 시가보다 얼마큼 상승한 가격에서 매도할 수 있는지, 즉 지난 며칠 동안의 '최대 착오 상승 변동값'을 알 수 있다. 이 지점에서 매도 역지정가$_{sell\ stop}$를 설정하면 이 값을 약간 넘어선 수준에서 추세가 반전된다. 반대로 매수 시에는 시가에서 '최대 착오 하락 변동값'만큼 하락한 지점에서 매수한다. 즉 이때 이 지점보다 살짝 아래에 매수 역지정가$_{buy\ stop}$를 걸어두면 된다.

GSV 개념을 통해 시장의 지지 및 저항 영역을 정할 수도 있다. 나는 착오 변동값의 180%를 이용해 진입하고 225%를 이용해 손절하는 것이 꽤 효과적이라고 본다. 표 8.1은 1998년 3월 S&P500의 일일 가격 추이와 매도 변동값$_{sell\ swing\ value}$을 나타낸다. 3월 16일에 4일 평균 GSV를 구하고(3.57), 여기에 180%를 곱하면 6.45가 나온다. 다음 날인 17일 시가(1,092.20)에서 6.45포인트를 뺀 1085.75에서 매수하면 되는데, 실제 매수 주문은 5.50포인트를 뺀 1086.70에서 체결되었다. 표 8.1에 이 과정이 잘 드러나 있다.

매수 포지션에서 손절가는 4일 평균 GSV 3.57의 225%인 8.00으로 한다. 진입일인 17일 시가가 1,092.20이므로 여기서 8.00포인트 하락한 1,084.20에서 손절한다.

이 아이디어를 바탕으로 매매해서 이익을 냈던 또 다른 방법은 S&P500 시장에서 금요일에 종가가 하락하기를 기다리는 일이다. 다음 월요일에 시가가 나오면 이전 주 금요일의 매수 변동값(고가-시가)을 여기에 더한다. 그리고 가격이 이 지점에 이를 때 매수한다. 여기에 채권과의 시장 간 기본적 관계성을 활용하여 조건을 추가한다. 즉 채권 시장의 금요일 종가가 15일 전 종가보다 높을 때를 겨냥한다. 그림 8.4는 구제형 청산과 금액 기준 손절가 2,500달러 규칙을 사용했을 때의 결과를 나타낸다. 현실적으로 나는 변동값이 아주 크지 않다면 시가에서 변동값을 뺀 지점에서 포지션을 청산한다. 이때 매수 포지션을 취하기 전날의 최저가보다도 낮은 가격에서 매매가 이뤄질 때는 패배를 인정한다. 이 기법을 사용한 기간은 1987년부터 1998년 3월까지다. 이것이 내가 아는 한 수

**그림 8.4 이전 금요일 종가 하락 시 매수 변동값을 이용한 S&P의 월요일 매수**

자료: S&P500 IND-9967 9/80

기간: 1987년 09월 15일~1998년 8월 28일

| Num. | Conv. | P. Value | Comm | Slippage | Margin | Format | FileName |
|---|---|---|---|---|---|---|---|
| 149 | 2 | $2,500 | $0 | $0 | $3,000 | CT/PC | F59 |
| 모든 매매 | | | | | | | |
| 총순이익 | | $57,087.50 | | | | | |
| 총이익 | | $117,587.50 | | 총손실 | | -$60,500.00 | |
| 총매매 횟수 | | 161 | | 이익 매매 비율 | | 86% | |
| 이익 매매 횟수 | | 139 | | 손실 매매 횟수 | | 22 | |
| 최대 이익 매매 | | $7,625.00 | | 최대 손실 매매 | | -$2,750.00 | |
| 평균 이익 매매 | | $845.95 | | 평균 손실 매매 | | -$2,750.00 | |
| 평균 손실 대비 평균 이익 비율 | | 0.30 | | 평균 매매(이익&손실) | | $354.58 | |
| 최다 연속 이익 매매 | | 26 | | 최다 연속 손실 매매 | | 2 | |
| 이익 매매 평균 봉 수 | | 1 | | 손실 매매 평균 봉 수 | | 2 | |
| 최대 계좌 잔고 감소액 | | -$5,500.00 | | 일중 최대 잔고 감소액 | | -$5,500.00 | |
| 이익률 | | 1.94 | | 최대 보유 계약 수 | | 1 | |
| 필요 계좌 크기 | | $8,500.00 | | 잔고 회수율 | | 671% | |

일 단위 단기 매매의 기계적 기법 중 가장 성공적인 방식이다.

호가 단말기나 소프트웨어는 없어도 되며 계속해서 담당 브로커와 통화를 하지 않아도 된다. 설정해둔 조건이 만족되면(채권은 종가가 15일 전보다 높고 금요일에 종가가 하락할 때) 익일인 다음 월요일 시가에 금요일 매수 변동값을 더한 가격 수준에서 매수한다. 이 방법을 쓸 때는 대단한 기술이 필요하지 않다. 매매 기회가 올 때까지 참을성 있게 기다리다가 때가 오면 주저하지 않고 바로 행동에 나설 의지만 있으면 된다(그림 8.4 참고).

GSV 개념을 활용해 모든 시장에 적용할 유사한 매매 전략을 개발할 수 있다. 다만 먼저 타당한 매수 및 매도 조건을 설정했는지 확인해야 한다. 내가 선호하는 조건은 주중 매매일, 상관도가 높은 시장 간 관계, 계절적 요소, 시장 패턴, 과매수 및 과매도 상태 등이다.

# 몇 가지 지표

수년간에 걸쳐 평균 변동값 계산에 활용할 이상적인 일수가 있는지 확인하기 위해 다양한 기간을 대상으로 검증해봤다. 처음에는 최적의 평균값 도출을 위해 10일의 기간을 사용해야 한다고 생각했다. 그런데 변동값의 분산$_{variance}$을 관찰할수록 해답이 더욱 명확해졌다. 10일이 아니었다. 실제 매매나 시험 매매의 거의 모든 경우에서 **최적의 기간은 1~4일이었다.**

여기서 기본 규칙은 시가를 기준으로 한 변동성 돌파와 관련이 있다. 우리가 기다리는 돌파량은 이 지점까지의 움직임을 포함한 양이다. 따라서 하락일 이후에만 매수 신호를 취하고 상승일 이후에만 매도 신호를 취하는 일이 무엇보다 중요하다.

끝으로 이는 '멍청한' 기법이라는 사실을 명심하라. 이 기법으로는 최적의 매매 기회가 정확히 언제 올지 알 수 없으며, 힘들이지 않고 이익 매매를 할 수 있는 시점이 언제인지도 모른다. 그러니 그저 매매 기회들을 하나씩 취할 수밖에 없다. 당신이 선택해서 매매할수록 승자의 길에서 벗어나 패자의 길에 가까워질 뿐이다. 나 혼자만의 경험이 아니라 누구나 그렇다. 따라서 이런 '악마'의 유혹을 이기려면 모든 *매매 기회를 취해야 한다*.

내 생각에 GSV 개념은 변동성 돌파에 대한 가장 견고하고 논리적인 접근법이다. 착오 변동값을 활용하는 방식은 상당히 효과적이다. 따라서 여러분을 포함한 누구든 내가 발견하고 축적한 지식 그 이상을 만들어내며 나를 훨씬 능가하는 수준이 되기를 바란다. 더 나은 해법은 앞서 설명했던 표준 편차 접근법에서 나올 수도 있고, 전일 가격 변동폭과 GSV를 결합해 사용하는 방법에서 나올 수도 있다. 확신은 못하겠다. 그래도 이 방법이 내가 사용하는 기법 중 가장 강력하고, 가장 오래갈 도구라는 점은 확신한다. 적어도 내게는 1977년에 처음으로 생각해낸 이후로 줄곧 효과가 있었다. 복잡한 수학이 결과를 개선해줄 수 있을지도 모르겠지만, 이 작업을 하는 데 수학이 필수적인 것은 아니다.

이번 장에서 여러분이 배웠으면 하는 사실은 가격 변동값을 규정해 이를 시장 진입 가격을 추산하는 데 활용할 수 있다는 점이다. 시장에서는 가격 변동이 발생하는데 이런 변동값이 평균치를 초과한다면 평균적 상황에서 벗어난 일이 발생했다는 의미이기 때문이다.

# 제9장

# 시세판
# 앞에서의
# 단기 매매

long-term
secrets
to short-term
trading

시장을 이해하려면 과거를 돌아봐야 하지만 시장에서
매매하려면 앞을 내다봐야 한다.

지금까지 내가 매매할 때 활용한 일반적 방법을 설명했다. 나는 주로 일봉 차트를 이용해 2~4일 동안의 단기 가격 흐름에 동력을 제공하는 패턴과 관계들을 찾아낸다. 이상은 내 매매 스타일인데 다른 사람에게는 적합하지 않을지도 모른다.

사람들은 밤새 이변이 발생할 위험이 없다는 이유로 당일 매매(데이 트레이딩 day trading)을 선호한다. 이들은 당일 종가와 익일 시가 간에 불리한 가격 흐름이 생길까 봐 걱정한다. 즉 밤새 중요한 뉴스와 변화 혹은 통제 불능의 가격 움직임이 나타나는 상황을 두려워한다. 따라서 하루가 끝남과 동시에 이익이 나든 손실이 생기든 아니면 본전치기든 간에 매매 행위가 마무리되는 당일 매매에 매력을 느낀다. 당일에 매매가 종료되면 다음 날까지 이어질 손실 걱정에 밤잠을 설칠 일이 아예 없기 때문이다. 맞는 말이긴 하지만, 명심해야 할 것이 있다. 얻는 것이 있으면 잃는 것도 있는 법이다. 당일 매매를 하면 앞서 3장에서 강조했듯이 지속적인 큰 가격 흐름을 포착할 기회를 놓칠 수밖에 없다.

대부분의 사람들은 '단기 매매short-term trading'라는 말을 들으면 개장 시간 내내 '시세판quote-screen' 앞에 딱 붙어 있어야 한다고들 생각한다. 신경이 잔뜩 곤두선 사람들이 전화기에 대고 "시카고 매수, 뉴욕 매도"를 외치는 장면을 머릿속에 그린다. 이런 류의 '시세판' 당일 매매는 분초를 다투며 정신없이 돌아간다. 이런 방식으로 매매하려면 자신이 이 일에 적합한 기질을 갖췄는지부터 확인할 필요가 있다. 그래서 내가 생각하기에 당일 매매에 맞는 기질이 무엇인지 제시하고, 곧이어 상품 선물 매매의 '성배'를 탐구한 결과를 알려주고자 한다.

'시세판' 트레이더, 즉 데이 트레이더(당일 매매자)는 다음과 같은 세 가지 기질을 갖춰야 한다. 강인함, 현명한 선택을 하는 능력, 머뭇거리지 않고 주어진 상황에 대처하는 능력이다(저자는 단기 매매short-term trading의 여러 종류 중 당일 매매(데이 트레이딩day trading)를 특별히 구분지어 설명하고 있다. '시세판' 매매quote-screen trading라는 용어 역시 당일 매매와 비슷한 의미로 사용하고 있다. 3장에서도 보았듯이 저자는 당일 매매는 보유 기간이 하루 이내로 짧으므로 수익 또한 제한적이라고 주장한다. 따라서 이 장의 제목인 '시세판 앞에서의 단기 매매'는 저자가 그다지 동의하지 않음에도 불구하고 당일 매매에 대하여 설명해주겠다는 의도를 드러낸다-감수자 주).

결정할 때 시간이 필요한 사람 혹은 결정을 내려놓고는 곧바로 행동에 나서지 못하는 사람은 이 일에 맞지 않는다. 당일 매매에서 성공하려면 즉각적인 결정과 신속한 대응력이 필요하다. 허세를 부릴 시간도, 다시 생각할 시간도 없다.

즉각 대응하지 못하면 몇 달 못 가 고사당하고 만다. 당일 매매는 분초를 다투는 게임이다. 빠르지 않으면 그냥 끝난다. 단순 명쾌하다. 이런 방식의 단기 매매, 즉 당일 매매를 하려면 곧바로 시장에 뛰어들었다가도 상황에 변화가 있다고 느껴지면 순식간에 방향 전환을 할 수 있는 신체 능력을 갖춰야 한다. 온순한 성향의 소유자라면 땅을 물려받아 농사를 짓는 편이 훨씬 좋다. 이런 사람들이 당일 매매로 떼돈을 벌 일은 전혀 없기 때문이다.

매일 시세판을 뚫어져라 바라보며 분초 단위로 가격이 변하는 상황을 지켜보려면 장이 열리는 내내 엄청난 집중력이 필요하다. 한가한 공상가에게 어울리는 직업이 아니다. 고도의 집중력을 유지할 능력이 없는 사람은 피해를 볼 수밖에 없다. 잠시 한눈을 파는 순간 매매의 승자와 패자가 갈려버린다. 계속해서 고도의 집중력을 유지하기가 쉽지는 않다. 배우자가 전화를 해서는 배관 공사와 관련한 집안일을 의논한다거나 친구가 전화를 걸어올 때는 특히 더 그렇다. 전화를 걸어온 사람에게 지금 바빠서 통화를 못한다고 말하거나 친한 친구가 전화를 했는데 바쁘니까 그냥 끊겠다거나 아내나 남편의 전화를 받지 않을 정도로 강심장인가? 그런 배짱이 있다면 당일 매매를 해도 된다. 그러나 그런 성격이 못 된다면 다시 생각하는 편이 낫다.

그런 전화 때문에 정신이 산만해지는 순간에 바로 시장에 중요한 가격 흐름이 나타난다. 즉, 한눈을 파는 순간 바로 허를 찔린다. 나는 분명히 경고했다. 나중에 왜 이런 말을 해주지 않았느냐며 나를 원망하지는 마라.

자, 이제는 이 게임의 목적 혹은 동기 부분을 살펴보자. 미래에 대한 전망도 순식간에 바꿀 수 있어야 한다. 융통성이 없는 사람은 절대로 할 수 없는 일이다.

무슨 이유에선지 사람들은 위험이 제한적이라고 생각하며 당일 매매를 하려 모여든다. 어쨌거나 이들의 논리는 이렇다. "매일 장 마감과 함께 포지션을 청산하면 밤새 손실이 발생할 가능성이 없지 않은가?"

엘리자베스 브라우닝Elizabeth Browning의 시를 빌려 표현하자면 이렇다. "당일 매매로 손실을 낼 수 있는 방법이 몇 가지나 될까? 한번 세어보자." 표면적으로는 당일 매매로 큰돈을 벌기가 아주 쉬워 보인다. 그러나 현실은 그렇지가 않다. 당일 매매는 투자의 수학적 승산mathematical odds을 깡그리 무시하는 셈이기 때문이다. 이 말이 어떤 의미인지 설명하겠다. 추세는 모든 매매 및 투자 이익의 기초다. 추세가 없으면 이익도 없다. 이렇게 말하면 또 이런 질문이 돌아온다. "무엇이 추세를 만드는가?"

이 질문에 나는 이렇게 답한다. "추세는 시간의 함수다. 즉 시간이 만들어내는 기회다. 매매에 참여하는 시간이 길어질수록 추세가 형성될 확률이 늘어난다."

그런데 이 자체가 데이 트레이더의 아킬레스건이다. 시간은 이들의 편이 아니기 때문이다. 이들은 분초를 다투며 시장을 들락거린다. 하루 온종일 포지션을 유지한다고 해봐야 몇 시간이 고작이다. 이런 매매 속성 자체가 그들 스스로를 구속한다. 말 그대로 데이 트레이더는 대규모 시장 추세(이익)를 포착하는 일이 불가능하다. 스스로 선택한 시간적 제약 때문에 추세 잠재력이 원천 봉쇄되기 때문이다. 시장에서 이익을 내는 가장 확실한 방법은 작은 포지션으로 큰 가격 흐름을 타는 일이다.

그러나 데이 트레이더는 이와는 정반대로 움직인다. 데이 트레이더가 큰 이익을 올리는 유일한 방법은 큰 포지션으로 작은 가격 흐름을 포착하는 일이다. 이들이 수학적 논리를 어떻게 뒤집었는지 한번 살펴보라. 포지션을 크게 잡으면 대부분 언젠가는 큰 손실을 보기 때문에 그들은 스스로 불리한 처지에 놓이게 된다.

당일 매매는 쉽지도 않고 일확천금을 보장해주는 방법도 아니다. 수학적 차원에서 보자면 대체로 이익보다는 손실이 더 크다. 대규모 손실 매매가 트레이더의 발목을 잡는 때가 특히 그렇다. 소규모 이익 매매를 여러 번 했어도 대규모 손실 매매 한 번이면 그간의 이익 전부가 날아간다. 다시 말해 이익 매매 비율이 80%고 여기서 소액 이익금을 알뜰히 모으더라도 대규모 손실 매매 한 번으로 다 날릴 수 있다.

나보다 훨씬 똑똑했던 아버지는 유황 정제 공장—공장 내 쥐 퇴치 담당 감독이었음—에서 퇴직했을 때 증권사에 가서 시세판을 보기만 하면 당일 매매로 돈을 좀 벌 수 있겠거니 생각했다고 한다. 그러나 한 달 남짓 지나자 그 일이 생각만큼 쉽지 않다는 사실을 깨달았다. 아버지는 내게 이렇게 말했다. "래리, 너를 키우는 일보다 그 일이 100배는 어려웠다."

내가 한 얘기들이 데이 트레이더가 되겠다는 당신의 의지를 꺾어놓기에 충분했는지는 모르겠다. 하지만 이제 적어도 "왜 미리 경고해주지 않았느냐"고 따지지는 못할 것이다. 데이 트레이더의 꿈은 악몽으로 끝나는 경우가 너무 많다. 그러니 다시 경고한다. 조심해라.

초판 발행 후 13년이 지난 지금도 똑같은 말을 남기고자 한다. 데이 트레이더의 꿈은 악몽으로 끝나고 말 때가 너무 많다. 그럼에도 불구하고 데이 트레이딩을 시도하고 싶어 하는 사람들이 여전히 있다면 검증된 몇 가지 접근법을 제시하고자 한다.

## 시세판 당일 매매로 이익을 내는 방법

단기 트레이더에게는 한 가지 목표가 있다. 다름 아닌 시장 추세를 타는 일이다. 반드시 해야 할 일이기도 하다.

언뜻 들으면 매우 쉬운 일 같지만, 두 가지 이유 때문에 사실은 그리 간단치가 않다. 첫째, 추세를 확인하는 일은 예술이자 과학이고, 추상 예술만큼이나 난해한 일이다. 이 작업은 입체파를 대표하는 피카소와 후기 인상파 세잔을 섞은 데다 표현주의 미술의 거장 샤갈의 풍취까지 끼얹은 아주 절묘하고 복합한 기예의 조합이라 하겠다. 추세를 확인하기란 이렇게 어려운 일이다. 둘째, 추세 변화를 정확히 포착하더라도 변화에 대한 저항감이 일을 망치며 돌이킬 수 없는 실수를 하게 한다. 매수 포지션을 유지하는 중에 손실이 나거나 이익이 변변치 않은 상황에서 갑자기 매도 신호를 감지할 때 특히 더 그렇다.

당일 매매와 장기 투자의 관점을 혼동하지 마라. 장기 투자는 어디까지나 지금이 아닌 앞으로 발생하는 일에 초점을 맞춘다. 당일에 매매를 마치는 데이 트레이더는 앞으로의 일에 신경 쓰지 않으며 또 신경 쓸 수도 없다. 그들의 유일한 관심사는 현 단기 추세에 발맞추는 일이다. 받아들일 수만 있다면 데이 트레이더의 임무는 시장 흐름을 그대로 따라가는 일이다. 상승세면 매수 포지션을 취하고 하락세면 매도 포지션을 취해야 한다. 단기적 고점과 저점을 예측하려 한다면 가장 확실하고도 빠르게 투자금을 날릴 것이다. 그냥 시장 추세를 따라라. **추세만이 당신의 편이다.**

욕심이 두려움보다 훨씬 강한 감정이기 때문에 대부분은 그냥 '보유하고 기도하기'로 대응한다. 새로운 추세를 애써 외면하고 매수 포지션을 그대로 '보유'

그림 9.1 추세 변화의 전형적인 모습

하락세로
추세 변화

단기 고점

단기 저점

상승세로
추세 변화

하려고만 한다. 그리고 매도 판단이 틀리기를 '기도'하며 동전을 뒤집어야 할 타이밍을 놓친다. 이렇게 패자들은 헛된 희망을 품고 기도하지만, 승자들은 동전을 뒤집는다.

요지는 우리가 매우 어려운 두 가지 일을 동시에 해내야만 한다는 것이다. 즉 추세 변화 확인이라는 숙제를 정복해야 하고, 또한 우리의 뇌를 정복해서 자기 자신보다 한결 똑똑한 시장을 좇아야 한다. 쉽지 않은 과제다. 추세 변화를 확인하는 첫 번째 기법은 제1장에서 설명한 '환형$_{ringed}$' 단기 고점과 저점 개념을 기초로 한다. 이 개념으로 단기 변곡점을 확인할 수 있다. 상승 추세에서 최근의 단기 저점이 하향 돌파될 때 하락세로의 추세 변화가 확인된다. 반대로 하락 추세에서 최근의 단기 고점이 상향 돌파될 때 상승세로의 추세 변화를 판단할 수 있다. 그림 9.1은 이런 추세 변화의 전형적인 모습을 나타낸다. 그러니 실전에 나서기 전에 다시 잘 살펴보아라.


## 추세 변화 지표로서의 변곡점


이처럼 돌파로 추세를 확인하는 기법에는 두 가지의 다른 유형이 있다. 일반적으로 하락장에서 단기 고점의 상향 돌파는 상승세로의 추세 전환을 의미하는데, 그중에도 특히 더 확실한 유형의 돌파가 있다.

**250**

단기 고점이나 저점이 돌파되는 방식은 단 두 가지밖에 없다. 상승장에서 저점이 하향 돌파될 때 저점은 두 가지 중 하나에 해당한다. 하나는 그림 9.2(A)의 오른쪽에서 보는 바와 같이 단기 고점에서 하락하여 단기 저점이 형성되고, 그이후 가격이 반등하며 이전 고점보다 낮은 단기 고점이 형성된 경우다. 이후 다시 단기 저점을 하향 돌파하면서 신고점 형성은 결국 실패로 돌아간다. 다른 하나는 그림 9.2(B)의 오른쪽에서 보듯이 단기 저점 이후 가격이 상승하며 신고점이 형성되었다가 다시 하락하면서 단기 저점을 하향 돌파하는 경우다.

　실제 추세 변화를 더 확실히 보여주는 유형은 (B) 오른쪽, 즉 신고점 형성 후 급락하면서 일어나는 단기 저점 하향 돌파다.

　마찬가지로 상승세로의 추세 전환은 다음 두 가지 패턴 가운데 하나에서 발생한다. 그림 9.2(A)의 왼쪽에서 보듯이 단기 고점에서 가격이 하락해 신저점을 찍었다가 다시 상승 국면으로 전환되면서 단기 고점이 상향 돌파되거나, 그림 9.2(B)의 왼쪽에서 보듯이 이전 저점보다 높은 저점이 형성된 이후 양 저점 사이에 형성된 단기 고점이 상향 돌파되는 것이다. 이때 역시 (A)의 왼쪽, 즉 신저점 형성 후 급등하면서 일어나는 단기 고점 돌파가 실제 추세 전환을 더 확실히 확

**그림 9.2 단기 변곡점 돌파로 추세 변화 확인하기**

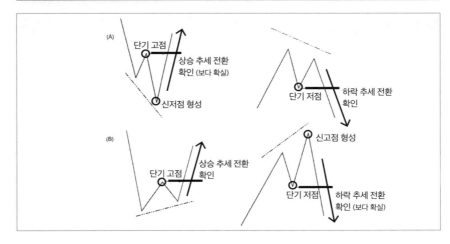

그림 9.3 미 재무부 채권, 1989년 9월물(15분봉): 추세 변화 지표로 변곡점 활용

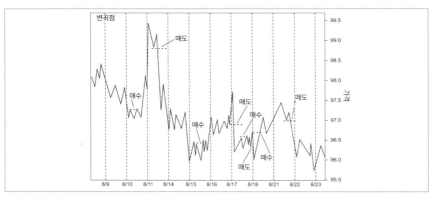

제공: 내비게이터(제네시스 파이낸셜 데이터 서비스)

인해주는 패턴이다.

이 점을 염두에 두고 그림 9.3을 살펴보라. 그림 9.3은 1989년 9월물 채권의 15분봉 차트다. 이 기법으로 주요 추세 변화를 적절히 포착해서 매매에 활용할 수 있었다.

그림 9.4는 1998년 6월물의 채권 차트이며 단기 고점과 저점 돌파로 트레이더가 어떻게 10일 단위 기간의 추세 흐름에 맞춰갈 수 있는지 그 방법을 보여준다.

이 기법을 두 가지 방식으로 활용할 수 있다. 추세 변화에 맞춰 매수와 공매

그림 9.4 미 재무부 채권, 1998년 6월물(15분봉): 추세 변화 지표로 변곡점 활용

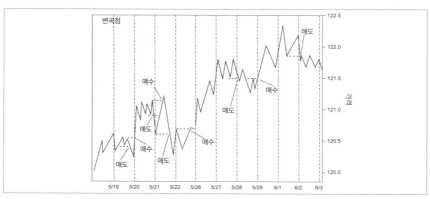

제공: 내비게이터(제네시스 파이낸셜 데이터 서비스)

도를 실행하는 정도로 이 기법을 활용할 수 있다. 이는 가장 단순하고 기본적인 활용법이다. 이보다 좀 더 진화된 방식은 차트상의 흐름 이외에 TDW, TDM 등의 도구로 매매에 유리한 조건이 확인됐을 때만 매수 및 매도 신호를 취하는 방법이다.

마지막으로 기저 추세에 맞춰 가격이 하락할 때 매수하고 상승할 때 매도하는 데 이런 추세 지표를 활용할 수 있다. 추세 지표가 뒷받침해주는 가운데 상승 추세로의 반전이 일어났다면 단기 매매 도구 혹은 기법에 기초해 매수 신호를 취할 수 있다.

## <u>3봉 고점 및 저점 시스템</u>

나는 지금부터 설명할 매매 전략을 활용해 무려 30회 연속으로 이익을 낸 적이 있다. 이 전략을 활용하려면 제일 먼저 3봉 고점 이동평균과 3봉 저점 이동평균을 구해야 한다(각 봉은 차트상의 기간을 나타낸다. 많은 신호를 포착하고 싶으면 5분봉을 사용하고, 시간적 여유를 조금 갖고 싶으면 15분봉을 사용하라). 예전에는 수동으로 작업했지만 지금은 전부 자동으로 구할 수 있다. 물론 지금도 원한다면 수동으로 해도 된다.

이 전략은 변곡점 추세 확인 기법에 따라 추세가 상승 중이면 3봉 저점 이동평균 가격에서 매수하고 3봉 고점 이동평균 가격에서 이익을 실현하며 포지션을 청산하는 방식이다.

매도 신호는 이와는 정반대다. 3봉 고점 이동평균 가격에서 공매도하고 3봉 저점 이동평균 가격에서 이익을 실현하며 포지션을 청산한다. 그런데 공매도 포지션'만'을 취해야 할 이유가 있는 게 아니라면, 이렇게만 하는 것은 굉장히 어리석은 전략이다. 변곡점이 추세의 하락 전환을 알려주었기 때문이다. 그렇다면 고점에서 공매도하고 저점에서 다시 환매수<sub>short covering</sub>하면 된다.

이상의 사실을 염두에 두고 매매 주문을 해보자. 그림 9.5는 고점 및 저점의 3봉 이동평균선을 추가한 결과다. 보는 바와 같이 추세 변화 지점이 표시돼 있다. 우리는 이 추세 전환이 발생하면 저점 매수에서 고점 매도로 포지션을 바꿨다. 3봉 고가 및 저가 진입점도 표시했다.

구체적으로 들어가자면 이렇다. 상승형 추세 전환이면 3봉 저점선에서 매수하고 3봉 고점선(가격)에서 이익 실현을 한 다음에 가격이 다시 하락해 3봉 저점 수준에 이를 때까지 기다린다. 그러나 3봉 저점에서 하락형 추세 전환이 일어난다면 매매에 임하지 않는다.

매도는 이와 정반대. 하락 추세 전환이 일어날 때까지 기다리다가 3봉 고점선에서 매도하고 3봉 저점선에서 이익 실현을 한다.

그림 9.6에는 모든 추세 전환 지점이 표시되어 있다. 매수 및 매도 시 진입과 청산할 지점을 찾아 모의 매매를 할 수 있게 한 것이다. 이 차트를 꼼꼼히 살펴보기 바란다. 그러면 이 단기적 접근법으로 매매하는 방법에 대해 감이 좀 잡힐 것이다. 예시한 차트는 15분봉이지만 기본 개념은 5분봉이든 60분봉이든 동일

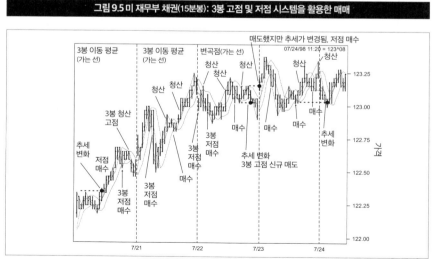

**그림 9.5 미 재무부 채권(15분봉): 3봉 고점 및 저점 시스템을 활용한 매매**

제공: 내비게이터(제네시스 파이낸셜 데이터 서비스)

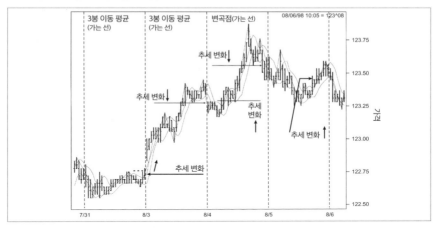

그림 9.6 미 재무부 채권(15분봉): 3봉 고점 및 저점 시스템을 활용한 추세 변화 판단

제공: 내비게이터(제네시스 파이낸셜 데이터 서비스)

하게 적용된다.

# 새로운 단기 매매 지표: 윌스프레드

시장이 움직이는 데에는 다 이유가 있다. 우리 인생사도 마찬가지다. 살아가며 겪는 일 전부가 인과관계의 산물이다. 차트와 시장의 관계도 그렇다. 차트는 시장을 움직이지 못한다. 시장이 차트를 움직이는 것이다. 이런 맥락에서 나는 단기 가격 변동은 몇 가지 외부 요인에서 비롯된다고 생각한다. 가격 상승은 그냥 일어나는 것이 아니라 어떤 원인의 결과로서 일어난다. 그러므로 이런 시장 변동의 원인 혹은 이유가 무엇인지를 알아내라. 그러면 다른 평범한 단기 트레이더가 따라오지 못할 정도로 훨씬 앞서 나갈 수 있다.

개인적으로 선호하는 원인 지표 가운데 하나가 내가 고안한 윌스프레드 지수 Willspread index다. 우리가 매매에 참여하는 1차 시장과 이 1차 시장에 영향을 미치는 2차 시장이 있을 때, 이 지수는 두 시장 간의 가격 흐름을 측정한 값이다. 알

다시피 채권은 주식에 영향을 미치고 금은 채권에 영향을 미친다. 윌스프레드는 이들 시장 간의 내부 관계 속성을 파악하는 데 도움을 준다. 이 지수는 우리가 참여한 1차 시장의 가격을 2차 시장의 가격으로 나누고 여기에 100을 곱해서 구한다. 이 수치는 두 시장 간의 가격 차이를 나타내며 이를 통해 시장 간 상호 작용의 수준을 비교할 수 있다.

다른 시간 틀에서도 그렇지만 특히 15분봉 차트를 이용하는 단기 매매에서 나는 '5봉 스프레드(가격 차이) 지수'를 구한 다음에 '20봉 스프레드 지수'를 빼서 활용한다. 이렇게 하면 한 시장이 다른 시장에 비해 너무 과열된 시점을 포착할 수 있으며 시장 간의 내부적 상호 작용을 좀 더 확실하게 감지할 수 있다. 물론 당연하게도 이 또한 완벽한 시스템은 아니다. 완벽한 당일 매매 접근법은 잡지나 신문 광고 속에만 존재할 뿐이다. 그런 광고 가운데 90%가 과장이고 진실은 10%밖에 안 된다고 장담할 수 있다. 누구든 정말로 그렇게 뛰어난 시스템을 가지고 있다면 굳이 대중과 부대끼는 번거로움을 감내하지 않고서도 수십 배, 아니 수백 배는 더 이익을 낼 수 있을 것이다. 게다가 그런 과장된 시스템은 우리의 매매 시스템에 비해 많은 세금을 필요로 한다. 기계적 당일 매매 시스템 중에서 꾸준히 이익을 내는 시스템을 나는 아직까지 본 적이 없다. 데이 트레이딩은 좋은 개념을 기초로 쌓아야 성공할 수 있는 예술의 한 영역이라고 할 수 있다.

## 실제 사례

그림 9.7은 1998년 6월물 미 재무부 장기 채권의 30분봉 차트를 나타낸다. 금과 채권 간 스프레드를 기초로 한 윌스프레드 지수는 차트 아래쪽에 표시했다. 우리의 매매 전략은 윌스프레드 지수가 영기준선 아래인 음의 영역에서 영기준선 위인 양의 영역으로 움직일 때 발생하는 시장 반등 상황을 기다리는 것이다. 매도는 이와 반대다. 윌스프레드 지수가 양의 영역에 있다가 영기준선 아래로

떨어지면 이때가 매도 시점이다.

나는 윌스프레드 지수가 만능 시스템이라고 생각하지 않으며 그래서 단독으로 활용하지도 않는다. 그저 매매에 참여한 1차 시장의 실제 추세에 올라타기 위한 보조 도구로 활용할 뿐이다. 이 경우 우리는 채권과 금 시장을 살펴봤다. 일단 윌스프레드 지수가 음의 영역에서 양의 영역으로 움직이면 그다음에 한 가지 상황이 더 발생하기를 기다린다.

- 윌스프레드 지수가 음수에서 양수로 바뀌는 순간의 가격 봉의 고점이 그다음 가격 봉에서 상향 돌파되며 가격이 상승하기를 바란다.
- 상승 추세가 아직 진행 중임을 최종 확인한다.

## 안정감이 드는 수준

이런 최종 확인이 있어야만 나는 비로소 안정감이 든다. 한 가지 예외라면 추세선이나 양의 오실레이터값 같은 기술적 지표가 차트 혹은 시세판상에 나타날 때뿐이다. 이럴 때는 매매에 들어가도 된다. 그러나 시장 상승 모멘텀이 존재하는지를 확인하는 가장 명확한 방법은 윌스프레드 지수가 영기준선을 교차할 때를 확인하는 것이다.

미 재무부 채권 1998년 6월물 차트(그림 9.7)를 5월 8일부터 추적해보자. 첫 번째 30분봉에서는 큰 폭의 가격 하락이 나타나면서 윌스프레드 지수의 교차가 음의 영역으로 일어났지만, 다음 봉에서 가격이 그 직전 봉 저점 아래로까지 떨어지지는 않았다. 따라서 시장에 진입하지 않는다. 그러다 마침내 같은 날 13:50의 30분봉에서 윌스프레드 지수가 음의 영역에 있을 때 가격이 직전 봉의 저점을 하향 돌파하였으므로 공매도 포지션으로 진입한다. 시장 진입 지점은 가격이 $120\frac{7}{32}$일 때다.

윌스프레드는 5월 8일 내내 음의 영역에 머물렀고 다음 거래일인 5월 11일도 마찬가지였다. 그러다 5월 12일 9:50의 30분봉에서 양의 영역으로 넘어갔다. 이제 결과를 확인할 때가 됐다. 가격이 계속 하락할까? 그랬다! 결국은 10:20 봉의 $119\frac{14}{32}$ 가격에서 매매가 이뤄지며 계약당 25틱($120\frac{7}{32}$포인트에서 공매도했고 가격이 $119\frac{14}{32}$ 포인트로 하락하였으므로 가격 차이인 $\frac{25}{32}$ 포인트=25틱의 이익이 발생함-감수자주)(혹은 750달러)의 이익이 발생한다.

이제 $119\frac{14}{32}$ 가격에서 매수 포지션을 취했으니 매도를 위해 윌스프레드 지수가 음의 영역으로 교차되기를 기다린다. 5월 14일 12:50 봉에서 비로소 영기준선 하향 돌파가 일어난다. 여기서 최종 확인 신호를 기다렸지만, 다음 봉에서 아무런 확증 신호가 나타나지 않는다. 이제 해당 봉의 저점이 하향 돌파되기를 기다린다. 결국 14:20 봉에서 해당 봉의 저점이 하향 돌파되고 $120\frac{4}{32}$ 가격에서 거래가 일어나면서 청산 및 포지션 전환용 추격 역지정가trailing stop 매도 주문이 체결된다. 여기서 계약당 22틱(혹은 600달러를 약간 넘는) 수준의 이익이 발생한다.

다시 매도로 전환한 포지션에 신경을 곤두세운 채 윌스프레드 지수가 다시 양의 영역으로 상향 돌파되기를 기다린다. 기다리던 신호는 5월 18일 8:50 봉에서 비로소 나타난다. 가격 상승세가 계속되면서 당일 $120\frac{14}{32}$에 완전 매수가 이뤄진다. 이때는 매도 포지션에서 가격이 상승했으므로 손실이 발생했다. 순손실 규모는 10틱(혹은 312.50달러)이다.

**그림 9.7 미 재무부 채권, 1998년 6월물(30분봉): 윌스프레드 지수로 시장 간의 관계 활용**

제공: 내비게이터(제네시스 파이낸셜 데이터 서비스)

## 더 잘할 수 있었을까?

이 손실을 방지할 수 있었을까? 과거를 돌이켜보며 결과론적인 이야기를 한다면 손실 방지가 가능했을 수도 있겠다. 그러나 맹목적으로 규칙을 따랐다면 결국은 타격을 입었을 것이다. 이런 일을 늘 피할 수는 없는 노릇이므로 나는 다음과 같은 말로 위안을 삼는다. "카지노조차도 도박꾼이 주사위를 던질 때마다 돈을 따지는 못한다."

우리는 손실을 조금이라도 메우려고 5틱(약 150달러)의 이익을 실현하며 그날 장을 마감했다. 그리고 다음 매매에서(트레이더는 개별 전투가 아니라 전쟁을 하고 있다는 점을 기억하라!) 계약당 500달러의 이익을 냈다.

영리한 트레이더라면 이전 봉의 고점을 상향 돌파하는 5월 18일 두 번째 가격 봉에서 매도 포지션을 청산했을지 모른다. 이유가 무엇일까? 윌스프레드가 빠르게 영기준선에 접근 중이었기 때문이다. 이렇게 청산했다면 손실을 줄일 수 있었을 것이다. $120\frac{5}{32}$에서 변동성 돌파가 일어났으니 이때 순손실은 단 1틱(32.50달러)에다 수수료를 합한 정도에 불과하다. 여러분은 여기서 포지션을 청산하지 않는 쪽을 택할지도 모르겠다. 그러나 내가 이때로 돌아간다면 윌스프레드 지수 움직임의 강도와 변동성 돌파 요소를 고려해서 포지션을 청산할 것이다. 앞서 언급했듯이 매매에는 규칙뿐만이 아니라 생각도 필요한 법이다. 그래도 판단하기가 어렵다면 5월 18일의 5분봉 혹은 15분봉 차트를 살펴보라. 윌스프레드 지수의 상향 돌파가 명확하게 드러나는 것을 확인할 수 있을 것이다. 이는 최소한 매도 포지션을 청산하는 것이 최선의 선택이었음을 의미한다. (청산과 동시에 매수 포지션으로 전환까지 함께했으면 더할 나위 없다.) 이 정도의 근거가 쌓이니 무엇이 옳은 길인지가 더 쉽게 드러난다.

그림 9.8은 13년이 지난 2011년에도 윌스프레드가 여전히 유용하다는 사실을 보여준다. 이번 장에서 검토했던 1998년 6월물 채권의 5월 차트와 비슷하다. 이 차트를 선택한 특별한 이유는 없다. 보다시피 영기준선을 기준으로 윌스프

레드 지수의 교차 현상이 추세 변화 가능성을 가장 명확히 드러내기 때문일 뿐 다른 이유는 없다. 차트를 보면 금보다 채권 가격이 강세를 보이는 중이며 이는 채권 시장 상승세의 전형적인 징후다. 일봉 차트로 봐도 좋고, 이 그림에서처럼 30분봉 차트를 활용할 수도 있다.

**그림 9.8 2011년에도 윌스프레드 지수는 동일하게 작동한다: 미 재무부 채권(30분봉)**

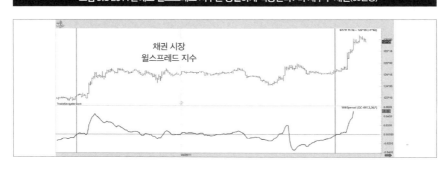

**그림 9.9 윌스프레드 지수와 3일 채널 결합**

**그림 9.10 윌스프레드 지수는 여전히 작동한다: 미 재무부 채권, 2010~2011년**

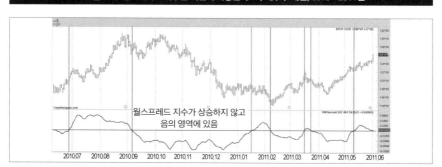

그림 9.9는 윌스프레드 지수와 앞서 설명한 3일 채널(3봉 고점 및 저점 이동평균선)을 결합한 형태다. 윌스프레드가 양의 영역에 있으면 채권 상승세를 가정할 수 있다. 따라서 3일 저점 이동평균선의 저점에서 매수하고 3일 고점 이동평균선 수준에서 이익을 실현할 수 있다.

여기서 우리는 오랜 세월 검증된 두 가지 매매 기법을 결합해 시장 추세 및 역추세를 최대한 활용하려 했다. 단기 트레이더는 반드시 다음의 개념에 초점을 맞춰야 한다. 먼저 장기적 시장 추세를 결정하라. 그다음에 상승세가 계속된다는 가정 아래 상승 추세 와중에 발생한 조정 국면에서 매수하라. 공매도는 이와 정반대다. 이번에는 하락 추세를 기다렸다가 이 추세를 거슬러 가격이 상승할 때 매도하라.

윌스프레드와 채권에 관한 책을 처음 썼을 때는 1980년대 중반이었다. 당시에는 14/19일 윌스프레드 지수를 사용해 일일 채권 차트의 장기적 추세를 정했다. 현 채권 차트를 살펴보면 이 지표가 어떻게 오랫동안 유용한 도구로 사용될 수 있었는지를 사람들이 알게 되리라 생각한다. 그림 9.10을 참고하라.

보는 바와 같이 윌스프레드 지수는 시장 상승세 중에서도 어떤 것이 더 좋고 덜 좋은지를 아주 확실하게 보여준다. 2010년 9월 고점이 그 좋은 예다. 이때 윌스프레드 지수는 계속 음의 영역에 머물면서 매수 신호를 나타내지 않았다. 2011년 1월에 매수 신호가 나오긴 했지만 강한 신호는 아니었다. 여기서 얻을 수 있는 교훈은 이것이다. 한 가지에만 의존하지 말고 가능한 한 모든 것을 살펴 유용한 통찰을 하나라도 더 습득하라.

## 윌스프레드와 S&P500 주가 지수

뉴욕증권거래소지수, 다우존스지수, 밸류라인지수, S&P500 표준 계약 및 미니 S&P 등과 같은 다양한 주가 지수 계약에서 단기 가격 변동을 포착하는 데도 동일하게 윌스프레드 지수를 활용할 수 있다.

금 가격이 채권 시세에 영향을 미친다고는 해도 주식에는 그다지 큰 영향을 미치지 않는다. 그러나 알다시피 금리는 주식에 큰 영향을 미친다. 그래서 윌스프레드 설정에서 재무부 단기 채권T-bill이나 장기 채권Bond을 활용하라고 권하는 바다. 나는 30분봉 차트에서 3봉 지수 평균과 15봉 지수 평균의 차이를 활용한다. 수동으로 계산하려면 할 일이 너무 많겠지만, 다행히 오메가 트레이드 스테이션Omega's Trade Station이나 제네시스 데이터Genesis Data 같은 훌륭한 소프트웨어가 이런 지표를 포함한 프로그램을 만들었다.

윌스프레드 지수의 가치를 일깨우고자 관찰 기간을 무작위로 선택하는 대신 먼저 '시장 붕괴 분석The anatomy of a Crash'부터 설명하고자 한다. 역사상 최대의 시장 붕괴라 할 1987년(그림 9.11)의 시장 폭락(블랙 먼데이Black Monday)을 비롯해 1997년(그림 9.12)과 1998년(그림 9.13) 시장 붕괴 상황도 함께 짚어본다.

## 1987년 시장 붕괴

역대 최악의 주가 대폭락 사태였다! 전대미문의 시장 폭락은 수많은 사람의 생명과 재산에 극심한 피해를 줬고 이로부터 5년이 지난 후에도 주가 폭락에 따른 손해배상 청구 소송이 끊이지 않았다. 지금도 왜 그런 사태가 일어났는지 원인을 분석하거나 해명하는 책이 많이 나온다. 학계에서는 이와 비슷한 투기적 파멸에 따른 손실을 방지할 여러 방법을 제시하기도 했다. 중요한 것은 과거를 돌아보고 있는 지금뿐만이 아니라 그 당시에도 이런 붕괴를 윌스프레드로 충분히 예측할 수 있었다는 점이다.(그림 9.11 참고).

윌스프레드 지수는 10월 14일에 가격 311.50 지점에서 음의 영역으로 떨어졌고 시장 붕괴 사태가 이어지는 내내 매도 신호를 유지했다. 바닥이 어디인지 아직 알 수 없었음이 드러나는 대목이다. 재무부 단기 채권 가격(혹은 그와 반대

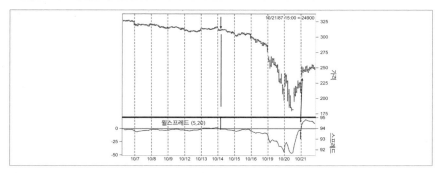

그림 9.11 1987년의 시장 붕괴도 윌스프레드 지수로 예측할 수 있었다: 1987년 10월 S&P500 지수(30분봉)

제공: 내비게이터(제네시스 파이낸셜 데이터 서비스)

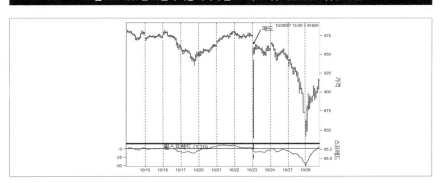

그림 9.12 1997년 10월의 시장 하락과 윌스프레드 지수: S&P500 지수(30분봉)

제공: 내비게이터(제네시스 파이낸셜 데이터 서비스)

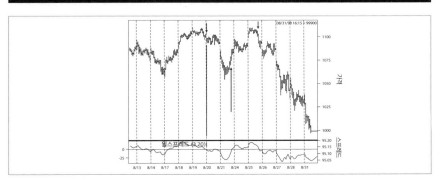

그림 9.13 1998년 8월의 시장 하락과 윌스프레드 지수: S&P500 지수(30분봉)

제공: 내비게이터(제네시스 파이낸셜 데이터 서비스)

급부의 채권 금리)이 주식 시장을 뒷받침하지 못했음이 월스프레드를 통해 드러나고 있었으므로, 어떤 매수 신호도 기대하면 안 되는 상황이었다. 극단적 최저가가 아니면 매수할 가치도, 의미도 없었다.

그러다 1987년 10월 20일에 처음으로 월스프레드 지수의 양의 영역으로의 교차가 일어나면서 매도 포지션 청산 기회가 왔다. 교차 당시 S&P500은 219.50으로 처참한 수준이었으므로 계약당 이익은 4만 6,000달러에 달했다. 당시 증거금 margin(증거금이란 선물 포지션을 개설할 때 예치하고 유지해야 하는 금액을 뜻한다. 즉 여기서 설명하는 1987년의 가상 매매는 계약당 2,500달러의 증거금만 예치하고 매도 포지션을 개설하여 계약당 4만 6,000달러의 이익을 실현한 상황이며, 이때 레버리지 배율은 18.4배가 된다-감수자 주)은 2,500달러에 불과했다.

## 하나로도 괜찮다. 그러나 더 나은 방법이 있다

월스프레드 하나만 써도 상관은 없겠으나 또 다른 알려진 시장 요소를 결합해 사용할 수도 있다. 일례로 매월 초, 특히 2월, 3월, 5월, 7월, 9월, 10월, 11월 초에 주가가 크게 상승하는 월중 매매일 편향이 있다는 사실을 이미 6장에서 설명한 바 있다. 따라서 매월 초에 활용할 수 있는 단기 매매 전략은 특히 상술한 달에 초점을 맞춘 상태에서 월스프레드 지수가 양의 영역으로 진입하는 매수 신호를 포착하는 것이다. 이제 1997년 1월부터 한 해 동안 나타난 월스프레드 신호를 정리해보겠다. 매달 어떤 일이 벌어졌는지를 살펴보면서, 당신이라면 이런 지표들을 이용해 현실적으로 어떤 선택을 했을지 생각해보라.

1997년 1월. 1997년 1월 2일에 월스프레드 지수의 양의 영역 교차가 일어났고 시장 진입 가격은 744.70이었다. 월스프레드는 양의 영역에서 유지되다가 1월 6일에 음의 영역 교차가 일어났다. 이때 S&P 지수는 752.00이므로 7.30(752.00-744.70)포인트 이익이 발생했다.

1월 29일에 가격 774.60 지점에서 윌스프레드 지수의 양의 영역 교차가 다시 일어나면서 월말-월초 랠리의 시작을 알렸다. 하지만 이틀 후 윌스프레드가 하락하기 시작하자 1월 31일 종가에 포지션을 청산했다. 우리는 이 정도면 2~3일 간의 가격 편향치고는 충분히 커진 것임을 인지하고 있다. 따라서 윌스프레드 지수가 특별히 상승 신호를 주지 않는 한 우리가 예상한 보유 기간이 끝나는 지점에서 13.90의 이익을 실현하자.

**1997년 3월.** 대기하다가 3월 3일 가격 792.90 지점에서 비로소 시장에 진입했다. 대규모 매매는 아니었지만, S&P 794.00에서 매매가 이뤄진 3월 4일에 윌스프레드 지수의 교차와 함께 1.10포인트의 이익을 취했다.

**1997년 4월.** 나는 윌스프레드가 너무 좋다! 월말 매매에 치중하는 전통적 트레이더는 이때 매수했다가 큰 손실을 낸다. 그러나 여러분과 나는 이들보다 영리하다. 우리는 기술적인 계절 요소 하나에만 기댄 매매는 하지 않는다. 시장 간 내부적 관계가 유의미한 통찰력을 제공한다는 점을 이미 배웠기 때문이다. 우리가 이번 매매를 하지 않고 한 박자 쉬어간 이유다. 보통이라면 월초 상승세가 끝났을 즈음인 4월 7일이 돼서야 윌스프레드 매수 신호가 나왔을 것이다.

**1997년 5월.** 4월 28일, 가격 772.40에서 매수 신호가 잡히면서 월초 상승세가 시작됨을 알 수 있었고, 5월 1일에 800.50에서 포지션을 청산했다. 단 며칠 만에 이익이 28.10(800.50-772.40)포인트나 발생한 놀라운 매매였다.

**1997년 6월.** 드디어 이번 해의 첫 손실 매매가 발생했다. 윌스프레드 지수의 양의 영역 교차와 함께 5월 28일에 851.20 가격에서 매수했지만, 단 몇 개의 봉 만에 윌스프레드 음의 교차가 발생했다. 같은 날 2.20포인트 손실을 내며 849.00에서 포지션을 청산했다. 그러나 월말 및 월초에는 상승세가 잘 나타난다는 사실을 우리는 알고 있다. 그래서 5월 30일에 윌스프레드가 다시 양의 영역으로 바뀌었을 때 시장에 진입하지 않을 이유가 전혀 없었다. 아직 월말·월초 시간대였으니 말이다. 진입 가격 지점은 844.70이었고 6월 2일 848.00에서 포지션을 청산하면서 손실을 만회할 수 있었다.

**1997년 7월.** 여기서 우리는 겸손이라는 교훈을 또다시 얻었다. 6월 30일에 양의 영역으로 윌스프레드 지수의 교차가 일어났을 때 896에서 매수했고 같은 날 890에서 청산하며 6.00포인트 손실이 났다. 빠르게 치고 빠진, 그러나 손실을 낸 매매였다. 그러나 5월말처럼 7월 1일에 양의 영역 교차가 다시 일어났기 때문에 898에서 매수했다. 우리가 구사하는 전략은 아주 단순하다. 음의 영역 교차가 일어날 때까지 혹은 2일 동안 기다려라. 그래서 우리는 기다렸다. 한두 시간 만에 윌스프레드가 음의 영역으로 교차되면서 897.80에서 0.20포인트 손실이 발생했다. 7월 1일 장 후반부에서 또다시 교차가 일어나 900.25에서 다시 시장에 진입했고 7월 7일까지 기다렸다가 927.55에서 매도 청산했다. 7월에 올린 매매 순이익은 총 21.10포인트였다.

**1997년 8월**. 다시 월초가 돌아왔다. 그러나 윌스프레드는 여전히 음의 영역을 벗어나지 못하는 상태라 매매를 하지 않았다. 4월과 마찬가지로 우리가 사용하는 윌스프레드 필터가 표면적 상승장에 홀려 섣불리 시장에 진입하지 못하게 막아준 것이다. 윌스프레드가 알려주는 시장 간 기본적 관계성을 참고해볼 때 매매에 적합하지 않은 상황임을 확실히 알 수 있다.

**1997년 9월**. 더 겸손해야 함을 배웠다. 8월 29일에 윌스프레드의 확실한 교차가 일어났고 같은 날 902.55 가격에서 청산하며 손실이 났다. 3.20포인트의 손실은 당해 연도 최대 손실 규모였다.

그러나 우리는 흔들리지 않고 9월 2일에 912.50 가격에서 윌스프레드 매수 신호를 취했고 9월 3일까지 강력한 상승세가 이어졌다. 이날 928.90에서 포지션을 청산하며 이전 손실을 만회했다. 시간 요소와 시장 간 관계성의 영향이 결합해 16.40포인트라는 큰 이익이 가능했다.

**1997년 10월**. 월초까지 기다려야 했다. 이때 윌스프레드의 상향 교차가 일어났다. 이후 상승세가 이어진다는 징후였다. 이후 윌스프레드가 하향 교차되며 한 개 봉에서 음의 영역에 머무르더니, 곧바로 다시 양의 영역으로 교차되면서 10월 2일 965.30 가격에서 두 번째 상승 신호가 발생했다. 포지션을 유지하면서 윌스프레드 음의 영역 교차를 기다렸다. 이 상승세는 968.75에서 멈췄고 여기서 3.45포인트의 이익이 발생했다.

**1997년 11월.** 이번에는 아주 수월했다. 10월 31일에 919.00 가격에서 윌스프레드 교차가 있었고 다시 깔끔한 반대 방향 교차가 일어나 947.00 가격에서 포지션을 청산하며 28.00포인트 이익이 발생했다. 매달 이렇게만 되면 얼마나 좋을까!

**1997년 12월.** 월초에 962.50에서 양의 영역 교차가 있었고 다음 날인 12월 2일에 973.20에서 청산했다. 이번 달에도 참으로 환상적인 매매가 이뤄진 셈이다. 프랭크 시나트라가 즐겨 부르던 '더할 수 없이 좋은 해<sub>very good year</sub>'처럼 총 13회 매매에서 10회의 이익을 냈을 정도로 정말 멋진 성과를 낸 한 해였다. 더 중요한 부분은 순이익이 99.70포인트(2만 4,925달러)나 됐다는 점이고 이는 시장 간 기본적 관계성과 시간 요소를 결합했을 때의 효과를 여실히 보여준다. **시간 요소의 영향력은 언제나 무시할 수 없지만, 나는 시장 간 관계성의 뒷받침이 보이지 않으면 누가 뭐라 해도 시장에 진입하지 않는다.** 효과가 '있을지도 모르는' 요소 하나가 있다고 해서 매매에 나설 이유는 없다. 여기 1997년의 성과가 보여주듯이, 여러 조건을 함께 고려하면 승산비가 높은 좋은 매매 기회를 충분히 누릴 수 있기 때문이다.


다다익선<sub>多多益善</sub>! 내가 좋아하는 말이다.

그림 9.14는 윌스프레드 개념을 당일 매매에 활용한 E-미니 S&P 차트다. 차트를 보면 추적 손절매가 어떻게 이뤄지는지를 알 수 있다. 완벽하다고는 할 수 없다. 이 세상에 완벽한 것이 어디 있겠는가! 그러나 이날 후반부에 가격이 상승하는 동안에도 윌스프레드가 음의 영역을 유지하는 구간이 있다는 점은 매우 이례적이다. 다시 말해 현 단기 상승의 질을 알려주는 지표를 보유하고 있는 셈이다.

1997년부터 했던 내 매매 성과에서 봤듯이 그림 9.15에서와 같이 2011년 6월 1일 투매가 일어나며 가격이 하락하기 전에 윌스프레드가 그 방향을 제시하는 일종의 선행 지표 역할을 하고 있다. 일정한 변동폭 내에서 가격이 움직이고 있었지만, 윌스프레드가 하락해 영기준선을 하향 돌파한 후 엄청난 매도 압력이 시장을 강타했다.

그림 9.14 2011년 윌스프레드와 당일 차트: 여전히 잘 작동한다

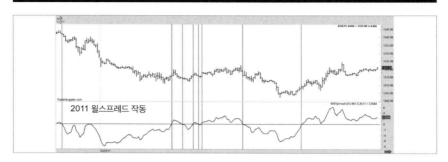

2011 윌스프레드 작동

그림 9.15 2011년 윌스프레드와 당일 차트: 하락의 선행 지표 역할을 한다

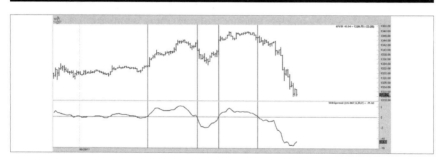

　　이런 현상이 나타난 이유는 주가에 부정적인 실업률 자료가 발표됐기 때문이다. 발표가 나오기 전부터 윌스프레드는 주식이 채권에 비해 상당한 약세라는 사실을 시사하고 있었고 트레이더는 실업률 발표가 시장에 부정적 영향을 주리라고 충분히 예상할 수 있었다.

> **레리의 당부**
>
> 이 장에서는 목적을 달성하는 또 다른 방법을 보여주고 싶었다. 다양한 시장 간에 내부적 관계가 존재하고 한 시장의 가격 움직임이 다른 시장의 움직임에 영향을 미친다. 따라서 한 시장의 상황이 다른 시장의 가격 흐름에 대한 선행 지표 역할을 할 수 있다. 더 중요한 사실은 이런 시장 간 관계성이 전통적인 기술적 분석을 넘어서는, 그리고 다른 트레이더는 사용하지 않는 유용한 분석 도구가 된다는 점이다.

제 **10** 장

# 특수한 단기 매매 상황들

long-term
secrets
to short-term
trading

정확히 똑같이는 아니더라도 역사는 되풀이된다.

이번 장에서는 S&P500과 채권 시장에서 쓸 수 있는 이익 매매 전략을 설명하겠다. 이 책을 처음 쓴 이래로 계절적 월별 편향이라는 특수한 가격 패턴이 이 두 시장에서 일관성 있게 나타났다. 특정한 매매 전략이 앞으로도 효과를 발휘하는지에 관심이 있다면 이 장에서 만족스러운 답을 얻으리라 생각한다. 나는 1960년대에 이런 매매 전략을 알게 됐고 1980년대와 1990년대에 이 전략으로 매매를 했다. 지금도 매우 유용하게 쓸 수 있는 전략임을 여러분도 확인할 수 있을 것이다.

이제 매달 매매 결정에 참고할 단기 매매 전략들의 체크 리스트를 만들 차례다. 내가 연구해 놓은 전략들 중에서 각자 마음에 드는 것만을 추려서 정리해도 된다. 여러분이 감을 잡을 수 있도록 이 장에서는 매달 활용할 수 있는 특수한 매매 전략들을 설명할 것이다. 이러한 매매 전략은 월중 매매일과 휴일에 기초하고 있다.

월중 매매일TDM은 전혀 새로운 개념이 아니다. 설명했듯이 꽤 오랫동안 사용해온 개념이다. 주가는 월초에 상승한다는 이 자명한 시장의 진리를 좀 더 다듬어 개선했다. 채권 가격 또한 월별 편향성을 나타냈다. 이런 사실에 기반을 두고 이익 매매 전략을 개발할 것이다.

# 주가 지수 월말 매매 전략

트레이더가 이런 변동 흐름을 포착하는 데 사용할 도구가 몇 가지 있다. S&P500 지수는 주식 시장의 변동성을 활용한 매매를 할 때 핵심 대상이었다. 하지만 최근에는 증거금$_{margin}$이 적게 필요한 E-미니 S&P 계약이 소액 투자자의 관심을 끌었고, 더 최근에는 선물 계약 지수인 다우존스30 지수가 주목을 끈다. 다우존스30은 다우존스산업평균지수를 모방해 선물 지수용으로 만든 지수다. 앞으로는 다우존스30이 훨씬 더 중요한 지수가 되리라 기대한다.

여기서 논하는 전략은 S&P500에 바탕을 두는데, 그 이유는 단순하다. S&P500 매매는 1982년에 시작했고 다우존스30은 1997년에 시작했기 때문이다. 당연히 S&P500 지수에 관한 자료가 더 많다. 그러나 이 전략은 S&P500뿐 아니라 다른 주가 지수에도 전부 적용할 수 있다. 다만 증거금과 계약 크기, 현 변동성 수준 등에 따라 손절가를 조정해서 적용하라.

1987년으로 돌아가 S&P500 지수로 시험 매매를 했다(그림 10.1). 이때 매달 첫 번째 매매일(TDM 1일)에 시가로 매수한 다음 이익 실현이 가능한 첫 번째 시가에서 청산한다. 내가 선택한 손절가는 1,500달러였으나 시장에 진입한 당일에는 손절가를 사용하지 않았다. 그러나 시장 진입일 이후에는 항상 손절가를 활용했다. 11년의 기간 동안 총 129회 매매에서 7만 3,437달러의 총순이익이 발생했다. 매월 한 번만 매매하는 방식으로 연평균 7,000달러에 가까운 이익을 올린 셈이다. 이 매매의 결과 지표들은 상당한 수준이다. 일단 이익 매매 비율은 85%였고 평균 매매 이익(총이익과 총손실을 합하여 구한 총순이익을 총매매 횟수로 나눈 값)은 569달러였다. 최대 계좌 잔고 감소액은 3,325달러로서 총순이익의 5%보다도 적었다. 꽤 괜찮은 성과였다.

이때쯤이면 꼭 등장하는 질문이 있다. "과거에는 그랬다 쳐도, 여전히 그런 성과가 나올까?" 빠르게 변하지 않으면 살아남지 못하는 단기 매매의 세계에서

| 그림 10.1 TDM 1일에 S&P500 매수, 손절가 1,500달러(1987~1998): 괜찮은 성과 | | | | | | | |
|---|---|---|---|---|---|---|---|
| 자료: S&P500 IND-9967 9/80 | | | | | | | |
| 기간: 1987년 09월 18일~1998년 8월 31일 | | | | | | | |
| Num. | Conv. | P. Value | Comm | Slippage | Margin | Format | FileName |
| 149 | 2 | $2.500 | $0 | $0 | $3,000 | CT/PC | F59 |

| | | | |
|---|---|---|---|
| 총순이익 | $73,437.50 | | |
| 총이익 | $103,250.00 | 총손실 | -$29,812.50 |
| 총매매 횟수 | 129 | 이익 매매 비율 | 85% |
| 이익 매매 횟수 | 110 | 손실 매매 횟수 | 19 |
| 최대 이익 매매 | $6,700.00 | 최대 손실 매매 | -$2,437.50 |
| 평균 이익 매매 | $938.64 | 평균 손실 매매 | -$1,569.08 |
| 평균 손실 대비 평균 이익 비율 | 0.59 | 평균 매매(이익&손실) | $569.28 |
| 최다 연속 이익 매매 | 20 | 최다 연속 손실 매매 | 2 |
| 이익 매매 평균 봉 수 | 1 | 손실 매매 평균 봉 수 | 1 |
| 최대 계좌 잔고 감소액 | -$3,325.00 | 일중 최대 잔고 감소액 | -$3,950.00 |
| 이익률 | 3.46 | 최대 보유 계약 수 | 1 |
| 필요 계좌 크기 | $6,950.00 | 잔고 회수율 | 1,056% |

는 과거 실적이 아니라 지금 당장이 중요하다. 이 점을 염두에 두면서 매월 첫 매매일에 매수하는 방식의 최근 결과를 살펴보자(그림 10.2 참고). 아마도 여러분은 이익 매매 비율 85%가 13년 동안 줄곧 유지될지에 대해 의구심을 품을 것이다.

자, 그러면 컴퓨터를 켜고 살펴보자. 그 결과는 그림 10.2에서 확인할 수 있다.

그림 10.2 TDM 1일에 S&P500 매수, 손절가 1,500달러(1999~2011): 수익 67,000달러, 이익 매매 비율 42%

이 단순한 수익 곡선 패턴으로 알 수 있듯이 대부분이 이익 매매였다. 1998년부터 2011년 6월까지 이 매매 비법으로 총 6만 7,000달러 이상의 이익을 냈고 평균 매매 이익은 426달러였으며 최대 계좌 잔고 감소액은 1만 3,000달러로 그럭저럭 감당할 만한 수준이었다. 문제는 이익 매매 비율이 42%로 낮아졌다는 점이다. 이유가 무엇일까? 계약 크기가 달라졌고 변동성이 증가하면서 최적의 손절가가 1,500달러에서 3,500달러로 변했기 때문이다.

그림 10.3은 손절가를 3,500달러로 했을 때의 수익 곡선이다. 총순이익은 10만 6,000달러였고 이익 매매 비율은 66%였다. 한편 그림 10.4에서 보듯이 규모가 작은 E-미니 계약에서는 같은 손절가 3,500달러를 사용했을 때 이익 매매 비율이 81%였다. 총순이익은 2만 9,650달러였고 평균 매매 이익은 426달러였다. 상

**그림 10.3 TDM 1일에 S&P500 매수, 손절가 3,500달러(1999~2011): 수익 106,000달러, 이익 매매 비율 66%**

**그림 10.4 TDM 1일에 E—미니 S&P500 매수, 손절가 3,500달러(1999~2011): 수익 29,650달러, 이익 매매 비율 81%**

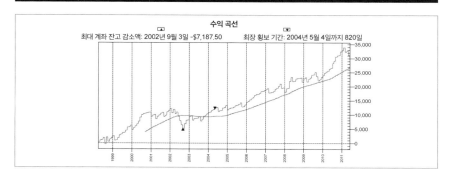

당히 만족스러운 성과다. 수익 곡선을 살펴보라. 여기에다 월요일 매매를 피하면 성과가 더욱 개선될 수 있으며, 이때 E-미니 시장에서 최적의 손절가는 1,600달러가 된다.

# 매매에 최적 혹은 최악인 달

이 게임의 속성을 이해해가는 과정이라면 매매에 더 적합한 달이 있는지 한번쯤 자문해봤을 것이다. 그렇다, 분명히 다른 달에 비해 더 나은 성과가 나오는 달이 있다. 지난 16년 동안의 자료에 비추어보건대 매매에 최악인 달은 1월과 2월, 10월이다(표 10.1 참고). 따라서 매매할 때 이 세 달은 피하거나 특별히 경계해야 한다. 표 10.1에 제시한 월별 성과표를 잘 살펴보기 바란다.

그림 10.5에서 보는 바와 같이 이런 결과는 1998년 이후로도 꾸준히 이어졌다. 2월은 그나마 괜찮았으나 1월과 3월은 처참한 수준이었다. 1월과 3월에는 분명 무슨 일인가 일어나는 듯하다.

| 표 10.1 월별 S&P 매매 성과(1998년 이전) | | |
| --- | --- | --- |
| 월 | 순이익($) | 이익 매매 횟수 / 전체 매매 횟수 |
| 1월 | 2,325 | 9/11 |
| 2월 | 3,437 | 8/11 |
| 3월 | 5,650 | 9/10 |
| 4월 | 5,437 | 10/11 |
| 5월 | 6,075 | 9/10 |
| 6월 | 6,500 | 10/11 |
| 7월 | 5,875 | 9/11 |
| 8월 | 12,500 | 9/10 |
| 9월 | 5,557 | 9/10 |
| 10월 | 1,150 | 8/11 |
| 11월 | 10,500 | 11/11 |
| 12월 | 8,150 | 9/11 |

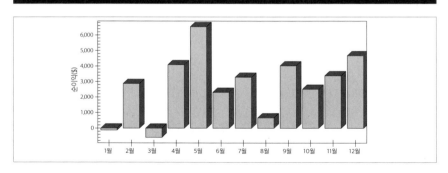

그림 10.5 월별 S&P 매매 성과(1998년 이후)

# 더 나은 성과 내기

그림 10.6에서 보듯 1월과 3월을 제외한 매월 첫 매매일에 매수하는 방법이 최선이다. 이 매매의 수익 곡선에서 확인할 수 있듯이 규모가 큰 S&P500 계약에서 손절가를 3,500달러로 했을 때 총 270회 매매 중 이익 매매 비율은 80%였다. 그리고 평균 매매 이익은 546달러였다.

우리와 경쟁하는 다른 트레이더 중에도 이런 반복적 패턴을 인지한 사람이 있기는 하다. 하지만 대다수는 알면서도 이를 제대로 활용하지 못하거나 매매 성과가 나오지 않는 몇몇 달에는 매매를 건너뛰어야 한다는 생각을 하지 못한다. 다른 트레이더가 알아도 실천하지 못하는 부분을 실행한다는 점만 해도 상당히 고무적인 일이기는 하지만, 이 정도에서 멈출 일이 아니다. 훨씬 더 좋은 성과를 낼 기회가 아직 남아 있다.

어떻게 하자는 말인가? 채권 시장이 상승세일 때에만 이 월초 매매를 실행하라. 앞서 설명했듯이 채권 가격 상승은 주식 시장 상승세에 도움이 된다. 따라 하기 쉽고 좋은 규칙이 있다. 즉 주식 시장에 진입하려는 전날의 채권 가격 종가가 그보다 2일 전의 종가보다 높으면 어느 달이든 상관없이 월초에 주식을 매수

**276**

하라. 이는 채권이 주식 시장 상승세를 뒷받침한다는 점을 시사한다.

## 채권 시장 월말 매매 전략

다음으로 S&P500 때처럼 채권 시장에서도 매달 첫 매매일(TDM 1일)에 매수한 결과를 살펴보자. 결과적으로 상당한 이익이 발생했다. 이때 손절가는 1,100달러였고 이익 실현이 가능한 첫 번째 시가에 청산하는 방식을 취했다. 이 매매 접근법에서 이익 매매 비율은 70%에 가까웠고 평균 매매일이 하루밖에 안 되는 점을 고려하면 평균 매매 이익도 218달러로 상당한 수준이었다(그림 10.7 참고).

표 10.2에서 보듯이 1월과 2월, 4월, 10월 그리고 판단하기 좀 애매한 12월 등 성과가 저조한 달을 피하는 방법만 써도 매매 성과가 급격히 향상된다.

앞서 언급했다시피 월말에 주가가 상승하는 경향성을 보인다는 사실은 이미 알려져 있었고, 나는 그저 이 기간에 어떤 매매 방식을 취해야 더 나은 성과를 낼 수 있는지를 알아냈을 뿐이다. 한편 지금까지 이 기간, 즉 월말에 채권 가격이 상승하는 경향이 있다는 사실은 내 학생 중에도 몇몇밖에 모른다. 수년간의 연구조사와 실제 매매를 통해 나는 장기 채권Bonds과 단기 채권Bills 모두 월말-월초 시기가 단기 매매에 유리한 시기임을 알 수 있었다.

그림 10.7 TDM 1일에 채권 매수

자료: 재무부 채권-9967 1/80

기간: 1986년 1월 1일~1998년 8월 28일

| Num. | Conv. | P. Value | Comm | Slippage | Margin | Format | FileName |
|---|---|---|---|---|---|---|---|
| 44 | -5 | $31,250 | $0 | $0 | $3,000 | CT/PC | F62 |

| | | | |
|---|---|---|---|
| 총순이익 | $32,593.75 | | |
| 총이익 | $83,531.25 | 총손실 | -$50,937.50 |
| 총매매 횟수 | 149 | 이익 매매 비율 | 69% |
| 이익 매매 횟수 | 104 | 손실 매매 횟수 | 45 |
| 최대 이익 매매 | $2,593.75 | 최대 손실 매매 | -$1,375.00 |
| 평균 이익 매매 | $803.19 | 평균 손실 매매 | -$1,131.94 |
| 평균 손실 대비 평균 이익 비율 | 0.70 | 평균 매매(이익&손실) | $218.75 |
| 최다 연속 이익 매매 | 8 | 최다 연속 손실 매매 | 6 |
| 이익 매매 평균 봉 수 | 2 | 손실 매매 평균 봉 수 | 1 |
| 최대 계좌 잔고 감소액 | -$6,812.50 | 일중 최대 잔고 감소액 | -$7,437.50 |
| 이익률 | 1.63 | 최대 보유 계약 수 | 1 |
| 필요 계좌 크기 | $10,437.50 | 잔고 회수율 | 312% |

표 10.2 월별 채권 매매 성과

| 월 | 순이익($) | 이익 매매 횟수 / 전체 매매 횟수 |
|---|---|---|
| 1월 | -31 | 8/13 |
| 2월 | -1,718 | 7/13 |
| 3월 | 2,781 | 9/12 |
| 4월 | -343 | 8/13 |
| 5월 | 6,125 | 9/12 |
| 6월 | 3,125 | 9/13 |
| 7월 | 1,093 | 8/13 |
| 8월 | 4,343 | 9/12 |
| 9월 | 7,187 | 11/12 |
| 10월 | -218 | 7/12 |
| 11월 | 8,150 | 12/12 |
| 12월 | 1,500 | 7/12 |

그림 10.8과 그림 10.9는 포괄적인 관점에서 이 기법의 장점을 보여준다.

그림 10.8은 매월 말일 3일 전에 재무부 장기 채권 선물 1계약을 매수하고 6거래일 동안 보유했다가 청산하거나 보호적 손절로 1,500달러 손실을 실현한 상

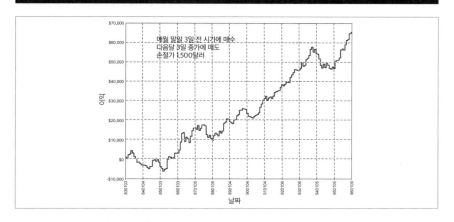

그림 10.8 매월 말일 3일 전에 채권 매수, 6거래일 보유 후 청산(1983~1996)

매월 말일 3일 전 시가에 매수
다음달 3일 종가에 매도
손절가 1,500달러

그림 10.9 매월 말 S&P500 매수 (1983~1996)

매월 1일에 시작해 41일째 시가에 매수
종가에 청산

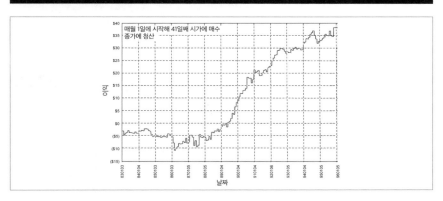

황이다. 채권 시장 부문에서 뛰어난 학생 중 한 명인 마이크 스톡Mike Stock이 내놓은 이 차트는 월말 가격 상승 현상에 대한 명백한 증거가 된다. 그림 10.9에서 보는 바와 같이 S&P500 시장에서도 동일한 현상이 나타난다.

## 구체적 매매 사례

그림 10.10과 그림 10.11에서 보듯이 채권 가격은 보통 매월 초 이전에 상승

그림 10.10 TDM 18일 시가에 채권 매수

자료: 재무부 채권-9967 1/80

기간: 1986년 1월 1일~1998년 8월 28일

| Num. | Conv. | P. Value | Comm | Slippage | Margin | Format | FileName |
|---|---|---|---|---|---|---|---|
| 44 | -5 | $31,250 | $0 | $0 | $3,000 | CT/PC | F62 |
| 총순이익 | | $34,875.00 | | | | | |
| 총이익 | | $95,843.75 | | 총손실 | | -$60,968.75 | |
| 총매매 횟수 | | 139 | | 이익 매매 비율 | | 71% | |
| 이익 매매 횟수 | | 99 | | 손실 매매 횟수 | | 40 | |
| 최대 이익 매매 | | $2,812.50 | | 최대 손실 매매 | | -$1,906.25 | |
| 평균 이익 매매 | | $968.12 | | 평균 손실 매매 | | -$1,524.22 | |
| 평균 손실 대비 평균 이익 비율 | | 0.63 | | 평균 매매(이익&손실) | | $250.90 | |
| 최다 연속 이익 매매 | | 17 | | 최다 연속 손실 매매 | | 4 | |
| 이익 매매 평균 봉 수 | | 3 | | 손실 매매 평균 봉 수 | | 3 | |
| 최대 계좌 잔고 감소액 | | -$8,625.00 | | 일중 최대 잔고 감소액 | | -$8,656.25 | |
| 이익률 | | 1.57 | | 최대 보유 계약 수 | | 1 | |
| 필요 계좌 크기 | | $11,656.25 | | 잔고 회수율 | | 299% | |

그림 10.11 금 가격의 하락 추세로 지지받을 때, TDM 18일 시가에 채권 매수

자료: 재무부 채권-9967 1/80

기간: 1986년 1월 1일~1998년 8월 28일

| Num. | Conv. | P. Value | Comm | Slippage | Margin | Format | FileName |
|---|---|---|---|---|---|---|---|
| 44 | -5 | $31,250 | $0 | $0 | $3,000 | CT/PC | F62 |
| 총순이익 | | $32,062.50 | | | | | |
| 총이익 | | $65,093.75 | | 총손실 | | -$33,031.25 | |
| 총매매 횟수 | | 90 | | 이익 매매 비율 | | 75% | |
| 이익 매매 횟수 | | 68 | | 손실 매매 횟수 | | 22 | |
| 최대 이익 매매 | | $2,812.50 | | 최대 손실 매매 | | -$1,531.25 | |
| 평균 이익 매매 | | $957.26 | | 평균 손실 매매 | | -$1,501.42 | |
| 평균 손실 대비 평균 이익 비율 | | 0.63 | | 평균 매매(이익&손실) | | $356.25 | |
| 최다 연속 이익 매매 | | 11 | | 최다 연속 손실 매매 | | 3 | |
| 이익 매매 평균 봉 수 | | 3 | | 손실 매매 평균 봉 수 | | 3 | |
| 최대 계좌 잔고 감소액 | | -$4,500.00 | | 일중 최대 잔고 감소액 | | -$4,500.00 | |
| 이익률 | | 1.97 | | 최대 보유 계약 수 | | 1 | |
| 필요 계좌 크기 | | $7,500.00 | | 잔고 회수율 | | 427% | |

하는 경향이 있다. 그림 10.10은 TDM 18일 시가에 채권을 매수하고 1,500달러를 손절가로 삼으며 시장에 진입한 지 3일 후 종가에 청산하는 방식으로 진행한 매매 결과를 보여준다. 1986년 이후로 총 139회 매매에서 총순이익이 3만 4,875달러 발생했고 평균 매매 이익은 250달러로 준수했다. 최대 계좌 잔고 감소액이 8,625달러였으나 그런 대로 괜찮은 성과였다.

그러나 금 선물 시장의 추세를 활용해 손실 매매나 그럭저럭한 매매를 걸러내면 더 나은 성과를 기대할 수 있다. 마티 츠바이크Marty Zweig나 존 머피John Murphy 같은 시장 전문가가 쓴 책에서 언급하듯이 금 가격은 채권 시장에 큰 영향을 미친다. 금 시장이 상승세면 채권 시장 상승에 제동이 걸린다. 반대로 금 시장이 하락세면 채권은 상승세를 타는 경향이 있다.

그림 10.11은 금 시장 흐름으로 매매를 걸러냈을 때의 위력을 보여준다. 이때 매매 기간과 손절 및 청산 규칙은 전(그림 10.10)과 동일하게 적용했다. 한 가지 차이점이라면 금 시장이 하락세일 때(즉 채권 시장 진입일 전날의 금 시장 종가가 24일 전 종가보다 낮을 때)만 매매에 들어간다는 부분이다. 이런 방식의 매매에서 총순이익은 2,000달러가량 줄었지만, 이익 매매 비율은 71%에서 75%로 약간 높아졌고, 무엇보다도 우리가 '가장 중요시하는' 평균 매매 이익은 100달러 이상 증가하면서(250→356) 최대 계좌 잔고 감소액도 절반 가까이 줄어들었다(8,625→4,500).

## 훨씬 더 나은 방법이 있다면

TDM 22일까지 시장 진입을 늦추는 방법을 사용하면 이전보다 훨씬 나은 성과를 기대할 수 있다. 그림 10.12에서 보듯이 총매매 횟수는 크게 줄어 50회밖에 안 됐지만, 이익 매매 비율은 76%로 증가했고 평균 매매 이익도 496달러로 크게 늘었다. 잔고 감소액은 4,500달러로 충분히 감당할 만한 수준이었다.

그림 10.12 TDM 22일 시가에 채권 매수

자료: 재무부 채권-9967 1/80

기간: 1986년 1월 1일~1998년 8월 28일

| Num. | Conv. | P. Value | Comm | Slippage | Margin | Format | FileName |
|------|-------|----------|------|----------|--------|--------|----------|
| 44 | -5 | $31,250 | $0 | $0 | $3,000 | CT/PC | F62 |
| 총순이익 | | $24,812.50 | | | | | |
| 총이익 | | $42,812.50 | | 총손실 | | -$18,000.00 | |
| 총매매 횟수 | | 50 | | 이익 매매 비율 | | 76% | |
| 이익 매매 횟수 | | 38 | | 손실 매매 횟수 | | 12 | |
| 최대 이익 매매 | | $2,718.75 | | 최대 손실 매매 | | -$1,500.00 | |
| 평균 이익 매매 | | $1,126.64 | | 평균 손실 매매 | | -$1,500.00 | |
| 평균 손실 대비 평균 이익 비율 | | 0.75 | | 평균 매매(이익&손실) | | $496.25 | |
| 최다 연속 이익 매매 | | 7 | | 최다 연속 손실 매매 | | 3 | |
| 이익 매매 평균 봉 수 | | 3 | | 손실 매매 평균 봉 수 | | 2 | |
| 최대 계좌 잔고 감소액 | | -$4,500.00 | | 일중 최대 잔고 감소액 | | -$4,593.75 | |
| 이익률 | | 2.37 | | 최대 보유 계약 수 | | 1 | |
| 필요 계좌 크기 | | $7,593.75 | | 잔고 회수율 | | 326% | |

금 시장의 하락 추세로 이런 매매 기회를 뒷받침할 때 어떤 일이 발생하는지 알고 싶으리라 생각한다. 그림 10.13에 이 궁금증에 대한 매우 인상적인 해답이 나와 있다. 즉 이 방법으로 2만 156달러의 이익이 발생했다. 이번에도 금 가격의 하락 추세는 금 종가가 24일 전 종가보다 낮은지로 판단했고, 손절과 청산 조건은 이전(그림 10.10~12)과 동일하게 적용했다. 최대 계좌 잔고 감소액 부분은 현저히 개선돼 1,500달러 수준으로 낮아졌는데도 이익 매매 비율은 89%로 치솟았고 평균 매매 이익은 719달러로 급등했다.

이는 매우 이례적인 매매 기회다. 다만 문제는 TDM 22일이 있는 달이 그렇게 많지 않다는 것이지만, 이런 조건이 충족만 된다면 나는 당연히 매수에 들어간다. 금이라는 필터로 최대 연속 이익 매매가 17일 연속으로 이어지는 것을 보라. 반면 금 필터를 사용하지 않을 때(그림 10.12)는 최다 연속 이익 매매가 7연속에 불과했다.

그림 10.13 금 가격의 하락 추세로 지지받을 때, TDM 22일 시가에 채권 매수

자료: 재무부 채권-9967 1/80
기간: 1986년 1월 1일~1998년 8월 28일

| Num. | Conv. | P. Value | Comm | Slippage | Margin | Format | FileName |
|------|-------|----------|------|----------|--------|--------|----------|
| 44 | -5 | $31,250 | $0 | $0 | $3,000 | CT/PC | F62 |
| 총순이익 | | $20,156.25 | | | | | |
| 총이익 | | $24,656.25 | | 총손실 | | -$4,500.00 | |
| 총매매 횟수 | | 28 | | 이익 매매 비율 | | 89% | |
| 이익 매매 횟수 | | 25 | | 손실 매매 횟수 | | 3 | |
| 최대 이익 매매 | | $2,468.75 | | 최대 손실 매매 | | -$1,500.00 | |
| 평균 이익 매매 | | $986.25 | | 평균 손실 매매 | | -$1,500.00 | |
| 평균 손실 대비 평균 이익 비율 | | 0.65 | | 평균 매매(이익&손실) | | $719.87 | |
| 최다 연속 이익 매매 | | 17 | | 최다 연속 손실 매매 | | 1 | |
| 이익 매매 평균 봉 수 | | 2 | | 손실 매매 평균 봉 수 | | 1 | |
| 최대 계좌 잔고 감소액 | | -$1,500.00 | | 일중 최대 잔고 감소액 | | -$2,093.75 | |
| 이익률 | | 5.47 | | 최대 보유 계약 수 | | 1 | |
| 필요 계좌 크기 | | $5,093.75 | | 잔고 회수율 | | 395% | |

이런 채권 매매 방식의 효용성이 얼마나 오래 지속되고 있는지를 보여주는 차원에서 자료를 하나 더 제시한다. 매월 말일 5일 전 시가에 매수한 결과인데, 이는 통상적으로 앞에 언급했던 TDM 18일과 동일한 날이다. 이런 초기 시험 매매를 1990년에 적용해보니 이 기본적 매매 접근법으로 총 119회 매매에서 3만 2,000달러가 넘는 이익을 냈다. 평균 매매 이익은 275달러였고 최대 계좌 잔

그림 10.14 매월 말일 5일 전(TDM 18일) 시가에 채권 매수: 전체 결과 (1985~2011)

고 감소액도 3,700달러 미만에 불과했다.

전체 기간에 대한 매매 결과를 보려면 그림 10.14를 참고하라. 매매 기간은 1980년대부터 2011년 5월까지였다. 패턴의 지속력에 관해 말하자면 주기적으로 상승하는 채권 시장 패턴의 놀라운 지속력을 빠뜨릴 수 없다.

# 월중 매도 시점

그림 10.15에서 보듯이 채권도 대부분 매월 중순경에 가격이 하락한다.

구체적인 매매 규칙은 이렇다. TDM 12일의 시가에서 공매도하며, 진입 3일 후 청산하거나 손절가 1,400달러에 다다르면 손절한다. 1986년부터 1998년 중반까지 매월 중순에 발생하는 가격 하락 경향성을 이용했을 때 총 152회 매매에서 이익 매매 비율이 76%였고 평균 매매 이익은 133달러였다. 최대 계좌 잔

**그림 10.15 TDM 12일 시가에 채권 매도**

자료: 재무부 채권-9967 1/80

기간: 1986년 1월 1일~1998년 8월 28일

| Num. | Conv. | P. Value | Comm | Slippage | Margin | Format | FileName |
|---|---|---|---|---|---|---|---|
| 44 | -5 | $31,250 | $0 | $0 | $3,000 | CT/PC | F62 |

| 총순이익 | $20,281.25 | | |
|---|---|---|---|
| 총이익 | $73,375.00 | 총손실 | -$53,093.75 |
| 총매매 횟수 | 152 | 이익 매매 비율 | 76% |
| 이익 매매 횟수 | 117 | 손실 매매 횟수 | 35 |
| 최대 이익 매매 | $3,000.00 | 최대 손실 매매 | -$2,000.00 |
| 평균 이익 매매 | $627.14 | 평균 손실 매매 | -$1,516.96 |
| 평균 손실 대비 평균 이익 비율 | 0.41 | 평균 매매(이익&손실) | $133.43 |
| 최다 연속 이익 매매 | 13 | 최다 연속 손실 매매 | 3 |
| 이익 매매 평균 봉 수 | 2 | 손실 매매 평균 봉 수 | 3 |
| 최대 계좌 잔고 감소액 | -$6,093.75 | 일중 최대 잔고 감소액 | -$6,250.00 |
| 이익률 | 1.38 | 최대 보유 계약 수 | 1 |
| 필요 계좌 크기 | $9,250.00 | 잔고 회수율 | 219% |

고 감소액은 6,093달러로 그럭저럭 수용할 만한 수준이었지만, 이상적인 '총순이익 대비 최대 계좌 잔고 감소액'보다는 많았다. 이상적인 비율은 총순이익 (20,281달러)의 15%를 넘지 않아야 한다. 그런데 이 경우에는 30%였다. 따라서 TDM 12일에 공매도 진입하는 결과가 썩 나쁘진 않으나, 나는 여기서 좀 더 나아지기를 바란다.

기존의 상품 선물 시장 분석가들은 추세라든가 오실레이터 혹은 모멘텀 흐름 같은, '쓸모없는' 기술적 분석 도구를 매매 필터로 사용하려 할 것이다. 하지만 개인적으로 이보다 훨씬 중요한 금과 채권 시장 간의 기본적 관계성에 초점을 맞추는 편이 더 낫다고 생각한다. 차트나 오실레이터 같은 분석 도구가 시장을 움직이는 것이 아니라 시장 간의 기본적 관계가 시장을 움직인다.

매월 중순경의 가격 하락을 활용해 매매하는 방법 외에도 그림 10.16에서 시장 간 기본적 관계성의 위력을 확인할 수 있다. 시장 진입 및 청산 규칙은 이전 매매 상황과 정확히 동일하다. 유일한 차이점이라면 금 시장에서 당일 종가가

**그림 10.16 금 가격의 상승 추세로 지지받을 때, TDM 12일 시가에 채권 매도**

자료: 재무부 채권-9967 1/80
기간: 1986년 1월 1일~1998년 8월 28일

| Num. | Conv. | P. Value | Comm | Slippage | Margin | Format | FileName |
|---|---|---|---|---|---|---|---|
| 44 | -5 | $31,250 | $0 | $0 | $3,000 | CT/PC | F62 |
| 총순이익 | | $26,250.00 | | | | | |
| 총이익 | | $50,250.00 | | 총손실 | | -$24,000.00 | |
| 총매매 횟수 | | 73 | | 이익 매매 비율 | | 78% | |
| 이익 매매 횟수 | | 57 | | 손실 매매 횟수 | | 16 | |
| 최대 이익 매매 | | $2,656.25 | | 최대 손실 매매 | | -$1,500.00 | |
| 평균 이익 매매 | | $881.58 | | 평균 손실 매매 | | -$1,500.00 | |
| 평균 손실 대비 평균 이익 비율 | | 0.58 | | 평균 매매(이익&손실) | | $359.59 | |
| 최다 연속 이익 매매 | | 14 | | 최다 연속 손실 매매 | | 3 | |
| 이익 매매 평균 봉 수 | | 3 | | 손실 매매 평균 봉 수 | | 3 | |
| 최대 계좌 잔고 감소액 | | -$4,500.00 | | 일중 최대 잔고 감소액 | | -$4,593.75 | |
| 이익률 | | 2.09 | | 최대 보유 계약 수 | | 1 | |
| 필요 계좌 크기 | | $7,593.75 | | 잔고 회수율 | | 345% | |

10일 전 종가보다 높을 때만 매매에 들어갔다는 것뿐인데, 이 차이가 결과에 큰 영향을 준다. 다시 말해 **금 시장이 상승세라면 채권 시장에서 매도 신호가 힘을 받는다고 봐야 한다.** 이 결과를 그림 10.15와 비교해보면 평균 매매 이익은 2배 이상이었고 총순이익은 6,000달러나 증가했으며 이익 매매 비율은 76%에서 78%로 높아졌다. 그렇게 뛰어난 개선이라고 보기는 어렵지만, '총순이익 대비 최대 계좌 잔고 감소액'은 30.05%에서 17.14%로 절반 가까이 감소됐다. 가장 고무적인 성과는 평균 매매 이익이 133달러에서 359달러로 급증한 부분이다.

지금 우리는 이익 가능성이 매우 높은 매매 방식을 논하고 있는 셈이다. 이 방식대로라면 금 시장이 상승세일 경우 매월 중순까지 기다릴 인내심만 있으면 된다. 이러한 시장 간 기본적 관계가 뛰어난 성과로 이어진다.

---

☑ 래리의
당부

인내심은 대부분의 트레이더에게 매우 부족한 자질이다. 대다수는 즉흥적으로 매매를 하는 듯하다. 반면 나는 승산이 있는 게임에만 참여하려 한다. 그래서 내가 생각하는 조건이 충족되지 않으면 섣불리 시장에 진입하지 않고 한걸음 물러나서 관망한다. 여러분 또한 이런 자세로 매매에 임했으면 한다.

이번 장의 목적은 내가 사용하는 강력한 매매 접근법을 소개하는 동시에 매매 전략 전반에 걸친 보다 심층적 이해를 도모하는 일이었다. 정리하자면 월말과 월초에 강력하고 확실하며 지배적인 가격 패턴이 나타난다는 점이다. 이제 여러분도 이런 패턴을 어떻게 매매에 활용하는지 알았으리라 생각한다.

# 제 11 장

# 포지션 청산
# 시점

*long-term*
*secrets*
*to short-term*
*trading*

무엇이든 미리 결말까지 생각해보지 않은 상태에서는 아예 시작도 하지 마라.

단기 트레이더가 따랐으면 하는 세 가지 시장 청산 규칙이 있다.

①모든 매매에서 항상 손절가_dollar-stop_를 정해 적용한다. 그래야 다른 손절 기준이 전부 작동하지 않을 때 최소한의 투자금 보호 장치로 활용할 수 있다.

②랄프 빈스_Ralph Vince_의 도움을 받아 내가 개발한 '구제형 이익 실현 기법_bailout profit-taking technique_'을 사용하라. 이 기법의 기본 규칙은 이익 실현이 가능한 첫 번째 시가에서 청산하는 것이다. 실현할 이익이 1틱에 불과하더라도 이익을 취하라.

이 규칙이 가장 잘 먹히는 시장은 S&P500이다. 가격 흐름이 천천히 진행되는 시장에서는 추세가 무르익을 수 있도록 구제형 이익 실현 시점을 하루나 이틀 정도 미룬다. 그래야 평균 매매 이익이 좀 더 커질 수 있다.

③반대 신호가 포착되면 포지션을 청산함과 동시에 반대 포지션으로 전환한다. 매도 포지션에서 매수 신호를 받으면 손절가 또는 구제형 청산점에 이를 때까지 기다리지 마라. 대신 가장 최근의 신호에 따라 매도 포지션을 청산하고, 곧바로 매수 포지션에 올라타라.

내가 포지션 청산에 관해 당부하고 싶은 말은 하나뿐이다. 욕심 부리지 말고, 감정이 아니라 규칙에 따라 매매에 임하라.

물론 다른 청산 기법도 있다. 수많은 사람이 매수 및 청산에 피보나치 비율을 사용하지만 나는 아니다. 피보나치 비율이 적합하다는 증거를 여태 찾지 못했기 때문이다.

특정한 일수 내에 매매 포지션을 청산하는 방법도 고려해 봄직하다고 본다.

진입 후 n일까지 이익이 나지 않으면 해당 시장의 조건에 모종의 변화가 생겼다고 봐야 한다.

단기 매매에는 항상 딜레마가 있다. 시장이 과매수 상태면 이익을 실현하고픈 유혹에 빠진다. 그러나 섣부른 청산은 추세에서 뛰어내리는 것이며, 그것도 대개는 너무 일찍 뛰어내리게 된다. 이에 대한 해법은 있을까?

어느 정도의 해법은 있다. 단기간 내로, 말하자면 4일 기준으로 매매한다고 하자. 매수 포지션을 취하는 상황에서 시장이 과매수 상태면 이익 실현을 고려할 시점일 수 있다. 그러나 이런 식이면 추세가 무르익기도 전에 너무 일찍 청산하게 될 수도 있다. 이럴 때는 시장 진입 때 고려했던 기간인 4일의 2배를 기준으로 과매수 여부를 판단하는 방법도 고려해볼 만하다.

다시 말해 8일간의 과매수 지표를 사용해 시장 하락 신호가 보일 때 포지션을 청산하는 것이다. 이 정도면 진정한 과매수 상태다. 요컨대 시장 진입용 기준 일수와 이익 실현용(혹은 청산용) 기준 일수를 다르게 가져가는 방법을 고려할 수 있다.

# 제12장

# 투기에 관한 고찰

*long-term*
*secrets*
*to short-term*
*trading*

투기가 나쁜 일은 아니지만, 나쁜 투기는 재앙이다.

시장 흐름을 정확히 분석하는 일도 중요하지만, 투기업계에서는 이것만으로 큰돈을 벌기는 어렵다. 재능만 있다고 가능한 일도 아니다.

투자 부문에서 전문 직업인으로 성공했다고 말하려면 매매로 한두 번 이익을 내는 정도로는 턱도 없다. 한두 번 성공하는 일은 누구나 가능하다. 어쩌다 운 좋게 혹은 우연히 이익 매매에 성공한 것을 성공적인 트레이더 경력으로 보기는 어렵다. 투기의 목적은 손실을 내고 실의에 빠진 나날을 보낸다거나 2회 연속으로 이익을 냈다고 하늘을 나는 듯 환희에 젖는 일 없이, 큰 굴곡 없이 꾸준히 잘 해내는 데 있다.

나는 한두 번 대박 터뜨리듯 큰 이익을 내기보다는 꾸준히 성과를 내는 쪽에 더 관심이 많다. 판자에 못 한두 개 박는 일은 누구나 할 수 있지만, 집 전체를 짓는 일은 전혀 다른 차원인 것과 마찬가지다. 집을 지으려면 기술뿐만 아니라 탄탄한 설계와 계획이 필요하다. 계획에 따라 목적을 완수하겠다는 의지 그리고 매일 현장에 나가 진행 과정을 꼼꼼히 확인하는 능력이 필요하다.

## 진입보다 청산이 훨씬 중요하다

바보라도 싸움을 시작할 수는 있다. 그러나 싸움을 시작하는 것과 이기는 것은 다른 이야기다.

나는 항상 바보였다. 어렸을 때 딱히 싸움을 잘하는 편이 아니면서도 싸움은 또 잘 걸었다. 그러고는 처참하게 깨지기 일쑤였다. 옷은 찢어지고 코피가 터진 채로 학교에서 돌아오면 아버지는 그런 나를 보고 고개를 저으며 이렇게 말했다. "래리, 바보도 싸움은 걸 줄 안단다. 진짜 똑똑한 사람은 싸움을 피하는 사람이야."

매매에 관한 책이나 교육 과정은 거의 다 포지션 청산 기법이 아니라 시장 진입 기법부터 시작한다. 이 상황이 맞다면 우리 같은 시장 지도자는 이 업계에 엄청난 해를 입히는 조언을 하고 있는지도 모르겠다. 일반 상식과는 정반대되는 주장이기 때문이다.

매매를 시작하기는 쉽다. 바보라도 시작은 할 수 있다. 그러나 이익이 나는 지점에서 알맞게 포지션을 청산하는 일은 결코 쉽지 않다. 이후 장에서 내 실제 투자자계정보고서<sub>account statement</sub>를 공개할 예정이다. 내가 실전 매매로 수백만 달러를 벌었다는 점을 확인할 수 있을 것이다. 내가 여러분에게 알려주려는 것은 허풍이 아닌 현실이다.

내 오랜 추종자라면 알겠지만, 나는 1990년대에 이종격투기 헤비급 챔피언 몇 사람을 관리한 적이 있다. 권투를 좋아하는 사람은 지미 선더<sub>Jimmy Thunder</sub>나 마이크 '더 바운티' 헌터<sub>Mike 'The Bounty' Hunter</sub>, 레이 머서<sub>Ray Mercer</sub>를 알 것이다. 나는 도쿄에서 있었던 조지 포먼<sub>George Foreman</sub> 경기 프로모션에도 참여했다.

권투와 매매가 무슨 관계가 있나 싶겠지만, 장담하건대 살아가는 동안 할 수 있는 싸움 중 시장에서 벌어지는 싸움이 가장 치열하고 험악하다. 이런 생각은 제럴드 로브<sub>Gerald Loeb</sub>가 쓴 주식 시장에 관한 베스트셀러 《목숨을 걸고 투자하라》에서 영감을 받은 측면이 있다. 로브는 특히나 공감이 가는 말을 많이 했다. '투자는 생존을 위한 전투다.' 이 전투는 여러분과 시장 간의 대결이자, 여러분과 다른 시장 참여자 간의 대결이자, 여러분과 여러분 자신 간의 대결이다. 이런 이유 때문에 권투와의 유사점을 고려한다면 성공적 매매에 관해 배울 수 있는 부분이 많다고 생각한다.

1990년대 헤비급 격투기 유망주를 수련시키던 중 나는 권투 트레이너 토미 피콕Tommy Peacock이라는 아주 흥미로운 인물을 만났다. 그리고 몇 년에 걸쳐 토미가 해준 말을 충분히 소화한 후 권투 선수 훈련 과정의 기초를 매매에 적용할 수 있었다.

토미가 권투 훈련생에게 되풀이해서 실시하는 훈련에는 두 가지의 포인트가 있었다. 첫째, 맞지 마라. 이 지시는 매매에서는 '위험을 제어하는 자금 관리'에 비견된다.

토미는 굉장히 독특한 방법으로 훈련을 시켰다. 선수가 마치 다운당한 듯이 바닥에 누운 상태에서 일어나는 연습부터 시켰다. 여기서 노련한 선수와 초보자는 확연히 구별되는 행동을 보인다. 미숙한 선수는 등을 대고 누운 상태에서 몸을 굴려 앉았다가 일어서는 방법을 썼다. 이렇게 하면 피와 산소가 뇌에서 싹 빠져나가는 느낌이 들면서 어질어질해진다. 반면에 능숙한 선수는 배를 깔고 엎드린 상태에서 상체를 일으키는 방법을 쓴다. 이렇게 머리를 낮춘 상태로 일어서면 피가 갑자기 쏠리는 현상 없이 편하게 정상 상태로 돌아온다.

토미가 처음에 강조한 것은 상대방 얼굴에 펀치를 가하거나 잽을 날리는 방법이 아니었다. 그는 발놀림을 강조했다. 두 발을 어깨 넓이로 벌리고 왼발을 오른발 약간 앞에 놓아야 하며 두 발이 꼬이면 안 된다고 강조했다.

내가 읽었던 매매 관련 서적은 거의가 '싸움 시작하기'에서부터 출발한다. 대개 이동평균 따위의 기법 혹은 패턴을 활용해 매매라는 전투에 나서는 법부터 설명한다. 올바른 자세가 무엇인지, 두 손으로 가드를 어떻게 올려야 하는지 등 자신을 보호하는 방법에 대해서는 다루지 않는다. 게다가 '전투를 시작하면 안 되는 시점' 같은 가장 중요한 주제를 비중 있게 다루는 책은 거의 없었다.

선수 훈련의 두 번째 포인트는 '선택'이었다. 격투기에서는 선수를 키울 때 상대 선수를 아주 신중하게 선택하는 꼼수를 쓴다. 자신이 키우는 선수가 패하기를 바라지는 않을 테니 좀 약해보이는 상대로 3~5명을 골라 맞대결을 시킨다. 우리 선수가 상대 중 한 명에게 지면 그래도 잘했다며 칭찬을 해준다. 이들에게 전부 지면 이것도 다 경험이라며 위로해준다.

여기서 알려주고 싶은 바는 당신이 어떤 싸움에서든 이길 수 있다는 것이다. 단, 상황과 조건이 맞을 경우다. 조건만 갖춰지면 전성기 때 마이크 타이슨Mike Tyson도 때려눕힐 수 있다. 이때 우리가 이길 수 있으려면 타이슨은 두 눈을 가리고 오른손은 등 뒤로 돌려 묶어야 한다. 나는 타이슨의 두 발까지 꽁꽁 묶어 달라고 요구할 것이다. 타이슨이 휘두르는 주먹의 위력은 상체가 아니라 두 발을 잽싸게 움직이며 뛰어오르는 엄청난 도약력에서 나온다. K.O. 펀치의 가공할 만한 위력은 발에서 시작되는 셈이다.

나는 수련시키는 선수들이 참여할 경기를 신중하게 선택해야 한다는 것을 배웠다. 그런데 매매할 때도 격투기 때와 마찬가지로 까다롭게 선택해야 한다는 사실을 깨닫지 못했다. 여기에는 그럴만한 이유가 있다. 싸움을 거는 혹은 매매를 시작하는 일이 너무 신나고 재미있어서 충분히 생각할 시간적 여유를 갖지 않아서다. 트레이더라는 사람들은 바로 행동하며 흥분하고 전율을 느끼는 상태를 천성적으로 좋아한다. 방관자로서 한 걸음 물러나 시장 움직임을 가만히 지켜보면서 게임에 참가하지 않는 상태를 참지 못한다. 다우존스30 지수에 푹 빠진 트레이더 대부분이 차라리 손실을 내면 냈지, 뒤로 물러나 시장을 관망하는 일은 못하겠다는 반응을 보인다.

나는 매매 측면에서도 이러한 두 가지 포인트에 관하여 더 깊이 있게 논하고 싶다. 하나는 다운돼 바닥에 쓰러졌을 때 안전하게 다시 일어나는 방법, 즉 청산 전략이고, 다른 하나는 매매 시점과 대상을 신중하게 선택하는 방법이다. 나는 매수 혹은 매도 신호만으로는 충분하지 않다는 사실도 여러분이 알았으면 한다. 가장 먼저 자기 자신을 보호하는 방법을 배워야 한다. 또한 이익이 났을 때든 손실이 났을 때든 무엇을 해야 하는지도 잘 배운 다음에 매매에 나서야 한다.

바보라도 매매를 시작할 수는 있다. 그래서 말인데 매매의 기술을 본격적으로 논하기에 앞서 매매와 관련한 전반적 사항부터 짚고 넘어가고자 한다. 이 책의 목적은 여러분을 성공적인 트레이더로 만드는 데 있기 때문이다. 트레이더로 성공하려면 손실을 관리하는 방법부터 배워야 한다. 매매를 하다 보면 손실 발생은 거의 필연적이다. 따라서 손실을 만회하는 혹은 손실을 딛고 일어서는 법을 배우지 못하면 매매에서 큰 이익을 낼 능력치를 최대한으로 발휘할 수 없다.

수많은 프로 운동선수와 마찬가지로 격투기 선수가 행하는 또 한 가지 작업이 있다. 지난 경기 장면을 촬영한 영상을 보면서 자신은 물론이고 상대방의 동작까지 꼼꼼히 복기하고 분석하는 것이다. 매매도 마찬가지다. 자신의 지난 매매를 복기하고 상대방(시장)의 과거 움직임을 분석하는 작업이 큰 도움이 된다. 그런데 이렇게 하는 사람이 별로 없다. 아마도 검토 작업은 트레이더가 천성적으로 좋아하는 흥분이라든가 전율을 느끼게 하는 일이 아니기 때문이라고 생각한다. 그러나 내가 매매에서 성공한 이유 중 일정 부분은 경기 영상을 돌려보듯이 시장을 '분석'하고 내가 했던 실패 매매 사례를 '복기'한 데서 비롯된 측면이 분명히 있다.

이와 관련해 참고할 만한 책이 두 권 있다. 첫 번째 책은 샘 셰리던<sub>Sam Sheridan</sub>이 쓴 《싸움꾼의 정신<sub>The Fighter's Mind</sub>》(2010)이고 두 번째는 조시 웨이츠킨<sub>Josh Waitzkin</sub>이 쓴 《배움의 기술<sub>The Art of Learning: A Journey in the Pursuit of Excellence</sub>》(2008)이다. 조시 웨이츠킨의 어린 시절을 그린 영화 〈위대한 승부<sub>Searching for Bobby Fischer</sub>〉도 볼 만하다. 두 저자 모두 책을 잘 썼을 뿐만 아니라 트레이더로서 배울 만한 점들을 강조한다. 이 책들의 내용 중에서 더 나은 트레이더로 성장하는 데 도움이 될 만한 몇 가지 사항을 제시한다.

싸우는 기술 혹은 바이올린이나 피아노 치는 기술과 관련해 일관성 있게 성공을 예측할 수 있는 인자가 하나 있다. 무엇일까? 타고난 기술? 아니다. 바로 얼마나 시간을 들였느냐다. 연습과 노력에 들인 시간만큼 미래의 성공을 정확히 예측할 수 있는 인자도 없다. 격투기도 마찬가지다. 연습에 들인 시간이 성공의 중요한 예측 인자가 된다. 최상의 몸 상태일 때 시합에서 이길 가능성이 크기 때문이다. 말콤 글래드웰은 《아웃라이어》에서 이렇게 썼다. "심리학자가 바이올리니스트의 성공 요소를 분석해본 결과 다음과 같은 상관 관계성을 발견했다. 연습을 많이 한 사람일수록 실력이 더 좋았다. 우수한 성적을 낸 학생들은 다른 학생보다 연습을 더 많이 했다. 세계 정상급 연주자로 성장한 이른바 '천재'들은 일주일에 30시간을 연습하는 사람들이었다. 일주일에 8시간을 연습한 사람들의 최종 목적지는 음악 선생님 정도다."

트레이더인 우리는 어떤가? 매매 연습을 어떻게 해야 하나? 트레이너로서의 '몸 상태'를 어떻게 최상으로 끌어올려야 하는가?

기초 체력을 다지고 몸매를 관리한다는 말은 매일 헬스장에 가서 운동을 하거나 일주일에 몇 킬로미터 정도는 달린다는 의미다. 힘을 키우려면 꾸준히 연습해야 한다. 그래야 기본 체력을 유지하거나 키울 수 있다. 마라톤 선수로 뛰던 어린 시절의 경험을 통해 나는 성공이 불편함을 오래도록 참아내는 능력에 달렸다는 사실을 알게 되었다. 이런 깨달음은 트레이더로 일하는 내내 나의 소중한 정신적 자산이 됐다. 이 업계에서 단숨에 큰돈을 벌 수 있는 방법이란 존재하지 않기 때문이다.

격투기 선수가 매일 체력 훈련을 하듯 나는 매일 장 마감 후 시장 분석을 하면서 매매 '훈련'을 한다. 어떤 트레이더보다 시간과 노력을 많이 투지했다고 자부한다. 대다수 트레이더는 주의산만 때문에 혹은 야수野獸에 맞서야 하는 두려움 때문에 이러한 '훈련'에 관심을 두지 않는다.

"연습이 승자를 만든다면 우리 같은 트레이더는 어떻게 연습해야 할까?" 적절한 질문이다.

이에 대한 해답이 여기 있다. 내가 이 책에 설명한 매매 스타일과 기법들을 어떻게 개발했는지 비법을 알고 싶은가? 아주 단순하다. 나는 수많은 시장 자료와 차트를 수백수천 번 살펴보면서 매매에 도움이 될 만한 가격 패턴 및 관계성 등 모든 요소를 찾으려 했다. 예전에는 종이에다 모의 매매를 해가며 실전 매매 연습을 열심히 했다.

이보다 더 확실하고 효과적인 방법이 없다. 과거 자료를 살펴보고 차트를 열심히 들여다보라. 이런 작업을 하지 않는다면 트레이더로 성공하는 데 필요한 일을 다 했다고 보기는 어렵다.

나는 여전히 바보다. 여전히 손실을 낸다. 어리석은 선택도 여전히 하지만, 그러면서 이런 부정적인 상황을 다루는 방법을 배웠다. '진입보다 청산이 훨씬 중요하다'는 사실도 배웠다. 싸움을 시작하려 한다면, 다시 말해 매매에 나서려고 한다면 '두들겨 맞지 않고' 안전하게 빠져나오는 법을 반드시 알아야 한다.

자, 준비가 됐으면 이제 '링'에 오르자. 본격적으로 싸움판에 오른 여러분에게 알려주고 싶은 사실이 몇 가지 있다.

# 성공하는 투자의 세 요소

투기의 기술이란 결국 미래가 향할 가능성이 가장 높은 방향을 알아내는 것이다. 미래는 애초에 정확히 예측할 수 있는 성질의 것이 아니기는 하지만, 모든 투자 예측은 **선택, 타이밍, 관리** 등 세 가지 요소를 수반한다. 이 세 요소 가운데 하나만 충족시키는 것으로는 부족하다. 세 요소 전부에 능통한 수준이 돼야 한다. 하나씩 살펴보도록 하자.

### 투자의 첫 번째 요소: 선택

우선 '선택'에는 두 가지 측면이 있다. 하나는 가격 변화 조짐이 보이는 '시장을 선택'하는 일이고 또 하나는 '그 시장에 집중하기로 선택'하는 일이다.

자신이 선호하는 상품이 어느 날 가격이 급반등하거나 급락해서 돈방석에 앉게 되리라는 기대는 하지 마라. 주식이나 상품 선물의 과거 기록들을 꾸준히 공부하면 베테랑 트레이더와 투기자가 되고 싶은 일반인을 구분 짓는 놀랄 만한 비법을 발견할 수 있다. 그 비법이란 시장 가격은 계속해서 등락을 거듭하며 미미한 추세를 형성하는 정도에 그친다는 것이다. 매매 기회로 삼을 만한 큰 폭의 가격 변동은 고작해야 1년에 서너 번밖에 나타나지 않는다. 지금 당장 주식이나 상품 차트를 한 번 보라. 큰 가격 변화는 매일 오지 않는다는 사실을 쉽게 알 수 있을 것이다. 그런 일이 발생할 가능성보다 발생하지 않을 가능성이 더 크다. 큰 가격 변화는 사실상 예외적인 상황이다.

매매할 시장을 선택하는 것이 중요한 이유가 바로 여기 있다. 뚜렷한 추세도 없이 지지부진한 시장에 들어가 발목을 붙잡히고 싶지는 않을 것 아닌가. 그랬다가는 당신이 먼저 지쳐서 나가떨어지거나 크게 흔들릴 수 있다. 둘 중 뭐든 간에 돈을 잃거나 시간을 허비하게 된다. 그러므로 조건들이 만족되어 크게 움직일 준비가 된 시장을 알아보고 선택하는 방법을 배워야 한다.

지금까지 TDW, TDM, 휴일, 시장 간 관계 등을 포함한 수많은 조건에 대하여 설명했다. 대형(따라서 현명한) 상업적 트레이더의 순매수 혹은 순매도 포지션, 일반인 투기자의 잘못된 매매 포지션 혹은 심지어 시장 상황을 변화시키는 중요한 뉴스까지도 움직일 준비가 된 시장의 조건으로 활용할 수 있다. 성공적인 투기자는 기다리는 게임을 한다. 반면 대다수의 투기자는 기다리지를 못한다. 그저 빠를수록 좋다면서 덤비는 사람이 태반이다. 노련한 투기자는 때가 왔다는 판단이 설 때까지는 참고 기다리며 행동을 미룬다. 그래야 이길 가능성이 더 크다는 사실을 알기 때문이다.

선택이 매우 중요한 이유가 또 있다. 나는 여러 시장을 기웃대지 않고 항상 한두 시장에만 집중할 때 매매 성적이 제일 좋았다. 집중력을 흐트러뜨리는 다른 사항은 전부 무시함으로써 내가 선택한 시장이 어떻게 작동하는지, 무엇이 시장을 '움직이게' 만드는지 그리고 (이보다 훨씬 더 중요한 부분인데) 무엇이 시장을 '움직이지 않게' 만드는지 등을 확실하게 배울 수 있었다. 능력, 의도, 행동 등의 3박자가 '집중'되지 않으면 좋은 성과를 내기 어렵다. 투기도 마찬가지다. 자신이 하는 일에 더 집중할수록 성공 가능성은 더 커진다.

어떤 분야에서든 마찬가지다. 심장 수술에 집중하는 흉부외과 전문의는 전신을 진료하는 일반의보다 돈을 더 많이 번다. 요즘 같은 복잡한 시대에는 전문성에 더 큰 보상이 따른다.

여러 해 전에 주식 시장에서 수백만 달러를 벌었다는 한 현명한 트레이더에 관한 이야기를 들었다. 이 사람은 시에라 산에 살면서 1년에 세 번 정도 브로커에게 전화를 걸어 항상 똑같은 종목을 매수 혹은 매도하라는 주문을 냈다. 이 브로커에게 직접 들은 말인데, 그 사람은 정말로 한 종목에 집중하는 방식으로 돈을 엄청나게 벌었다고 한다.

## 투자의 두 번째 요소: 타이밍

당신이 가진 새로운 도구와 기법과 꿈을 총동원해서 큰 움직임이 금방이라도 일어날 것 같은 특정 상품 시장을 선택했다고 치자. 그리고 당신은 그 시장에만 집중하기로 선택했다. 그렇다 하더라도 아직은 시장 속으로 돌진할 때가 아니다.

'선택'이 '어떤' 시장이 움직일 것인가의 문제였다면, 투자의 두 번째 요소인 '타이밍'은 '언제' 그 시장이 움직이느냐의 문제다. 타이밍의 핵심은 가격 변동의 시작이 예상되는 시점의 범위를 최대한 좁히는 데 있다. 이때 사용할 수 있는 도구로는 단순 추세선, 변동성 돌파, 패턴 등이 있다. 타이밍의 본질은 트레이더가 선택한 방향대로 가격 변동이 폭발적으로 일어날 수 있는지를 시장 스스로 증명하게 하는 것이다.

이 부분이 의미하는 바가 무엇일까? 당신이 매수 포지션을 취하려 한다고 가정하자. 그러면 가격 하락은 가격의 상승 대변동이 시작됐다는 의미가 당연히 아니다. 오히려 정반대다! 가격 하락은 앞으로 가격이 더 하락한다는 신호일 것이다. 이는 뉴턴의 관성의 법칙으로 간단히 설명할 수 있다.

즉, 일단 움직이기 시작한 물체는 특별한 힘이 가해지지 않는 한 그 움직임을 지속하려 한다. 트레이더는 항상 엄청난 갈등 상황에 지속적으로 노출된다. 통상적으로는 가장 싼 가격일 때 매수하라고들 한다. 그러나 추세 분석가는 가격이 하락하는 중에는 매수하지 말라고 한다. 나 역시 '저가 매수'는 잊으라고 말하고 싶다. 그 대신, 변동성이 폭발하기 시작할 때 매수하라. 이렇게 하면 저점 매수 기회를 잡지는 못하겠지만, 가격이 더 하락하여 신저점에 발목을 잡히는 경우보다는 백번 낫다.

## 투자의 세 번째 요소: 관리

세 번째 요소는 매매에 소요되는 자금뿐 아니라 매매 자체까지 관리하는 일이다. 업계 통념은 '손실을 감당할 수 없는' 자금을 매매에 사용하면 안 된다고 말한다. 맞는 말일 수도 있다. 하지만 이런 상황을 생각해보자.

지금 손에 쥔 돈이 장난감 돈이라고 생각하면 장난치듯이 매매할 테고 그러면 십중팔구는 그 돈을 다 잃는다. 반대로 이것이 진짜 돈이고 **잃으면 정말 안 되는 돈**이라면 훨씬 신중하게 매매에 임할 테고 그러면 자연히 이익을 낼 가능성도 더 커진다. 필요는 발명의 어머니라고 했던가! 그뿐 아니라 필요는 투기의 관리자이기도 하다.

매매 관리는 단순히 자금 관리만 한다고 되는 것이 아니다. 매매 포지션을 얼마나 오래 유지하느냐, 이익을 얼마나 많이 취하느냐의 문제와도 관련돼 있기 때문이다. 그리고 이는 트레이더의 감정 관리와 직접적인 관련이 있다. 쉽게 흥분하지 않고, 과다 매매 혹은 과소 매매를 하지 않아야 한다는 의미다. 또한 적절한 행동을 하고 매매하는 동안 감정 상태를 제어한다는 의미이기도 하다.

매매 방법을 안다는 것이 곧 매매에서 '이익을 내는' 방법을 안다는 의미는 아니다. 무릇 매매의 기술은 선택과 시장 진입 기법을 자금 관리와 결합하는 작업이다. 물론 이런 요소들도 중요하지만, 정말 뛰어난 트레이더는 이런 기법의 사용 및 통제를 포함한 전반적인 '매매 관리'야말로 시장 이익을 극대화하는 지름길이라는 점을 잘 알고 있다.

# 투기와 관련한 필수 사항

## 부자는 크게 베팅하지 않는다

부자는 대체로 똑똑하다. 그들은 투자든 매매든 간에 단번에 크게 베팅하면 안 된다는 사실을 잘 알고 있다. 일류 투기자를 동경하는 입장에 있는 초보자는 일확천금을 꿈꾸며 단번에 큰돈을 벌겠다는 야망에 사로잡힌다. 이런 사람들은 기회다 싶을 때 무턱대고 베팅하기 때문에 큰 손실을 볼 가능성이 농후하다. 살아가는 동안 누구나 한두 번은 큰 손실을 볼 수도 있다. 그러나 계속해서 큰 손실을 보면 결국 빈털터리가 될 수밖에 없다. 한번에 전부를 걸면 그 전부를 잃기 때문이다. 부자가 크게 베팅하지 않는 이유가 바로 여기에 있다.

이 사람들은 매우 명민하므로 단번에 전부를 투자하는 무모함을 보이지 않는다. 투자 결정은 본질적으로 무작위적일 수 있다는 점을 알기 때문이다. 이들은 미래는 예측 불가능한 측면이 있다는 점도 알기 때문에 이런 기조로 게임이나 투자에 임한다. 수년 전 나는 몬태나에 있는 작은 은행의 이사회 임원으로 있으면서 수많은 대출 신청자의 서류 심사를 한 적이 있다. 제출 서류에는 사업 계획서라든가 대출금 상환 계획서 등이 포함됐다.

그런데 이런 서류상의 계획이 실현되는 경우는 별로 본 적이 없다. 야심 찬 계획은 목표 지점에서 벗어나기 일쑤였고 다들 예상하듯 현실은 늘 계획서가 그린 세상 저편에 있었다. 노 은행가가 이런 명언을 남겼다. "등기 우편물치고 좋은 소식 없고, 계획서치고 실현되는 법이 없다."

부자는 괜찮은 투자 한두 건을 찾으면 거기에 적절한 금액만큼만 투자해서 더 부자가 된다. 무모한 투자에서 얻을 수 있는 승리의 짜릿한 전율 하나만 보고 쓸데없는 위험을 감수할 필요가 없다. 그럴만한 가치가 없는 일이다.

## 천 달러를 벌려면 천 달러를 걸어야 한다?

이것은 라스베이거스 카지노 업계에서 좋아하는 말이다. 그리고 부자는 크게 베팅하지 않는다는 말과는 반대로 보이기도 한다. 그러나 이는 완전히 잘못된 말이다. '천 달러를 버는' 확실한 방법을 제시하겠다.

사실 도박과 투기는 큰 차이가 없다. 하지만 가장 두드러진 차이점은 도박꾼은 자신에게 유리한 입장에서 게임을 주도할 수 '없다'는 점이다. 게임의 승산은 항상 도박꾼에게 불리하도록 설계되어 있다. 블랙잭<sub>blackjack</sub>(딜러와 카드를 한 장씩 받아 21에 가까운 수를 만드는 사람이 이기고 21을 넘으면 지는 게임-역주)을 하면서 스스로 딜러가 돼서 카드를 고르지 않는 이상 항상 그렇다. 이처럼 확률적으로 불리한 구조인데도 도박으로 돈을 벌어보겠다며 우르르 몰려드는 사람들을 볼 때마다 항상 놀라웠다.

라스베이거스 카지노가 하루 24시간 영업하는 이유는 단순하다. 사람들이 게임을 그만하려 하지 않기 때문이다. 카지노처럼 자신이 유리한, 특히 아주 약간 유리한 게임에서는 오래하면 할수록 돈을 벌 확률이 높아진다. 그래서 카지노는 쉬지 않고 영업을 하려는 것이다. 카지노 측에서 보면 게임을 하는 손님은 매일 매순간 자신들의 계좌를 두둑이 채워주는 고마운 사람들일 게다.

**카지노 업계 격언의 맹점:** 카지노 총지배인쯤 되는 사람들은 도박에 관해서는 모르는 것이 거의 없는 도박의 '권위자'라 하겠다. 그러나 천 달러를 벌려면 천 달러를 걸어야 한다는 카지노 업계 조언은 자칫 순진한 사람들을 곤경에 빠뜨릴 수 있는 도박장의 꼬드김에 불과하다.

지난해에 내 딸은 1만 달러로 매매를 해서 11만 달러를 벌었고 나는 5만 달러를 들여 100만 달러를 벌었다. 우리는 '거액 베팅'을 한 적이 없다. 오히려 우리는 소액을 베팅하는 스타일이었고 위험 노출 규모는 잔고의 20%를 넘기지 않았다. 이마저도 필요하거나 계획한 수준보다 훨씬 큰 규모였다.

투기자로서 매매 게임의 우위를 발견했다면, 카지노가 거액을 버는 바로 그 규칙에 따라 게임에 임하라. 즉 **조금씩 베팅하고 24시간 게임을 하라.**

천 달러를 벌려면 천 달러를 걸라는 꼬드김의 문제점은 판돈 천 달러를 순식간에 잃을 수 있다는 부분이다. 그러므로 우연이나 행운이 아니라 게임의 우위가 스스로 쌓이고 자라 천 달러를 벌게 해주는 전략을 찾자. 매매로 돈을 벌 수 있는 기회는 널려 있고 이 게임은 어느 날 갑자기 끝나지도 않는다. 그러니 주사위를 딱 한 번 굴려서 떼돈을 벌 생각 하지 말고, 긴 시간에 걸쳐 꾸준히 수익을 추수하는 방법을 익혀라.

36년 동안 시장에서 쌓은 내 경험에 비춰보건대 시장에서는 돈을 버는 사람보다 잃는 사람이 더 많다. 그리고 손실을 내는 사람은 이익을 내는 사람과는 완전히 정반대로 생각하고 행동한다. 이 사람들은 한 번 혹은 두 번 매매로 한 밑천 두둑이 챙길 수 있다고 생각하면서 단번에 거액을 베팅한다. 그러나 시장 매매의 승자들은 올바른 선택과 행동을 꾸준히 하면서 계속 이익을 내서 부를 축적해나간다. 이른바 '한 방'을 노리는 자세로 나가면 살아남을 가능성보다 망할 가능성이 더 크다는 사실을 명심하기 바란다.

**부자는 거액을 걸지 않는다:** 정말로 똑똑한 부자는 어떤 게임에서든 단번에 큰돈을 걸지 않는다. 이런 사람들은 뭔가를 '증명'하려 하기보다 돈을 더 많이 벌고자 행동한다. 그리고 이들은 투기의 다른 요소인 선택과 타이밍만큼이나 위험 관리가 중요하다는 사실을 잘 알고 있다. 상품 선물 매매는 선택, 타이밍, 위험 관리 등 세 요소로 정의된다는 점을 다시 강조하고자 한다.

## 투기는 롤러코스터를 좋아하는 사람들의 게임

이 부분에 관해서는 나를 믿어도 좋다. 짜릿한 전율이나 롤러코스터 같은 급격한 변화를 좋아하지 않는 사람이면 이 책을 당장 덮어라. 그리고 따분하지만 평온한 일상으로 돌아가기 바란다. 투기자의 삶이란 일상이 롤러코스터다. 급하게 올라갔다 내려오고 천장을 찍었다가 어느새 바닥을 찍으며 정신없이 돌아가는 상황의 연속이다. 바닥을 치고 저점을 점차 높이며 올라가리라는 희망을 품지만, 현실에서는 바닥 밑의 지하실을 경험하게 된다. 더 슬픈 점은 고점에서 천장에 다 왔다고 생각하고 당신이 섣불리 팔아치우면, 가격은 천장을 뚫고 천국까지 오른다는 것이다.

그 짜릿한 전율 때문에 사람들은 투기에 매력을 느끼지만, 대다수가 이처럼 급격한 상승과 하락을 염두에 두지는 않는다. 그저 꽃길만 깔린 동화 속 세상을 꿈꾼다. 그러나 현실은 그렇지 않다. 목적지가 보이지도 않는데 험한 길이 끝도 없이 펼쳐져 있다. 투기의 세계에서 전율에 몸을 맡기다가는 죽을 수도 있다.

당신은 가슴속 깊이 전율을 추구하는 사람일 것이다. 그러나 짜릿한 흥분이 매매 스타일을 압도해서는 안 된다. 전율을 추구하는 본능을 적절히 통제하는 법을 배우지 못하면 절대로 투기자로 성공할 수 없다. 그래서 투기가 이렇게도 어려운 것이다. 투기 세계에 입문하려면 '전율을 좋아하는 본성'이 뒷받침돼야 하는데, 한편으로는 투기 세계에서 성공하려면 '손실을 회피하려는 성향'이 필요하기 때문이다. 투기 분야에서 성공하려면 자제력과 통제력을 길러야 한다. 롤러코스터에 올라탔으면 '안전장치'를 단단히 조여야 한다. 그렇지 않으면 바로 탈선해 고꾸라지고 만다. 투기의 세계에서 오래 승자로 남으려면 내 조언을 명심하기 바란다. 전율을 잠재워라.

## 때를 기다릴 줄 아는 인내심이 없으면 아무것도 얻지 못한다

인내심은 전율 추구의 본성을 다스리는 중요한 요소 가운데 하나다. 여러분이나 나처럼 전율을 추구하는 사람들은(여기에 여러분까지 끼워 넣은 이유는 이 책을 덮지 않고 아직 읽고 있으니 전율을 좋아하는 사람으로 봐도 무방하기 때문이다) 머뭇거리지 않고 돌진하는 그 자체를 즐긴다. 초보자는 특히나 기회다 싶으면 깊이 생각하지 않고 마구 달려드는 경향이 있다. 기껏 매매 규칙을 세워 놓고서도 거액을 판돈으로 턱턱 내놓는다. 이기느냐 지느냐와 무관하게 '저돌적으로 달려들 때의 흥분'이 보상처럼 뒤따른다는 이유 하나로 말이다.

초보 트레이더가 보이는 핵심 문제는 이른바 '과다 매매'의 늪에 빠진다는 점이다. 신참 트레이더는 대체로 시장 이익보다 아드레날린이 고농도로 발산되는 상황을 더 원하기에 이런 현상이 나타난다. 이들은 ①적정 수준보다 매매를 더 자주 하거나 ②계약 건수를 더 늘리는 방법으로 과다 매매를 한다.

이는 전율과 흥분의 강도 혹은 세기의 문제로 귀결된다. 매매하는 계약 수가 많을수록 전율을 더 많이 느낄 수 있다. 매매를 더 자주 할수록 엔돌핀이 더 많이 분비된다. 그러나 **너무 잦은 매매 횟수와 너무 많은 계약 수는 트레이더를 압살할 치명적 독이 될 수 있다.** 부자는 거액을 베팅하지 않으며 매일 베팅하지도 않는다.

인내심은 돌진함으로써 전율을 얻겠다는 이유만으로 매매를 해서는 안 된다고 우리를 통제해준다. 투기자 머릿속의 세상을 현실에서 실현하겠다는 망상이 매매의 이유가 돼서도 안 된다. 내가 생각하는 투기 세계에서는 전율과 흥분의 강도와 빈도는 절대로 '다다익선'이 아니다. 나는 신중하게 선택하려 한다. 그래서 매매에 최적이다 싶은 이상적인 시점이 올 때까지 인내심을 가지고 기다린다.

투기는 산탄총을 난사해서 한두 마리 얻어 걸리면 좋은 그런 게임이 아니다. 풀 숲에 숨어 기다리다가 사냥감이 확실하게 보일 정도로 가까이 다가왔을 때 단 한 발로 쏘아 맞추는 게임, 그것이 투기다.

인내심이 없는 트레이더는 헛되이 총알을 난사하며 돈도 감정도 소모해버린다. 그래서 막상 한 발이 필요할 때는 탄창이 비어서 쏠 수가 없다. 이보다 난감하고 속상할 때가 또 어디 있을까!

## 지키지 않는다면 전략이고 시스템이고 다 무슨 소용인가?

기술적 분석가들은 시장과의 싸움에서 완승할 수 있는 매매 시스템을 개발하는 데 집중한다. 이익 매매 시스템을 만들기 위해 엄청난 시간과 비용을 들인다. 바람직한 일이다. 나 역시 시장 기제를 더 완벽하게 이해하고자 한시도 허투루 보내지 않으려 노력했다.

나와 기술적 분석가들의 차이점은 이들은 '기본 시스템'을 완성하더라도 고작 한두 번 매매에 적용해본 후에 시스템을 수정하거나 폐기 처분한다는 것이다. 오랜 친구 린 엘드리지Lin Eldridge가 내가 하고픈 말을 아주 잘 표현했다. "따라하지 않을 생각이면 시스템을 왜 만들지?"

자신에게 솔직해지자. 애써 만든 규칙을 지키지 않을 것이라면 규칙을 왜 만드는가? 그러려면 다른 일을 하라고 권하고 싶다. 투기와 관련해서도 마찬가지다. 손실만 내다 거덜을 내고 싶다는 마음이 아니고서야 지키지도 않을 규칙을 만들 이유가 없다. 규칙은 시장에 들어가고 나가는 시점을 정확히 알리는 데 목적이 있다. 그러나 더 중요한 목적은 트레이더를 보호하는 데 있다.

자신은 규칙을 지키지 않는 사람들과는 다르다고, 규칙을 지키는 것은 아주 쉬운 일이라고 생각할지도 모른다. 그러나 현실은 그렇지가 않다.

작년 한 해 동안 미국에서는 약 5만 2,000명이 교통사고로 목숨을 잃었다. 일주일에 1,000명꼴이다. 아주 단순한 규칙 두 가지를 지키지 않았기 때문이다. 하나는 과속 금지, 또 하나는 음주 운전 금지였다. 둘 다 지키기에 어렵지 않은 교통 규칙이고 투기 규칙과는 달리 정서적 충돌 요소가 얽혀 복잡할 일도 없다. 너무도 간단한 규칙을 지키지 않아서 발생한 교통사고로 수많은 사람이 가족을 잃고 참담한 시간을 보내고 있다. 대모험 활극을 펼치는 주인공을 그리며 투기에 뛰어들었다면 장담하건대 분명히 패가망신한다. 교통 규칙 따위 호기롭게 어기면서 '투기'라는 고속도로를 달리다가는 교통사고를 크게 일으키며 참담한 최후를 맞을지 모른다.

중력의 법칙은 언제 어디서나 작용한다. 투기업계에서도 중력과 같은 기본 규칙을 언제 어디서나 반드시 지켜야 한다.

## 12월에 오지 않는 크리스마스

상품 선물 트레이더나 투기자가 고민해야 할 진짜 문제는 따로 있다. 당해 연도 중 언제 이익이 많이 나는지 그 시점을 알지 못한다는 점이다.

보석상 주인은 연휴나 크리스마스가 대목이라는 점을 잘 알고 있고 연간 소득 대부분을 이 시기에 올린다. 다른 소매상도 마찬가지다. 이들은 언제 매출이 가장 많이 일어나는지 알고 있고 그에 맞게 예산 계획을 세울 수 있다.

그런데 우리 같은 사람은 그렇지 못하다. 내가 책을 쓰고 시황 정보지를 발표하는 이유도 여기서 비롯된 측면이 있다. 나도 고정 수입을 원한다. 매매를 업으로 하다 보면 1년 열두 달 내내 큰돈을 벌 때도 있고 한 푼도 못 벌 때도 있다. 또 연초부터 6~7개월 동안 내내 손실만 내다가 한 번에 돈벼락을 맞기도 한다. 롤러코스터를 타는 듯한 투기 세상에서는 무슨 일이 벌어질지 아무도 모른다.

그래서 상품을 다루는 펀드 매니저는 자신이 관리하는 자산의 일정 비율을 수수료로 챙긴다. 통상적으로 매매 이익의 20%를 보수로 청구하지만, 꾸준한 수수료 수입이 있어야 이익이 나지 않아도 비용을 메울 수 있다. 다른 사람과 마찬가지로 이들도 고정 수입이 필요하다.

대다수 사람이 직장을 그만두고 트레이더의 길로 들어서지는 않으리라 생각한다. 지금 다니는 직장이 마음에 들지 않더라도 고정 수입이 보장되는 직장이 최소한의 재정적 안전장치 역할은 해주기 때문이다. 마치 보석상의 크리스마스처럼 말이다. 여러분도 지금 다니는 직장이 마음에 들지 않을 수 있다. 나 역시 이 일이 항상 좋지는 않다는 말을 하고 싶다. 매번 꿈같은 성과를 즐기는 삶은 아니라는 말이다. 2~3개월 연속 이익을 내지 못해서 손가락을 빨아야 할 때도 있다. 시황 정보지에 올린 시장 예측이 틀리는 바람에 온 세상 사람들의 비난을 받는 일이 즐거울 수 있을까! 내게 적대적인 사람들은 한두 개 틀린 부분이 있으면 아주 심각한 오류라도 발견한 듯 호들갑을 떨고 친한 친구들조차 낄낄대며 나를 조롱한다.

그러나 이는 전혀 중요하지 않다. 누구든 자신이 하는 일이 좋든 싫든 묵묵히 할 일을 해야만 한다. 이런 의미에서 우리는 계속해서 매매 시스템을 따라야 한다. 비록 그 과정에서 이익이 감소하거나 손실이 나더라도 말이다. 아무리 생각해도 아닌 것 같아도 일단 정해놓은 손절점은 그대로 활용해야 하고, 올해는 '크리스마스(큰 이익이 나는 날)'가 늦어지더라도 감수해야 한다. 더 나아가 이 같은 매매의 특징에 맞춰 생활 및 예산 계획을 세우는 편이 낫다. 크리스마스가 늦어질 때를 대비해 현금도 충분히 비축해 놓아야 한다.

마지막으로, 이번 해에는 운이 너무 좋아서 크리스마스가 1월이나 2월로 앞당겨진다고 해서 진짜 크리스마스인 12월 25일까지 매일 크리스마스가 되겠거니 기대에 부풀어 섣불리 김칫국을 마시지도 않아야 한다. 천국으로 가는 직항로 같은 건 존재하지 않는다. 수익 곡선이 우상향으로만 진행되는 일도 없다. 천국으로 가는 길에는 산마루와 골짜기가 수도 없이 나타난다. 해마다 크리스마스가 언제 올지 알 수 없다고 하는 이유가 여기에 있다. 그저 올바른 방향으로 제대로 나가기만 하면 결국은 산타클로스가 와주리라 믿을 뿐이다.

## 자신에게 유리한 게임이면 오래할수록 이길 확률이 높아진다

게임에서 자신이 유리하다는 사실을 인지하는 것은 언젠가는 칩을 싹 쓸어 담으며 '크리스마스'를 맞이하게 되리라는 사실을 아는 것과 같다.

투기자 모두에게 매우 중요한 개념이다. 이는 신념 체계의 바탕이 되지만, 이 개념 자체는 신념을 바탕으로 하지 않는다. 카지노는 믿음을 바탕으로 하는 사업이 아니다. 카지노는 오로지 수학적 계산을 바탕으로 운영된다. 주사위나 룰렛 돌림판의 수학적 법칙이 결국은 이긴다. 그래서 카지노 측은 돌림판을 쉬지 않고 돌릴 뿐이다. 기다리는 일도 마다하지 않고 결코 멈추지도 않는다. 도박꾼들이 기댓값이 음수인 게임을 오래할수록 카지노는 돈을 벌 수 있기 때문에 24시간 영업을 계속하는 것이다.

그래서 나는 라스베이거스로 가서 카지노 돈 통을 털어보겠다는 사람들을 볼 때마다 웃음이 나온다. 카지노야말로 여러분이나 나 같은 사람을 돈 통을 채워줄 먹잇감으로 보기 때문이다. 호텔의 크기로 보나 주가의 성적으로 보나, 우위에 있는 쪽은 우리가 아니라 카지노다.

트레이더라면 **시간은 우리 편**이라는 사실을 깨달아야 한다. 계약서에서는 시간이 중요하다. 채무 이행이라는 측면에서 보면 확실히 시간이 중요하다. 그러나 매매에 관한 한 시간은 절대적 요소가 아니다. 유리한 게임에서는 시간이 가면 갈수록 결국 이길 가능성이 높아지기 때문이다.

카지노가 쉬지 않고 영업하는 또 다른 이유는 사람들이 게임을 멈추지 않기 때문이다. 매매업계 용어로 '과다 매매'를 하기 때문이다.

우리가 카지노를 운용하는 것은 아니지만 카지노에는 배울 점이 많다. 우리가 사용하는 접근법이 이 매매 게임에서 통계적으로 이점이 있다는 사실을 분명히 확인해야 한다. 그러려면 시험 매매를 통해 전략의 효과를 확인해야 한다. 자신이 아주 똑똑해서 혹은 아주 잘났기 때문에 이익을 낼 수 있을 것이라는 턱도 없는 억측은 하지 마라. 연구와 분석을 통해 자신이 취한 접근법이 효과가 있음을 확인하고 나면 그때는 해당 시스템을 꾸준히 적용하면서 그 확신을 더해가면 된다.

## 질 때가 아니라 이길 때 더 힘을 내라

이것은 투기에 관한 가장 중요한 규칙이다. 실패하는 사람은 늘 이와 정반대로 행동한다. 그들은 손실이 날 때 판돈을 올리고 이익이 날 때 판돈을 줄인다. 이런 사람들은 슬롯머신에서 돈을 다 잃는 사람을 보고도 그가 떠난 자리로 들어가서 게임을 시작한다.

반면에 성공하는 사람은 이익이 나는 쪽에 더 힘을 쏟는다. 활황장일 때 S&P500에서 18회 연속으로 이익을 냈던 기억이 지금도 생생하다. 그런데 3회 연속 이익을 낸 후에는 내 시황 정보지 구독자 중 75%가 그다음 매매를 하려 하지 않았다. 6회 연속 이익을 낸 후에는 매매를 더 하려는 사람이 아무도 없었다.

대체 무슨 일이 벌어지고 있는가? 인간은 성공이 계속되는 상황을 견뎌내지 못하고 오히려 실패를 더 좋아하는 듯 보인다. 성공이 실패로 변할까 봐 두려워하며, 실패가 성공으로 바뀌기를 희망하는 꼴이다. 그래서인지 손실이 난 다음에 오히려 더욱 투자에 임한다.

그러나 사실 성공은 이익 매매를 연이어 완수한 덕분에 얻어내는 결과물이다. 성공하려면 성공했다는 이유로 중간에 멈춰서는 안 된다. 이익이 날 때 더 힘을 내라. 반면에 실패는 연이은 손실 매매의 결과물이다. 과거 어느 때보다 연속 손실이 더 크게 난다면 시스템이 실패했다는 가장 확실한 지표다. 그런데 대다수 투기자는 연속으로 손실이 날 때를 오히려 매매 기회로 보고 시장에 들어간다. 물론 장기적 관점에서 성공적인 시스템의 단기적 실패를 기다려 투자를 시작하는 것은 나름대로 괜찮은 선택일 수 있다. 그러나 성공 매매가 이어졌다는 이유만으로 매매를 중단하는 일은 정말이지, 어리석은 행동일 뿐이다.

실패가 이어질 때는 숨고르기를 하고, 성공이 이어질 때는 더 힘을 내서 계속 전진하라.

## 과도한 풍요로움은 위험하다

연이어 성공할 때 더욱 힘을 내 도전을 계속해야 하지만, 성공에 대한 자부심이 지나쳐 이성적 판단을 그르치는 지경에까지 이르러서는 안 된다. 과도한 풍요로움은 과도한 자신감으로 이어지며, 결국에는 애초 성공의 바탕이었던 규칙까지 위반하게 만들기 때문이다.

내 매매 접근법을 따라 해서 좋은 성과를 냈는데 (개중에는 10만 달러 넘게 벌었다는 사람도 있었다) 결국은 돈을 다 날리고 처음 상태로 돌아갔다는 트레이더들의 이야기를 많이 들었다. 핵심은 늘 같았다. 효과적인 매매 규칙을 꾸준히 적용하고 운도 적당히 따라준 덕분에 좋은 성과를 거뒀음에도 오로지 자신의 능력 덕분이라는 오만에 사로잡혀 자부심만 커진 것이 패착이었다.

자부심이 이성을 압도한 트레이더는 자신이 목적지에 어느 정도 도달했다고 착각한다. 돈도 벌 만큼 벌었으니 설렁설렁 매매에 임해도 괜찮다는 마음에 기본을 지키려는 생각을 하지 않게 된다. 규칙 대신 자신에 대한 믿음이 강해진다. 그래서 시장을 향해 가공할 '어뢰'를 냅다 쏘아버린다. 너무도 중요한 손절 규칙을 지키지 않는다. 이미 너무 많은 포지션과 너무 많은 시장에 진입한 상태이기 때문에 그 어뢰가 어디서든 터지는 순간 파멸은 불을 보듯 뻔하다. 너무 큰, 너무 무모한 베팅은 완패로 이어질 뿐이다.

이런 우를 범하지 않으려면 어떻게 해야 하는가? 이와 관련해 나는 늘 이런 다짐을 한다. '자신을 무도회에 데려온 바로 그 사람과 춤을 춰라.' 좋아 보이는 다른 시스템이나 매매 접근법이 있다고 해서 바꿔서는 안 된다. 지금 쓰는 시스템으로 이익을 내고 있다면 같은 규칙과 같은 논리로 매매를 계속하라. 중간에 시스템을 손보거나 바꿔서는 안 된다. 그동안 매매에서 이익을 낸 이유는 검증된 유용한 시스템이나 접근법 덕분이지, 자신의 능력이나 자부심 덕분이 아니었다. 직감이나 요행만을 믿고 덤볐다가는 결국 고꾸라지고 만다. 근거 없는 자부심에 심취하고 중요한 매매 규칙에서 멀어질수록 파멸의 순간이 더 가까워진다.

## 두려움과 욕심의 딜레마

한 해 내내 씨름해야 할 두려움과 욕심의 집요한 줄다리기에 대해 다루려 한다. 이 양면적 감정의 딜레마를 극복하면 매매 이익이 엄청나게 증가하기 때문이다.

트레이더의 특성상 욕심이 두려움보다 강하게 작용한다. 우리는 욕심이 많은 부류다(우리가 다른 사람들은 지나치는 영역으로 굳이 들어서는 이유가 바로 여기에 있다). 따라서 어떤 감정이 일상생활을 지배하는지 알아야 하고 그런 감정이 매매 상황에서 어떤 작용을 하는지도 알아야 한다.

**욕심**은 하지 말아야 할 일을 '하게 하는' 힘이 있다. 주저하는 사람을 일으켜 세워 경솔한 행동을 하게 하고, 매매 포지션을 너무 오래 보유하게 하고, 과도한 매수를 하게 하는 등의 적극적인 힘이 바로 욕심이다. 그러므로 마음속에서 욕심이 스멀스멀 올라오는 느낌이 있으면 그런 감정이 혹여 보상보다 손실이 더 큰 행동으로 이어지지 않을지 정신 똑바로 차리고 주시해야 한다.

**두려움**은 다르다. 두려움은 욕심과는 정반대로 해야 할 일을 '하지 못하게' 한다. 루스벨트 대통령은 다음과 같은 최악의 망언을 남겼다. "우리가 두려워해야 할 단 한 가지는 두려움 그 자체다."

두려움은 '금지'의 효과가 있으며 특정한 행동이나 일에 제동을 거는 역할을 한다. 그리고 두려움은 생존과 밀접한 관련이 있기 때문에 상당히 원초적이며 보호적 성격이 강하다. 실제로 삶을 유지하려면 어느 정도의 두려움은 반드시 필요하다. 그러나 삶에 대한 두려움 혹은 특정 사건에 대한 두려움은 시장에 대한 두려움과는 다르다. 설명하기 어려운 몇 가지 이유로 우리는 아드레날린을 분출시키는 두려움에 질려 가장 좋은 혹은 가장 큰 이익 매매 기회를 그냥 흘려보낸다. 어처구니없게도 손절을 해야 하는 상황이 올까 두려워 손절점을 설정하지 않는다. 두려움이 앞서 행동을 못하고 주저하게 될 때 나이키Nike 광고 문구처럼 하라고 조언하고 싶다. '그냥 해Just do it!' 일류 트레이더의 성공 비결이 바로 여기에 있다. 그 사람들은 두려움을 떨치고 그냥 했다!

두려움에는 두 가지 중요한 측면이 있다. 첫 번째는 두려움이 왜 생기는가에 관한 부분이고 두 번째는 두려움이 어떤 행동을 낳느냐에 관한 부분이다.

두려움의 원인은 '모름'에 있다. 뭐가 뭔지를 모른다는 데서 두려움이 생긴다.

해군 특수부대 출신인 내 친구가 이 부분을 가장 적절히 표현했다. "임무 수행 시 사격을 해야 할 때마다 심장이 두근거렸다. 그러나 이 두근거림은 공포 때문은 아니었다. 우리는 모르는 것이 없도록 훈련이 잘 돼 있었고 완전 무장하고 있었기 때문이다. 우리는 뭘 해야 하는지, 비상 상황에는 어떻게 대응해야 하는지 아주 잘 알고 있었다."

트레이더는 특수부대원만큼 준비가 잘 돼 있지는 않다. 트레이더는 미래를 전망해보지 않았고, 손절가(손실 방지 장치)를 활용하지도 않았고, 어느 시점에서 혹은 어떻게 이익을 실현할지에 대한 계획도 없이 매매에 임한다. 그러니 미래는 안개 속에 있는 듯 어렴풋하기만 하다. 이들에게 미래는 미지의 블랙홀이고 깜깜한 밤처럼 두려운 존재다.

두려움을 잠재우려면 미래를 전망하며 만반의 준비를 하라. 그러면 시장 상황에 대해 반사적 반응이 아닌 효율적 대응을 할 수 있다.

다음으로, 두려움은 거짓된 행동을 낳는다. 트레이더는 특히 자신의 배우자에게 매매 결과에 대해 솔직하게 말하지 않는다. 그래서 이들은 항상 부정과 거짓으로 꾸며진 꿈의 세상을 헤맨다. 이 사람들이 현실 대처 능력이 떨어지는 데는 다 이유가 있다.

내가 매매 일을 하면서 경험했던 두려움과 욕심에 관한 통찰력이 이런 감정에 관한 여러분의 이해를 높이는 데 도움이 됐으면 한다.

### 시장에 들어갈 때와 나올 때: 추세 변화 신호

추세 변화를 확정하는 방법은 트레이더의 수만큼이나 많다. 한마디로 말해서 추세 변화를 결정하는 방식은 트레이더마다 제각각이다. 요즘 같은 컴퓨터 시대에는 복잡한 수학에 능한 젊은이들이 숫자 작업을 통해 추세 변화 확인 기제를 개발하기도 한다. 어쨌거나 추세 변화는 매우 까다로운 논점임에 틀림이 없다. 추세 변화 자체가 이미 일어난 상황을 보여줄 뿐이고 앞으로도 그 변화 기조가 유지될지는 확언할 수 없기 때문이다.

이 주제에 관한 내 논지는 이렇다.

> 특정한 조건이 주요 상승세 혹은 하락세와 같은 추세 변화를 유발한다. 조건이 뒷받침되지 않는 추세 변화는 유효성이 떨어진다. 그러니 조건이 뒷받침되는 추세 변화에 베팅하라. 그러면 강력한 상승장 및 하락장이 주는 기회를 포착할 수 있다.

이제 여러분도 이런 조건들에 관해 어느 정도 이해했다고 생각한다. 여러분이 지닌 무기고에 추세 변화를 포착하는 도구를 추가시켜 주고자 한다. 그림 12.1부터 12.6까지 제시한 도구는 18일 종가 단순 이동평균이다. 여기에 복잡한 수학 따위는 없다. 그림에 표시된 점에 주목하면서 이런 점이 중요한 추세 변곡점에 어떻게 나타나는지 살펴보라.

차트에 표시된 점들은 2일간의 모든 가격이 이동평균보다 높을 때 매수를 위한 조건이, 이동평균보다 낮을 때 매도를 위한 조건이 충족되었음을 나타낸다. 즉 추세 변화를 위한 조건이 갖춰졌다고 볼 수 있다. 이런 조건 아래 단기 매수

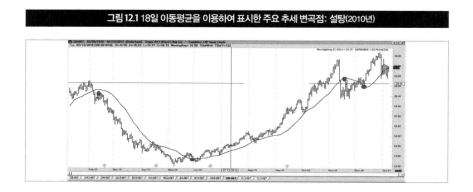

**그림 12.1** 18일 이동평균을 이용하여 표시한 주요 추세 변곡점: 설탕(2010년)

및 매도 신호를 선택하면 된다.

더 구체적인 진입 규칙에 관해서는 '확실한 상품 선물 매매<sub>Sure Thing Commodity Trading</sub>'
라는 온라인 강좌에서 설명하겠지만, 이 그림도 시사하는 바가 많다.

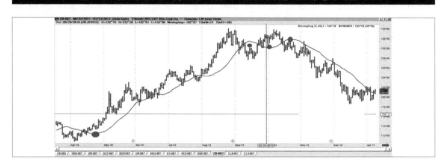

그림 12.2 18일 이동평균을 이용하여 표시한 주요 추세 변곡점: 재무부 장기 채권(2010년)

그림 12.3 18일 이동평균을 이용하여 표시한 주요 추세 변곡점: Comex 금(2010년)

그림 12.4 18일 이동평균을 이용하여 표시한 주요 추세 변곡점: 목재(2010년)

나는 2010년의 강력한 추세 시장 세 곳을 선택했다(그림 12.2~12.4 참고). 상승세가 두드러진 재무부 장기 채권(그림 12.2), 가격 등락이 심한 금 시장(그림 12.3) 그리고 하락세가 나타난 목재 시장(그림 12.4)이다.

곧 알게 되겠지만, 점이 등장했다는 사실은 주요 추세 변화가 본격화했다는 의미다. 연초에 이런 상황이 전개된다면 분명히 호재이며 이 지점에서 추세 변화를 확인할 수 있다. 2000년(소프트웨어 결과 서식의 변화에 주목하라!)의 자료를 활용한 그림 12.5와 12.6을 참고하라. 그 당시 차트를 사용해서 2011년 현재 동일한 점을 표시해 두었다.

여기서 배울 것이 많다. 2일 간의 모든 가격이 18일 이동평균선을 완전히 넘어갔을 때 점을 찍었으니, 이동평균선을 약간 넘거나 큰 폭의 변동 없이 평균선

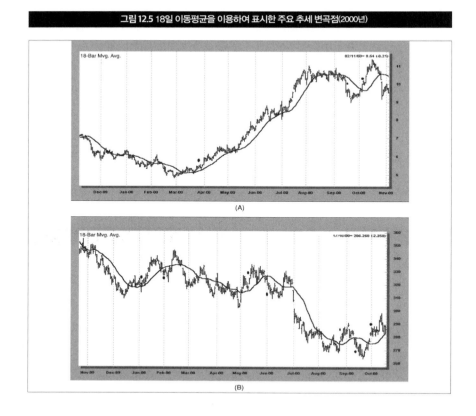

그림 12.5 18일 이동평균을 이용하여 표시한 주요 추세 변곡점(2000년)

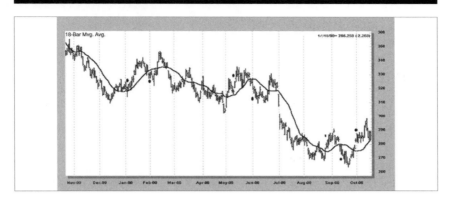

**그림 12.6 18일 이동평균을 이용하여 표시한 주요 추세 변곡점(2000년)**

에 겨우 닿는 정도로는 추세 변화라고 하기 어렵다.

내가 보기에 이동평균은 지지와 저항으로 작동한다. 장기적 추세 변화가 형성되려면 일단 가격이 이동평균의 영역 안으로 들어간 다음에 단기적으로 강력한 가격 흐름이 뒤따라야 한다.

내 관점에서는 당연한 것이지만, 딴소리를 하는 기술적 분석가들이 하도 많으니 이렇게 말하는 편이 낫겠다. 이런 신호 하나만 보고 덥석 물어서는 안 된다. 이런 신호는 기저의 강세장/약세장 조건에 의해 표면적으로 나타나는 하나의 징후에 불과하다.

여기서 해야 할 과제는 오래전의 차트집을 펼쳐보거나 컴퓨터를 켜고 이런 가격, 18일 이동평균과 추세 변화의 관계성을 고찰하는 일이다. 이 이동평균은 차트집과 소프트웨어에 다 들어 있으므로 궁색한 변명으로 과제를 미루지 말기를 바란다.

## 자신감과 두려움 그리고 배짱

> 온순한 사람은 투기에 적합하지 않다. 그러니 상속이나 받는 편이 백번 낫다.

투기자가 내면적으로 관리해야 하는 세 가지 기질은 자신감, 두려움, 배짱이다. 이 세 기질을 순서대로 다뤄보겠다.

### ①자신감

자신감은 어느 정도 있어야 하지만, 너무 지나치면 안 된다. 무엇보다 여기서의 자신감은 자신에 대한 긍정적 감정을 말하는 게 아니다. 시장에 대한 철저한 조사와 분석에서 나오는 태도를 말한다. 스스로 자신감 과잉 상태가 돼봐야 도움 될 일이 없다. 필요한 것은 경험과 학습에 기반을 둔 진정한 자신감이다. 그래야만 매매에 최적인 시점이 왔을 때 주저하지 않고 올바른 행동을 할 수 있다. 실패하는 사람은 주저한다. 성공하는 사람도 매매를 하면서 걱정은 하지만, 자기 자신이 아니라 자신이 사용하는 매매 방법에 대해 자신감을 갖는다.

이런 자신감이 없으면 절대로 매매에 나설 수 없을 것이다. 시장 변화가 극심한 시기에는 특히 그렇다. 이런 극심한 변화의 시기는 최고의 매매 기회가 많은 시기인데 말이다.

천성적으로 온순한 사람은 땅을 물려받는 편이 낫다. 타고난 기질이 변화와 도전을 추구하는 쪽인 투기자와는 달리 애초부터 자수성가형은 아니기 때문이다. 정상급 상품 선물 트레이더가 지닌 자신감을 보면 느끼는 바가 많다. 이 자신감의 본질은 만용이나 자만과는 다르며 과도한 냉철함과도 거리가 있다. 이런 자신감은 일이 잘 풀리리라는 믿음과 신념에서 나온다.

성공하는 트레이더는 신념이 충분히 형성될 정도로 미래를 내다보려 노력한다. 나는 신을 믿고 결국은 선이 이기리라 믿는다. 또 모든 일이 잘 되리라 믿는다. 내가 신을 저버리지 않으면 내가 버림받을 일도 없다. 결국은 신이 이긴다는 내 믿음을 바탕으로 미래에 대한 신뢰도 생겼다. 덕분에 다른 사람은 믿음이 부족해 머뭇거릴 때 나는 충만한 자신감으로 과감하게 매매에 나설 수 있었다. 나는 내 인생이 잘 풀리리라는 사실을 잘 안다. 이를 단 한순간도 의심한 적이 없다. 미래에 대한 믿음이 없는 트레이더에게는 두려움이 제약으로 작용하게 된다.

## ②두려움 자체보다 더 두려워해야 할 것이 있다

두려움에 관한 루스벨트 대통령의 이 발언은 완전히 틀린 말이다. 이런 망언이 놀랍지도 않다. 뉴딜New Deal이라는 사회주의적 정책과 과도한 복지 정책으로 이 위대한 나라를 망친 지도자가 루스벨트 외에 또 어디 있겠는가. 설상가상으로 대중과 언론을 상대로 뉴딜 정책을 통해 대공황을 극복했다는 식으로 대놓고 선동을 했다. 정말로 루스벨트가 없었으면 미국이 망국적 경제 공황에서 회복하지 못하거나 경제 발전이 어려웠을까?

내가 상원의원 선거전을 치르던 당시 민주당 우세 지역에서 집집마다 돌아다니며 지지를 부탁했던 적이 있다. 이때 만났던 주민 중에 최소한 80세는 돼 보이는 노파가 있었다. 문을 열어준 그 노파에게 한 표 부탁한다고 말했는데 그녀는 투표를 하지 않는다고 대답했다. 그 이유를 물었더니 이런 대답이 돌아왔다. "내 평생 투표는 딱 한 번밖에 안 했어. 그게 루스벨트지. 그런데 뽑아놓고 보니 후회막급이더라고. 저런 개자식을 내 손으로 뽑았다니, 내가 미쳤지 싶더라고. 그래서 다시는 투표를 하지 않겠다고 다짐했어."

두려움은 투기자가 최고의 기량을 발휘하게 도와주는 강력한 힘이다. 두려움의 효과에 관한 가장 적절한 예는 호이스 그레이시Royce Gracie의 일화에서 확인할 수 있다. 호이스 그레이시가 누군지 모르는 사람도 있을 것 같아서 소개를 해야 할 듯하다.

그레이시는 브라질 출신의 세계 정상급 이종격투기 선수다. 종합 격투기 전문 TV에 등장하는 인물이기도 하다. 격투기 경기를 좀 설명하자면 격투기 선수는 권투처럼 장갑을 끼지도 않고 진짜로 치고 박고 싸운다. 발차기부터 찌르기까지 거의 모든 공격 행동이 합법적이다. 싸움 흉내를 내는 수준이 아니고 정말 싸운다. 그레이시는 100번 넘게 싸워 거의 진 적이 없다. 주먹 쓰는 사람, 발차기 고수, 팔꿈치로 찌르기 전문가, 동양 무술 고수 등 어느 누구와 싸워도 거의 지지 않는 천하무적의 강자였다.

이런 격투기 선수 대다수의 몸무게가 100킬로그램에서 135킬로그램 수준이라는 점을 생각하면 80킬로그램밖에 안 되는 몸무게에 격투기 선수 복장보다는 카디건이 더 잘 어울리는 그레이시가 기록한 승리들은 더욱 경이롭다. 여러분이 그레이시를 만난다 해도 그가 격투기 초고수라는 점을 눈치채지 못할 것이다. 개인적으로 격투기 선수(이들은 트레이더와 비슷한 점이 많다)와 그 승리자들에 상당한 매력을 느꼈기 때문에, 나는 이 불세출의 격투기 선수가 어떤 길을 걸어왔는지에 관심이 많았고 지혜를 구하고자 이 사람의 말을 주의 깊게 들었다.

한 인터뷰에서 TV 프로그램에 등장한 격투기 선수들에게 시합하러 나갈 때 두려움을 느끼지 않느냐고 물었다. 진짜로 맞붙어 싸우다 보니 심하면 신체 불구가 되기도 하고 시력을 잃거나 골절이 오기도 하고 심지어 사망에까지 이른 선수도 있으니 말이다. 그런데 남성다움을 한껏 뽐내는 이 사내들은 그 누구도, 그 무엇도 두렵지 않다며 허세를 부렸다.

단 한 사람만이 예외였다. 그레이시는 링에 오를 때마다 죽을까 봐 겁이 난다고 솔직히 말했다. 그래도 그 두려움을 자신에게 도움이 되는 방향으로 이용한다고 덧붙였다. 두려움이 있으면 상대방을 '존중'하는 마음이 생겨서 무모한 공격을 하지 않게 되고 평소의 싸움 방식에서 벗어나는 일도 줄어든다고 했다. 그는 이런 말을 덧붙였다. "두려움이 전혀 없으면 싸움에서 이길 수 없다. 두려움은 싸우고자 하는 결기를 북돋우지만, 자제력을 잃고 폭주하는 일이 없도록 노력하게 한다. 우리가 하는 일은 매우 위험하다. 우리에게 가장 좋은 보호 장치는 바로 두려움을 느끼는 것이다. 그래서 나는 온갖 기술을 사용해 나 자신을 보호한다."

그레이시처럼 나 역시 매매를 하면서 두려움을 느낀다. 서투른 혹은 잘못된 매매로 큰 손실을 내고 베팅한 돈을 전부 날리는 사람을 수도 없이 봐왔다. 개중에는 파산한 사람도 있고 정말로 미쳐버린 사람도 있으며 자살로 생을 마감한 사람도 간혹 있다. 이런 불행한 결과를 낳은 사람들에게는 한 가지 공통점이 있다. 그들은 시장을 두려워하지 않았다.

그래서 나는 여러분이 시장을 두려워하고 자기 자신을 두려워해야 한다고 감히 강조한다.

시장은 참으로 무서운 곳이지만, 매매 상황에 감정이 끼어드는 일이 훨씬 더 무섭다. 그레이시의 말처럼 두려움이 없으면 존중도 없다. 시장을 존중하지 않고 자신을 두려워하지 않으면 상품 선물 시장이라는 전장에 널브러진 수많은 사상자 더미에 또 한 명의 전사자로 던져지는 신세가 되고 만다.

### ③적당한 두려움과 자신감에서 배짱이 나온다

트레이더로 사는 사람은 누구나 일주일에 한 번 꼴로 배짱이 필요할 때가 온다. 자신을 보호해야 할 때 혹은 시장 예측 결과를 강하게 주장해야 할 때 과감한 행동으로 배짱 좋게 밀고 나가야 한다. 영화 〈록키〉의 주제곡 '호랑이 눈 eye of the tiger'처럼 싸움꾼의 본능을 느끼게 하는 그런 강렬하고 용맹스러운 자세 말이다. 살해 본능에 준하는 맹렬한 공격성이 없다면 조용히 짐 싸서 집으로 돌아가라. 소극적인 사람, 즉 이기든 지든 별 상관하지 않는 사람, 도전을 택해 밀고 나가는 칼날 같은 날카로움이 없는 사람은 매매를 해서는 안 된다.

공격적인 배짱을 적대감과 혼동하지는 않길 바란다. 성공적 트레이더는 어느 정도의 대범함을 가지고 행동한다. 대범함은 자신감과 두려움, 배짱이 절묘하게 조합된 결과물이다. 이익을 노리고 뛰어든 투기 시장에서 정교한 계획을 세워 대범하게 실행하면 결국은 성공에 이르게 된다.

이번 장에서 말하고자 하는 핵심은 컴퓨터가 산출한 수치와 차트를 볼 때 모든 정보를 매매법에 관한 통일된 개념과 전략 아래 적용해야 한다는 사실이다.

고등 교육을 받은 수학 전문가 중 매매에 나섰다 나가떨어지는 사람이 대부분이다. 이유가 무엇일까? 이들은 나무(숫자와 공식)만 보고 숲(전략과 개념)을 보지 못했다. 매매에는 감정적 요소가 상당 부분 개입된다. 이런 감정에 잘 대응할수록 매매 성과가 좋아진다.

# 제 13 장

# 자금 관리-
# 왕국으로
# 들어가는 열쇠

*long-term*
*secrets*
*to short-term*
*trading*

투기자는 자금 관리를 통해 부를 축적한다. 마법 같은 신기한 매매 시스템이나 연금술사의
비법 따위가 있으리라 생각하지 마라. 성공한 매매로는 '돈 좀 벌었다' 정도겠지만,
적절한 자금 관리를 통한 성공적 매매로는 '막대한 재산'을 모을 수 있다.

이번 장의 내용은 이 책에서 가장 중요하고, 내 인생에서도 가장 중요한 부분이며 내가 여러분에게 알려줄 수 있는 가장 귀중한 정보라 하겠다. 이제 읽게 될 내용은 내가 여러분에게 해줄 수 있는 가장 가치 있는 조언이라 생각한다. 이건 과장이 아니다.

이제부터 2,000달러 정도의 소액을 투자해 4만 달러 넘게 벌고, 1만 달러를 투자해 11만 달러를, 또 1만 달러로 110만 달러를 벌어들이는 데 사용했던 공식을 설명하겠다. 가상 매매가 아닌 실제 결과다. 과거 성과를 돌이켜보며 뒷북을 치자는 것도 아니다. 가상이 아닌 실제 시간, 실제 돈, 실제 이익에 관한 이야기다. 즉 당신이 풍요로운 삶을 영위하는 데 필요한 돈에 관한 이야기다.

자금 관리 기법을 활용하지 않으면 별 볼일 없는 삼류 투기자로 남을 뿐이다. 여기서 조금 이익을 냈다가 저기서 조금 손실을 보는 상황이 이어지면서 절대로 큰돈을 모으지 못하는 것이다. 모래가 손가락 사이로 빠져나가듯 매매에서 큰돈을 벌 기회를 매번 놓치고 말 것이다. 이 상품에서 저 상품으로 넘나들며 분주히 매매에 나서며 소소하게 이익을 챙기지만, 절대로 큰 재산을 모으지는 못한다.

**자금 관리**와 관련한 정말로 놀라운 사실은, 이에 관해 듣고 싶어 하거나 올바른 자금 관리 공식을 배우려 하는 사람이 거의 없다는 점이다. 파티나 저녁 식사 자리에 가면 항상 주식 시장 이야기가 화제로 떠오른다. 사람들은 최신 뉴스라든가 내밀한 정보를 원한다. 혹은 내가 일도 안 하면서 어떻게 생계를 유지하는지 알고 싶어 한다. 이들은 내 매매 비법을 원한다. 마치 그런 비법이 정말로 존재라도 한다는 듯이!

　일반인이나 교육을 받지 않은 전형적인 투기자는 마법 같은 매매 비법이 있다고 생각한다. 어딘가에 어떻게든, 누군가 시장 흐름을 정확히 알려주는 마법의 반지를 지니고 있다고 말이다.

　이것은 전부 사실이 아니다. 투기의 세계에서 큰돈을 벌려면 게임에서 우위를 점하고, 그 우위를 지속적으로 유지하며, 각각의 매매에 투입할 자금 규모에 대해 일관성 있는 접근법을 활용해야 한다.

## 대다수 트레이더는 복불복 접근법을 사용한다

　거액 베팅의 위험을 감수할 만큼 자신감이 충만한 트레이더는 대부분 미래 예측에도 자신감을 보인다. 이런 태도는 두 가지 문제를 유발한다.

　첫째, 그들은 매매 시스템이나 접근법으로 손실이 날 가능성이 큰 매매와 이익 가능성이 큰 매매를 확실히 골라낼 수 있다고 생각한다. 더 우려스러운 문제는 그런 분별이 가능할 정도로 스스로 똑똑하다고 생각하기 때문에, 매매하는 계약이나 주식 물량의 규모가 매번 달라진다는 점이다.

　성공하려면 애초에 세운 전투 계획을 일관성 있게 따라야 하듯이 매매에 들어가는 투자금의 규모 역시 일정하게 유지해야 한다. 크게 이익이 날 기회를 '확실히' 포착할 수 있다는 생각에 평소 투자금보다 훨씬 많은 돈을 투자하는 순간 지옥행이 예정돼 있다고 봐야 한다.

　때로는 자신의 예측이 적중해 큰돈을 벌 수도 있지만, 결국은 너무 과한 포지션을 들고 있다가 큰 손실을 입는다. 이미 손해가 이만저만이 아닐 테지만 바람직한 자금 관리 원칙을 무시했기 때문에 당신은 감정적으로 반응하게 된다. 그래서 조금 더 기다리면 이익이 발생해 손실을 만회할 수 있으리라는 희망 회로를 돌리며 고집스럽게 그 포지션을 유지할 가능성이 다분하다. 그러니 상황은 나아지기는커녕 점점 더 나빠지기만 한다.

이미 익숙해졌을 카지노의 예를 다시 들어보겠다. 전 세계 모든 카지노는 게임할 때마다 거는 돈의 상한액을 정해두는 방식으로 손실을 제한한다. 뛰어난 상품 트레이더라면 이와 비슷한 방식으로 손실을 제한해야 한다. 카지노 지배인이 평소에 큰돈을 거는 손님에게 다음 게임에서는 이 손님이 꼭 질 것 같은 '느낌'이 드니 손님에게 업소가 정한 베팅 상한액을 넘겨 돈을 걸어도 된다고 말하면 어떻게 될까? 물론 카지노 측은 이렇게 하지 않는다. 카지노 지배인이 오랫동안 유지했던 핵심 자금 관리 원칙을 깨면 당장 해고당한다. 그 원칙이란, 과도한 위험을 감수하지 말라는 것이다.

너무 자주 매매하고 너무 많이 걸면 나쁜 시장 상황에서 훨씬 크게 다친다.

## 자신에게 맞는 자금 관리법을 취하라

자금 관리 문제에 대해서는 다양한 방식으로 접근할 수 있고 적용할 만한 공식도 매우 많다. 그러나 훌륭한 투자 자금 관리 시스템에는 한 가지 공통 원칙이 있다. 이익이 나면 매매 단위나 계약, 주식 수 등을 늘리고, 손실이 나면 줄인다. 이 단순하지만 정교한 원칙이 바로 자금 관리의 핵심이다. 이 기본 원칙은 다양한 방식으로 이행할 수 있다.

대표적인 몇 가지를 제시할 생각이니, 이 중에서 여러분에게 가장 잘 맞는 방식을 선택하기 바란다. 일단 랄프 빈스Ralph Vince를 언급하지 않고서는 이 주제를 논할 수 없다. 1986년에 나는 블랙잭과 관련한 자금 관리 공식을 우연히 발견했다. 원래 1956년에 발표된 〈정보율에 관한 새로운 해석A New Interpretation of Information Rate〉이라는 정보의 흐름에 관한 논문에 등장한 공식이었다. 요즘 상품 트레이더들은 이를 켈리 공식<sub>Kelly formula</sub>이라고 부른다.

수학은 잘 못하지만, 수학이 효과적이라는 점은 잘 알고 있다. 그래서 상품 매매를 시작할 때 켈리 공식을 사용했다. 이 공식을 간략히 소개하면 이렇다. 여기서 F는 계좌 잔액 대비 각각의 매매 시 투입하는 투자금(베팅 금액)의 비율 이다.

**F = {(R+1)×P-1}/R**

이때,
P=이익 매매 비율(적중률)
R=손실 대비 이익 비율(손익비)

적중률은 65%고 손익비는 1.3인 시스템을 이용해 이 사례를 살펴보자. 즉 켈리 공식에서 P는 0.65, R은 1.3으로 계산한다.

{(1.3+1)×0.65-1}/1.3
=(2.3×0.65-1)/1.3
=(1.495-1)/1.3
=0.495/1.3
=38%(총계좌 대비 투입 자금 비율)

이 예시로 보면, 켈리 공식에 의해 총보유 자금의 38%를 각각의 매매에 베팅 하게 되는 것이다. 계좌 총액이 10만 달러면 3만 8,000달러를 사용하는 셈이고 이 금액을 증거금<sub>margin</sub>으로 나누면 총계약 수가 된다. 만일 증거금이 2,000달러 면 총 19계약을 매매할 수 있는 것이다.

# 자금 관리의 좋은 예, 나쁜 예, 이상한 예

이 공식을 이용한 매매 성과는 어마어마했다. 극히 짧은 기간에 계좌가 거액으로 불어나면서 말 그대로 나는 '살아 있는 전설'이 됐다. 나는 켈리 공식에 기초해 계좌 총액의 일정 비율을 투자하는 방식을 취했고, 비율에 따른 투자금을 증거금으로 나눠 매매할 계약의 수를 정했다. 그런데 매매 성과가 일반인의 상상을 초월할 정도로 너무 좋아서 어이없게도 매매 대회에서 퇴출되는 사태가 벌어졌다. 대회 주최 측이 속임수가 아니라면 그렇게 뛰어난 매매 성과가 나올 수 없다고 판단했기 때문이다. 지금도 온라인의 누리꾼들은 내가 손실용 계좌와 이익용 계좌를 나눠서 사용했다고 주장한다. 이 사람들은 그런 행위 자체가 불법인 데다 매매 개시 전에 참가자의 계좌가 전부 공개된다는 사실을 까맣게 잊었거나 아예 모르는 모양이다. 어떤 매매에서 이익이 날 줄 알고 그 매매용 계좌를 따로 마련할 수 있겠는가!

유사 이래로 이런 경이적인 매매 성과를 올린 예는 듣도 보도 못했을 테니 이런 반응도 이해 못할 바는 아니다. 단 한 번의 '대박'을 내도 난리인데 경이적인 성과를 여러 번 냈으니 더더욱 그렇다. 이들은 운도 우연도 아니라면 모종의 속임수를 썼음이 틀림없다고 주장했다.

내가 만들어낸 결과는 혁명이었다. 다른 성공한 혁명들과 마찬가지로, 나의 혁명의 여정에도 선혈이 낭자했다. 이 '불신의 피'는 전미선물업협회National Futures Association와 상품선물거래위원회CFTC, Commodity Futures Trading Commission가 터트린 것이다. 이 기관들은 사기의 증거를 찾겠다며 내 계좌 기록 전부를 압수해갔다.

CFTC는 증권회사 기록을 이 잡듯이 철저히 조사했고 내 모든 기록을 다 가져가서 1년 넘게 끌어안고 있다가 겨우 돌려줬다. 그 이후에는 어떻게 됐을까? 1년이 좀 지나자 그들은 또다시 내 기록을 요구했다. 성공이 죄인가! 누가 죄인인가!

이 모든 일이 사상 유례가 없을 정도로 어마어마한 매매 성과를 낸 탓이었다.

내가 관리했던 계좌 가운데 하나는 이 새로운 자금 관리 기법을 이용한 덕분에 약 18개월 만에 6만 달러에서 50만 달러로 불어났다. 그런데 욕심에 눈이 먼 고객이 나를 고소했다. 어이없게도 담당 변호사는 자신의 의뢰인은 50만 달러가 아니라 5,400만 달러를 벌었어야 한다고 주장했다. 지금은 돈만 벌 수 있게 해주면 나를 받들어 모시겠다는 추종자가 한 트럭이다. 늘 그렇듯 혁명이란 본래 평범한 수준을 뛰어넘는 그 무엇이다.

대단하지 않은가?

그러나 켈리 공식을 이용한 자금 관리 기법은 양날의 검이었다.

나는 경이적인 매매 성과로 운용 자산을 엄청나게 끌어모았다. 그러더니 일이 터지기 시작했다. 한동안 행운 쪽 칼날이 빛나더니 결국 불운 쪽의 칼날이 번쩍이기 시작했다! 내 성향과는 잘 맞지도 않는 사업자, 즉 자산운용사 운영자가 되어보려고 발버둥치는 와중에 내 매매 시스템의 제동 장치가 풀리면서 놀라운 속도로 자산이 녹아내렸다. 분명 돈을 벌고 있었던 것 같은데, 어느 순간에 보니 나는 돈을 잃고 있었다.

브로커와 고객은 기대 밖의 저조한 성과에 비명을 질러댔고 대다수가 떠나버렸다. 이들은 자신의 계좌 잔고가 큰 폭으로 증감하는 상황을 견디지 못하는 사람들이었다. 연초에 1만 달러로 출발해 210만 달러로 불어났던 내 계좌 역시 다른 사람들의 경우처럼 큰 변동으로 고전하다 결국 70만 달러로 줄어들었다.

이쯤 되니 거의 모든 투자자가 나를 떠났다. 그러나 나는 상품 선물 트레이더고 롤러코스터를 무척 좋아하는 사람이다. 내게 다른 삶이 있을 수 있을까? 내게는 이 삶이 최선이고 최고다. 그래서 매매를 계속했고 1987년 말이 되자 계좌 잔고가 다시 110만 달러로 증가했다. 정말 멋진 한 해였다!

이 모든 상황을 지켜본 사람이 랄프 빈스였다. 우리는 매매 시스템 및 자금 관리 부문에서 함께 일하고 있었다. 그런데 랄프는 내가 알아채기 훨씬 전에 켈리 공식에 치명적 결함이 있다는 사실을 발견했다. 나는 이 공식을 맹신했기에 아무런 의심도 없이 계속 이 공식으로 매매하고 있었다. 반면 수학 천재인 랄프는 자금 관리를 집중적으로 연구하기 시작했고, 훌륭한 세 권의 책으로 이 작업에 방점을 찍었다. 《수학적 측면에서 본 자금 관리The Mathematics of Money management》(1992)와 《포트폴리오 관리 공식Portfolio Management Formulas》(1990) 그리고 개인적으로 제일 좋아하는 《새로운 자금 관리The New money management》(1995)가 그것이다. 세 책 모두 존와일리앤드선즈John Wiley & Sons에서 출판했으며, 트레이더나 자금 관리자라면 빼놓지 말아야 할 필독서다.

결국 랄프는 켈리 공식의 오류를 발견했다. 켈리 공식은 원래 전자 정보의 흐름을 설명할 목적으로 개발된 것이지만 나중에는 블랙잭 게임에 적용됐다. 문제는 블랙잭은 상품이나 주식 매매가 아니라는 너무도 단순한 사실에 있었다. 블랙잭은 베팅 시 잠재적 손실 규모가 게임 판에 올리는 칩만큼으로 제한되며, 잠재적 이익 역시 베팅된 칩만큼으로 동일하다.

우리 같은 투기자는 블랙잭처럼 '쉬운' 게임을 하며 사는 사람들이 아니다. 이익이나 손실 규모는 널을 뛰듯 제멋대로다. 이익이 크게 날 때가 있는가 하면 쥐꼬리만큼 날 때도 있다. 손실도 마찬가지다. 상한선도 하한선도 없으니 그 규모가 어느 정도일지 알 수가 없다.

랄프가 이런 사실을 알아내고 나니 내 자금 계좌가 왜 그렇게 널뛰듯 변화가 극심했는지에 대해 설명이 가능해졌다. 잘못된 공식을 사용했기 때문이었다. 어떻게 그렇게 기본적인 사실조차 몰랐나 싶겠지만, 당시는 자금 관리 부문에서 혁명에 가까운 변화가 일어나는 와중이었기 때문에 그 단순한 사실이 쉽게 눈에 들어오지 않았다. 그때 우리는 아무도 가보지 않은 길을 가고 있었다. 그 길에서 경이로운 매매 성과를 낸 적도 있었기에, 우리는 너무 동떨어진 곳에서 헤매고 싶지는 않았다.

그리하여 랄프는 '최적값 $F_{Optimal\ F}$'라는 개념을 만들어냈다. 켈리 공식과 비슷하지만, 매매 시장에 적용할 수 있고, 이를 통해 '계좌 총액 대비 투자금 비율'을 하나의 고정된 비율값으로 구할 수 있다는 점에서 차이가 있다. 이제 이런 접근법을 사용했을 때 무슨 문제가 발생할 수 있는지를 살펴보자.

## 사지로 몰리다

최적값 F 혹은 랄프식 '고정 비율fixed fraction' 투자 방식의 문제점은 이익 매매가 이어지면 매매 규모가 감당할 수 없을 정도로 빠르게 불어난다는 데 있다. 왜 그런지 설명해보겠다. 평균 매매 이익이 200달러고 매월 매매 횟수가 10건이며 1만 달러 이익이 발생할 때마다 계약 수를 하나씩 추가한다고 가정하자. 이때 처음으로 계약 수를 추가하려면 매매를 50회($10,000/$200) 해야 하므로 5개월이 소요된다. 그다음에 2계약에서 3계약이 되는 데는 25회[$10,000/($200×2계약)]의 매매가 필요하므로 2개월 반밖에 안 걸린다. 4계약이 되는 데는 7주일이 걸리고 5계약에는 5주일이면 된다. 6계약에는 1개월이 걸리고 7계약에는 25일이면 족하고 8계약에는 21일이면 된다. 18일 후면 9계약이 되고 16.5일이면 10계약(혹은 10로트)을 주문할 수 있다.

그러나 언젠가는 반드시 재앙 같은 손실이 발생하게 마련이다. 이제 당신은 궁지에 몰려 감당할 수 없이 많은 계약을 끌어안고 있는 것이다. 세게 얻어맞으면서 큰 손실을 냈지만(계약당 평균이익인 200달러의 3배, 즉 600달러의 손실을 가정하면 보유 중인 계약 수 10로트를 곱하여 총손실은 6,000달러), 당신은 여전히 '1만 달러 이익당 계약 수 하나 추가'라는 고정된 비율을 고수하고 있다. 그래서 그다음에 똑같이 10로트를 매매하고 6,000달러 손실을 또 낸다. 이제 매매 2회 만에 수익 곡선에서 최고치였던 10만 달러에서 1만 2,000달러가 날아간다.

그다음 매매에서도 손실이 난다. 3회 연속 손실 매매가 된다. 계약당 매매 손실이 이번에는 200달러라 치고 지금 매매 중인 9로트를 곱하면 1,800달러(어림잡아 2,000달러라고 하자) 손실이 추가된다. 그러면 앞서 1만 2,000달러 손실액에 이 2,000달러(정확히는 1,800달러)를 더하면 계좌 총액에서 1만 4,000달러가 줄어든 셈이다.

　반면에 '현명한' 트레이더는 당신보다 빠르게 계약 수를 줄인다. 당신처럼 1만 달러당 1계약이 아니라 손실액 5,000달러당 2계약씩 줄인다고 해보자. 따라서 처음에 6,000달러의 손실이 났을 때 10로트를 그대로 가져가지 않고 곧바로 8계약 상태로 돌아가 4,800달러만 손해 보는 선에서 끝내고, 두 번째의 6,000달러 손실이 또다시 발생하는 상황은 피한다.

## 상황이 훨씬 더 나빠질 수 있다

　이익 매매 시스템 하나를 가정해보자. 적중률(이익 매매 비율)이 55%고 계좌 총액의 25%를 투자금으로 사용하기로 했으며 2만 달러에서 매매를 시작한다고 가정한다. 그리고 이익과 손실 금액은 1,000달러로 동일하다. 표 13.1은 매매가 어떻게 전개됐는지를 나타낸다.

　11번의 매매 후 최종적으로 1,000달러의 이익이 발생했으나, 도중에 (6번째 매매 후) 최대 계좌 잔고 감소액이 초기 계좌 총액의 65% 수준인 13,000달러(계좌 잔액은 7,000달러)를 기록했다. 반면 투자금을 고정 비율로 투입하지 않고 한 계약씩만 매매하는 트레이더라면, 6번째 매매 후(누적 이익 1회, 손실 5회) 발생하는

| 표 13.1 적중률 55%인 매매 시스템: 총순이익 1,000달러, 최대 계좌 잔고 감소액 13,000달러 | | |
| --- | --- | --- |
| 매매 번호 | 이익/손실 규모($) | 계좌 잔고($) |
| 1 | -5,000 | 15,000 |
| 2 | -3,000 | 12,000 |
| 3 | -3,000 | 9,000 |
| 4 | +2,000 | 11,000 |
| 5 | -2,000 | 9,000 |
| 6 | -2,000 | 7,000 |
| 7 | +2,000 | 9,000 |
| 8 | +2,000 | 11,000 |
| 9 | +3,000 | 14,000 |
| 10 | +3,000 | 17,000 |
| 11 | +4,000 | 21,000 |

| 표 13.2 적중률 62.5%인 매매 시스템: 총순이익 −7,000달러 | | |
|---|---|---|
| 매매 번호 | 이익/손실 규모($) | 계좌 잔고($) |
| 1 | +5,000 | 25,000 |
| 2 | +6,000 | 31,000 |
| 3 | +7,000 | 38,000 |
| 4 | +9,000 | 47,000 |
| 5 | +11,000 | 58,000(대박!) |
| 6 | −14,000 | 44,000 |
| 7 | −11,000 | 33,000 |
| 8 | −16,000 | 17,000(이럴 수가!) |

최대 계좌 잔고 감소액을 총액의 20% 수준인 4,000달러로 제한할 수 있었을 것이다.

매매 개시부터 이익이 난 또 다른 시나리오를 살펴보자. 총 8회 매매 중 이익 매매는 5회로 적중률은 괜찮은 편이다(표 13.2 참고).

그런데 자세히 살펴보니, 이익 매매 5회에 손실 매매 3회인데 계좌 잔고는 결과적으로 줄어들었다. 어떻게 이런 일이 가능할까? 이는 두 가지 요인이 복합적으로 작용한 결과다. 일단 잔고가 최고 5만 8,000달러까지 불어난 시점에서 매매 규모도 커졌다 보니 손실이 막대했다. 그리고 또 당황스러웠던 점은 시장에서 늘상 있는 일이기는 하나, 마지막 매매의 손실액이 평균 손실액의 2배에 달했다는 것이다. 만일 마지막 매매가 평균 수준의 손실 규모였다면, 최종 계좌 총액이 1만 7,000달러가 아니라 2만 5,000달러(33,000-8,000)는 됐을 것이다.

이때 현명한 트레이더는 다른 선택을 했으리라 본다. 즉 첫 번째 손실이 발생했을 때 바로 매매 규모를 절반으로 줄였다면 7번째 매매에서는 5,000달러 손실을 보는 선에서 그치며 계좌 총액은 3만 9,000달러(44,000-5,000)가 된다. 그리고 8번째 매매에서도 매매 규모가 절반이 되면, 평균 손실액의 2배만큼 손실이 나더라도 해당 매매에서의 손실은 8,000달러로 제한되어 계좌 총액은 결국 3만 1,000달러(39,000-8,000)가 된다.

# 잔고 감소액과 자산에 관한 새로운 관점

가격 등락의 파고가 너무 커서 내 매매 성과도 널을 뛰었다. 그래도 야수처럼 날뛰는 시장을 어떻게 해서든 다스릴 비법을 계속해서 찾았다. 이런 탐구 과정을 통해 다음번에 매매할 계약의 수를 알려주는 공식이 필요하다는 생각을 했다.

이 가운데 하나가 계좌 잔고를 증거금과 역대로 있었던 최대 계좌 잔고 감소액을 합한 값으로 나눠주는 방법이다[계약 수=계좌잔고/(증거금+최대 계좌 잔고 감소액)]. 상당히 일리가 있는 방식이다. 역대 최대 계좌 잔고 감소액과 비슷한 잔고 감소를 겪을 가능성을 고려하면, 계약당 증거금에 잔고 감소액을 추가한 자금을 준비하는 것이 좋다. 좀 더 신중하게 접근하자면 최대 계좌 잔고 감소액에 1.5를 곱한 값과 증거금을 더해주는 방식도 괜찮다는 생각이 든다[계약 수=계좌잔고/(증거금+최대 계좌 잔고 감소액×1.5)].

따라서 증거금이 3,000달러고 해당 시스템이 낸 역대 최대 계좌 잔고 감소액이 5,000달러면 1계약을 매매하는 데 1만 500달러($3,000+$5,000×1.5)가 필요하다. 이 공식은 나쁘지는 않지만 역시 문제가 좀 있다.

이제 동일한 시스템에 적용했던 자금 관리 체계 몇 가지를 제시하겠다. 내 시스템 중에서 가장 괜찮은 시스템에 속하기 때문에 매매 결과가 꽤나 좋아 보일 것이다. 수백 만 달러라는 믿기 어려운 수준의 이익을 냈다는 사실이 먼저 눈에 들어올 것이다. 그러나 현실은 그렇게 장밋빛이 아니다. 과거에 그랬다고 앞으로도 이 정도 성과를 내주리라는 보장은 없다.

여러분 대다수는 채권을 5,000단위씩이나 매매하고 싶어 하지는 않으리라 생각한다. 채권의 가격이 자신의 포지션에 불리한 방향으로 움직일 경우 최소 가격 변동폭인 1틱(1/32포인트)만큼만 가격이 변해도 무려 16만 2,500달러의 비용을 발생시키기 때문이다. 게다가 자신에게 불리한 방향으로 시가가 10틱이나 움직이는 일도 흔하다. 이러한 사례에서라면 어느 날 아침 장이 열리자마자 손실이 162만 5,000달러로 불어날 수도 있다는 말이다! 그러므로 이익이 났다고 너무 흥분하지 말고 자금 관리가 매매 결과에 미치는 영향을 집중해서 보기 바란다.

다양한 자금 관리 기법이 만들어낸 성과 차이에 초점을 맞춰보라. 그림 13.1의 시스템은 채권을 매매하며, 이때 증거금은 3,000달러다. 1990년 1월부터 1998년 7월까지 계좌 잔고 2만 달러에서 시작해 시스템 매매를 수행한 결과만 나타낸다.

이와 동일한 시스템을 다양한 자금 관리 전략에 적용해볼 생각이다. 그러면 여러분 각자에게 가장 적합한 전략을 찾아낼 수 있으리라 본다. 우선 첫 7년 동안만 시스템을 가동하여 표본 자료상에서 잔고 감소액, 적중률, 위험보상비율 (손익비) 등을 산출하였다. 그런 다음에 나머지 약 1년 반 기간의 표본 외 자료에

**그림 13.1 자금 관리 기법을 사용하지 않은 채권 매매 시스템**

**시스템 보고서**  1998년 9월 11일 11:54:44 AM

시스템 번호: 387  채권 7/98 손실 분담 없음
시스템 규칙:
시장:  시험 매매 기간: 1990년 1월 1일~1998년 7월 16일

**개요**

| | | | |
|---|---|---|---|
| 매매 | 310 | 초기 잔고 | $20,000 |
| 이익손실비율 | 1.4 | 최종 잔고 | $251,813 |
| 최대 계좌잔고 감소액 | -$3,988 | 최고치 | $251,813 |
| 최대 계좌잔고 감소 비율 | -18.3% | 수익률 | 1,159.1% |

**이익 매매** / **손실 매매**

| | | | |
|---|---|---|---|
| 이익 | 230 | 손실 | 80 |
| 이익률 | 74.2% | 손실률 | 25.8% |
| 평균 이익 | $1,350.68 | 평균 손실 | -$985.55 |
| 최대 이익 | $10,137.50 | 최대 손실 | -$1,956.25 |
| 최다 연속 이익 매매 | 31회 | 최다 연속 손실 매매 | 6회 |
| 평균 연속 이익 매매 | 4.11 | 평균 연속 손실 매매 | 1.45 |

| | |
|---|---|
| 최대 매매 단위에 이르는 일수 | 43 |
| 최대 매매 단위에 이르는 매매 횟수 | 370 |

매매 단위 산출 규칙

1계약용

자금 관리 기법을 적용해 시험 매매했다. 이 매매 시스템에서 채권 매매 수량은 최대 5,000 단위까지 가능하게 했는데, 이는 실로 엄청난 규모이다.

## 라이언 존스와 고정 비율 매매

또 다른 친구인 라이언 존스<sub>Ryan Jones</sub>는 자금 관리의 문제를 정말 열심히 파고 들었다. 내 세미나에 참석한 학생으로서 라이언을 처음 만났다. 나중에 라이언이 자금 관리를 주제로 세미나를 열었을 때는 반대로 내가 참석했다. 라이언은 자금 관리와 관련한 문제점을 고찰했고 그 해법을 마련하기 위한 연구 작업에 많은 돈을 들였다. 그 결과물이 바로 고정 비율 매매<sub>Fixed Fractional trading</sub>였다.

랄프와 나처럼 라이언은 켈리 공식에 내재된 부풀림<sub>blowup</sub> 현상을 피하고 싶어 했다. 그렇게 라이언이 찾아낸 해법은 '계좌 잔고'당 매매 계약 규모의 비율을 고정해놓는 '랄프식 고정 비율 매매' 방식에서 벗어나는 것이었다.

이는 계약 수가 너무 빠르게 증가하는 상황에서 문제의식을 느낀 데서 비롯됐다. 랄프의 고정 비율(최적값 F) 매매를 다시 살펴보자. 초기 계좌 잔고가 10만 달러이고, 계좌 잔고 1만 달러당 1계약의 고정 비율로 매매한다고 가정한다. 그러면 계좌 잔고가 10만 달러라는 것은 10계약으로 매매를 시작한다는 의미다. 계약당 평균 매매 이익이 250달러라고 하면, 한 번의 매매 시 10계약으로 2,500달러를 버는 셈이다. 이렇게 4번의 매매를 거치면 1만 달러의 누적 이익을 추가하여 잔고가 11만 달러가 되었으니, 1계약을 추가해 11계약을 매매할 수 있게 된다.

일이 잘 풀려 누적 이익 5만 달러가 쌓이면 계좌 잔고는 15만 달러가 된다. 이때는 15계약을 매매하고 있으므로, 평균 매매 이익 250달러와 곱해주면 매매당 3,750달러를 버는 셈이다. 따라서 단 3회만 매매하면 이익이 1만 달러 이상 추가되어 다시 1계약이 늘어난다.

계좌 잔고가 20만 달러까지 증가했다면, 매매당 20계약으로 250달러씩 총

5,000달러를 번다. 따라서 2번의 매매만 거치면 1계약을 다시 추가할 수 있다. 이처럼 랄프 방식에서는 계좌 잔고가 커질수록 계약 수가 너무 빠르게 증가한다.

반면, '라이언식 고정 비율 매매'에서는 매매할 계약 수를 늘리기 위해 요구되는 '계좌 잔고 증가분(누적 이익금)'과 매매 계약 규모의 비율을 고정해둔다. 예를 들어, 1계약을 늘리기 위해 매매 중인 계약 1개당 누적 이익금 5,000달러가 요구된다고 가정해보자. 이 경우 매매 규모를 1계약에서 2계약으로 늘리기 위해서는 누적 이익금이 5,000달러만 발생하면 된다. 반면 계좌 잔고 10만 달러에서 10계약 규모로 매매를 하고 있을 때 1계약을 늘리기 위해서는 한 계약당 누적 이익금 5,000달러씩 총 50,000달러의 누적 이익금이 발생해야 비로소 1계약을 늘려 11계약을 매매할 수 있게 된다.

계약당 평균 매매 이익이 250달러라고 하면, 1계약에서 2계약으로 증가하는 데 20회($5,000/$250)의 매매가 필요할 것이다. 그런데 10계약에서 11계약으로 늘어나는데도 역시 20회[$50,000/($250*10계약)]의 매매가 필요하다. 계약 수가 증가할수록 1계약을 더 늘리는 데 필요한 매매 횟수가 줄어드는 랄프의 고정 비율 방식과는 이 점에서 차이가 있다.

라이언은 다양한 입력값(각자의 성향에 맞게 조정할 수 있도록)을 최대 계좌 잔고 감소액에 곱할 비율로 활용해 작업을 완수했다. 라이언은 최대 계좌 잔고 감소액에 2를 곱하는 쪽을 선호하는 듯하다. 이제 앞서 본 것과 동일한 채권 매매 시스템에 라이언의 공식을 적용한 결과를 살펴보겠다.

그림 13.2에서 보는 바와 같이 이 접근법으로도 '부를 축적'할 수 있다. 그림에서 보듯 1,810만 7,546달러라는 어마어마한 액수로 잔고가 불어난다는 의미다. 하지만 다른 공식을 사용했을 때와 비슷한 수준의 이익을 내려면 계좌 잔고 대비 투자금 사용액의 비율, 즉 위험 노출 비율을 위험할 정도로 더 높여야 한다. 이 시나리오 역시 깡통을 차며 완패로 끝날 수 있다. 완패하지 않으려면 투

그림 13.2 라이언식 고정 비율 매매 기법으로 매매 단위(위험 노출액) 산출: 최대 계좌 잔고 감소액의 2배를 활용

**시스템 보고서**                              1998년 9월 11일 3:06:15 PM

시스템 번호: 387              채권 7/98 손실 분담 없음
시스템 규칙:
시장:                        시험 매매 기간: 1990년 1월 1일~1998년 7월 16일

┌─ 개요 ─────────────────────────────────────────┐

| 매매 | 310 | 초기 잔고 | $30,000 |
|------|-----|-----------|---------|
| 이익손실비율 | 1.4 | 최종 잔고 | $18,107,546 |
| 최대 계좌 잔고 감소액 | -$3,988 | 최고치 | $18,107,546 |
| 최대 계좌 잔고 감소 비율 | -61.3% | 수익률 | 60,258.5% |

┌─ 이익 매매 ──────────────┬─ 손실 매매 ──────────────┐

| 이익 | 230 | 손실 | 80 |
|------|-----|------|-----|
| 이익률 | 74.2% | 손실률 | 25.8% |
| 평균 이익 | $1,350.68 | 평균 손실 | $985.55 |
| 최대 이익 | $10,137.50 | 최대 손실 | -$1,956.25 |
| 최다 연속 이익 매매 | 31회 | 최다 연속 손실 매매 | 6회 |
| 평균 연속 이익 매매 | 4.11 | 평균 연속 손실 매매 | 1.45 |

| 최대 매매 단위에 이르는 매매 횟수 | 310 |
|-----------------------------------|-----|
| 최대 매매 단위에 이르는 일수 | 0 |

**매매 단위 산출 규칙**

매매 단위=계좌 잔고/(최대 계좌 잔고 감소액 ×2)

* 계좌 잔고가 최종 매매 단위만큼 증가하면
  다음 매매에서 1단위 증가
* 계좌 잔고가 최종 매매 단위만큼 감소하면
  다음 매매에서 1단위 감소

자금 사용 비율(위험 노출 비율)을 극도로 낮춰야 할 텐데, 그러면 필연적으로 잔고의 증가 속도도 현저히 줄어들 것이다.

## 나의 해법

랄프, 라이언과 이야기하면서 시스템의 적중률이나 이익손실비율 혹은 잔고 감소액 비율 등은 급격한 시장 변동을 일으키는 원인이 아니라는 사실을 알게 됐다. 문제는 최대 손실 매매에서 비롯됐으며 이 부분이 정말 중요하다.

시스템을 개발할 때는 적중률(이익 매매 비율) 90%인 시스템을 개발해 막대한 이익을 창출할 수 있다고 자신을 속이기 쉽다. 그러나 그 때문에 망조가 들고 만다. 터무니없는 소리로 들리는가? 그렇지 않다. 어떻게 그런 결과에 이르는지

설명해보겠다.

적중률이 90%인 시스템으로 매매에 성공할 때마다 1,000달러를 번다고 해보자. 9회 연속으로 이익 매매를 하면 9,000달러의 이익이 남는다. 그다음에 2,000달러 손실이 발생해서 총순이익은 7,000달러(9,000-2,000)가 된다. 나쁘지 않은 성과다. 다시 9회 연속 이익이 발생하면서 총순이익이 1만 6,000달러(7,000+9,000)가 된다. 그리고 다시 손실이 났다. 그러나 이번에는 손실 규모가 커서 무려 1만 달러나 된다. 이 시스템에서 가능한 최대 손실액이었다. 적중률이 90%인 시스템으로 20회 매매했는데, 결과적으로 잔고가 6,000달러(16,000-10,000)밖에 되지 않는다.

그러나 우리는 심지어 이익이 나면 계약 수를 늘리는 방식을 취했기 때문에 2계약을 매매했고 따라서 2만 달러라는 큰 손실이 발생했다. 시스템 승률이 90%였음에도 실질적으로 4,000달러 적자(16,000-20,000)였다. 그래서 자금 관리가 중요한 것이다.

패망의 주요인은 막대한 손실이 발생하는 매매다. 대량 손실 매매야말로 우리가 대비해야 할 악재이자 자금 관리 계획에 반드시 반영해야 할 요소다.

이런 목적을 달성하려 할 때 매매 시 감당할 위험 수준, 즉 계좌 잔고 대비 투자금 사용액의 비율(위험 노출 비율)을 먼저 정해야 한다. 알다시피 나는 위험 추구형 투자자이므로 위험 수준이 높은 트레이더가 어떤 선택을 하는지, 또 그 결과가 어떤지를 다음과 같은 가정 아래 설명해본다. 일단 매매당 계좌 잔고의 40%를 사용해보자.

내 계좌 잔고가 10만 달러라면 위험 노출액, 즉 매매에 사용할 금액은 4만 달러(100,000×40%)가 된다. 계약당 최대 손실액이 5,000달러라고 하면, 4만 달러를 5,000으로 나눈 값인 8이 매매할 계약 수다. 문제는 2회 연속으로 손실이 발생한다면 잔고의 80%가 감소하는 상황이 된다는 점이다. 따라서 위험 노출 비율 40%는 감당하기 버거운 수준이다.

일반적인 사람들이라면 매매당 사용액을 계좌 잔고의 10~15% 정도로 생각하지 않을까 한다. 이렇게 정한 사용액을 '시스템상 가능한' 최대 손실액 혹은 '감당해보려는' 최대 손실액으로 나눠 매매할 계약의 수를 정한다. 위험 감수 성향이 매우 높은 트레이더는 사용액의 비율을 20%에 육박하는 수치로 정하려 할지 모르겠다. 그러나 이렇게 했을 때 3회 연속으로 최대 손실 매매가 이뤄지면 잔고의 60%(20%×3)를 날리게 된다는 사실을 명심하라!

내가 사용한 자금 관리 방식에 따른 매매 성과가 그림 13.3에 정리돼 있다. 위험 노출 비율, 즉 잔고 대비 사용액 비율을 15%로 하고 이에 따른 사용액을 시스템상의 최대 손실액으로 나눠서 구한 계약 수대로 매매한 결과 총잔고가 5억 8,293만 624달러가 됐다.

계좌 잔고가 증가할수록 한 번에 매매하는 계약 수가 늘어나고, 잔고가 감소하면 매매 계약 수도 줄어든다. 나는 실제로 이런 방식으로 매매했고, 위험 노출 비율도 내게 적당한 수준이었다. 위험 노출 비율은 이보다 더 낮아도 상관없으며 실제로 좀 더 안전한 수준인 10% 정도로도 수백만 달러를 벌 수 있다.

흥미로운 부분은 단일 계약 트레이더는 겨우 25만 1,813달러(그림 13.1), 꽤나 효과적이었던 라이언 존스의 방식으로도 총잔고가 1,810만 7,546달러(그림 13.2)에 그친 데 반해, 나의 자금 관리 방식을 사용한 시험 매매(그림 13.3)에서는 무려 5억 8,293만 624달러나 만들었다는 사실이다. 게임을 하는 방식 그 자체가 중요하다는 사실이 분명해진다. 이 부분이 정말 중요하다.

표 13.3은 다양한 위험 노출 비율을 사용한 시스템 매매 결과를 나타낸다. 그림 13.4를 보면 x축에 해당하는 위험 노출 비율이 증가할수록 (그림의 오른쪽으로 갈수록) 흰색 막대로 표시된 '최대 계좌 잔고 감소 비율'과 검은 막대로 표시된 '계좌 자산'이 대체로 증가하는 것을 알 수 있다. 보는 바와 같이 특정 지점까지는 자산 증가 속도가 최대 잔고 감소 비율의 증가 속도보다 빠르다. 위험 노출 비율 14%와 21% 사이가 바로 그 지점이다. 그런데 그 이후 위험 노출 비율이

그림 13.3 내 방식으로 매매 단위(위험 노출액) 산출: 위험 노출 비율을 15%로 선택

**시스템 보고서**　　　　　　　　　　　1998년 9월 11일 3:00:45 PM

시스템 번호: 387

시스템 규칙:　　　　　　채권 7/98 손실 분담 없음

시장:　　　　　　　　　시험 매매 기간: 1990년 1월 1일~1998년 7월 16일

개요

| | | | |
|---|---|---|---|
| 매매 | 310 | 초기 잔고 | $30,000 |
| 이익손실비율 | 1.4 | 최종 잔고 | $582,930,624 |
| 최대 계좌 잔고 감소액 | -$3,988 | 최고치 | $582,930,624 |
| 최대 계좌 잔고 감소 비율 | -29.7% | 수익률 | 1,943,002.1% |

| 이익 매매 | | 손실 매매 | |
|---|---|---|---|
| 이익 | 230 | 손실 | 80 |
| 이익률 | 74.2% | 손실률 | 25.8% |
| 평균 이익 | $1,350.68 | 평균 손실 | $985.55 |
| 최대 이익 | $10,137.50 | 최대 손실 | $1,956.25 |
| 최다 연속 이익 매매 | 31회 | 최다 연속 손실 매매 | 6회 |
| 평균 연속 이익 매매 | 4.11 | 평균 연속 손실 매매 | 1.45 |

| | |
|---|---|
| 최대 매매 단위에 이르는 매매 횟수 | 223 |
| 최대 매매 단위에 이르는 일수 | 2152 |

매매 단위 산출 규칙

매매 단위=계좌 잔고×0.15/최대 계좌 잔고 감소액

증가함에 따라 최대 잔고 감소 비율이 자산보다 더 빠르게 증가한다. 대다수 시스템에서 위험 노출 비율이 25% 이상이면 더 많은 이익이 발생하기는 하지만 최대 잔고 감소 비율이 급격하게 커진다.

그리하여 내 자금 관리 공식은 다음과 같다.

**매매할 계약 혹은 주식 수=(계좌 잔고×위험 노출 비율)/최대 계좌 잔고 감소액**

이보다 훨씬 정교하고 더 나은 접근법이 분명히 있으리라 생각한다. 그러나 수학 천재와는 거리가 한참 먼 우리 같은 평범한 트레이더의 기준에는 이 정도면 매우 훌륭하다. 이 방식의 장점은 각자의 위험 감수 성향에 맞게 수치를 조절할 수 있다는 사실이다. **본인이 소심하고 겁이 많은 성격이면 위험 노출 비율은 5% 정도로 하라. 평범한 수준이라고 생각하면 10~12%가 적당하고, 나 정도는 된다 싶으면**

| 표 13.3 다양한 위험 노출 비율을 활용한 매매 결과 비교: 위험 노출 비율 40~50%일 때 최종 잔고가 가장 많으나, 최대 계좌 잔고 감소 비율이 너무 높다 |

시스템 초기 잔고/ $0.00

| 최종 계좌 잔고($) | 최대 계좌 잔고 감소 비율(%) | 위험 노출 비율 (%) | 최대 단위 | 재개시 (%) | 최소 이익($) | 손실 회복 | 이익($) |
|---|---|---|---|---|---|---|---|
| 845,429,594 | -66.9 | 40 | 5000 | 100 | 0.00 | 없음 | 3,000.00 |
| 844,881,388 | -77.1 | 50 | 5000 | 100 | 0.00 | 없음 | 3,000.00 |
| 842,428,863 | -72.2 | 45 | 5000 | 100 | 0.00 | 없음 | 3,000.00 |
| 835,954,544 | -61.5 | 35 | 5000 | 100 | 0.00 | 없음 | 3,000.00 |
| 802,829,038 | -54.4 | 30 | 5000 | 100 | 0.00 | 없음 | 3,000.00 |
| 759,721,131 | -46.6 | 25 | 5000 | 100 | 0.00 | 없음 | 3,000.00 |
| 686,869,688 | -38.2 | 20 | 5000 | 100 | 0.00 | 없음 | 3,000.00 |
| 560,344,731 | -28.4 | 15 | 5000 | 100 | 0.00 | 없음 | 3,000.00 |
| 18,606 | -7.0 | 10 | 5000 | 100 | 0.00 | 없음 | 3,000.00 |

| 그림 13.4 다양한 위험 노출 비율에 따른 계좌 자산과 최대 계좌 잔고 감소 비율: 위험 노출 비율이 25%를 넘어가면 자산 증가에 비해 위험 증가가 커진다 |

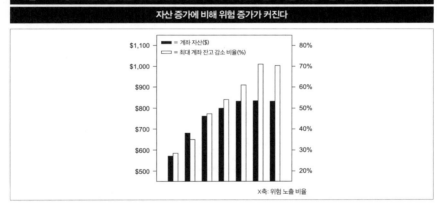

X축: 위험 노출 비율

**15~18%로 하라. 아주 대범하고 용감무쌍한 쪽이라면 위험 노출 비율을 20% 이상으로 하라.** 그 대신 정기적으로 교회를 찾아 기도를 열심히 하라(너무 위험하니까! 제발 큰 손실이 나지 않게 해달라고 기도해야 한다!).

나는 이 방식으로 수백 만 달러를 벌었다. 더 이상 무슨 말이 필요할까? 나는 투기를 통해 부의 왕국을 세웠고 그 왕국으로 들어가는 열쇠, 즉 자금 관리 비법을 여러분에게 이미 건넸다.

# 랄프 방식의 재고찰: 2011년 자금 관리의 돌파구

당신이 만약 상품 선물 매매를 해봤다면 계좌 잔고를 다 날렸을 가능성이 높다. 대다수가 그렇듯이 약간의 자금으로 매매를 시작했을 텐데 이익도 내고 손실도 내면서 매매를 계속하다 보면, 어느 순간 가진 자금의 전부는 아니더라도 대부분을 날려버린다. 트레이더라면 이런 상황을 다들 경험했으리라 생각한다.

이를 어떻게 극복해야 하는가?

지금 여러분이 사용하는 매매 시스템이 매우 중요하기는 하다. 그러나 이런 시스템만으로 매매에서 큰돈을 벌기가 어렵다는 사실을 알면, 게다가 이런 어려움이 자신의 매매 능력이나 시장 상황과는 하등 관계가 없다는 사실을 알면 아마 상당히 놀랄 것이다. 이런 결과는 매매 능력이나 시장이 아니라 수학과 관계가 깊다.

누군가 여러분에게 이렇게 말한다고 하자. "절반은 이익이 나고 절반은 손실이 나는 시스템이 있어요. 그래서 이 시스템을 쓰면 평균 이익과 평균 손실이 같아지죠. 이익 매매와 손실 매매가 한 번씩 번갈아 나타난다고 할 수 있지요. 어때요? 이 시스템 한번 써보실래요?" 이런 시스템 매매를 할 때 결국 이익이 날까 아니면 손실이 날까? 아니면 본전치기일까?

'손실이 난다'가 정확한 답이다. 매매를 계속하다 보면 결국은 가진 돈을 다 잃는다.

왜 그럴까? 1,000달러를 밑천으로 매매를 시작하고, 매매할 때마다 잔고의 10% 손실(혹은 이익)이 발생한다고 하자. 일단 처음에는 100달러의 손실(1,000×0.1)이 난다. 따라서 첫 손실 매매 후 잔고는 900달러(1,000-100)가 된다. 여기에 문제가 있다. 첫 손실 이후 이익이 발생해도 현 잔고 900달러의 10%이므로 이익은 90달러밖에 안 된다. 따라서 총잔고는 990달러(900+90)가 된다. 손실(-) 매매 한 번에 이익(+) 매매 한 번이면 당연히 '0'이 돼서 잔고는 그대로 1,000달러가 될 것 같은데 이상하게 그렇지가 않다. 그래서 위험보상비율이 1이고—즉 위험과 보상의 기댓값이 동일하고—승률이 50%인데도 두 번째 매매를 마치고 나면 잔고는 손실 상태(-10)로 나타난다. 손실과 이익이 번갈아 나온다고 가정했으므로 세 번째 매매에서는 손실이 나고 잔고는 891달러가 된다(990×0.1=99, 990-99=891). 물론 이 다음 매매에서는 이익이 나지만, 최종 잔고는 980달러뿐이다 (891×0.1=89.1, 891+89.1=980.1). 승률이 50대 50이고 위험보상비율이 1인데도 결과는 달라지지 않는다. 수수료 공제 전인데도 이미 잔고는 손실 상태다.

FX(외환) 매매에 관한 인터넷 광고를 하나 소개하겠다. 광고 문구 옆 괄호 안에 쓴 것은 이 문구에 대한 내 의견이다. 500배의 레버리지를 사용하면서 꾸준히 이익을 낼 확률이 과연 얼마나 될까?

**트레이더가 FX-프로를 선택하는 이유**

- *경쟁력 있는 스프레드 0.5핍*(음, 맞는 말)(pip: 스프레드 단위: 1핍=0.0001-역주)
- *숨은 수수료와 추가 비용 없음*(필요 없음)
- *최고 1:500의 융통성 있는 레버리지*(코멘트할 가치도 없음)
- *500달러로 시작하는 매매 계좌*(심각함)
- *매매 가능한 상품 140개 이상*(하나면 충분함)
- *독점적 최신 시장 소식*(이건 유용할지도…)

첫 매매를 하면서 계좌 잔고의 5%를 손절가로 잡는다고 하자. 즉 잔고가 5,000달러면 손절가는 250달러가 된다. 그런데 스스로 똑똑하다고 하는 사람들은 이때 증거금률을 1/250로, 즉 레버리지 비율을 250으로 잡는다. 나름대로 신중하게 '보수적'(소극적)으로 정한 수치일 게다. 얼핏 보면 괜찮아 보인다. 그러나 실제로는 어떤 결과가 나타날까? 일이 잘못 풀려 한 번 손절하면 손실이 6만 2,500달러(250달러×250배)나 발생한다. 아… 이런 상황에 대비해 2~3틱 정도 지점에 가까운 손절점을 뒀으니 괜찮을 거라고?

내가 세계 최고의 트레이더라고 주장하는 것은 아니지만, 그렇다고 또 완전히 형편없는 트레이더도 아니다. 그렇지만, 글쎄올시다. 내가 지금까지 매매를 하면서 내 포지션에 불리한 방향으로 시장 진입 가격에서 2~3틱 정도만큼도 움직이지 않은 적이 몇 번이나 있었는지 잘 모르겠다. 큰 손실을 막고자 손절가를 너무 가깝게 잡으면 대부분의 매매는 손절로 끝난다.

이제 여러분은 내가 왜 당신의 매매의 심각성을 500배 확대하는 FX 매매 선동가보다는 차라리 대놓고 양아치 짓을 하는 마약상이 백번 낫다고 하는지 그 이유를 이해하리라 생각한다.

# 켈리 비율이라는 신기루

켈리 비율Kelly ratio은 내가 1987년 로빈스 월드컵Robbins World Cup이라는 투자 대회에서 우승할 때 사용했었다. 그때는 사실 자금 관리 기법으로 켈리 비율을 사용한다는 것이 무슨 의미인지 별 생각이 없었는데, 지금 생각해보면 운이 좋았던 것이다. 승률이 탁월했기 때문에 최종 승자로 살아남을 수 있었다. 그러나 지금은 켈리 공식이나 이와 비슷한 기타 공식은 결국 투자자에게 손실을 안겨줄 뿐이라는 생각이 든다. ○○공식이니 ○○비율이니 하는 명칭에다 숫자와 공식이 들어가면 얼핏 신뢰감 있고 정확해 보이지만, 결국은 수학에 대한 동경 어린 신기루에 불과하다.

지금은 켈리 비율을 사용하지 않으며 남에게 권할 생각도 없다. 그러나 내가 비싼 대가를 치르며 알아낸 이 사실을 아직 이해하지 못하는 사람이 참 많다. 그래서 이 자리를 빌려 켈리 비율에 관한 내용을 대대적으로 다뤄보고자 한다. 과거에 내가 이 도구를 어떻게 사용했으며 지금은 왜 사용하지 않는지, 그 변천사를 모두 포함해서 말이다.

켈리 비율은 매매 시스템상의 승률 및 평균 위험보상비율과 관련이 있다. 이는 순전히 이론적인 영역에 속하는 개념이고 실제 매매와는 아무 관계가 없다는 점이 문제다. 손실 한 번 없이 꾸준히 이익을 내는 시스템이나 트레이더는 이 세상에 없다고 생각한다. 켈리 비율은 일관성 있는 매매 성과를 상정하지만, 안타깝게도 그런 상황은 실제로 존재할 수가 없다.

현실 세계에서는 위험보상비율과 승률이 아무리 좋은 시스템이라도 3회 혹은 4회 연달아 손실이 나는 일이 흔하다. 성과가 꽤나 괜찮은 시스템에 적용되는 켈리 비율은 매매당 계좌 잔고의 25% 정도일 것이다(승률 P=0.55, 위험보상비율 R=1.5 정도의 '꽤나 괜찮은 시스템'의 변수를 13장 초반에 언급된 켈리 공식에 대입해 보면 F=25%가 나온다-감수자 주).

이 비율을 사용한 매매에서 한 번 손실이 나면 잔고의 25%를 잃게 되므로 75%만 남는다. 초기 잔고가 1,000달러고 4회 연속으로 손실이 나면 네 번째 손실액이 105달러가 되면서 최종 잔고는 약 320달러[$1,000 \times 0.75^4 = 316.4$]가 되는 것이다. 3회 혹은 4회 연속 손실이 날 확률이 높은 매매 업계에서는 그다지 눈에 띄는 결과는 아니다. 내가 개발한 매매 시스템 중 승률이 86%인 시스템에서 4회 연속 손실 매매가 났던 경우가 다섯 번 있었다. 이런 일을 서너 번만 겪어도 당신은 매매를 때려치웠을 공산이 크다. 켈리 비율이라는 신기루에 주의하라.

물론 여러분은 조용히 꽁무니를 내리고 켈리 비율을 사용할 정도로 과감하게 나서진 않을 수도 있다. 그래서 위험 노출 비율은 10% 정도로 하겠다고 말한다. 그렇게 한 번 해보라. 4회 연속으로 손실을 내고 잔고의 34%를 날리고 나면[$0.9^4 = 0.6561 = 66\%$] 대다수 트레이더나 고객은 여러분에게 손을 떼라고 할 것이 분명하다.

자금 관리 기법에 관한 랄프 빈스의 한 세미나 도중, 나는 트레이더로 살아온 내 인생에서 **가장 중요한 것은 다음 매매**라는 생각이 들었다. 시스템의 승률이 90%인지 아닌지는 중요하지 않다. 위험보상비율이 6대 1이라는 사실도 중요하지 않다. 중요한 것은 내 다음번 매매 그것 하나뿐이다. 어떤 일이 일어나야 하는지, 앞으로는 어떨지, 과거에는 어떠했는지 등은 내가 지금 하는 매매와는 아무 관계가 없다. "매매는 한 번에 하나씩!" 이것이 나의 새로운 좌우명이 됐다!

그러면서 이런 생각을 하게 됐다. **자금 관리 기법이란, 당장 내가 하고 있는 매매에 적합해야 하는 것이 아닐까?**

그래야 한다고 생각한다. 뿐만 아니라 우리는 3회 혹은 4회 연속으로 손실이 날 확률이 매우 높다는 사실도 알고 있다. 그래서 이런 결론에 이르게 된다.

> **무엇보다 4회 연속 손실 매매와 관련한 자금 관리 전략을 수립하는 일이 더욱 중요하다.**

여러분은 켈리 공식을 사용했다가 4회 연속 손실 매매 한 번이면 계좌 잔고가 거덜이 날 수 있다는 사실을 앞서 이미 확인했다. '지금 당장의 매매'는 이익 혹은 손실이 날 확률이 정확히 50%다. 따라서 시스템의 승률은 이 매매와는 무관하다. 잔고가 바닥나는 데는 단 한 번의 대규모 손실이나 수차례 이어지는 소액 손실로도 충분하기 때문이다.

그래서 내 자금 관리 전략상 시스템의 승률은 50% 정도로 가정하겠다(물론 내심 이보다 더 높기를 바라지만, 그렇다고 기대치만 높으면 곤란하다).

다음으로 '위험보상비율'은 얼마로 해야 하느냐는 문제가 남는다. 수십 년간의 내 매매 경험상 평균 위험보상비율은 1.5에서 2.0 정도라고 생각한다. 켈리 공식에 승률 P=0.5와 위험보상비율 R=2.0를 적용하면, 매매 시 계좌 잔고의 25%를 투자하게 된다. 우리는 이 조건으로는 매매 결과가 좋지 않으리라는 점을 알고 있다. 위험보상비율이 1.5인 경우 켈리 공식에 따르면 계좌 잔고의 16.6%를 투자금으로 써야 한다. 그러나 이 정도의 위험 노출 비율도 상품 선물 매매에서 그다지 좋은 성과를 기대하기 어렵다. 1,000달러의 잔고로 시작한 첫 매매에서 손실이 나면 계좌 잔고에는 834달러[1,000×(1-0.166)]가 남게 된다. 곧바로 이익 매매로 만회해도 잔고는 어느덧 972달러[834×(1+0.166)]로 깎여 있다. 승률 50%의 매매를 이제 겨우 2번 했을 뿐인데 말이다. 벌써 문제가 시작되고 있다는 점을 눈치챘는가?

이처럼 잔고의 16.6%를 투자하는 매매 시스템에서 4회 연속으로 손실이 발생하면 어떻게 될까? 손실 및 이익 매매 순서에 관계없이 잔고 최고치에서 48%가 감소[1-0.166⁴=0.4823]하게 된다. 4연속 손실이면 그야말로 큰 난관에 부딪친다.

수학에 능하지 않은 나는 그저 다양한 위험 노출 비율을 대입해 가면서 투자 자금을 다 날리지 않으려면 매매할 계약 수를 얼마로 정해야 하는지를 계산했다. 즉 4회 연속으로 손실을 내고도 계속 매매를 할 수 있으려면 밑천이 거덜 나지는 않아야 하니 말이다. 다음의 표를 보면 이해가 더 빠를 것이다.

| 매매당<br>위험 노출 비율 | 1회 손실 후<br>잔고 비율 | 4연속 손실 후<br>잔고 비율 | 4연속 손실에 따른<br>잔고 감소율 |
|---|---|---|---|
| 10% | 0.90 | $0.90^4=0.6561$ | 34.4% |
| 5% | 0.95 | $0.95^4=0.8145$ | 18.6% |
| 4% | 0.96 | $0.96^4=0.8493$ | 15.1% |
| 3% | 0.97 | $0.97^4=0.8853$ | 11.5% |
| 2% | 0.98 | $0.98^4=0.9224$ | 7.8% |

트레이딩의 현실에서 잔고 감소가 34.4%면 위험 수준이 너무 높은 것이다. 여러분이 자산 운용자이고 잔고의 34.4%가 날아가면 고객들이 떠나기 시작할 것이다. 이 비율 조건에서 5회 연속으로 손실이 난다면 어떻게 될까?

"잘 가시게, 친구! 이쯤에서 헤어져야겠어."*

그러므로 위험 노출 비율 10%도 너무 높다. 다른 극단적 사례로 위험 노출

---

* **주해** 1. 물론 이는 매매를 한 번에 하나씩만 하는 상황을 전제로 한다. 실제 매매에서는 이런 경우가 거의 없어서 현실적인 가정은 아니다. 실제로는 적어도 한 번에 3개 정도의 매매에 몸담고 있다. 켈리 공식을 사용하여 매매당 잔고의 25%가 감소하는 상황에서 3개의 매매가 모두 손실로 끝나면 잔고의 75%를 날려버린다. 켈리 비율을 반으로 줄여 12.5%를 적용하면 잔고 감소율이 75%에서 37.5%로 감소하지 않겠느냐는 사람도 있다. 그렇게 할 바에야 차라리 위험 노출 비율을 3% 정도로 줄여라. 그러면 3개의 매매가 모두 손실이 나더라도 잔고 감소율은 9%밖에 안 된다.

비율 2%인 경우를 살펴보자. 이 정도면 4연속 손실이 발생할 때 잔고 감소율이 7.8%밖에 안 되니 꽤 괜찮은 수준이다. 그러나 다른 큰 문제가 있다. "그런 소액 매매가 과연 실익이 있을까?"

물론 수학자라면 좀 정교한 해답이 가능하겠지만, 수학을 잘 모르는 나는 일단 실제 매매 경험에서 깨달은 점을 알려주고 싶다. 나는 2007년에 오스트레일리아 계좌에 든 잔고 10만 달러로 매매를 시작했다. 2010년이 되자 계좌 잔고가 최고치인 120만 달러로 증가했다. 최초 잔고의 무려 11배 이익(110만 달러)이 발생한 셈이다. 증가율로 따지면 1,200%이고 이는 연간 129%에 해당하는 수준이다. 위험 노출 비율 2%로 매매에 임해도 상당한 이익을 취할 수 있다는 반증이다.

이는 평균 베팅 크기를 잔고의 2%로 했을 때 거둔 성과였다. 나는 이 크기를 3%로 할 때도 가끔 있었지만, 1% 미만으로 할 때가 더 많았다. 나는 매매당 계약 건수를 정할 때 조건을 상당히 엄격하게 적용하는 편이었다. 그리고 여러분들이 하는 것처럼, 이익이 나는 매매에서 거액 베팅을 하지 않았다. 나의 위험 노출 비율 2%짜리 베팅은 늘 손실인 것처럼 보이곤 했다.

그럼에도 계좌 잔고는 꾸준히 증가했다. 물론 오르막과 내리막이 늘 교차했고 4회 연속으로 손실이 나는가 하면 또 4회 연속으로 이익이 나곤 했다. 그러나 실제 거래 도중 내 계좌를 심각하게 위협하는 상황은 전혀 발생하지 않았다.

내 계좌가 실제로 어떤 과정을 거쳤는지 궁금하지 않은가? 나는 오스트레일리아 계좌로 매매를 하다가 브로커와 나 자신의 몫으로 소 선물을 실물 인도<sub>physical delivery</sub>받았다. 또한 선물 매매 시 현금 가치와 대금 지불을 위해 필요한 금 역시 실물로 인도받았다. 왜냐하면 이 '아름다운' 빌어먹을 전자 매매 플랫폼은 인도일<sub>delivery date</sub>이 당장 오늘이어도 알려주지 않을 수도 있기 때문이었다.

모든 주문은 전자 매매 플랫폼에서 진행했다. 나는 주문을 낸 후에는 자리를 떴고, 시장을 계속 주시하지는 않았다. 이렇게 시장과의 별다른 상호작용 없이도 상당한 이익을 올릴 수 있었다. 그러니 위험 노출 비율 2%만을 적용해도 충분히 수익을 낼 수 있다는 결론을 내릴 수 있겠다.

안전을 보장하고 계좌 잔고를 위태롭게 하지 않으면서도 상당히 공격적인 수준의 위험 노출 비율 최적값은 어느 정도일까? 실질적으로 4% 정도가 아닐까 한다. 위험 노출 비율이 4%라면 4회 연속으로 손실이 발생할 때 잔고의 15%가 감소한다(351쪽 표 참고).

계좌 잔고의 4%로만 매매해도 상당히 놀라운 성과를 기대할 수 있기 때문에 나는 아마도 계속 이 기조를 유지할 것 같다. 이때 4회 연속 이익이 발생하면 1,000달러가 1,169달러($1.04^4$=1.1699)로 증가하며 17%의 수익률이 달성된다(여기서는 복리의 수학적 마법이 우리에게 유리하게 작용한다. 즉 4회 연속 이익 17%가 4회 연속 손실 15%보다 더 크다). 일반적인 트레이더에게는 계좌 잔고가 빠르게 증가할 수 있으면서도 심각한 잔고 감소를 방지하기 위해서 위험 노출 비율 3%가 적당하다고 생각한다.

이상의 권고 사항은 나를 포함한 여러분이 과거에 4회 연속 손실 매매를 경험해본 적이 있고, 앞으로도 동일한 일이 다시 발생할 수 있다는 전제를 깔고 있다. 실제 매매에서 이러한 연속 손실이 일어나지 않을 것이라 생각한다면, 여기에 설명한 모든 내용은 그냥 잊어버려라. 그냥 켈리 공식 비율대로 매매하고, 대신 기도를 열심히 하시기를!

여러분이 나와 동일한 관점에서 문제와 해법을 바라본다면 아마도 이런 부분이 궁금할 것이다. "그래서 이것을 실제 매매에 어떻게 활용하는가?"

그 방법을 설명하겠다.

위험 노출 비율을 3%로 하겠다면 그 수치로 매매 계약 수를 정할 수 있다. 내경우를 예로 들어 계좌 잔고 10만 달러에 위험 노출 비율 3%를 적용하면 3,000달러가 된다. 이 3,000달러로 첫 번째 매매를 하면, 나는 이 매매에서 3,000달러 이상의 손실을 내려야 낼 수가 없다.

여기서 매매 계약 수 계산을 위해서는 해당 매매의 손절가를 정할 필요가 있다. 차트상에 손절가를 정함으로써 손실 위험에 노출된 액수의 한도를 시장 진입가와 손절가의 차이만큼으로 정하는 것이다. 다시 말해, 이번 매매에서 '감당하려는 손실액'이 한 계약을 기준으로 어느 정도인지를 정해야 한다.

해당 매매에서 손절가를 3,000달러로 잡았다면 이는 꽤 멀리 설정된 셈이다. 위험 노출 비율을 3%로 적용했으므로 위험 노출액(매매당 투자액)은 3,000달러(100,000×0.03)가 되고, 따라서 1계약만 매매가 가능하다. 2계약을 매매한다면 손실이 발생했을 때 잔고에서 위험 노출액의 2배인 6,000달러가 감소하게 되는데, 이는 내가 설정한 손절가 3,000달러보다 훨씬 높은 수준이니 2계약을 매매할 수는 없는 노릇이다.

한편 계약당 금액 기준 손절가를 1,000달러로 잡았다면 3계약을 매매할 수 있다. 계약당 손절가 1,000달러씩 3계약을 손절해도 감당 가능한 손실액이라고 판단한 위험 노출액 3,000달러와 동일한 수준이기 때문이다. 이런 식으로 먼저 감당하고자 하는 손실액을 정한 다음 위험 노출액(계좌잔고×위험 노출 비율)을 이 손실액으로 나누면 매매 계약 수를 산출할 수 있다.

예를 들어 계좌 잔고 60만 달러에서 위험 비율 3%로 매매한다면 손실이 났을 때 감당 가능한 손실 규모, 즉 위험 노출액은 1만 8,000달러(600,000×0.03)가 된다. 이때 손절가를 2,000달러로 정했다면, 1만 8,000달러를 2,000달러로 나눠 9계약을 매매하면 된다는 계산이 나온다.

랄프는 이런 상황을 다음과 같이 기술한다.

> **중요한 것은 수학적 예상이 아니라, 이익도 내고 손실도 내되 결과적으로는 수익이 남는 매매를 할 수 있느냐 그리고 최악의 상황이 전개되더라도 이를 적절히 통제할 수 있느냐다.**
> **모든 트레이더는 이처럼 충분한 이익과 손실 통제라는 이원적 기준에 따라 평가받는다.**

> 자료의 확률 총합에 따른 긍정적 기댓값이 0.5 이상인 상황에서는 이익 측면의 기준은 만족시킬 수 있지만, 그렇더라도 이원적 기준의 손실 통제 측면, 즉 '최악의 시나리오를 관리할 수 있을까?'라는 부분을 고려해야 한다.

그렇다. 나는 이것이 매매당 계약 수를 결정하는 가장 안전하고 가장 현실적인 접근법이라고 생각한다. 우리는 최악의 시나리오를 그려 보았고, 이에 대비할 수 있도록 외환 매매 선동꾼의 허술한 '지푸라기'가 아니라 단단한 '벽돌'로 튼튼한 요새를 지었다.

이 장에서 전달하고자 하는 핵심 사항은 '매매하는' 방식보다는 '자금을 관리하는' 방식에서 성공과 실패가 갈린다는 사실이다. 아무리 훌륭한 트레이더라도 자금 관리가 허술하면 순식간에 빈털터리가 될 수 있다. 반대로 평범한 트레이더라도 자금 관리에 능하면 업계에서 오래 살아남을 수 있다.

제**14**장

# 케네디에서
# 오바마까지,
# 매매 50년사

*long-term*
*secrets*
*to short-term*
*trading*

●

매매로 성공하려면 시장은 당연히 알아야 하고 자기 자신은 더 잘 알아야 한다.

●

매매로 성공하려면 시장뿐 아니라 자기 자신도 알아야 한다는 말이 사실이라면 지난 50년 동안 그렇게 해온 나는 매매에서 크게 성공했어야 하지 않겠는가? 물론 나는 실제로 꽤나 성공했고, 이에 자부심을 느낀다. 그렇게 해서 수백만 달러를 벌었다는 사실에도 뿌듯함을 느낀다. 그러나 솔직히 말하면 나는 지금도 손실을 낸다. 지금도 저조한 성과에 좌절하고 연속으로 손실을 내기도 한다. 그럴 때면 나는 왜 제대로 하는 일이 없나 싶기도 하다. 그런가 하면 또 연달아 이익이 날 때에는 우쭐해지곤 한다.

　내가 거의 매일, 대다수는 시간 단위로 시장에 촉각을 곤두세운 지 어느덧 50년째이다. 그러는 동안 시장은 9명의 대통령과 6명의 연준Fed 의장의 막강한 영향력에 이리저리 휘둘리곤 했다.

　15명의 대통령과 연준 의장은 시장과 경제에 대한 접근 방식이 모두 제각각이었다. 연준 의장들은 불경기에 통화 공급량을 늘리고 호경기에는 금리를 인상하는 데 주안점을 둔다는 점을 제외하면 공통점이 거의 없다.

　그러면 트레이더나 투자자는 어떻게 대응해야 할까?

　우리가 따를 만한 주요 개념이 존재한다. 지난 50년 동안에도 그랬고 앞으로 50년 동안에도 따를 가치가 있는 그런 개념이다. 상품이나 주식을 대량으로 사 모으고 분배하는 사람들을 관찰하라. 이 방식은 미래에도 가치가 있을 것이다. 그런 가치에는 보상이 뒤따른다. 혹시 보상이 조금 늦어지더라도 결국은 보상을 받게 된다.

초보 트레이더는 지금은 물론이고 앞으로도 계속 사용할 수 있는 확실하고 완벽한 공식이나 지표를 원하는 듯하다. 가치 있는 시장 관련 정보와 흐름 지표가 분명히 있기는 하다. 그러나 솔직히 **나는 '지혜'를 얻을 수만 있다면 그런 공식이나 지표는 기꺼이 내다 버릴 것이다.**

그 어떤 지표도 지혜를 이기지 못한다. 다른 사람은 실패해 시장을 떠나갈 때 꿋꿋이 시장에 남아 있게 해주는 것이 바로 지혜다. 명석한 두뇌도 필요하고 때로는 과감한 승부수도 필요하고 하룻강아지처럼 무모한 도전 정신도 필요하지만, 결국 최후의 승리는 지혜를 가진 자의 몫이다.

지혜가 있으면 폭넓은 관점에서 더 멀리, 더 넓게 바라보게 된다. 근시안적인 사람은 수많은 조각으로 완성한 모자이크 그림이 눈에 들어오지 않겠지만, 지혜가 있는 사람은 이 그림이 한눈에 보일 만큼 시야와 관점이 포괄적이다.

지혜에 관한 문제점은 공식 자체가 존재하지 않는다는 사실이다. 경험을 통해서가 아니면 지혜를 얻기가 매우 어렵다. 나 역시 오랫동안 경험을 쌓아왔지만, 아직도 지혜를 충분히 얻었다고 자신하지는 못한다. 그러나 내가 얻은 교훈을 다른 사람에게 알려주는 일이 가능하다는 사실은 잘 알고 있다. 나는 아버지한테서 많은 지혜를 얻었다. 몬태나주 스프링크릭Spring Creek에서 아버지와 함께 낚시를 즐기던 시절에 얻은 지혜도 있다. 코노코 정제 공장에서 함께 일할 때도 아버지한테서 소중한 지혜를 얻었다.

아버지의 지혜는 대부분 엄격한 훈계의 형태로 내게 전달됐다. 그래서 절대 하지 말아야 할 일 같은 행동 규칙 속에 지혜가 반영돼 있었다. 그때는 아버지가 내게 주입해준 '지혜'를 이해하지 못했고 아주 오랜 시간이 지난 뒤에야 비로소 그 의미를 깨달았다.

그렇더라도 아버지가 내게 지혜를 나눠줬다는 사실에는 변함이 없으며 그래서 나도 매매 일을 하면서 깨달은 지혜를 조금이나마 여러분에게 나눠주고 싶다. 이런 생각으로 14장에서는 내가 발행하는 시황 정보지 〈커머더티 타이밍Commodity

Timing〉지난 호들 중에서 가장 도움이 될 만한 내용을 뽑아 소개하려고 한다. 내가 좀 더 균형 잡히고 통제력 있는 트레이더가 되는 데 큰 도움이 된 내용이므로, 여러분에게도 도움이 되기를 바란다.

이번 개정판에는 최근에 쓴 글도 추가했으며 이를 통해 내 견해와 매매에 관한 기본 철학 등을 설명하려고 했다.

## 매매와 꿀 채취의 공통점

내가 어릴 때 아버지는 부업으로 양봉을 했다. 형편이 넉넉하지 않았기 때문에 시내 상점에 꿀을 내다 팔아 생활비에 보탰다. 벌 치는 사람들이 쓰는 보호 장구를 본 적이 있을 것이다. 우리 집에도 이런 보호 장구가 다 있었다. 그런데 밀랍을 거르는 필터라든가 꽃가루 필터, 각종 분류기 등은 대부분의 사람이 본 적이 없을 것이다. 벌을 치고 꿀을 따는 일은 아주 고생스러운 작업이었다.

어머니가 병을 깨끗이 씻어 놓으면 우리는 그 병에 꿀을 가득 채웠다. 여러분의 찬장에 넣어 둔 꿀, 아마도 상점에서 샀을 그 꿀과 달리 우리 꿀은 가열하지 않았다. 꿀을 가열하면 식은 다음에도 굳지 않고 걸쭉한 용액 상태 그대로 유지된다. 상점에서 파는 꿀은 그래서 거의 다 열처리를 했다. 고체보다는 액체 상태가 아무래도 보기 좋다. 그러나 열을 가하면 꿀의 좋은 성분이 다 없어진다. 특히 가열하면 꿀이 불활성 포도당으로 변해 달달한 설탕물과 별 차이 없는 상태가 된다.

나는 벌이 무서웠다. 그럴만한 이유가 있었다. 벌에 여러 번 쏘였는데 그때마다 너무도 고통스러웠다. 아버지도 몇 번 벌에 쏘였는데 나처럼 그렇게 아프지는 않아 보였다.

어느 날 아버지와 함께 벌집에서 꿀을 채취하면서 벌에 쏘이는 일에 대해 물어봤다. 그러자 아버지는 이렇게 말했다. "나도 벌에 쏘이지 않으려고 이것저것 다 한단다. 이렇게 보호복도 입고 머리와 얼굴에 망 모자도 뒤집어쓰고 말이지. 담배 연기도 도움이 되지. 그렇게 해도 너처럼 나도 벌에 가끔 쏘여. 꿀을 얻으려면 이런저런 할 일이 많고 벌에 쏘일 때도 있어. 양봉이란 게 원래 그렇단다. 그러려니 하는 거지 뭐."

"그리고 네게 이 말을 해주고 싶다. 네가 벌에 쏘이면 나보다 훨씬 아파 하는 걸 안단다. 왜 그런지 아니? 그건 네가 벌에 쏘인 적이 별로 없기 때문이야. 난생처음으로 벌에 쏘이면 얼마나 아프겠니? 그걸 충격 효과라고 하지. 그러나 너도 익숙해질 거야. 어른이 된다는 건 고통을 참는 법을 배우는 시간이기도 해, 알았니?"

"아, 또 한 가지가 있네. 나는 벌에 쏘일 때마다 이 꿀을 갖다 팔면 돈이 된다는 생각을 해. 그러면 아픈 게 싹 사라지는 기분이거든."

꿀 채취와 매매는 공통점이 꽤 많다.

## 낮은 가지에 달린 열매부터 따라

다른 날보다 더 좋은 날이 있듯이 다른 매매보다 훨씬 더 좋은 매매가 있다. 대다수 트레이더는 일확천금을 꿈꾼다. 야구로 치면 안타보다는 홈런을 치고 싶어 한다.

홈런 타자도 홈런을 칠 때보다 삼진을 당할 때가 더 많다는 것은 다 아는 사실이다. 야구에서는 홈런보다 삼진이 더 많아도 괜찮다. 말하자면 손실 크기와 이익 크기가 엇비슷하기 때문이다. 그러나 매매라면 이야기가 다르다. 단 한 번의 큰 손실로도 그동안 모은 자산을 다 날릴 수 있다. 배리 본즈Barry Bonds나 베이브 루스Babe Ruth는 삼진을 한두 번, 심지어 열 번을 당해도 야구를 계속할 수 있다. 그러나 매매 시장에서는 통하지 않는다.

**그러니 '쉬운 매매'를 골라서 하라.**

그런데 대다수 트레이더가 굳이 '어려운 매매'에 집착한다. 단번에 굉장한 성과를 내는 이른바 무용담이 필요하다는 듯이. 이들은 투자 업계의 에빌 나이벨 Evel Knievel(미국의 스턴트 전문 배우-역주)이나 공중 곡예사 같은 고난도 기예를 뽐내고 싶어 한다. 말하자면 바닥에서 사서 머리 꼭대기에서 팔려고 한다. 자신들이 주문을 낸 바로 그 지점이 해당 저점이나 고점이라고 생각하며 말이다. 차트로만 보면 아주 환상적인 매매로 보일 터다.

나는 상승 추세에서 가파른 우상향 곡선을 그릴 때가 매매하기 가장 어렵다. 그런데 대다수 사람들은 이제 고점에 다 왔다고 판단해버리고는 한다. 물론 언젠가는 고점이 형성된다는 사실을 누구나 다 안다. 그러나 현재 가격이 고점이라는 보장은 없으며, 여러분이나 나나 상승세가 끝나는 지점을 정확히 예측할 수 있다는 의미도 아니다.

이처럼 고점을 예단하는 매매가 실제로 왜 그렇게 어려운지 아는가? 간단하다. '파티'가 진짜 끝날 때까지는 정확히 언제 끝날지 아무도 모르기 때문이다.

그러므로 추세의 끝이 확인됐거나 추세가 끝날 가능성이 크다 싶을 때까지는 포지션을 보유하면서 기다려라. 고점에 다 왔다고 예단하고 섣불리 매수 포지션을 청산하거나 매도 포지션으로 갈아타지 말라는 얘기다. 왜 굳이 달리는 화물 열차로 뛰어들려 하는가? 정말 이해할 수 없다.

상승 추세가 살아 있는데 매도하는 것보다는 하락 추세에서 매도하는 편이 더 낫지 않은가? 내가 보기에는 그렇다. 내 경험상으로도 이것이 가장 현명한 선택이다. 이 격언이 딱 들어맞는다. **추세는 우리 편이다.**

낮은 가지에 매달린 열매는 누구든 쉽게 따 먹을 수 있다. 힘들이지 않고 쉽게 딸 수 있을 뿐 아니라 잘 익어 맛도 아주 좋다. 휘청거리는 높은 가지 끝에 달린 열매보다 나지막하고 단단한 나뭇가지에서 열매를 따기가 더 쉽다.

이와 마찬가지로, 시장의 추세를 찾고 그 추세에 올라타는 것이 훨씬 쉬운 일이다.

개인적으로 나는 낮게 달린 열매를 따는 쪽을 선호하고, 말 위에 올라타 그 말이 달리는 대로 몸을 맡기는 쪽을 더 좋아한다.

# 잘 살펴보고 더 생각한 후에 행동하라

**먼저 잘 살펴본 다음에 뛰어라.** 어렸을 때 우리가 들었던 가르침이다. 그런데 이 말은 매매할 때 지켜야 할 첫 번째 규칙이기도 하다.

손실 매매가 많았던 이유는 시장 진입이 늦었기 때문이 아니라 오히려 너무 빨리 진입했기 때문이라고 확신한다. 어렸을 때 들었던 말처럼 먼저 살펴본 다음에 뛰어들었어야 했다.

나한테 이것은 정말 큰 문제였다. 아직 경험하지 않아 잘 모를 수 있겠으나 여러분에게도 이 부분이 문제가 될 수 있다. 평범한 대다수 사람은 손실 발생의 위험보다 이익이 날 때의 희열을 더 크게 생각한다. 인간은 두려움보다 욕심에 더 끌리는 존재다.

우리는 시장이 어떻게 움직이는지를 근원적으로 살펴보는 법을 배웠다. 상황을 예측하고 앞날을 전망하라고 배웠다. 그래서 당장 주머니에 든 돈을 잃는 일보다 '내 돈이 될 수도 있었던' 돈을 놓치는 상황을 더 두려워한다. 이런 감정적 경향성은 트레이더의 치명적 약점이다. 이를 극복해야만 성공한다.

**그러면 이를 어떻게 극복하는가? 이 상황을 해결하려면 어떻게 해야 하는가?**

내 경우에는 확인 항목 점검표 같은 목록을 만들어 이익 매매의 기초가 된 요소를 서너 개 정하고 제대로 작동했는지를 확인하는 방식이 가장 도움이 됐다. 제대로 작동한 요소가 하나도 없다? 그때는 매매에 나서지 않는다. 자살 특공대마냥 출구 없이 무모하게 들이대는 것이 아닌지를 확인하는 용도로 이 점검표를 사용했다. 이렇게 하면 불필요한 감정을 자제하고 차분하게 전략을 구사할 수 있다.

이것은 사냥과 비슷한 측면이 있다. 사냥감이 일단 사정권에 들어왔다 싶을 때 거쳐야 할 세 가지 단계가 있다. 첫째, 심호흡을 한다. 둘째, 목표물에 총을 겨눈다. 마지막으로 방아쇠를 당긴다. 사냥감이 눈에 들어오자마자 바로 풀숲으로 달려 들어가면 안 된다. 매매할 때도 마찬가지다.

나는 침착하게 때를 기다리는 법을 배웠다. 전체 매매 이력을 돌이켜봤을 때 손실을 겪은 매매는 대부분 내게 불리한 상황일 때 시장에 진입했다는 사실을 깨달았기 때문이다. 뒤집어 생각하면 내게 유리한 상황에서 시장에 진입했다면, 즉 올바른 진입 시점을 선택했다면 손실 매매가 아닌 이익 매매가 될 확률이 98%는 됐다는 의미다. 매매 결정에 감정이 많이 개입될수록 진입 시점이 잘못될 가능성이 커진다. 그러나 올바른 행동 경로를 따르기가 말처럼 쉽지 않다.

**우리는 손실에 대한 두려움 때문에 너무 빨리 행동하는 우를 범한다.** 그러니 먼저 충분히 생각하고 나서 행동하라. 매매로 큰돈을 벌 기회는 많다는 사실을 명심하고 절대로 서두르지 마라. 너무 빨리 시장에 들어가면 손실 매매로 이어지는 상황을 막지 못한다. **큰돈을 벌고 싶은가? 그렇다면 기다리는 법을 배워라.**

## 나무 막대 빼기 놀이

어렸을 때 '픽업스틱pick-up-sticks(나무 막대 빼기 놀이-역주)'을 좋아했다. (이 게임을 잘 모르겠다면 젠가 게임을 상상해도 좋다.) 어떤 게임이든 하다 보면 지루해진다. 모노폴리Monopoly도 다이아몬드 게임Chinese Checkers도 다 마찬가지다. 그러나 픽업스틱은 전혀 지루하지 않았고 이 놀이를 할 때가 제일 행복했다.

처음에는 이 놀이를 잘하지 못했다. 형한테 매번 지는데도 나는 이 놀이가 정말 재미있었다. 항상 크게 지다 보니 내가 잘못한 부분과 형이 잘한 부분이 무엇인지 알아내고 싶은 마음이 생겼다.

놀이를 할 때 형이 어떻게 하는지 열심히 관찰했다. 형은 나와는 다른 전략을 쓰고 있었다. 나는 무조건 막대를 많이 모으는 데 목적을 두고 여기에 도움이 되는 쪽의 막대를 뽑았다. 그런데 형은 가장 쉽게 뽑을 수 있는 막대를 먼저 처리하는 방법을 썼다. 형이 뽑기 쉬운 막대를 뽑아 가면 뽑기 어려운 막대가 많이 남는다. 따라서 상대방이 그 막대를 뽑으려다 다른 막대를 건드리면 막대 더미가 와르르 무너진다. 그러면 형은 또 더 뽑기 쉬운 상태에서 막대를 뽑으니 이길 확률이 높을 수밖에 없다. 형은 말하자면 '낮은 가지에 달린 열매'를 먼저 따는 전략을 구사한 셈이다. 물론 형이 이런 원칙을 알고 한 일은 아니겠지만 말이다.

이외에도 형이 사용한 기술이 있었다. 막대 뽑을 순서가 돌아왔을 때 형은 덥석 뽑지 않았다. 막대 더미를 시간을 들여 살피고 곰곰이 생각해보고 나서 어떻게 할지 정한 후에야 비로소 행동에 들어갔다.

또 한 가지 차이점은 혼자서 그 놀이를 해본다는 점이다.

내 눈에는 너무 지루해보였다. '혼자서 저걸 왜 하지? 대체 누구를 이기려는 걸까?' 그래서 어느 날 형에게 도대체 무슨 재미로 그걸 혼자 하고 있느냐고 물어봤다.

그때 형이 했던 말이 지금도 기억이 난다.

"나를 이기려고 이 놀이를 하는 게 아냐. 너를 이기려고 하는 거지. 다음에 너랑 이 놀이를 할 때 이기려고 말이야."

이 놀이를 할 때면 형은 아주 천천히 그리고 아주 조심스럽게 움직인다. 다른 사람들은 막대를 뽑으면서도 웃고 떠든다. 형은 절대 그렇게 하지 않는다. 자신이 뽑는 그 막대에 온 신경을 집중한다. 정말 신중하게 그 놀이를 한다.

이제는 나도 그 방법을 터득해서 여동생을 비롯해서 다른 아이를 전부 이길 수 있었다. 그러나 형은 절대 못 이긴다. 결과적으로 나는 형과 이 단순한 놀이에서 매매할 때 어떻게 해야 하는지에 관한 중요한 사실을 배웠다.

# 훨씬 더 나빠질 수 있다

**어떻게** 베팅하느냐가 **어디에** 베팅하느냐만큼이나 중요한 이유를 아래 예를 들어 설명하겠다. 이익 매매 비율이 높은데도 실제로는 손실이 날 수 있다는 사실을 알고 깜짝 놀라는 사람이 많다. 예를 들어 계좌 잔고가 10만 달러인데 공격적 스타일의 트레이더가 매매당 투자금(잔고 사용액)의 비율, 즉 위험 노출 비율을 계좌 잔고의 25%로 한다고 가정하자.

이 예에서 매매당 손실 및 이익 가능 금액은 계약당 각각 1,000달러씩이고 이익 매매 비율은 50%다. 위험 노출 비율 25%면 매매당 투자금은 2만 5,000달러 (100,000×0.25)가 된다. 따라서 매매를 개시할 때 25계약(25,000÷1,000)을 매매할 수 있다. 여기서 이익이 발생하면 계약 수를 늘릴 수 있고 손실이 발생하면 계약 수를 줄인다. 매매를 계속하는 동안 어떤 현상이 벌어지는지 지켜보라.

첫 번째 매매에서는 손실이 났다. 그래서 계약당 1,000달러씩 총 2만 5,000달러를 손해 봤다.

두 번째도 손실이 났다. 잔고가 7만 5,000달러(첫 매매에서 발생한 손실 때문임: 100,000-25,000)였기 때문에 가능한 계약 수가 18로트(75,000×0.25÷1,000)라서 총 손실액은 1만 8,000달러(18계약×1,000)였다. 이제 잔고는 5만 7,000달러(75,000-18,000)가 됐다. 그러므로 세 번째 매매에서는 14계약(57,000×0.25÷1,000)이 가능했다.

유감스럽게 세 번째 매매에서도 손실이 났다. 이때 손실액은 1만 4,000달러 (14계약×1,000)였고 잔고는 4만 3,000달러(57,000-14,000)가 됐다.

네 번째 매매에서 드디어 이익이 발생했다. 그러나 베팅 규모가 10계약

(43,000×0.25÷1,000)이라서 이익금은 1만 달러(10계약×1,000)고 현 잔고는 5만 3,000달러(43,000+10,000)가 된다.

잔고 증가로 다음 매매 규모는 13계약(53,000×0.25÷1,000)인데 이번에도 이익이 발생했다. 따라서 잔고는 이익금 1만 3,000달러를 더해 6만 6,000만 달러가 된다.

| 매매<br>번호 | 매매 전<br>계좌 잔고($) | 위험<br>노출액($) | 매매<br>계약 수 | 이익<br>/손실 | 매매 후<br>계좌 잔고($) |
|---|---|---|---|---|---|
| 1 | 100,000 | 25,000 | 25 | 손실 | 75,000 |
| 2 | 75,000 | 18,000 | 18 | 손실 | 57,000 |
| 3 | 57,000 | 14,000 | 14 | 손실 | 43,000 |
| 4 | 43,000 | 10,000 | 10 | 이익 | 53,000 |
| 5 | 53,000 | 13,000 | 13 | 이익 | 66,000 |
| 6 | 66,000 | 16,000 | 16 | 손실 | 50,000 |
| 7 | 50,000 | 12,000 | 12 | 이익 | 62,000 |
| 8 | 62,000 | 15,000 | 15 | 이익 | 77,000 |
| 9 | 77,000 | 19,000 | 19 | 이익 | 96,000 |

다음 매매에서는 손실이 발생했다. 손실금은 1만 6,000달러(66,000×0.25)였고 잔고는 다시 5만 달러(66,000-16,000)로 줄어든다.

드디어 3연속 이익 매매의 손맛을 봤다. 이전 매매 후 잔고가 5만 달러였으므로 매매 가능 계약 수는 12로트(50,000×0.25÷1,000)였다. 따라서 매매 후 잔고는 6만 2,000달러[50,000+(12계약×1,000)]다. 그다음 매매에서는 15계약(62,000×0.25÷1,000) 주문을 냈고 여기서 이익이 나면서 잔고는 7만 7,000달러[62,000+(15계약×1,000)]로 증가했다. 잔고가 7만 7,000달러이므로 다음에는 19계약(77,000×0.25÷1,000)을 매매할 수 있다. 이 매매에서도 이익이 나면서 계좌 잔고는 9만 6,000달러[77,000+(19계약×1,000)]가 됐다. 그런데 이익 매매(5회)가 손실 매매(4회)보다 많았는데도 최종 잔고는 적자다. 매매당 계약 수를 동일하게 했다면 최초 잔고 수준을 회복했을 것이다.

자금 관리가 왜 중요한지 이해가 가는가?

# 두려움에 얼어붙다

**1995년 10월**(제32권 제10호)
- - - - - - - - - - - - - - - - - - - -
트레이더가 마치 얼어버린 듯 몸과 마음이 딱 굳어져서는 매매를 멈추는, 더 나아가 이익 가능
성이 큰 매매는 거르고 손실이 나는 매매만 기가 막히게 골라 시장에 들어가는 이유에 대한 내
견해를 밝힌다.

적어도 일주일에 한 번은 내게 전화를 걸어 이렇게 말하는 사람이 꼭 있다. "시장에서 뭘 해야 하는지는 아는데 방아쇠를 당겨 마무리하는 일, 이게 안 돼요. 대체 왜 이러는 걸까요?" 이런 사람들은 뭔가 행동하기를 두려워한다. 그리고 잃을 것이 별로 없는 트레이더일수록 더 그렇다. 1만 달러를 굴리는 사람이 투자 자금이 훨씬 많은 사람보다 더 몸을 사리며 두려워한다.

## 두려움 자체를 직시하자

우리는 딱 두 가지를 두려워한다. 하나는 우리가 이해하지 못하는 일이라 합리적으로 해결할 방법이 없을 때다. 또 하나는 과거에 피해를 입었던 일과 비슷한 상황을 마주할 때다.

이런 측면에서 보면 트레이더에게 엄청난 두려움을 불러일으키는 존재가 시장이라는 점은 너무도 명확한 사실이다. 시장을 완벽하게 이해하는 사람은 아무도 없으며 시장이라는 '괴물'한테 매번 호되게 당한다. 이처럼 트레이더가 굳이 알아서 자초한 불안증을 해소하려면 어떻게 해야 하는가?

두려움은 감정의 영역에 속하는 요소이므로 이 두려움을 상쇄하는 타당하고 합리적인 사실로 스스로를 무장할 필요가 있다. 이런 유형의 사실 자료 몇 가지를 소개하겠다.

첫째, 매매에 손절가를 사용하면 적어도 회생 불가한 지경으로 망할 일은 없

다. 절대로. 물론 매매를 하다 보면 손실이 발생하기는 한다. 그렇지만 쫄딱 망한다, 빈털터리가 된다? 손절을 사용하면 그런 일은 발생하지 않는다.

둘째, 매매 건당 잔고의 30%만 사용한다면 잔고가 텅 비어버릴 일은 없다. 이성적 매매를 가능하게 하는 가장 빠른 길은 손절을 사용하고 매매당 잔고의 일정 비율만 사용하는 것이다.

> 이렇게 하면 거대한 안전망 속에서 매매 행위를 하고 있다는 사실이 체감될 것이다. 살벌한 매매의 세계에서 결국은 살아남으리라 생각한다. 표면적으로 통제 불가능해 보이는 게임을 여러분 스스로 통제하고 있기 때문이다.

좀 더 포괄적인 관점에서는 지금 자신이 쥔 인생의 카드가 나락행을 담보하는 패가 아닌지 확인해야 한다. 대성공 주기는 대실패 주기로 전환되는 길목일 수 있기 때문이다. 물론 그렇지 않은 경우가 많기는 하지만 말이다. 현재 손에 쥔 패가 어떤 의미인지 항상 확인할 필요는 있다. 결국은 파멸할 운명이라는 둥 실패할 수밖에 없다는 등등의 패배감을 떨치고 매매에 임하라. 손절 규칙 같은 도구를 활용해 최소한의 안전장치를 거는 일이 중요하다. 종교적 측면에서 보자면 나는 신이 그런 끔찍한 결말을 준비해놓지는 않았으리라고 굳게 믿는다. 이런 확고한 믿음에서 무한한 용기가 생긴다. 신중하게 준비하고 방아쇠를 당겨 과업을 마무리하게 하는 용기 말이다.

## 이제 두려움을 다스려보자

**1995년 6월(제32권 제6호)**

통제하기 가장 어렵고 강력한 감정인 욕심에 대해서는 이미 충분히 다뤘다고 본다. 이제 두려움에 관해 다뤄볼 차례다.

성공하는 트레이더와 실패하는 트레이더를 가르는 잣대가 몇 가지 있다. '주눅 들기locking up'에 관해서는 거의 언급하지 않았지만, 실제 무대에서 이런 사람을 수도 없이 봤고 나 역시 이런 경험이 여러 번 있다.

'주눅 들기'의 파급효과는 이루 다 말할 수 없을 정도다. 게다가 전부 부정적인 효과뿐이다. 몸을 사리는 트레이더는 승자니 패자니 하는 범주에도 끼지 못한다. 완전히 굳어버려서 아예 행동을 하지 않기 때문이다. 혹은 시작은 하더라도 결정적일 때 방아쇠를 당기지 못한다. 온갖 문제점 가운데 최악이 바로 이 주눅 든 상태다. 매매를 할 수 없는 트레이더라니! 이런 일이 벌어진다면 두려움이 원인이라는 점을 알아야 한다. 그나마 희소식은 자신의 내면에 똬리를 튼 두려움의 족쇄를 풀 방법이 몇 가지 있다는 점이다.

## 두려움 자체보다 더 두려운 것이 아주 많다

루스벨트는 대통령직을 수행하기에 부족한 사람이었던 만큼이나 감정을 이해하는 능력이 부족했다고 감히 말한다. 대응하기, 브레이크(제동기) 밟기, 안전한 곳으로 피하기 등과 같은 물리적 행동을 비롯해 필요한 행동을 하지 못하는 듯한 상황을 경험해봤는가? 두려움 때문에 몸과 마음이 굳어버려서 오로지 두려움이라는 감정에만 관심이 쏠리면 그런 상태가 될 수 있다. 그렇다. 두려움이야말로 아무 일도 못하게 하는 가장 무서운 인자다.

증거가 있냐고? 얼굴이 끔찍하게 생기고 덩치는 거대한 데다 언뜻 보면 '살인 청부업자인가?' 싶은 그런 사람과 눈이 딱 마주쳤다고 생각해보라. 그때 자신이 어떤 행동을 했는지 기억이 나는가? 조용히 다른 곳으로 눈을 돌리지 않았을까? 사람들은 대체로 두려움을 느끼게 하는 대상을 똑바로 쳐다보지 못한다. 그리고 한순간에 얼어버린다. 그 대상한테 피해를 입었기 때문이 아니라 피해를 입을 것 같아서 그렇게 된다.

두려운 대상과 마주하게 되면 피하지 말고 똑바로 쳐다보라. 그러면 어느새 두려움이 사라진다. 트레이더에게 끔찍한 악당은 바로 시장이다. 그래서 시장을 생각하면 겁부터 난다. 시장에서 입는 피해라면 돈도 잃고 자존감도 잃는 일이다. 시장에서 잃을 것은 이 두 가지뿐이다. 그러면 어떻게 하는 쪽이 자신에게 유리할까?

손실(잃는 것) 쪽에 집중할수록 매매 성과가 더 좋아진다. 이익을 내는 사람은 매매가 잘 풀리지 않으면 어떻게 해야 할지 방법을 모색하고 행동 계획을 세운다. 손실을 내는 사람은 위기나 큰 손실에 대한 대책이 없다. 손실이 발생하면 두려움의 손아귀에 꽉 잡혀 어떻게 해야 할지를 모르며 우왕좌왕한다.

나 자신이 앞으로 발생할 손실이 얼마가 됐든 간에 손실이나 위험을 완벽하게 통제하고, 매매할 계약 수를 통제하고 손절 수준을 통제한다(감당 가능한 두려움의 수준을 미리 정해 놓는 것과 다름이 없음)고 생각해보라. 이렇듯 상황에 대한 통제가 가능하다면 두려워할 일이 있을까?

그러나 이쯤에서 열성적인 내 추종자에게 하고 싶은 말이 있다. 나라고 항상 이익만 내겠는가? 나도 손실을 낸다. 몇 년 전에는 20여 회 연속으로 손실을 낸 부끄러운 기록도 있다. 숨쉬기가 삶의 한 부분이듯 손실도 매매의 중요한 한 축이다. 매매를 하다 보면 손실이 나는 일은 어쩔 수 없다. 과거에도 그랬고 앞으로도 그럴 것이다. 두려움의 실체를 직시하고 감당 가능한 수준에서 베팅한다면 두려움이 행동의 족쇄가 되는 일이 더는 없으리라 생각한다.

# 달리기와 매매와 손실

**1996년 5월**(제33권 제5호)
------------------------------
성공할 때나 일이 잘 풀릴 때는 통제가 쉽다. 그러나 일이 자꾸 어그러질 때도 과연 그럴까?

실패나 패배, 손실에 관해서는 내가 좀 안다. 그런데 트레이더로서 몇 차례 경이적 수준의 이익을 내기는 했지만, 좋은 성과를 '꾸준히' 냈는지 가끔 의문이 들 때가 있다. 지난달만 해도 그다지 괜찮은 성과를 내지 못했다. 매매에서 매번 이익을 내는 일보다 마이크 타이슨의 성격에 대해 이러쿵저러쿵 떠벌이는 일이 더 쉬울 정도다.

여러분에 비해 이런 상황이 나에게는 훨씬 더 심각하다. 나는 명색이 전문가이니 연이어 손실을 내는 상황이 일어나면 안 된다고 생각하는 사람이 많지 않겠는가! 얼마나 잘하는지 두고 보겠다는 심산으로 나를 주시하는 사람이 수천 명이다. 책이고 정보지고 발행하는 일을 당장 그만두고 싶은 마음이 굴뚝같다.

대실패를 예감하게 하는 연속 손실이 일어나면 어떻게 해야 할까?

내 마라톤 경험이 이 질문에 가장 적합한 답이 되지 않을까 한다. 나는 지금까지 마라톤 대회에 17회나 참가했고 앞으로도 계속할 생각이다. 마라톤을 할 때면 달리기가 아주 수월한 구간이 항상 있다. 마찬가지로 완전히 진이 빠지는 지점도 항상 있다. 매매로 따지면 이익도 발생하지 않고 손실 회복도 안 되는 '잔고가 바닥인' 상태처럼 말이다. 달리다가 37킬로미터 지점쯤에 이르면 5분 정도는 거의 바닥에 드러누울 지경이 된다. 그러면 한참 전(한창 기세 좋게 달리던 때)에 제쳤던 사람들이 하나둘씩 나를 제치고 앞으로 달려 나간다.

마라톤을 하며 배운 사실이 있다. 너무도 고통스러운 이른바 '마의 구간'을 벗어나려면 달리는 속도를 줄이다가 천천히 걷고, 그래도 여전히 힘들면 바닥에 눕기라도 해야 한다. 이 방법밖에는 없다. 요컨대 잠시 달리기를 멈추고 기력을 좀 회복한 다음에 조금씩 걷다가 다시 달리기 시작한다. 무슨 말인지 알겠는가?

손실 매매가 이어질 때도 마찬가지다. 누구든 손실이 한 번도 나지 않는 일은 없다. 그러니 매매에서 손실이 날 때는 마라톤 할 때처럼 속도 조절을 하라. 베팅 규모를 줄여도 좋고 매매 횟수를 줄여도 괜찮다. 잠깐 매매를 중단하는 것도 방법이다. 이렇게 해야 시장에서 완전히 퇴출되는 일 없이 매매 일을 계속할 수 있다.

# 실수하기는 너무나 쉽다

**1995년 11월(제33권 제11호)**

- - - - - - - - - - - - - - - - - - - - - - - - - - - - - - - - - - -

상품 선물 매매는 상당히 재미있다.

재미도 있지만 그만큼 힘든 일이기도 하다. 예를 들어 모든 트레이더가 저지르는 큰 실수가 하나 있다. 논쟁을 너무 좋아한다는 점이다.

우리 같은 사람들은 자신이 매우 똑똑하다고 생각한다. "우리는 남보다 더 많이 알아!" 그래서 정치를 논하고 종교를 논한다. 더 나아가 시장에 대해서도 잘 안다고 생각한다. 이 부분이 가장 문제다. 누가 봐도 시장 하락세가 뚜렷할 때는 바닥이 머지않았느니 어쩌느니 하면서 온갖 정보와 자료 수집자가 돼 시장을 이겨먹으려고 든다. 마치 전능한 힘이라도 있다는 듯이 다툼의 여지가 전혀 없는 엄연한 사실마저 굳이 논쟁의 자료로 삼으려고 애를 쓴다.

트레이더들의 더 큰 문제는 시스템이나 대중마저 이기고 싶어 한다는 점이다. 이러한 자세는 자신이 시장을 잘 알아서 향후 흐름을 예측할 수 있다는 과도한 자신감과 남보다 앞서려는 조급함 때문에 섣불리 행동하는 모습으로 나타난다. 자신이 가장 똑똑하다는 사실을 증명하고 싶은 것이다.

## 섣부른 행동을 방지하는 방법

트레이더는 매매로 이익을 내기보다 그런 성과를 자랑하는 데 더 관심이 많다. 이 업계에서는 그렇게 하다가 큰 코를 다친다. 시장을 굳이 이겨먹으려 하면서 섣불리 행동하는(즉, 해야 하는 바를 하지 않는) 일은 자신의 우월함을 과시하고픈 유치하고 미성숙한 시도일 뿐이다. 굳이 그렇게 안 해도 자신의 우월함을 증명할 더 좋은 방법이 얼마든지 있다. 매매는 경주가 아니므로 섣부른 행동은 하등 도움이 안 된다. 달리는 방향이 잘못됐는데 속도만 높인다고 경주에서 이길 수는 없다.

근본적인 문제는 지능에 대해 잘못 이해하고 있다는 점이다. '똑똑한 척하는' 사람들은 지능을 **우리 대 그들**의 게임으로 인식한다. 이 과정에서 자칭 뛰어난 지적 능력을 우리가 얼마나 대단한지 아니면 그들이 얼마나 하찮은지를 증명하는 데 사용한다.

그러나 진정한 지능은 이와는 거리가 멀다. 흔히 말하는 아이큐와도 관련이 없다. **지능은 문제를 해결하는 능력을 말한다.** 성공하는 트레이더는 시장이 움직이는 방향을 잘 포착하는 사람 그 이상도 이하도 아니다. 이 부분에 초점을 맞출수록 무언가를 덜 증명해도 되고 연말이면 잔고도 더 두둑이 불어난다. 행동하라. 다만, 일확천금의 꿈이 실현되리라는 기대감이나 자신이 우수한 트레이더라는 사실을 증명하려는 이유 때문이 아니라 그 행동이 옳다는 이유로 그렇게 해야 한다.

## 매매는 전투가 아니라 전쟁이다

> **1996년 7월**(제33권 제7호)
> -------------------------------
> 승리와 패배에 대한 기록

트레이더는 사격수와 같다. 우리는 오직 '직전의 매매'로만 평가받는다. 그런 사실을 스스로 되뇌느라 게임에서 심적으로 중요한 실수를 저지른다. 실제로는 현재 혹은 직전 매매는 우리가 '전반적으로' 좋은 성과를 보이는지와 큰 관련이 없다.

잭 슈웨거Jack Schwager는 자금을 관리하는 가장 좋은 방법은 매매 실패로 잔고가 크게 감소한 트레이더에게 일정액을 제공해주는 일이라고 주장한다. 즉 직전 매매가 크게 실패했다고 해도 그 후의 매매 실적은 좋을 수 있다는 것이다.

우리도 마찬가지다.

그러나 우리는 전투 한 번(현재 매매 혹은 바로 전에 한 매매)이 전체 전쟁에 버금간다고 생각하곤 한다. 그래서 매매라는 '전투'에서 이겼을 때는 너무 좋아서, 졌을 때는 너무 실망해서 매매는 끝나지 않는 전쟁과 같다는 사실을 자꾸 잊는다.

매매에는 끝이 없다. 나는 죽는 그날까지 매매 일을 할 생각이다. 그런데 지금 하는 혹은 방금 끝난 매매 한 번의 성과에 일희일비할 이유가 있을까?

## 엉덩이에 뿔난 소가 됐다가 병든 닭이 됐다가

한두 번의 대박이나 쪽박 매매로 트레이더로서의 경력이 단번에 쌓이지도 않지만 단번에 무너지지도 않는다. 그런데도 우리는 그렇다는 듯이 행동한다. 이리저리 날뛰는 철없는 어린 말처럼 굴든가 아니면 기운이 다 떨어져 죽은 듯이 누워만 있는 늙은 말처럼 행동한다. 이는 내가 한 번의 매매에 목장 전체를 통째로 베팅하는 짓을 하지 않는 이유이기도 하다. 크게 베팅한 매매 한두 번으로 내 경력이 완성되는 것은 아니다.

내가 단기 매매를 하는 이유는 장기적 관점을 취하지 않아서다(이 말이 믿어지는가?). 그런데 이 부분이 내 가장 큰 취약점이다. 장기적 관점이 없다면, 매매가 앞으로도 끊임없이 우리에게 기회를 제공할 것이라는 사실을 인지하기 어렵다. 그러므로 우리는 단기 실적에 정신이 팔려 능력이 분산되지 않도록 에너지와 자본을 잘 정돈해야 한다.

> 내 매매 계획은 전투가 아닌 전쟁을 위한 작전 계획이다.

# 플라이 낚시의 추억

**1996년 8월(제33권 제8호)**
- - - - - - - - - - - - - - - - - - - -
플라이 낚시와 오늘날의 선물 매매 사이에는 공통점이 있으며 여기서 배울 점이 있다.

내 구독자 중 동부의 낚시하기 좋은 개울 인근에 모텔을 소유한 사람이 있었다. 이 사람과 이야기를 하다가 흥미롭게도 매매와 유사한 부분이 있어 여러분에게 들려주고자 한다.

플라이 낚시fly-fishing(깃털을 달아 만든 가짜 미끼로 물고기를 낚는 방식-역주)가 유행하기 한참 전에 아버지가 내게 송어 낚시하는 법을 가르쳐줬다. 아버지는 플라이 낚시를 즐기는 편은 아니었지만, 더블 홀double hall(낚싯줄을 두 번 끌어당기는 기술-역주)도 잘했고 티펫tippe(목줄)도 신중하게 선택했으며 전면 가중선front-end weighted line(선단에 무게가 실린 줄-역주)과 더블 테이퍼double taper(양쪽 끝부분을 제외하고 무게와 굵기가 균일한 줄-역주)의 차이점도 잘 알고 있었다.

그러나 아버지는 이런 장비를 잘 사용하지 않았다. 플라이 낚시꾼이 지렁이나 유충, 메뚜기 등 아버지가 미끼로 쓰는 진짜 벌레를 보면 몸서리를 치면서 싫어하듯이 아버지는 엘엘빈L. L. Bean(의류 상표명)으로 차려입은 그 사람들을 은근히 깔봤다. 아버지는 티유(TUTrout Unlimited: 수생 환경 보호 비영리 단체-역주)가 주최하는 송어 낚시 대회 같은 곳에는 참여하지 않았다. 대신 한밤중에 손전등을 들고 뒷마당에서 기어 다니는 큰 지렁이를 잡으러 다녔다.

언젠가 나는 아버지에게 왜 플라이 낚시를 자주 안 하느냐고 물었다. 그러자 아버지는 이렇게 말했다. "나는 집에 가져가서 먹을 물고기를 잡으려고 여길 온 거란다. 물고기 미끼로는 지렁이랑 메뚜기가 최고지. 이 작은 벌레로 물고기를 많이 낚을 수 있으면 된 거 아니겠니? 화려한 조끼에 값비싼 장화까지 갖춰 입고 나가면 물고기가 많이 잡힌대? 낚시는 물고기를 잡기 위해 가는 거지, 패션 쇼를 하러 가는 게 아니야."

나는 사무실에 실시간 시세표도 두지 않고, 컴퓨터를 잘하지도 못한다. 〈월스트리트 저널〉도 읽지 않고 브룩스브라더스Brooks Brothers 정장을 빼입고 참석하는 선물 매매 협회 같은 곳에도 잘 가지 않는다. 겉치레를 싫어하는 아버지의 정서와 일맥상통하는 측면이라 하겠다. 한 성공한 트레이더는 온갖 지표를 다 살펴보고, 모니터를 서너 개씩 지켜보고, 매일 밤 긴급 전화 통화를 다섯 차례나 하는 등 그간에 하던 방식을 그만두고 나니 오히려 일이 잘 풀렸다고 말한다. 낚시와 매매의 가장 공통된 특징은 '단순한 것이 통한다'는 부분이다.

# 두려움과 욕심, 이 강력한 감정을 직시하라

**1996년 11월(제33권 제11호)**

두려움과 욕심은 트레이더의 심신을 교란하는 가장 강력한 감정이기 때문에 두 '악마'를 다스리려면 얼마나 많은 시간을 들여야 할지 알 수 없다.

## 두려워해야 할 것이 두려움 자체만은 아니다

두려움 때문에 한밤중에 후미진 골목으로 못 간다면 두려움은 자기방어 기제로서 의미가 있다. 그러나 매매를 하지 못하게 하는 두려움이라면 그저 소모적 감정일 뿐이다.

개인적으로 가장 두려운 상태일 때 했던 매매가 가장 좋은 성과를 냈다. 두려움이 클수록 이익 매매 확률이 높아진다.

동전을 던졌을 때 기대하지 않았던 면이 나오는 상황을 생각하면, 두려움 수준이 가장 낮은 때가 매매 위험이 가장 크다는 점이 분명해진다. 왜 그럴까? 투기 세계에서는 투자 이익에 관한 규칙이 뒤집어지기 때문이다. 좋아 보이는데 나쁜 결과가 나오고 나빠 보이는데 좋은 결과가 나온다. '확실한 매매'로 보이지만 실제로도 그런 경우는 별로 없다. 그래서 매매가 어렵다는 것이다.

밤늦게 외출할 때 두려움이 느껴지면 평소보다 더 조심하게 되듯이 두려움이 커지는 매매일수록 반드시 해야 한다. 그러나 대다수가 이렇게 하지 못한다. 두렵다고 물러서면 기회를 놓칠 수 있다. 여러분도 매매당 위험 수준(손절 기준)이 동일하다는 사실을 알고 나면 아마 두렵더라도 매매에 나설 수 있을 것이다. 이런 기준이 있다면 스티븐 킹<sub>Stephen king</sub>(공상 과학 및 공포 소설 작가-역주)이 설계한 듯 두려운 매매든 털털한 동네 아저씨가 설계한 듯한 아주 안전해 보이는 매매든 위험 수준에서 별 차이가 없다. **금액 기준 손절가를 이용한다면 위험 수준이 매우 높아 보이는 매매의 잠재적 위험성을 상당 부분 감소시킬 수 있다.** 요컨대 손절을 잘 활용하면 다른 대다수 트레이더가 놓치는 매매 기회를 포착할 수 있다.

## 욕심을 통제하자

욕심의 효용 가치는 완벽을 향한 여정을 계속하도록 끊임없이 스스로를 독려하고 자극하는 데 있다. 그러나 게임이든 일이든 완벽한 경지란 존재하지 않는다. 과거에도 그랬고 앞으로도 마찬가지다. 욕심의 효용 가치를 따지는 일은 무의미하다. 따라서 욕심은 손실이든 이익이든 현재 취한 포지션을 너무 오래 보유하게 하는 부작용만 따른다.

내가 비싼 대가를 치르며 어렵게 배운 사실은 두려움과 욕심이라는 두 가지 감정 중 욕심이 더 강력하다는 점이다. 손실에 대한 두려움 때문에 포지션을 청산할 때보다 욕심 때문에 포지션을 너무 오래 붙들고 있어서 발생하는 손실이 훨씬 크다. 통제력을 잃고 속도를 낼 때만큼이나 위험한 것이 바로 욕심 때문에 행동을 머뭇거리는 일이다. 이에 대한 해결책은 무엇인가?

체계적인 청산 규칙 활용, 즉 시스템상의 청산점 적용이 답이다.

매매 시스템의 유용성은 두려움과 욕심 같은 감정을 통제하는 데 있으며 이것이 시스템을 활용해 이익을 내려 하는 이유이기도 하다. 따라서 우리가 이익이 나는 혹은 이익을 실현해야 할 지점을 알고 시스템의 규칙을 준수하기만 하면 욕심이 개입할 여지를 없앨 수 있다. 손절점으로 두려움을 통제하고, 청산점 인지 혹은 시스템 규칙 준수로 욕심을 통제하면 감정에 휘둘리지 않는 매매가 가능해진다.

## 손실 매매 비율이 더 높은 이유

> **1997년 4월(제34권 제4호)**
> --------------------------
> 수년간 매매 일을 하면서 성공보다 실패가 더 많은 이유가 무엇인지를 곰곰이 생각했다. 이제 그 해답을 찾지 않았나 생각한다.

매매에서 성공보다 실패가 더 많은 것은 시장은 급변하는데 트레이더는 그렇게 할 수 없기 때문이라는 결론에 이르렀다. 수월해 보이는 게임에서 왜 많은 트레이더가 실패하는지 그 이유가 여기에 있다.

시장에서 매수 신호를 포착했다고 하자. 그런데 인간이란 존재가 본래 그렇듯이 시스템이 보내는 신호를 보면서 앞으로 가격이 더 상승하리라는, 아니 더 상승해야만 한다는 생각이 머리에서 떠나지 않는다. 다른 생각을 할 겨를도 없이 전속력으로 날아오는 어뢰처럼 이 생각이 머릿속에 박혀버린다.

여기서 흥미로운 현상이 나타난다. 변덕이 죽 끓듯 하던 시장이 어느새 하락장으로 바뀌어버린다. 이 과정에서 완벽한 매도 신호는 아니더라도 각종 지표가 경고 신호를 보낸다. 말하자면 기술적 분석 시스템이 '작동하는' 셈이다.

문제는 이미 마음속이 욕심으로 가득 차서 그 신호에 반응하지 않는다는 점이다. 처음에 나온 매수 신호를 계속 믿고 싶은 마음이 강해서 포지션을 청산하지 못한다. 분명 매수 신호였으니 조금 더 기다리면 된다고 생각한다. 그러나 현실은 계속해서 '그때는 그랬지만, 지금은 아니야. 상황이 바뀌었어!'라는 신호를 보낸다. 그럼에도 고난을 딛고 끝까지 버티는 자세의 숭고함을 가르쳤던 고등학교 때 선생님 말씀에 감화된 자신을 기특해하며 굳이 이 가르침을 따르려 한다. 이런 부질없는 고집이 상황을 더 악화시킨다.

처음에 파악한 시장 흐름(상승세)이 마음속에 자리 잡고 나면 그 흐름이 계속되기를 바라는 마음이 너무도 간절해서 이후 시장 변화가 일어나도 변화된 현실을 받아들이기가 너무 어렵다.

핵심을 이해하기 쉽게 예를 들어 정리하자면 이렇다. 은행 강도가 망보는 사람을 달고 은행을 털러 갔다고 하자(트레이더도 시장에 흘러다니는 돈을 털어오고 싶은 마음이 굴뚝같다는 점에서 시장 '강도'쯤 되지 않을까?). 밖에서 망보던 사람이 금고를 털 시간이 충분하다고 말해준다. 그래서 강도는 작업을 시작했고 신이 나서 현금을 마구 가방에 집어넣는다. 바로 그때 망보는 사람이 신호를 보내 '경찰이 온다'고 알려준다. 그러면 은행 강도는 바로 작업을 중지할 것이다. 이것이 바로 은행 강도와 트레이더의 차이점이다. 트레이더는 '경찰이 온다'가 잘못된 신호이기를 바라며 계속 은행 안에 머물러 있을 사람들이다.

트레이더가 따라야 할 신호는 가장 최근에 나온 신호다. 그 직전에 나왔던 신호, 즉 계속 유지되기를 바라던 그 신호가 아니라 제일 마지막 신호를 따라야 한다. 매매의 세계에서 희망은 답이 아니다. 시장을 따르는 것이 답이다. 그것이 현실이다. 희망이 아니라 현실을 기초로 매매하는 법을 배워라. 그러면 단단한 방화벽을 뚫고 성공한 트레이더의 길로 나아갈 수 있다. 한번 해보라!

# 손실 매매에 대한 고찰

**1997년 5월(제34권 제5호)**

구독자들이 매매 성과를 정리해 내게 보내주었는데 이를 살펴보니 손실을 낸 사람들의 행동에 공통점이 있었다.

## 초보 트레이더의 공통점

나는 올해 손실 매매 부분을 분석하는 데 시간을 많이 들이고 있다. 우리가 이 부분을 잘 몰라서가 아니다. 매매하면서 손실이 전혀 나지 않는 사람은 없다는 점을 말해주고 싶어서다.

구독자가 보내준 매매 결과 자료를 꼼꼼히 살펴보고 나서 여러분에게 알려주고 싶은 두 가지 중요한 사실을 알게 됐다.

## 확실한 증거를 기다리다 기회를 놓친다

중요한 사실 두 가지 중 첫째는 손실을 낸 사람들(우리 모두가 여기에 해당한다)은 늘 추세가 끝나는 지점에서 매수를 한다는 사실이다. 왜 그럴까? 매매 초보자는 특정 추세 형성의 증거가 확실할 때까지 혹은 확실하다 느껴질 때까지 기다렸다가 행동을 취하기 때문이 아닐까 생각한다. 그래서 고점에서 매수하거나 저점에서 매도하는 우를 범할 때가 많다.

우리의 문제는 추세를 놓칠까 봐 두려워서 너무 빨리 매수하거나 추세가 진행 중임을 확실하게 보여주는 증거를 기다리다가 너무 늦게 매수하는 것이라는 데 생각이 미쳤다.

결국 가격 하락세가 진행 중일 때도, 강한 상승세가 시장 분위기를 주도할 때도 매수할 수 없게 되는 셈이다. 물론 앞으로 가격이 상승하리라는 점을 예고하는 지표 정도는 있어야 매수를 고민할 수 있다. 그러나 모든 지표가 다 '청신호'를 낼 때까지 기다리려서는 안 된다. 시장은 늘 갑작스러운 변동 흐름으로 트레이더를 정신 못 차리게 하거나 아니면 제자리걸음 행보를 계속해서 지쳐 나가 떨어지게 한다. 요컨대 급격한 가격 변동세가 보이면 마음이 급한 트레이더는 시장에 덥석 뛰어들고, 횡보세에 지친 트레이더는 시장에서 뛰쳐나간다. 트레이더에게 시장은 늘 이런 모습이다. 이런 극단적인 상황은 반드시 피해야 한다. 확실한 신호를 기다리다 결국 막차도 놓칠지 모른다는 두려움 때문에 시장에 들어가면 이미 너무 늦었다.

알려주고픈 두 번째 사실은 일단 포지션을 취하고 나면 시장이 우리에게 유리한 방향으로 움직일 수 있는 여지를 남겨둬야 한다는 것이다. 시장 가격이 움직일 여지를 너무 작게 남겨두는 것 또한 많이들 하는 실수이다. 사람들은 흔히 손절 규칙을 사용하지 않았다면 대부분 이익을 내면서 끝났으리라고 생각한다. 그러나 손절 규칙을 사용할 필요는 분명히 있다. 다만 손실을 내는 사람들의 문제는 손절가와 시장가의 간격을 너무 좁게 설정했다는 데 있다. 큰 손실을 내고 싶지 않은 마음에 여유를 너무 두지 않고 손절가를 잡았기 때문에 큰 손실은 피할 수 있었을지 몰라도 손절 빈도가 너무 잦았던 것이다. 요컨대 손실 규모는 통제했으나 그 빈도를 통제하지 못한 셈이다. 매매에 성공하려면 시장가와 손절가 간의 간격을 너무 박하게 잡으면 안 된다. 유리한 방향으로 시장 흐름이 전개될 때의 이점을 충분히 취하려면 혹은 시장 전환이 일어날 여지까지 놓치지 않으려면 어느 정도 간격을 두고 손절가를 정해야 한다.

# 손실 매매의 가장 큰 이유

**1997년 8월(제34권 제8호)**
- - - - - - - - - - - - - - - - - - - - - - - - - -
이익을 더 많이 내는 방법은 다른 사람들이 연구를 많이 할 테니, 나는 어떻게 하면 손실을 덜 낼 수 있는지 그 방법을 찾는 일에 집중하고 싶다.

손실을 내지 않는 방법은 트레이더의 수만큼이나 많다. 트레이더마다 손실 방지를 위해 사용하는 방법이 제각각이라는 말이다. 내가 경험한 손실 매매에는 아주 강력한 공통분모가 하나 있다. 이 손실 인자를 피해갈 수 있다면 매매, 특히 손실 매매와 관련한 숱한 고통과 괴로움을 상당 부분 겪지 않을 수 있다고 생각한다.

큰 손실을 내는 가장 큰 이유는 다음과 같다.

> **큰 손실은 과도한 믿음 때문에 현실을 외면할 때 발생한다.**

대체로 우리는 시장 흐름이나 상황 전개보다는 자문가의 조언, 편견, 희망, 야심 등에 더 관심을 둔다는 의미다. 이 때문에 손실 포지션을 제때에 청산하지 못하고 그대로 유지하는 일이 비일비재하다. 매매에서 이익을 내는 비결은 가능한 한 빨리 손실 포지션을 털어내고 이익 포지션으로 갈아타는 일이다.

나는 결과적으로는 매매를 통해 돈을 벌 것이라고 굳게 믿는다. 그러나 동시에 시장에 진입할 때마다 이번 매매로 투자 자본을 몽땅 잃을 수 있다는 사실도 똑같이 믿는다.

한때는 내가 하는 매매 전부가 이익이 나리라는 신념 체계를 가지고 있었는데, 큰 손실을 내며 잔고가 엄청나게 감소한 일도 한두 번이 아니었다. 청산했어야 할 포지션을 고집스럽게 움켜쥐고 있는가 하면, 쥐고 있어야 할 포지션을 냉큼 청산할 때도 있었다. 삶에 대한 긍정적인 관점과 신념 체계가 나를 망치고 있었다. 다음과 같은 현실에 눈과 귀를 닫고 있었기 때문이다. **바위는 단단하고, 물은 축축하고, 나쁜 일은 일어나고, 상품 매매는 위험하다.** 이것이 현실이다. 현실을 믿어라. 그러면 어렵게 번 돈을 허망하게 잃지는 않을 것이다.

이제 나는 내 시스템과 매매 기법을 믿지만, 다음 매매에서도 반드시 이익이 난다고 믿지는 않는다. 이것이 트레이더에게 도움이 되는 건전한 자세다.

그리고 보편적인 진리이기도 하다. 살아오면서 연을 맺은 숱한 사람 가운데 오래전에 관계를 끊은 사람이 또 얼마나 많은가? 서로 감정적 배출구 역할밖에 안 하는 이른바 '친구'와 거리를 두고, 내 삶을 기쁨으로 충만하게 해주는 사람들과 함께할 때가 가장 좋았고 지금도 그렇다. 사적인 삶에 도움이 된다면 일적인 측면에도 도움이 되지 않겠는가!

## 매매와 관련한 가장 중요한 믿음

> **1997년 9월(제34권 제9호)**
> - - - - - - - - - - - - - - - - - - - - - - -
> 매매 업계에서는 긍정적인 자세와 확신이 일을 망칠 수 있다. 그러니 다음과 같은 대안을 고려하라.

### 신념 체계

신념 체계에서 얻을 수 있는 이점은 행동에 대한 확신을 강화한다는 데 있다.

확신이 부족하면 올바로 행동하기 어렵다. 따라서 우리가 무엇을 믿고 있는지를 제대로 아느냐가 성패를 가르는 중요한 변수다.

현실은 그렇지 않은데 지금 하는 매매에서 성공하리라는 믿음이 강하다고 하자. 그런 믿음이 너무 강하면 손실 포지션을 제때에 청산하지 못하고 계속 보유하게 된다. 알다시피 성공한 트레이더는 절대 이렇게 하지 않는다. 성공(트레이더의 전체 경력이 아니라 한두 차례 매매에서의 성공)에 대한 강한 믿음이 손실 매매로 이어지고 결국은 매매를 두려워하는 상태로까지 이어질 수 있다.

> **나는 꽤나 독특한 신념 체계에 따라 일단 '이 매매에서 손실이 난다'고 생각한다. 그것도 아주 큰 손실이 난다고.**

부정적으로 들리겠지만, 사실은 가장 긍정적인 믿음의 말이다. 이렇게 믿고 있으면 더욱 신중하게 매매에 임하고 규칙에 따라 '정석대로' 매매 관리를 하게 된다. 이 매매 규칙에는 당연히 손절 규칙도 들어 있다. 따라서 내 기분이나 아내의 조언 혹은 브로커의 말이 아니라 정해진 규칙에 따라 포지션을 청산한다. 돌이켜보면 이번 매매에서 이익이 난다고 굳게 믿고 평소 따르던 규칙을 어겼을 때마다 큰 손실(혹은 예상을 넘어서는 수준의 손실)이 났었다.

매매할 때 '이번에 손실이 날 가능성이 크다'고 믿어라. 그러면 분명히 큰 손실을 막을 수 있을 것이다.

## 두려움과 욕심에 관해

몇 년 전에 나는 욕심이 두려움보다 더 강한 동기 요소라고 가정했다. 그런데 최근에 심리학자인 내 학생이 '대다수 사람은 두려움(실패 혹은 손실에 대한 두려움) 때문에 행동을 꺼린다'며 이 사실을 뒷받침하는 확실한 증거까지 제시하면서 이에 대해 어떻게 생각하느냐고 물었다.

그래서 매매를 업으로 결정한 우리 같은 사람은 그 '대다수 사람'에 속하지 않는다고 답해줬다. 우리는 두려움이라는 족쇄에서는 이미 벗어난 사람들이다. 이 점은 우리가 현재 매매를 하고 있다는 사실에서 명확히 드러난다(두려움에 굴복했다면 이 겁나는 일은 벌써 때려치웠을 테니까).

그 심리학 박사는 이런 사실을 동물 실험에서도 확인할 수 있었다. 쥐도 배가 고프지 않을 때는 쳐다보지도 않을 음식을 배가 고프면('욕심'이 동기 요소) 그 음식을 얻으려고 아주 위험한 행동까지 하려 한다. 욕심이 두려움을 이기는 것이다. 우리 트레이더는 욕심에 이끌려 행동하는 배고픈 쥐와 같다.

# 돈 먹는 개

**1998년 5월(제35권 제5호)**

세상에서 가장 고약하고 사나워서 길들이지도 못하는, 완벽한 품종을 만들려고 200년 동안이나 공들이느라 돈도 엄청나게 많이 들어간 아주 끔찍한 개가 있다. 그 개는 완벽한 품종이기는커녕 그냥 '재앙'이었다.

상품 매매 시스템은 이 고약한 개와 많이 닮았다. 자꾸 매만지며 고칠수록, 이 시스템이 내놓을 매매 성과물이라는 '품종'을 개량해보겠다고 노력하면 할수록 더욱 엉망이 된다.

현 시점 기준으로 올해 내 매매 성적은 형편없다. 잔고가 30%나 증가했다가 다시 딱 그만큼 감소했다. 올해 이익은 연 10% 선에 그칠 모양이다. 그동안 들인 노력과 위험 수준을 고려하면 절대로 큰 이익이 아니다. 그 이유를 확실히 알아야 했다.

의외로 바로 답이 나왔다. 작년에는 '대박'이 나서 계좌 잔고가 5만 달러에서 100만 달러 이상으로 증가했다. 그러나 만족하지 못했기에 시스템을 계속 만지고 또 매만지며 '품종 개량'에 애를 썼다. 그러면서 내가 시스템의 성능을 개선하는 중이라고 생각했다. 사실 몇 가지 개선한 부분도 있기는 했다. 그러나 상품 선물 매매 업계에서 완벽의 경지에 도달하기란 애초에 불가능한 일임에도 계속 노력하곤 한다.

단순하게 가는 것이 최선이다. 매매의 세계에는 완벽함 따위는 존재하지 않는다. 존재 자체가 불가능한 '순종견' 따위는 잊고 현실성 있는 '잡종견'을 찾아 잘 돌보라.

## 시황 정보 서비스 업체의 실적

〈상품 트레이더 소비자 보고서Commodity Traders Consumers Report〉가 방금 발행됐다. 상품 선물 매매로 이익을 내는 방법을 알고 싶은 사람에게 큰 도움이 되리라 생각한다. 이에 관한 설명을 좀 해보겠다. 브루스 밥콕Bruce Bobcock이 시작했고 지금은 코트니 스미스Courtney Smith(실제 트레이더)가 운영하는 서비스로서 가장 인기 있는 시황 정보 서비스 26개의 **실제 매매 성과**를 모니터한다. 이는 최소한으로 따져도 지난 12개월 동안 이뤄진 총 3,590건의 매매를 하나하나 살펴봐야 하므로 너무나 지루한 작업임에 틀림이 없다.

이런 서비스에 대해 관찰한 사실을 정리하면 이렇다.

매매 건수가 가장 많은 서비스는 꾸준히 손실을 냈다. 과매매를 경계하라는 충고가 역시 옳았다. 같은 이유로 매매를 자주 하지 않는 서비스는 꾸준히 이익을 내는 듯하다. 그러나 가장 꾸준히 이익이 발생한 경우는 주어진 12개월 동안의 매매 횟수를 200~300회로 잡았을 때였다. 매매를 이보다 더 많이 한 서비스는 성과가 저조했다. 현재 가장 좋은 성과를 내는 서비스를 보면 〈퓨처즈팩터스Futures Factors〉가 지난 12월 동안 252회 매매로 9만 2,761달러의 이익을 냈다. 〈타우루스Taurus〉는 같은 기간 355회 매매로 9만 307달러의 이익을 올렸다. 〈커머더티 타이밍〉은 3개월 동안 290회 매매로 11만 9,716달러의 이익이 발생했다. 총 655회로 매매 횟수가 가장 많았던 서비스는 약 5만 달러의 손실을 기록했다.

이런 서비스 업체는 매매 접근법을 기준으로 분류할 수도 있다. 일반적으로 계절형Seasonal, 추세 추종Trend Following형, 차티스트Chartists 그리고 갠/엘리엇/아케인Gann/Elliot/Arcane 등이다.

이들은 각기 성과 수치를 공개한다. 그래서 지난 3년 동안의 성과를 살펴봤다. 1995년, 1996년, 1997년에 줄곧 가장 저조한 성과를 낸 곳은 갠/엘리엇/아케인으로서 연 평균 100%에 가까운 손실률을 기록했다. 이는 시장에 관한 모든 사실을 알 수 있으며 정확히 바닥에서 사서 천장에서 팔 수 있다고 생각하는 어리석은 대중이 만들어낸 결과물이다.

흥미로운 점이 또 하나 있다. 가장 비싼 서비스(연간 5,000달러 부과)가 지난 3년간 잔고가 가장 많이 감소했다. 반면 연간 45달러밖에 내지 않는 가장 저렴한 서비스가 오히려 좋은 성과를 냈다. 진정한 승자였다.

계절형 정보지는 수년 전에는 성과가 좋았는데 지난 12~18개월 동안은 저조한 성과를 보였다. 시알비(CRB<sub>Commodity Research Bureau</sub>: 국제 상품 및 선물 가격 조사 회사-역주)와 〈커머더티 트렌드 서비스<sub>Commodity Trend Service</sub>〉가 주도하는 장기적 추세 추종자형은 꾸준히 이익을 냈다. 지난 3년 동안 매년 상위 5위 안에 든 곳은 없었다. 그러나 〈커머더티 트렌드 서비스〉, 〈커머더티 타이밍〉, 〈퓨처즈팩터즈〉 등은 지난 3년 동안 상위 2위에 이름을 올렸다. 정리한 모든 내용이 실행성과 효용성 측면에서 시황 정보 서비스 업체와 트레이딩을 이해하는 데 도움이 됐으면 한다.

## 운동 경기와 매매의 유사점

**1998년 6월**(제35권 제6호)
- - - - - - - - - - - - - - - - - - - - - - -
운동선수의 가장 중요한 능력은 역전을 이끌어내는 재능이다. _하몬 킬브루(Harmon Killebrew)

나도 예전에 운동을 좀 했었는데, 개인적인 생각일 뿐일 수도 있겠지만 나는 위와 같이 생각하지 않는다. 수년간 나는 스포츠 경기장과 시카고 선물 거래소

간의 유사성에 관한 글을 썼다. 역대 가장 성공한 채권 트레이더라 할 수 있는 폴 튜더 존스Paul Tudor Jones가 전미고교축구대표 선수로 이름을 날렸고 프랭키 조 Frankie Joe는 뛰어난 프로 야구 선수이기도 했다는 사실이 결코 우연은 아니라고 생각한다.

그래서 위의 하몬 킬브루가 했다는 말을 들었을 때 좀 혼란스러웠다. 킬브루, 맨틀, 조던, 나마스, 알리 등은 모두 뛰어난 운동 실력을 타고난 사람들이었다. 그러나 이 정도 실력을 갖춘 선수는 많은데 슈퍼스타가 되는 사람은 손가락으로 꼽을 만큼 극소수다.

그 이유가 항상 궁금했다. 슈퍼스타와 그렇지 않은 선수의 차이점은 무엇인가? 예전에는 언론에서 많이 띄워준 사람이 슈퍼스타가 되고 똑같이 뛰어나도 언론 노출이 적으면 평범한 선수로 남는 것이 아닐까 생각했다. 그러나 브라이언 보스워스Brian Bosworth나 디온 샌더스Dion Sanders, 심지어 보 잭슨Bo Jackson마저도 언론을 떠들썩하게 장식했음에도 슈퍼스타 반열에 오르지 못했다는 사실을 깨달았다.

시장에도 뛰어난 실력자가 아주 많다. 그러나 정말로 대단한 시장 전문가들은 득점왕으로 유명한 농구선수 월트 체임벌린Wilt Chamberlain과 같은 종류의 능력을 갖고 있다. 팀이 지고 있을 때도 대패를 면하게 하고, 절망적인 상황에서도 득점력을 발휘하는 발군의 재능 말이다. 바로 이런 능력이 팀을 우승으로 이끄는 힘이다.

타고난 재능과 후천적 노력, 운이 따른다고 다 전설적인 챔피언이 되는 것은 아니다. 타고난 재능, 후천적 훈련, 운이 따라주지 않더라도 경기에서 몇 번은 이길 수 있다. 그런데 행운이란 것은 그리 자주 찾아오지 않으며 혹시 찾아오더라도 못 보고 놓치기 일쑤다.

여기서 말하고자 하는 핵심은 트레이더는 게임에서 '지고 있는 상황'을 어떻게 받아들이고 그리고 이 상황에서 어떻게 행동해야 하는지를 알아내는 데 시간과 노력을 아끼지 않아야 한다는 점이다. 따라잡혔다고 그냥 다 접고 포기해야 할까? 화를 내야 할까? 아니면 순간적 감정을 억제하고 차근히 득점을 올려 이런 분노와 좌절감을 결국 경기에서 이기는 동력으로 활용해야 할까?

> 이 게임에서 이기려면 지고 있을 때 득점하는 능력을 키워야 한다. 이것이 바로 승리하는 자에게 필수적인 정신 자세이자 성공하는 자의 핵심 자질이다.

# 주식과 상품 시장의 추세 형성

**1991년 6월(제28권 제6호)**

## 화물 열차 이론

나는 처음 17년 동안 시장 조사 및 분석 작업을 할 때 추세가 언제 시작되는지 또 언제 시작됐는지 그리고 추세 전환 과정은 어떤지를 알아내는 데 주안점을 뒀다.

어려운 수학책도 다 읽었고 갠 차트부터 제트(Z) 차트까지 모든 차트 시스템을 연구했다. 그러나 공부를 하면 할수록 방향을 잃고 혼란에 빠지기만 했다. 그래서 당시에는 주식이나 상품 시장의 추세를 알아내는 일은 불가능하다는 학자와 전문가들의 가정이 옳다고 결론내버렸다.

## 시장 흐름과 배의 항적

이들은 시장이 로켓 같은 고정적 에너지 발사체가 아니라는 데 문제가 있다고 말했다. 로켓은 특정한 추진력으로 발사돼 날아가다 특정한 저항에 부딪친다. 따라서 속도를 측정하고, 진행 궤도를 예측하고, 동력이 다해 멈추는 시점을 계산하는 일이 가능하다.

그러나 시장은 고정 에너지를 동력으로 하는 발사체와는 다르다. 시장은 항해하는 배에 비유하는 편이 더 적절하다. 배의 항적을 살펴보면서 앞으로의 항적을 예상하려 하듯이 차트상의 가격 추이를 살펴보면서 앞으로의 시장 추세를 예측하려 한다. 배가 항로를 유지하기만 한다면 아무 문제가 없다.

문제는 배가 항로를 자주 이탈한다는 데 있다. 외부 에너지 흐름(말하자면 새로운 선장)이 주도권을 잡고 굳이 항로를 바꾸려 들기 때문이다. 항상 그렇다.

따라서 우리는 배가 지나온 길을 기준으로 항적을 측정할 수밖에 없는데 신임 선장 혹은 심지어 기존 선장마저 아무런 예고나 경고도 없이 마음대로 항로를 바꾸려 하고 또 그렇게 할 수가 있다.

## 배부터 열차까지

내 가장 큰 연구 성과는 1983년과 1985년에 나왔다. 이때 내가 대충 이름 붙인 '화물 열차 이론'이 탄생했다. 이 이론의 골자는 일단 열차가 출발해 일정 속도로 달리기 시작하면 갑자기 멈추기 어렵다는 것이다.

열차의 비상 브레이크를 갑자기 밟더라도 달리는 열차의 관성 때문에 완전히 정지할 때까지는 시간이 걸린다.

삼겹살이나 대두 선물, 채권, S&P 등의 시장 추세도 마찬가지다. 시장 가격 흐름에 가속이 붙으면 계속 그 상태가 유지되고, 이 과정에서 추세가 형성된다.

## 임계 질량

위 마지막 단락을 설명하자면 이렇다.

나(그리고 다른 학자들도 마찬가지로)는 추세란 기울기, 각도, 경사 등의 함수라고 항상 생각했었다. 그런데 사실은 그렇지 않다.

> **추세는 폭발적 가격 변화에서 시작된다. 이렇게 형성된 새로운 추세는 반대 방향으로 다시 폭발적 가격 변화가 일어날 때까지 그대로 유지된다.**

추세의 시작과 끝을 알리는 두 번의 폭발적 가격 변동 지점 사이에서는 추세가 '창조되는' 게 아니라 추세가 '자라나고' '선명해지는' 것이다. 추세는 시장 흐름의 대반전과 함께 시작되고 새로운 반전이 다시 나타날 때까지 그 흐름이 유지된다.

그러므로 다른 걱정은 할 필요가 없다. 폭발적 가격 변동이 일어날 때 이 흐름을 놓치지 않고 잘 포착한 다음에 추세가 형성되는지 여부를 지켜보고 형성된 추세를 그대로 따라가기만 하면 된다.

## 대중과 전문가의 차이

> **1991년 10월**(제28권 제10호)
> ----------------------------------------
> '일반인'과 '전문가'의 감정적 상태에는 큰 차이가 있다. 각기 선호하는 시장 진입 및 청산 방식을 관찰하면 그 차이를 확인할 수 있다.

프로와 아마추어 트레이더의 태도 차이를 알아내는 데 도움이 되는 흥미로운 기법을 설명하고자 한다.

### 출발점

먼저 '일반' 트레이더의 전형적 특성부터 알아보자. 대체로 이들은 현금이 부족하다. 소규모 자본으로 시작했거나 운 좋게 자본금이 넉넉했더라도 매매 계약 수가 너무 많아서 잔고가 넉넉하지 않다.

이렇게 자초한 자금 압박 때문에 감정에 너무 휘둘리고, 브로커나 WSJ(월스트리트 저널) 같은 경제지, 점성술 혹은 봉차트 같은 자료의 영향을 크게 받는다.

자금 압박을 받으면 보통 어떻게 행동하게 될까? 안절부절못하는 상태가 돼서 조급하게 손절을 하고, 발생한 손실을 만회하려 기를 쓰면서 적자를 메우는 데 도움이 된다 싶으면 앞뒤 가리지 않고 덥석 물게 되지 않을까?

나는 그랬다. 여러분도 크게 다르지 않으리라 생각한다.

## 압박감에서 나온 행동의 결과

전술한 내용이 의미하는 바는 '일반' 트레이더는 대개 감정적이거나 비이성적인 스타일이라는 것이다. 실제로 이런 압박감이 매매 스타일을 망가뜨리면서 늘 해왔던 스타일도 시스템도 따르지 못하는 상태가 된다. 결국에는 손실 만회만 하면 된다는 조급함으로 무리수를 두게 되면서 미미한 흐름에조차 널뛰듯 휘둘린다.

특히 중요한 차이점은 일반인 혹은 (거의 잘못된 선택을 하는) 미숙한 트레이더는 시가에 지나치게 영향을 받는다는 점이다. 실제로 이런 관계성이 매우 일관성 있게 나타났기 때문에 1969년 이래로 나는 모든 시장 지표에 시가를 사용하는 접근법이 바람직하다고 봤다. 최근에는 마침내 수많은 분석가가 이 부분을 수긍했다. 지난 22년 동안 이와 동일한 관계성이 주식이나 상품 시장을 비롯한 모든 시장에서 확인됐다.

## 핵심

우리가 알아야 할 핵심적 사실은 일반 트레이더의 행동은 전일 종가와 금일 시가 간의 차이로 확인할 수 있다는 점이다.

이와는 대조적으로 전문 트레이더의 행동 혹은 진정한 기저 가격 추이는 같은 날의 시가와 종가 차이에서 가장 잘 드러난다.

# 시장 예측은 불가능한 일이다

1992년 8월(제29권 제8호)

우리는 최근 시황지에서 시장 가격 예측에 관해 확실하게 설명한 바 있다. 언제쯤 시장이 고점을 찍을지 점치면서 '8월 14일에서 17일'에 주목하라고 조언했다. 실제로 17일이 되자 주가 하락과 함께 약세장이 시작됐다.

우리가 다른 시황 정보 서비스와 비슷한 수준이었다면 〈인베스터즈비즈니스데일리Investor's Business Daily〉 같은 경제지에 대문짝만 한 광고를 실어 우리가 얼마나 잘 맞췄는지 홍보하는 데 여념이 없었을 것이다.

그러나 27년 동안 트레이더로 일하면서 시장 가격과 정치, 인생사 자체를 예측하는 일이 매우 어렵다는 사실을 확실하게 깨달았다. 이 부분을 명확하게 깨닫는 순간 여러분도 성공하는 트레이더의 길로 들어서리라 생각한다.

## 어수선한 책상 서랍 안

나는 책상 오른쪽 맨 위 서랍에다 각종 예측 자료를 보관한다. 주식이나 상품 시장과 관련한 다양한 시황 정보지와 향후 시장 전망 및 예측치 18개월분 등이다.

지난밤에 뉴스에 나온 시장 수치 등을 뒤적이면서 이런 자료와 대조해봤다. 그 결과, 놀랍고도 흥미로운 사실을 알게 됐다.

미래에 대한 다면적 전망과 수고스러운 예측 작업은 어이없게도 '미래 예측은 불가능하다'는 김빠지는 사실을 확인해줄 뿐이었다. 이런 사실을 여러분에게 어떻게 증명해야 할까? 2월에 채권 시장은 대강세장 국면에 들어가리라는 예측을 내놓은 선도적인 컴퓨터 기반 시황지의 가격 차트를 보여줘야 할까? 아니다. 〈인베스터즈비즈니스데일리〉가 저명한 금융 분석가 일레인 가자렐리 Elaine Garzarelli와 인터뷰한 내용을 소개하는 정도로 족하다고 본다. 당시(당해 3월)

가자렐리는 "앞으로 6개월에서 12개월 동안 주가가 20%가량 상승"한다고 예측했다. 가자렐리는 기본적 분석 지표를 따르는 사람이다. 점성술에 의존하는 사람도 있다. 솔직히 말해 기본적 분석가의 난해한 예측에 비하면 점성술에 기댄 예측도 그리 나쁘지 않았다. 와튼(펜실베이니아 경영대학원)이나 하버드 출신 전문가가 내놓은 예측이나 말 그대로 미래를 '점친' 결과나 별반 다르지 않다는 의미다.

채권 시장 하락세가 계속되고 12월에 저점을 찍는다고 예측한 국내 정상급 전문가 중 한 사람의 사례를 제시할 수도 있다. 그러나 다 헛수고라고 생각한다. 미래를 정확히 예측하기는 불가능하다는 내 주장을 나보다 더 효과적으로 증명할 수 있을까? 만약 없다면 그냥 내가 하던 방식대로 모든 예측 자료를 모아 책상 서랍에 보관하라. 한 1년 정도 있다가 꺼내 그 시점에서 과거를 돌이켜 비교해보면 될 일이다.

나도 젊었을 때는 초자연적인 방법으로 내 미래를 예측할 수 있다는 어리석은 생각을 품었다. 그래서 손금도 보고 점성술에 취하기도 했으며 타로점도 봤다. 이런 일을 하면서 배운 점이 많았는데 한마디로 정리하자면 이렇다. "쓸데없는 일에 헛돈 쓰지 말자."

나는 대학에서 미술을 전공하다가 중간에 언론학으로 바꿨고 지금은 수학적 기법을 활용해 매매 일을 하고 있다. 그런데 앞날을 알려준다는 사람 중에 내 미래를 비슷하게나마 예측한 사람은 단 한 명도 없었다.

## 정치도 예측 불가의 영역이다

'뺀질이 윌리Slick Willie'라 불리는 빌 클린턴이 '최근의 다우지수 폭락은 부시의 대통령 후보 수락 연설에 대한 월가의 반응'이라고 했던 말을 들어봤는가? 클린턴의 이 말은 8월에 시장이 고점을 찍는다고 한 우리의 예측이 최악의 부시 연설을 이끌어냈고, 이 연설은 또 시장 폭락으로 이어졌다는 평가만큼이나 형편

없는 주장이다. 대변인들이 나서서 너무도 뻔뻔하게 '부시는 무적의 후보니까 여기에 대적하겠다고 나서는 자체가 어리석은 일'이라며 침을 튀기는 그런 세계가 바로 정가 아니던가!

## 이제 마무리를 해보자

정리하자면 이렇다. 27년 동안 매매 일을 하면서 무언가의 미래를 일관성 있게 예측할 수 있는 사람은 단 한 명도 본 적이 없다. 그랜빌Joseph E. Granville이나 로버트 프레처Robert Prechter, 잉거Inger 그리고 나조차도 예측이 간혹 들어맞기도 했지만, 그런 행운이 계속 따라주지는 않았다.

이것이 현실이다. 장장 27년이라는 긴 시간을 시장에서 보냈으나 장기간 미래를 정확히 예측하는 사람은 본 적이 없다. 이 사실이 우리에게 주는 교훈은 이렇다. "정확히 예측할 수 있다고 말하는 사람은 절대로 믿지 마라." 신은 인간에게 그런 능력을 주지 않았다. 그러나 돌아가는 상황을 전보다 잘 이해할 수 있는 능력은 부여했다. 그나마 이런 능력 덕분에 다이빙이나 비행, 일상생활 더 나아가 상품 매매를 좀 더 체계적으로 수행하는 방법을 개발해낼 수 있는 것이다.

## 정리

매매로 이익을 내고 싶을 때 온 세상의 미래를 알 필요는 없다(여러분 또한 그런 세계관을 유지하지도 않을 테다). 자신이 참여하려는 '게임'에 지속적 우위 요소가 있기만 하면 된다. 더도 말고 덜도 말고 딱 그 정도면 된다. 이런 바탕이 있어야 비로소 상품 매매 시스템이 돌아가기 시작한다. 일관성 있는 시스템 혹은 접근법이 여러분에게 게임에서 유리한 위치를 만들어준다. 그 정도면 족하다.

# 매매가 주는 짜릿한 흥분감

**1992년 9월(제29권 제9호)**

러시아의 문호이자 도박 중독자이기도 한 도스토예프스키는 인생의 가장 큰 황홀감은 도박으로 돈을 땄을 때 느낀다고 말했다.

아이러니하게도 돈을 잃을 때도 이에 못지않은 전율이 느껴진다. 도스토예프스키가 남긴 걸작 중에 《지하 생활자의 수기 Notes from the Underground》가 있는데 이런 저간의 생각을 이해하면 제목을 왜 이렇게 붙였는지 조금은 수긍이 간다. 이익이 생길 때면 엄청난 희열이 느껴지는데, 이상하게도 손실 상태에서 벗어날 때도 마찬가지로 묘한 흥분감이 올라온다. 고통과 괴로움에서 벗어나는 일보다 더 기분이 좋아지는 일이 또 있을까!

## 딜레마

여기서 정신적 충돌 상황이 빚어진다. 손실이라는 부정적 사건이 심적 교란 상태를 일으키며 거센 흥분 혹은 묘한 희열감을 불러일으킨다. 남녀를 불문하고 매매를 하는 사람들은 손실이 주는 묘한 흥분과 전율을 즐긴다. 아슬아슬한 감정 상태를 만끽한 대가로 마진콜 margin call(자산 가격 변동에 따른 추가 증거금 납부 요청)에 직면해야 하는 그 순간까지 매매를 계속한다.

농담이라고 생각하는가? 사실이다. 이런 사실은 트레이더 약 600명을 대상으로 한 인터뷰 결과로도 확인할 수 있다. 그들에게 매매를 하는 가장 큰 이유 세 가지를 적으라고 했을 때 '돈을 벌려고'라는 항목을 1순위에 올린 사람은 단 한 명도 없었다. 대체로 가장 큰 이유로 흥분, 짜릿함, 도전감 등을 들었다.

사람들이 우리 매매 시스템을 배우고 싶다거나 정보지를 구독하겠다고 연락할 때 우리에게 '이익이 잘 나는지'를 물은 사람은 거의 없다. 대신에 자신이 선호하는 혹은 관심을 둔 품목이 매매 목록에 있느냐고 물었다. 문의한 그 품목을 취급하지 않는다고 하면 바로 흥미를 잃는 사람이 아주 많다. 자신이 매매하고 싶은 품목이 없기 때문이다. "○○도 매매하나요?", "아니요." 이 대답으로 그냥 끝이다. 이런 사람들은 비록 손실이 나더라도 자신이 선호하는 품목을 매매하려 한다.

## 심리학적 장광설

지난 몇 년 동안 돈을 벌려면 자기 자신과 시장에 대한 심리학적 측면의 이해가 필요하고 그러자면 마음 자세부터 '청정하게' 정돈해야 한다고 주장하는 내용의 책이 연이어 나왔다. 이를 주제로 한 세미나도 꾸준히 열렸다. 사람들은 이런 심리적 고양 상태 혹은 정신적 깨달음을 얻고자 많은 돈을 투자했다. 그런데 나도 이제야 현실이 조금씩 눈에 들어왔다.

본격적인 내용에 들어가기에 앞서 내게는 이런 소재를 이야기할 자격이 충분하다는 점부터 말해야겠다. 내 부전공은 심리학이라서 스키너 상자(학습 및 문제 해결에 관한 동물 실험용 장치-역주)도 내게는 차트만큼이나 익숙한 도구고 심리학의 기초에 대한 이해가 바탕이 돼 있다. 이런 주제에 대해서도 어설프게 다루지 않을 자신이 있다.

사실 나 역시 시장이 제공하는(실은 제공하는 듯 보이는) 무한한 부를 내 것으로 만들지 못하고 기회를 망가뜨리는 원흉이, 다름 아니라 정돈되지 못한 정신 혹은 마음이라고 생각했던 시절이 있었다. 이런 믿음 체계가 워낙 강했기 때문에 건강한 정신 상태를 만드는 일에 많은 시간과 돈을 투자했다. 최근까지도 내가 헛짓을 하고 있었다는 점을 인정하기 어려웠다. 이제 50줄에 접어드는 시점에 이 글을 쓰다 보니 양심 고백이 훨씬 수월한 느낌이다.

그동안 사이언톨로지Scientology(자기 수양 및 정신 요법을 교의로 삼은 신흥 종교-역주), 환생 요법, 아리카ARICA(아리카 연구소에서 개발한 새로운 성격 유형 체계인 애니어 그램-역주), 이에스티(EST Erhard Seminars Training: '에르하르트 세미나 훈련'이라고 하는 일종의 심신 통일 훈련-역주), 롤핑 요법Rolfing(근육을 깊숙이 마사지하는 물리적 요법-역주), 빌헬름 라이히Wilhelm Reich가 창시한 신체 심리 치료 등을 두루 섭렵했다. 그리고 빅서Big Sur 인근에 있는 명상 센터에서 몇 시간이고 앉아 명상도 해봤다. 이른바 잠재의식에서 나오는 목소리를 들으려 애썼고 큰 소리로 기도문도 읊었으며 간절한 염원을 담아 기도도 했고 수피교도와 함께 거닐기도 했다. 시장 매매에 도움이 되는 정돈된 마음 자세를 갖추겠다는 일념에서였다. 말하자면 나는 다양한 심신 수련 과정을 거치면서 코울슬로(양배추, 당근, 양파 등을 다져 마요네즈로 버무려낸 샐러드-역주)보다 더 뒤죽박죽인 상태가 됐다.

재미는 있었다. 그리고 이런 과정을 거치면서 나 자신과 내 몸 그리고 다른 사람에 관해 많이 알게 됐다. 그러나 중요한 사실은, 그렇게 노력을 했는데도 매매로 돈을 버는 데는 눈꼽만큼도 도움이 안 됐다는 점이다. 어느 하나 전혀 도움이 되지 않았다.

크게 이익이 났다가 그다음에는 쥐꼬리만큼 이익이 발생하고 그러다 다시 크게 성공하는 과정이 반복됐다. 다 내가 잘한 것 같았지만, 아주 겸손하게 말하자면 어디까지나 운이 좋았을 뿐이었다.

## 있는 그대로의 진실

마침내 확실한 깨달음이 왔다. 그동안 아까운 시간과 돈을 들여 헛수고만 한 것임을.

트레이더로서의 성공과 내 정신 간에는 아무런 상관관계가 없었다. 로르샤흐 반점 검사로 나타낸 어머니 혹은 초등학교 1학년 때 선생님에 대한 내 감정이 어떻든, 심지어 신에 대한 내 관념이 어떻든, 시장 혹은 매매에서의 성공과는 아무 관계가 없었다.

매매에서 손실을 낸 이유는 내가 원했기 때문이 아니고, 그렇다고 지나친 소유욕이나 고집 때문도 아니었다. 단지 내가 잘못된 선택을 했기 때문이었다. 정신적 자세나 접근 방식에 문제가 있어서 손실이 난 것이 아니라 손실이 나서 정신적으로 흔들린 것이었다.

그러니 올바른 심리 상태에 있어야만 돈을 벌 수 있다는 헛소리는 이제 잊어라. 부유 수조flotation tank(소리와 빛 등을 차단하고 미지근한 물 위에 떠서 긴장을 풀 때 사용하는 수조-역주)에 들어가 6시간 동안 떠 있을 필요도 없고, 향정신성 약물을 복용하거나 최면의 도움을 받을 필요도 없다. 그저 다음과 같이만 하면 된다.

## 이익 매매 시스템과 인내심

솔직히 이익 매매 시스템과 인내심 중에서 어느 쪽이 더 중요한지 잘 모르겠다. 둘 다 중요하지 않을까? 그 이유는 무엇일까? 아무리 뛰어난 시스템이라도 매일, 매번 이익을 내지는 못하기 때문이다. 농작물을 심은 뒤 잘 자라는지 궁금하다는 이유로 자꾸 가서 땅을 파헤치면 안 되는 법이다. 이익을 내는 데는 시간이 걸린다. 이익 실현은 시간의 문제고 시간은 또 인내의 문제다.

여기서 얻을 수 있는 교훈은 이렇다. 프로이트Freud(정신분석학의 창시자)는 잊어라. 프라이멀 스크림 요법Primal Scream(유아기의 외상 체험을 다시 체험시켜 신경증을 치료하는 정신 요법-역주)도 집어치워라. 원한다면 가끔은 감정적으로 행동해도 괜찮다. 이 부분은 큰 문제가 되지 않는다. 중요한 것은 그저 믿을 만한 매매 접근법을 찾아서 그대로 따르는 것이다. 참고로 얘기하자면, 〈상품 트레이더 소비자 보고서〉가 모니터한 25개 시황 정보 서비스 중에서 우리는 매매 이익 기준으로 상위 5위 정도였으며 1991년 매매에서 이익을 낸 몇 안 되는 곳 중 하나였다.

# 예측의 참담한 현실

**1992년 12월**(제29권 제12호)
--------------------------------
며칠 있으면 시장 전문가들이 1993년도 시장 상황 예측 결과를 하나둘 발표할 것이다. 온갖 주장이 난무할 텐데 대부분이 수정구슬에서 나오는 점괘나 영험한 신탁에 기반을 둔 예상과 별 차이가 없으리라 본다. 점성술이나 허언보다 나을 것이 없는 시장 예측이 과연 실질적인 도움이 될까?

## 과거가 미래를 말해줄 때가 있다

중요한 부분이니 잘 듣기 바란다. 사람들은(대개 분석가들은) 과거 사건을 살펴보면 미래 예측이 가능하다고 늘 주장한다. 맞는 말이다. 그러나 과거를 통해 미래를 정확히 예측하는 일이 생각만큼 자주 일어나지는 않는다. 과거로 미래를 100% 예측할 수 있다면 우리 같은 시장 예측자는 벌써 백만장자가 되고도 남았다. CNBC 같은 매체에 얼굴을 내밀고 과거를 통해 미래를 예측하겠다고 떠벌이는 사람 중에 정말로 큰돈을 번 사람은 거의 없다. 큰돈은 고사하고 그 방송국까지 가는 데 필요한 택시요금은 있는지 모르겠다.

그러나 과거에 기초해 판단할 수 있는 일이 몇 가지 있기는 하다. 그중 하나가 과거에 했던 예측이다. 나는 올해 시황을 예측한 작년도 예측 자료가 옳았는지 빗나갔는지 확인하고 싶어서 그 자료를 서랍 속에 넣어 두고 12개월을 기다린다. 전문가입네 하는 사람들의 미래 예측 능력이 여러분과 별반 다르지 않거나 심지어는 여러분보다 못하다는 사실을 확인하려는 의미도 있다.

## 헛수고

수백만 달러의 기업 가치를 지닌 연예지 〈내셔널인콰이어러_NE;National Enquirer〉가 미래 예측 능력을 과시하고 싶었던 모양이다. 그래서 NE는 매년 심령술사를 동원해 앞으로 펼쳐질 일을 예고한다. 심령술사들이 하는 말이 맞으면 NE는 온 세상에 대고 떠들면서 돈도 더 많이 벌어들일 것이다. 시황 정보지도 마찬가지다.

그렇다면 야심 찬 예측의 결과는 어떻게 됐을까? 미래를 예측하는 말을 남긴 사람들 입장에서는 내 행동이 얄미울 수도 있겠지만, 어쨌든 나는 다음 해 시장을 예측한 시황 정보지와 함께 NE가 내놓은 1992년에 대한 예측 자료를 보관해두고 있었다. 1992년에 꺼내 보고 예측이 맞았는지 아니면 틀렸는지 확인해보려고 말이다. 그 결과는 다음과 같다.

지난 1월에 발행된 이 연예 주간지에는 일류 심령술사 10명에게 비용을 지급하고 받아낸 '앞으로 일어날 사건'이 실렸다. 다음은 그 예측 사항에 대한 채점표다.

1992년에 일어난 예측 내용 41개 가운데 제대로 맞춘 사항이 단 하나도 없었다. 그나마 사실에 근접했다고 하는 내용이 '에이즈 창궐로 휴양업계가 초토화된다'였다. 음, 에이즈로 '초토화된' 부분이 있기는 했다. 매직 존슨이 에이즈로 만신창이가 됐으니 말이다. 그러나 에이즈가 '창궐'하지는 않았다.

시카고의 유명한 심령술사 아이린 휴즈Irene Hughes는 장수 프로그램 〈휠오브포춘Wheel of Fortune〉의 공동 진행자 바나 화이트Vanna White가 프로그램 하차와 관련한 충격으로 '거의 죽음 직전'에 이른다고 했다. 또 앤지 디킨슨Angie Dickinson은 나이 60에 〈플레이보이Playboy〉지에 누드 사진이 실리고 시빌 셰퍼드Cybill Shepherd는 배우 일을 그만두고 가난한 사람들을 위한 진료소를 운영한다고 예언했다. 그렇게 잘나간다는 '예언가' 중에서 클린턴의 대선 승리를 점친 사람은 한 명도 없었고 거의 전부 부시가 대통령이 된다고 말했다.

NE의 미래 예측 기사를 읽는 일 자체는 현실과 동떨어진 내용을 상상해보는 즐거움 정도의 의미밖에 없다. 예측 내용을 살펴보면 가관이다. 도널드 트럼프Donald Trump는 하는 일이 거의 실패하고 한밤에 방송되는 토크쇼 진행자가 돼 겨우 연명한다, 마이클 잭슨Michael Jackson은 목소리를 잃는다, 리즈 테일러Liz Taylor가 아이를 갖는다, 등등이다.

그래도 시장 예측가들은 심령술사보다는 현실 파악 수준이 좀 낮지 않을까 생각할지 모르겠다. 유감스럽게도 별로 그렇지도 않다. 존경받는 저명한 시장 예측가 중 몇몇은 1992년 12월이면 다우지수가 1,000포인트 하락한다고 전망했다. 또 다른 이는 조지 부시가 내세운 신세계 질서New World Order(냉전 후의 새로운 세계 질서로 세계 공통의 가치와 제도를 지향함-역주) 구도하의 통합군대가 12월 19일에 미국 정부를 장악하면서 금융권이 초토화된다는 거의 망상 수준의 예언을 하기도 했다.

시장 분석가 중에는 앞으로 대강세장이 예상된다는 사람이 있는가 하면 공황 수준의 약세장이 온다는 사람도 있었다. 1992년의 경기 불황을 예고한 베스트셀러 저자의 근황은 어떤가? 불황과 주식 시장 폭락을 예측했는데 결과는 어떻게 됐는가? 지금 내 손에는 다음과 같이 주장하는 내용의 10월 19일자 정보지가 들려 있다. "의심의 여지가 없어요, 시장이 폭락할 겁니다. 이 기회를 잡아야 합니다. 2,000달러로 2만 달러를 벌 수 있어요. 곧 가격 하락이 시작될 겁니다." 이런 정보지를 믿고 최신판을 계속 받아보든 말든 그것은 여러분이 결정할 일이다. 여기서 말하고자 하는 핵심은 이런 예측이 번번이 '빗나갔다'는 사실이다.

NE 기사로 박제된 점성술사의 예언처럼, 시장 전문가라는 사람들의 시황 예측도 내 서랍 안에 보관돼 있다. 물론 그 예측이 틀렸음을 증명하기 위한 기록으로 말이다. 이들이 예측한 주요 추세 전환점을 바탕으로 시장에서 이익을 내본 적이 거의 없다. 3월에 주요 고점이 형성되고 연중 최저치에 해당하는 10월 신저점을 예상한 사람도 있었다. 그러나 현실은 딴판이었다. 10월은 대다수 트레이더를 흥분하게 한 최적의 매수 기회를 제공했다.

### 교훈

그러니 미래 전망이라든지 시장 예측 발언에 너무 집착하지 마라. 그 말을 하는 사람이 누구든 크게 의미를 두지 마라. 흘러가는 시간 그리고 펼쳐지는 사건과 관련해 몇 가지 규칙이 작용하기는 한다. 그러나 점괘 수준의 허황된 예언을 읽는 것보다 합리적인 사고와 추론 방식이 여러분의 매매 능력을 증진시키는 데 훨씬 도움이 된다. 인생을 살 때도 그렇고, 매매나 투자에서 올바른 선택과 행동을 하면 최후의 승자가 될 수 있다.

이른바 시장 권위자라는 사람들의 예측을 무조건 따르는 일은 결코 바람직하지 않다. 내 말이 맞는지 틀리는지 확인할 근거를 만드는 데는 30분이면 족하다. 지금 당장 내년 1993년에 어떤 일이 벌어질지 나름대로 예측을 해보라. 그리고 1년 후에 그 내용을 확인해 보라. 그러면 뉴스 지면을 장식하는 시장 전문가 혹은 권위자가 했다는 예측과 비교해 자신이 한 예측이 얼마나 정확한지 분명하게 확인할 수 있다. 열심히 생각하고 올바른 선택과 행동을 하면 수정구슬이나 점성술에 휘둘리는 사람을 이기리라 장담한다. 쉽지는 않은 작업이지만, 분명히 효과가 있다고 확신한다.

이 업계에서 30년을 보내는 동안 '마법' 같은 예언과 수정구슬이 알려주는 '점괘'에 기대려 한 적이 많았다. 그러나 현실은 내게 여러분에게도 알려주고 싶은 귀중한 사실을 가르쳐줬다. 그럴싸한 예언이 여러분이 해야 할 일을 방해하지 못하게 하라. 예측에 휘둘리지 말라는 의미다. 알겠는가?

## 도저히 이해가 가지 않는다

나도 그렇다.

지난 일주일 동안 전화통에 불이 날 정도로 많은 전화와 편지를 받았다. 그러면서 여러분이나 나 같은 사람에 관해 그리고 시장에 관해 흥미로운 사실을 알게 됐다.

전화나 편지로 호소하는 내용은 대체로 다음과 같다. "이봐요, 래리. 상품 매매에 관한 부분은 너무 어렵단 말이오. 내 머리로는 당최 이해가 안 돼. 도저히 안 되겠으니 구독료를 환불해주시오."

이런 요청이 있으면 우리는 원하는 대로 해준다.

그러나 내 속마음은 그렇게 하고 싶지 않다. 구독을 취소하겠다는 사람의 바짓가랑이라도 잡고 본래 이 일이 그리 만만하지 않다는 점을 강조하고 싶다. 매매가 아주 쉽다고 말해준 사람이 있다면 그 사람이 틀렸다고 말이다. 이 일을 한 지 30년이나 됐는데 나 역시 시장에 관한 거의 모든 점이 이해 불가다. 진부하게 들리겠지만, 지금도 내 실수를 바로잡는 일을 계속한다. 나 자신도 시장에 대해 아직 쥐꼬리만큼밖에 모른다는 사실을 새삼 깨닫는다. 그러면서 앞으로 내가 더 알아낼 수 있을지 자신이 없어지고, 다시 고쳐 배워야 할 사실도 많다는 생각을 항상 한다.

그럼에도 나는 매매로 많은 돈을 벌었다. '내 머리로는 이해가 안 돼'라는 생각 때문에 돈 벌겠다는 의지를 꺾었다면 큰돈은커녕 한 푼도 손에 쥐지 못했을 것이다. 그런 전화를 받았을 때 처음에는 이런 생각을 했다가 이런 의문이 들었다.

"매매 일이든 다른 업종에서든 돈 벌기가 쉽다는 말은 대체 어디서 나왔을까?" 여러분이 종사하는 그 일에서는 돈 벌기가 쉬운가? 그렇다면 절대 그 일을 그만두지 말고. 매매는 절대 삼가기를!

돈은 쉽게 벌리지 않는다. 등가 관계에 있는 하나를 내주어야 겨우 하나를 얻을 수 있다. 매매 업계를 예로 들자면 이렇다. 매매로 이익을 낸다는 자체가 정신적·물리적 자본을 위험에 노출한다는 의미다. 말하자면 적지 않은 시간과 에너지를 들여 공부하고 연구하지 않으면 이익 매매는 꿈도 꾸지 못한다. 내 손에 이익금을 쥐는 대가로 노력과 시간을 바쳐야 한다.

몇몇 시장 전문가를 맹목적으로 추종한다고 해서 매매하는 족족 이익을 낼 수 있다는 법은 없다. 설사 이 방법으로 이익을 낸다 해도 여기에는 한계가 있다. 언젠가는 스스로 깨닫고 결정하고 행동해야 할 때가 온다. 홀로 서려는 여러분에게 늘 도움의 손길을 내밀겠지만 이 일 자체가 결코 쉽지 않다는 점은 명심하라. 어디서 무슨 일을 하든 그 일을 하면서 돈을 벌자면 열정과 노력이 필요하다. 매매 일을 하면서 왕도를 찾지 마라.

아버지한테 항상 들었던 말이고 이제는 내 아이들에게 항상 하는 말이 있다. "세상에 공짜 점심은 없다. 우리는 공짜를 바랄 자격이 없다. 돈을 벌어서 사 먹어라."

## 욕심과 두려움이란 감정을 직시하라

내가 알아낸 사실은 다음과 같다. 트레이더의 최대 적이 바로 자신의 감정이라는 사실은 이제 비밀이 아니다. 더 나아가 욕심과 두려움이 서로 얽힌 상태에서 나오는 괴력이 우리를 망친다는 주장까지 나왔다.

그래서 뭐? 이렇게 되물을지도 모르겠다. 이런 사실을 안다고 트레이더에게 무슨 도움이 되나? 그런 문제는 얼마든지 해결할 수 있다는 헛소리도 난무한다.

절대 그렇지가 않다. 샴쌍둥이처럼 뭉쳐 있는 이 두 감정이 어떤 힘을 발휘하는지는 오래전부터 알고 있었지만, 이런 감정이 내뿜는 부정적 효과를 피하는 방법에 대해서는 최근에서야 확실히 이해하게 됐다.

우선 이 두 감정 중에 욕심이 더 강력한 힘을 발휘한다는 사실을 다시 한번 강조한다. 욕심은 인간이 지닌 모든 욕구 가운데 성욕 다음으로 강력한 동기 요인일지 모른다.

매매 일을 하면서, 또 손실을 메우고 싶어 하는 사람들을 지켜보면서 알게 된 사실이다. 우리는 매우 다양한 방법으로 손실을 만회한다. 그런데 손절가를 왜 활용하지 않을까? 이유는 너무도 단순하다. 바로 욕심 때문이다. 이익을 내고 싶어서 현 포지션을 너무 오래 붙들고 있다. 영국 시인 알렉산더 포프<sub>Alexander Pope</sub>

가 이런 말을 했다. "희망은 가슴속에서 영원히 솟아 나온다." 우리는 모두 돈 벌기를 희망하고 마진콜의 속박에서 벗어나기를 희망한다. 돈을 벌고 싶은 마음이 너무도 간절해서 남을 속이고, 도둑질하고, 거짓말하고 심지어 동네에 있는 편의점에 가서 강도짓을 하는 사람도 있다. 왜냐고? 돈을 더 많이 벌고 싶은 욕심 때문이다.

매매로 이익을 내는 비결은 사람들이 생각하는 것보다 훨씬 간단하다. **손실이 나더라도 이를 통제할 수 있다면 결국에는 이익을 낼 수 있다.**

손실이 발생하는 이유는 욕심 때문이다. 우리는 이익을 갈구하는 욕심이 너무 커서 자금 관리를 허술하게 하거나 이익이 나리라는 희망이 너무 간절해서 손절을 하지 못한다. 이익을 얻으려는 원초적 욕구야말로 바로 패망의 원흉이다.

바로 지난주에 나 역시 매수 포지션을 계속 쥐고 있었다. 손실을 방어하는 수준에서 적당히 청산했어야 함에도 시장이 상승하리라는 사실을 믿고 싶었기 때문에 결국은 이익을 실현하지 않았다. 말하자면 나는 시스템을 따르지 않은 것이다. 왜 그랬을까? 이유는 너무 단순했다. 돈을 더 벌고 싶었을 뿐이다. 내 매매를 망치는 원흉은 두려움이 아니라 욕심이다. 감정을 직시하는 순간 내가 매매 시스템을 따르지 않은 이유가 욕심 때문이라는 사실을 알았다.

이제부터는 돈을 더 벌고 싶다는 마음이 들 때 각별히 더 경계하는 자세를 취할 것이다. 내 적이 누구인지 이제는 확실히 안다. 단언컨대 내 적은 두려움이 아니라 욕심이다. 그리고 여러분도 나와 같은 입장이라는 사실을 잊지 말길 바란다.

## 쇼는 계속되어야 한다

> **1993년 10월**(제30권 제10호)
> ----------------------------------
> 손실을 낸 부분은 자랑스럽지 않지만, 손실에 대한 대응은 자랑스럽다.

내가 그동안 시장에 관한 책도 몇 권 쓰고 관련 정보지도 발행했다는 이유만으로 구독자들 중 일부는 매매하면서 느낀 어려움이나 문제를 나는 전혀 겪지 않았다고 생각하는 듯하다.

그러나 완전히 틀렸다. 나도 욕심이나 두려움 같은 감정에 똑같이 휘둘렸다. 다만 다른 사람보다는 좀 더 잘 다스렸다고 하겠다. 그래도 이 강력한 감정이 여전히 내 마음과 정신을 혼란스럽게 한다. 매일 이런 감정과 씨름한다.

한 달쯤 전 나는 아주 큰 실수를 저질렀다. 완전히 끝장날 수준의 실수는 아니었다. 예전 같았으면 그리됐을지 모르겠으나 이제는 그렇지 않다. 다만, 이 실수 때문에 여기에 온 신경이 쏠렸고 화가 치밀어 올랐으며 오래전에 잠재웠다고 생각한 자기 회의감이 다시 고개를 쳐들었다.

성공하는 트레이더가 되는 첫 단계는 이런 자기 회의에서 벗어나는 일이라고 생각한다. 자신이 뭔가를 '안다는 사실을 알고' 있으면, 정신적으로나 물리적으로나 무엇이든 스스로 헤쳐나갈 여지가 생기고 언젠가는 전문가 반열에 오르리라 본다. 왜일까? 이런 상태가 되는 순간 여러분은 시장의 영향을 받는 '결과'가 아니라 당신 스스로의 행동의 '원인'이 될 수 있기 때문이다.

이 점이 매우 중요하다. 내가 저지른 크나큰 실수가 마치 쥐처럼 내 사무실에 몰래 기어들어와 나를 갉아먹었다. 손실 매매가 몇 차례 이어지고 결국 그렇게 최악의 한 해를 마감하는 상황이 되면서 자기 회의는 점점 깊어졌다.

내가 했던 일이 너무 창피했고 지난 몇 년간 나를 괴롭혔던 자괴감에 또 빠져들었다. 매매를 그만두고 싶은 마음뿐이었다. 마음 깊숙한 곳에서 "난 앞으로도 별로일 거야"라고 외치는 소리가 들렸다. 하지만 나는 시장이나 매매에 대해 많이 알지는 못해도 '포기하는 트레이더는 있어도, 패배하는 트레이더는 없다'는 사실은 안다. 전문가라는 사람들도 '휴식기'를 보낸다. 조 몬테나Joe Montana가 그만뒀던가? 조 또한 휴식기를 지낸 직후 최고 쿼터백의 반열에 오르며 선수 생명을 이어갔다는 사실이 기억난다. 아무리 저조한 실적을 냈다 해도 그 때문에 매매에서 손을 떼는 고수는 없었다.

나는 그처럼 훌륭한 '고수'는 아니지만, 그래도 실수를 통해 배울 수는 있다. 이것이 내가 내린 결론이었다.

그래서 큰 실수를 한 다음 날 아침, 그러니까 새벽 5시 10분에 S&P에 대한 매수 주문을 냈다. 쇼는 계속되어야 한다. 그리고 두 차례 매매에서 크게는 아니지만 이익이 났다. 내가 1993년도에 올린 매매 이익 중에서는 최고 수준이었다.

# 만신창이가 된 권투 선수와 트레이더

> **1997년 10월(제34권 제10호)**
> --------------------------------
> 권투와 마찬가지로 매매는 위험 수준이 높고 또 결코 쉽지 않은 영역의 일이다.

화가 난 상태에서 이 글을 쓰고 있다. 요 며칠 어떤 이유에선지 구독자의 매매 성과가 저조했다고 한다. 불과 며칠 전까지만 해도 승승장구하며 업계의 부러움을 한 몸에 받았던 나 또한 만족스럽지 못한 매매에 예전의 명성도 빛이 바랜 느낌이다.

시장에 화가 났고 나 자신에 화가 났으며 상품 매매만 하면 무조건 쉽게 큰돈을 벌 수 있다고 떠벌리는 사람으로 가득한 이 업계에도 화가 났다. 그래서 권투하던 시절을 돌이켜봤다. 엄청나게 두들겨 맞았지만, 나는 지금도 권투를 즐긴다. 왜일까? 그리고 이것이 매매와 무슨 관계가 있을까? 왜 항상 스포츠로 눈을 돌려 매매와의 공통점을 찾으려 할까?

시장과 마찬가지로 싸움은 정해진 대로 흘러가지 않는다. 선수는 링에 올라 흠씬 두들겨 맞는다. 터진 상처에서는 피가 흐르고 두 눈은 퉁퉁 붓기 일쑤다.

그렇게 망가진 상태가 며칠은 간다. 몇 주는 지나야 상처가 아물고 딱지가 앉는다. 진정한 격투기 챔피언은 경기에 진 이후에도 다시 링에 올라 계속 싸운다는 점에서 챔피언을 동경만 하는 사람과 차이가 있다. 손실이 나도 다시 매매에 나서는 트레이더가 떠오르는 대목이다. 시장이나 링 위나 살벌한 싸움이 전개된다는 점에서 트레이더와 권투 선수 사이에 공통점이 있다 하겠다. 이들은 컨디션을 유지하면서 전략을 재구상한다. 무엇보다 포기하지 않고 경기를 계속한다는 점이 가장 중요하다.

분노나 화가 오히려 주저앉은 심신을 다시 일으켜 세우는 요소로 작용한다. 더 젊었을 때는 술을 마시면 화가 좀 사그라졌다. 그러다 건전한 해소책을 통해 이런 격렬한 감정에서 난폭함을 걷어내고 나면 분노마저 생산적인 동력이 된다는 사실을 알았다. 그래서 지금은 화가 나면 이 감정을 스스로를 채찍질하는 도구로 활용한다.

권투 선수에게 그렇게 맞으면서 어떻게 계속 권투를 할 수 있느냐고 물었더니 이런 대답이 돌아왔다. "내가 좋아하는 일이니까. 나는 권투밖에 모르거든요. 얻어맞는 거야 뭐 원래 권투가 그런 스포츠니까요." 코피가 터지고 귀는 뭉개지는 상황을 못 견디는 사람은 정상에 오르지 못한다. 얼굴에 상처 하나 없이 매끈한 챔피언은 보지를 못했다. 알리도 얼굴을 자세히 보면 흉터가 한둘이 아니다.

> **트레이더와 마찬가지로 챔피언은 흠씬 두드려 맞는다. 당연한 일이다. 그 사실을 받아들이고 손실 때문에 솟구친 분노를 건설적인 방향으로 빨리 돌릴수록 챔피언 반열에 더 빨리 올라간다.**

## 손실 관리하는 법 배우기

**1995년 5월(제32권 제5호)**

매매에서 이익을 '잘' 내야 하듯 손실도 '잘' 내야 한다. 어폐가 있지만, 손실을 많이 내자는 의미가 아니라 적절한 관리로 손실 규모를 줄이는 법을 배워야 한다는 의미다. 손실 관리 방법을 몰라서 어렵게 번 돈을 한순간에 날리는 일은 없어야 한다. 그런데도 대다수는 굳이 손실 관리 방법까지 배울 필요가 있느냐고들 한다. 이런 사람들은 당연히 손실을 '잘' 내는 법을 모른다. 그래서 큰 손실을 낸다.

누구든 매매에서 이익을 낼 수 있다. 상품 매매로 이익을 내는 데 대단한 기술이 필요하지도 않다. 적절한 시점에 시장에 진입하고 역시 적절한 시점에 청산하고 나오기만 하면 된다. 매매 게임에서 이기면 뿌듯한 행복감이 밀려온다. 이런 상태는 얼마든지 관리할 수 있고 각자 나름의 방식으로 처리할 수 있다. 승자가 돼서 바라보는 세상은 장밋빛이고 삶은 수월하기만 하다. 걸리는 신호등마다 청신호요, 올려다볼 때마다 파란 하늘이 펼쳐져 있다.

그러나 패자의 세상은 딴판이다. 투자 자본의 30%에서 40%, 심지어 80%에서 90%까지 홀랑 날리면 삶 자체가 고달프게 느껴진다. 그 마음을 나도 잘 안다. 나도 겪어봤으니까. 그것도 꽤 자주 말이다. 젊은 시절에 이런 끔찍한 일을 겪었기 때문에 두 번 다시 그런 일이 일어나지 않기를 간절히 바라며 산다. 그런 괴로운 경험에서도 얻은 바가 몇 가지 있으며 이를 여러분에게도 알려주고 싶다.

이익이 나는 상황은 달리 관리가 필요치 않지만, 손실 상황은 이야기가 다르다. 이익 매매 상황에서의 관리 부실은 최악의 경우 이익이 감소하는 수준이지만, 손실 관리가 안 됐을 경우에 최악은 패가망신 수준일 수 있다. 겁이 더럭 나지 않는가! 그러니 손실에 대한 확실한 관리 및 상황 대처가 반드시 필요하다. 실제로 매매란 '가격 변동에서 나오는 기회를 얼마나 잘 포착하느냐'의 싸움이라기보다 '손실에 대한 방어 및 관리를 얼마나 잘하느냐'의 싸움에 더 가깝다. 손실을 통제하라. 그러면 승자의 길이 크게 열릴 것이다.

그렇다면 손실은 어떻게 통제하는가? 이에 대한 정답은 딱 하나다. 이 해법을 수용할 준비가 됐는가? 정말 알고 싶은가? 이 조언을 따를 생각이 정말 있는가?(솔직히 말해 이상의 질문에 여러분이 '그렇다'라고 답할지 의문이다).

정답은 **항상 손절을 활용하는 것이다. 항상.**

계속 읽어나가기 전에 사전을 찾아서 '항상$_{always}$'이 어떤 의미인지 확인하라. '항상'은 '어느 때' 혹은 '가끔'이라는 의미가 아니다. 손절 규칙은 '항상' 적용해야 한다. 만일 '어쩌다 가끔' 적용하는 식이면 결국 큰 손실로 인해 잔고가 바닥날 것이라고 장담한다. 젊은 시절에는 내 잔고가 빌 일은 없다고 믿고 손절 규칙 없이 매매했다가 결국 적자가 났다. 거래하는 증권 회사에서 매매 자금을 빌린 일도 여러 번이다. 비참하기 이를 데 없는 현실이다. 당연히 재미도 없고 신날 일도 없었다. 게다가 증권 회사 측 변호사로부터 빚 독촉에 시달리는 괴로운 나날이었다.

이제 남은 문제는 손절가를 어떻게 설정하느냐다. 크게 두 가지 방법이 있다. ①직접 하지 말고 브로커와 상의해 정하라. 물론 이때도 '이따금'이 아니라 '매번' 혹은 '항상' 그렇게 해야 한다. ②손절의 목적은 손실 통제이므로 위험 수준을 줄이는 데 주안점을 둬야 한다. 내 경험상 가장 좋은 손절 규칙은 800~1,200달러 간격을 두고 손절가를 지정하는 방법이다. 물론 통상 1,750~2,500달러를 손절 기준으로 잡는 S&P는 예외로 한다.

때로는 주요 시장 변곡점이나 내 포지션과 정반대의 매수/매도 신호, 심지어 당일 종가까지 손절 기준으로 사용한다. 당일 종가(시간 기준 손절가)를 금액 기준 손절가와 결합해 사용하기도 한다. 그러나 **어떤 경우든 시장가와 손절가 간의 간격이 좁을수록 청산이 잦아진다는 사실을 명심하라.**

피학 성애자가 아니라면 손절 간격을 너무 빡빡하게 잡지 마라. 고점이든 저점이든 또 전환점이든 간에 그 지점을 정확히 아는 사람은 아무도 없다. 우리는 그저 전반적 흐름의 방향을 대체로 옳게 짚을 수 있을 뿐이다. 따라서 허용 가능한 가격 변동폭, 즉 시장이 어느 정도 움직일 여지를 주는 선에서 손절가를 설정해야 한다. 요컨대 시장가와의 간격이 너무 넓어서도 또 너무 좁아서도 안 된다.

# 겁쟁이─지옥에서 벗어나 천국으로

**1995년 2월**(제32권 제2호)
------------------------------
오래 보유해야 이익이 난다면 합리적으로 보유하는 방법을 배우는 편이 낫다!

이 세상에서 가장 쉬운 일이 상품 매매로 돈 버는 일이다. 말하자면 '식은 죽 먹기처럼' 쉽다. 시장 흐름을 잘 포착한 다음 시장 흐름이 기대 수준에 도달할 때까지 포지션을 유지하고만 있으면 된다.

속으로 '말이 쉽지 그게 어디 쉬운 일인가?'라고 생각하는 사람이 많을 줄 안다. 사실 지나고 보면 다 쉬워 보이기는 한다. 그러나 그런 과거에서도 배울 점은 있다. 이번 달에는 이 점에 관해 쓰려고 한다.

현재 우리는 캐나다 달러에 대한 매수 포지션과 구리 및 면화에 대한 매도 포지션으로 좋은 성과를 내는 중이다. 장기 매매라면 시장 고점 및 저점을 돌파하거나 주요 지지선에 도달할 때까지 포지션을 그대로 가져갈 것이다. 그냥 이런 전략을 쓰면 된다. 그뿐이다. 식은 죽 먹기 아닌가!

그러나 현실은 그렇지가 못하다. 전략 자체는 쉬울지 몰라도 이를 따르기가 매우 어렵다. 그 쉽다는 매매를 하면서도 정작 이익을 내는 사람이 별로 없는 이유가 바로 여기에 있다. 참고 기다리면서 이익이 극대화되는 지점까지 현 포지션을 유지하는 사람이 극히 드문 이유도 이 때문이다.

강력하게 나서서 주장하지는 못해도 다들 염두에 뒀으면 하는 매우 중요한 사실이 있다. 이익을 극대화하려면 시간이 필요하다는 점을 절대 잊지 마라. 매매 시스템의 기본 시계時界가 길수록 이익이 증가할 가능성은 더 커진다. 삼나무가 거대하게 자라는 데는 시간이 걸린다. 하루아침에 거액을 벌 수는 없다. 단기 트레이더가 소규모 이익밖에 챙기지 못하는 이유가 여기가 있다. 시계時界를 너무 좁히면 이익이 '증가할' 시간이 없다.

이와 관련한 주요 과제가 두 가지 있다. 목표 지점에 도달할 때까지 느긋이 기다리고 경거망동하지 않도록 평소 심신을 훈련하는 일이 우선이다. 그다음으로는 심리 상태와 관계없이 청산해야 할 시점을 알려주는 지표 혹은 시스템을 개발하는 일이 중요하다. 숲속에서 가장 큰 나무라도 하늘에는 도달하지 못할 테니, 어느 지점엔가에서는 결국 청산을 계획해야 한다.

## 예방 주사 맞기

예전에 우연히 알게 된 사실인데 여러분과 그 내용을 공유하고 싶다. 간단히 말하자면 예방 주사를 맞듯이 부정적 사건에 미리 대비하는 마음가짐이 필요하다는 것이다. 앞으로 벌어질 사태를 미리 예상하고 그에 대비하면 정말 그러한 사태가 벌어졌을 때 대응력이 훨씬 좋아진다. 이것은 내가 그동안 활용한 심리학 개념으로 상당히 유용하게 써왔다.

매년 초 매매를 개시할 때면 연중 어느 시점에서든 손실이, 그것도 아주 큰 손실이 발생할 것이라고 스스로에게 경고를 하면서 자산 감소 상황에 대비하곤 한다. 막상 자산이 감소하는 상황이 오면 그때는 또 그런 상태가 한 달 넘게 이어질 수 있다고 다시 '예방 주사'를 놓는다. 이렇게 미리 주사를 맞은 상태에서 현실을 직시하며 끝까지 버텨내면 된다.

현 매매 포지션을 오래 보유하는 일도 이와 마찬가지다. 조금만 참고 기다리면 시장 상승세가 다시 이어질 텐데 우리는 그저 나약한 인간인지라 그새를 못 참고 지옥 유황불이 영원히 타오르리라는 극한의 두려움에 무릎을 꿇고 만다.

그러나 언젠가는 반드시 실질적 추세 흐름이 나타난다고 믿으며 예방 주사를 맞듯 최악의 사태에 대비하면 유황불의 고초에서 헤쳐 나올 힘이 생긴다.


# 시스템 개발 및 매매의 비밀

1991년 3월(제28권 제3호)

나는 20여 년 전에 나와 내 구독자들이 반증하려 노력해온 사소하지만 놀라운 비밀 하나를 알아냈다.

그 '비밀'이란, 정말로 효과적인 상품 매매 시스템은 (포지션을 반전하는 시스템이 아닌 경우에 한하자면) 보호적 손절 규칙을 활용하지 '않을 때' 더 나은 결과를 낸다는 점이다.

이상하게 들리겠지만 사실이다. 시장에서 항상 사용하고 나름대로 괜찮은 성과를 내는 시스템이라면 엄격한 자금 관리용 손절 기제를 적용하는 식으로 시스템을 손본다고 해서 매매 성과가 개선되지는 않는다.

이 부분은 반복해서 강조할 생각이다. 지금 사용하는 시스템이 괜찮은 성과를 내고 있다면 보호적 손절(금액 기준)로 성능을 개선하겠다는 생각은 접어라! 이를 되풀이해 말하는 이유는 20년이 지난 지금도 보호적 손절 기제로 시스템을 자꾸 손보려 하는 나 자신을 발견했기 때문이다.

이는 더 나은 시스템으로 더 나은 성과를 보겠다는 목적과 정반대 방향으로 가고 있을 뿐이라는 점을 명심하기 바란다. 다른 매매 시스템과의 차별화는커녕 매매 성과를 오히려 악화시키는 방향으로 간다.

수많은 구독자가 편지와 전화로 우리가 쓰는 손절가와 시장가의 간격이 너무 크다고 불평했다. 이 때문에 구독을 끊은 사람도 있었다. 이들의 주장이 틀리지는 않았다. 우리가 쓰는 손절가와 포지션 반전 기준가가 시장가와 비교해 간격이 너무 넓기는 하다. 그러나 결과적으로는 이 기준이 잘 작동하고 있다. 아니, 더 나은 성과를 낸다고 자부한다.

이상하게 들리겠지만, 지난 20년 동안 자금 관리 차원의 손절 규칙으로 좋은 시스템 성능을 개선하려는 노력을 계속해왔다. 그런데 여전히 원하던 결과에 이르지 못했다. 손실 방어 측면에서는 성과가 있었으나 이익 매매 비율과 평균 매매 이익 측면에서는 성과가 부진하다. 말하자면 오른쪽에서 따고 왼쪽에서 잃는 모양새다. 금액 기준 손절 규칙으로 이익 매매 비율은 10~15% 감소하고 평균 매매 이익은 최대 3분의 1이나 줄어든다. 한쪽에서 이익이 나고 다른 쪽에서 손실이 나면 무슨 의미가 있겠는가!

이에 대한 증거를 하나 제시하겠다. 지난주에 커피 단기 매매에 사용했던 시스템의 성과를 살펴보면 이렇다(표 14.1 참고). 손절가와 시장가 간 간격이 넓을

**표14.1 다양한 손절가에 따른 커피 매매 시스템의 성과**

| 순이익($) | 이익 매매 비율(%) | 평균 매매 이익($) | 최대 손실 매매($) | 최대 계좌 잔고 감소액($) | 손절가($) |
|---|---|---|---|---|---|
| 63,391 | 71 | 196 | 3,987 | 12,553 | 1,000 |
| 71,250 | 74 | 188 | 3,987 | 13,875 | 1,500 |
| 69,356 | 77 | 228 | 3,987 | 12,792 | 1,500 |
| 69,407 | 80 | 226 | 3,987 | 11,802 | 1,750 |
| 73,761 | 81 | 232 | 3,987 | 12,755 | 2,000 |
| 82,091 | 83 | 252 | 3,987 | 14,202 | 2,250 |
| 76,042 | 85 | 288 | 3,987 | 15,751 | 2,500 |
| 80,417 | 85 | 266 | 4,175 | 19,651 | 2,750 |
| 78,345 | 87 | 287 | 4,175 | 14,752 | 3,000 |
| 77,536 | 88 | 283 | 4,700 | 16,217 | 3,250 |
| 81,785 | 89 | 285 | 6,987 | 19,362 | 3,500 |
| 81,506 | 89 | 308 | 6,987 | 21,997 | 3,750 |
| 90,391 | 90 | 345 | 6,987 | 17,330 | 4,000 |
| 83,721 | 90 | 333 | 6,987 | 17,858 | 4,250 |
| 91,775 | 91 | 352 | 6,987 | 14,855 | 4,500 |

수록 총순이익과 평균 매매 이익 및 이익 매매 비율도 높아진다는 점에 주목하라. 잔고 감소액을 기준으로 했을 때도 마찬가지다. 즉, 손절가가 1,000달러일 때 최대 계좌 잔고 감소액이 1만 2,553달러였고 손절가가 4,500달러일 때는 1만 4,855달러였지만, 이익금은 3만 달러 가까이 더 증가(63,391 → 91,775달러)했다!

## 두 번째 비법

이번 것은 조금 더 극단적이다. 목표치를 사용하는 방법으로는 시스템을 개선할 수 없다. 이미 잘나가는 시스템은 목표치를 추가하는 정도로 시스템의 성능을 눈에 띄게 개선하기는 어렵다는 의미다.

방금 쓴 내용을 다시 읽어보기만 해도 된다. 추세 추종 시스템이 이익을 내는 비결은 주된 추세 흐름을 제대로 포착하는 능력에 있다. 이렇게 해서 큰 이익이 발생하면 자잘한 손실은 전부 상쇄되고도 남는다.

다들 아는 규칙이 하나 있다. '이익이 날 때는 그냥 둬라.' 예컨대 목표 가격을 추가하는(이는 당신의 이익을 제한할 뿐이다) 등 불필요한 도구를 시스템에 보태면 역효과가 날 뿐이다. 초보자는 이런 작업을 귀찮아한다. 이들은 그냥 시장 가격이 갠 선<sub>Gann Line</sub>(저점이나 고점에서 45도 방향으로 진행하는 선. 45도 선이라고도 함-역주)이나 지지선 및 저항선 등 일종의 매직 넘버(마법의 수)에 도달하면 이익을 실현하거나 포지션을 청산하고 싶어 한다.

지난 20년 동안 계속 연구했는데 결론은 늘 같았다. 고정 목표 가격을 사용하면 시스템의 성능이 개선되기는커녕 효과가 감소한다. 그런데 이렇게 좋은 성과를 내는 우리 시스템을 꾸준히 사용하는 구독자가 거의 없다. '이렇게 좋은 성과'라면, 최근에 우리가 통화<sub>currency</sub> 매매에서 만루 홈런을 친 상황이 좋은 예시가 되겠다.

덕분에 큰돈을 벌었다는 말을 하려는 구독자가 몰려 전화통에 불이 났겠다고 생각하는 사람이 많을 것이다. 전화통에 불이 나기는 했다. 그런데 돈을 벌었다는 내용이 아니라 다시 구독하려면 어떻게 해야 하느냐고 문의하는 전화가 대부분이었다. 진득하게 우리 시스템을 이용하는 사람보다 그새를 못 참고 나가버린 사람이 그렇게 많다는 뜻이다.

## 이익 트레이더와 손실 트레이더의 차이점

**1993년 2월(제30권 제2호)**
- - - - - - - - - - - - - - - - - - - - - - - - - -
이익 트레이더 20여 명과 손실 트레이더 30명에 대한 모델링 결과.

사람들은 성공한 인생을 살고 싶어서 누구에게든 뭐든 배우려 한다. 실제로 성공한 사람의 행동을 보고 많이 배운다. 나는 러스 파워즈Russ Powers가 공 던지는 모습을 지켜보면서 풋볼을 배웠고 폴 하버Paul Haber를 보면서 핸드볼을 배웠다.

심리학 전문 용어로 이를 모델링modeling(하나 이상의 모델을 관찰함으로써 나타나는 행동적, 인지적, 정의적 변화를 가리키는 용어-역주)이라고 한다. 특정한 일을 잘하는 사람을 찾아서 그 사람이 하는 모든 행동, 신념 체계 등을 철저히 조사하면 어떻게 해서 그 일을 잘하게 됐는지 그 비결을 알아낼 수 있다. 그런 다음 그 '비결'을 몸과 마음에 깊이 새겨 넣는다.

토니 로빈스Tony Robbins는 이 방식을 지지하는 대표적인 인물로서, 내가 아는 그 누구보다 이 모델링 개념을 연구하는 데 많은 시간을 할애했다. 토니는 모델링을 '특정 과업을 완수하게 하는 내적 표상과 행동의 순서를 찾아내는 과정'으로 정의한다. 이 전략의 구성 요소는 믿음, 행동, 언어 등이다.

신념 체계는 상품 매매에서 이익을 내는 자와 손실을 내는 자를 구분 짓는 중요한 요소다. 최근 암 환자를 대상으로 진행한 실험을 예로 들어보겠다. 환자에게 항암 화학 요법을 시행했는데 60% 이상이 구토, 메스꺼움, 탈모, 기력 쇠퇴 등 화학 요법의 전형적인 부작용 증상을 나타냈다.

이들이 실제로 받은 약물은 불활성 플라시보(위약)였다. 말하자면 가짜 약물을 먹었는데도 진짜 화학 요법을 진행했을 때와 똑같은 증상이 나타났다는 의미다. 이들이 믿는 사실이 현실이 돼 나타난 셈이다.

우리도 다르지 않다. 믿음의 위력이 이렇게 대단한 법이다. 나는 지난 2~3년 동안 이익 트레이더 및 손실 트레이더와 대화한 내용을 기록하고 이를 바탕으로 이들의 심중을 들여다보며 매매 스타일뿐 아니라 신념 체계까지 알아내려는 작업을 했다. 내가 모델링한 대상 중에는 여러 잡지나 책에서 이미 알려진 사람도 있다. 또 대중에 많이 알려지지 않은 사람도 있다. 어쨌거나 결과는 놀라웠다. 이익을 내는 사람과 손실을 내는 사람 간에는 중요한 차이점이 있었다.

그리고 흥미롭게도 두 트레이더 집단에는 공통점도 있었다. 이 부분을 먼저 살펴보자.

## 공통점

이익 트레이더와 손실 트레이더 양쪽 다 특정한 매매 원칙이나 매매 개념에 크게 휘둘린다. 트레이더의 삶이 원래 그렇다. 손실 트레이더나 이익 트레이더나 열정이 강하기는 마찬가지고, 양쪽 다 극단적이고 다소 과격한 측면이 있다. 내가 아는 최악의 손실을 낸 트레이더도 열정과 에너지 면에서는 이익 트레이더에 조금도 뒤지지 않는다. 그러므로 열정이나 열망, 의지 같은 요소는 이 두 집단을 가르는 기준이 안 된다.

내가 알아낸 또 한 가지 공통점은 양 집단 모두 친한 동성 친구가 거의 없었다는 사실이다. 남성 트레이더는 기껏해야 남성미를 물씬 풍기는 동성 친구 한 명이 고작이었고 여성 트레이더도 다르지 않았다. 결론적으로 말해 이익 트레이더든 손실 트레이더든 간에 상품 매매에 열성적인 이들은 사회성이 뛰어난 사람들은 아닌 듯하다.

일찍이 언급했던 극단주의적 관점이 이들의 삶에 그대로 스며든다. 양 집단 모두 생활방식과 신념 체계가 극단화하는 경향이 있다. 이들의 세계관은 흑백 논리가 지배한다. 요컨대 이들이 보는 세상은 흑과 백으로 양분돼 있고 극소수 회색 지대가 있을 뿐이다. 이런 극단적 세계관이 손실 트레이더를 막다른 골목으로 몰아넣는다고 생각한다. 이들은 거의 필사적으로 매매에 임하지만, 처음부터 잘못된 선택과 행동을 하기 때문에 대참사 수준의 실패가 꾸준히 이어지기도 한다.

## 차이점 - 손실 트레이더의 특징

먼저 손실 트레이더부터 살펴보자. 다음은 내가 알아낸 이들의 공통 특성이다.

대다수가 '빠를수록 좋다'는 생각에 사로잡혀 1만 달러로 100만 달러를 만들어내는 일에 집착한다. 되도록 빨리, 되도록 많은 이익을 내는 것이 이들의 목표다. 다들 시장에 진입하기 전부터 포지션을 청산하고 나서까지 자신이 한 매매에 대해 이러쿵저러쿵 자꾸 곱씹는다.

매매라는 '게임'에서 진 사람은 대다수가 손실이 난 사실에 대한 분노를 추진력 삼아 다음 매매에 뛰어든다. 이들은 한 박자 쉬어간다는 인식 자체가 없다는 듯이 매매를 안 하면 큰일 나는 줄 안다. 시장에서 한 걸음 물러나 상황을 지켜보는 일을 참아내지 못한다. 매매하지 않는 것보다 이익을 내든 손실을 내든 일단 매매 포지션을 잡아야 더 행복하다고 느끼는 사람들이다. 어떻게 보면 매매라는 행위가 주는 두근거리는 흥분과 전율이 혈관을 타고 흐르는 극한의 희열에 중독돼 있는 사람들 같다. 마치 도박하는 사람이 위험하지만 짜릿한 흥분에 중독돼 있듯이 말이다.

매매 결정과 자금 관리와 관련해서도 특징이 있다. 손실을 내는 사람들은 보통 자금 관리 부분에 별로 관심이 없다. 과감한 건지 무지한 건지 잘 모르겠으나 내게 이렇게 말하는 사람도 있었다. "매매는 자금 관리의 게임이 아니라 내 판단이 옳았느냐 틀렸느냐를 가리는 게임이니까요." 이런 태도를 지닌 사람들 중에 자신의 투자 자본 현황, 말하자면 계좌 잔고를 들여다보는 사람을 별로 본 적이 없다. 자금 관리는 이익 포지션을 잡는 일과 아무런 관계가 없다고 생각하는 사람들이기 때문에 오히려 매일 계좌 잔고를 들여다보면서 꼼꼼히 자본 관리를 하는 사람을 보면 깜짝 놀란다.

마지막으로, 이들은 내게 매매로 생계를 유지하는 사람들이 정말 있느냐고 물었다. 그럴 수 있다는 사실을 도무지 믿지 못하는 듯했다. 수많은 자금 운영 관리자가 적절한 자금 관리로 꾸준히 이익을 낸다는 점을 뒷받침하는 명백한 증거를 들이대는데도 믿지를 못한다.

### 차이점 - 이익 트레이더의 특징

이른바 이익 트레이더라고 하는 사람들은 질문이 많았다. 내가 이 사람들에게 이것저것 많이 물어봤는데 이에 못지않게 많은 질문을 내게 던졌다. 반면에 손실 트레이더는 질문이 거의 없었다. 또한 이익 트레이더 중에 옵션을 취급하는 사람은 없었다. 전부 자금 관리에 신경을 많이 썼고 또 전부가 기술적인 트레이더였다. 그리고 두 번 다시 그런 실수를 하고 싶지 않다고 생각했던 일생일대의 큰 손실 경험을 누구에게나 솔직히 털어놓는 편이었다. 그래서 이들은 손절 기제를 활용하는 한편 가망이 없다 싶은 매매 포지션은 과감하게 털어버린다. 그러므로 이미 끝난 매매에 관해 쓸데없이 곱씹는 일이 별로 없다.

또 한 가지, 이익 트레이더는 자신이 '선호하는' 몇몇 시장에 집중한다. 다소 극단적이지만 1956년 이래로 다른 상품에는 전혀 관심을 두지 않고 오로지 대두만 매매하는 사람도 있다. 그런데 손실 트레이더는 뭐든 바꾼다. 이 시장에서 저 시장으로 바꾸고 추종하던 권위자나 시황 정보지도 바꾸는데, 그 빈도는 내가 슬리피지$_{slippage}$를 내는 빈도에 맞먹는다. 이익 트레이더는 스스로 연구를 많이 하는 반면 손실 트레이더는 손실이 적게 나게 해줄 혹은 이익이 더 많이 나게 해줄 누군가를 이리저리 찾아다닌다.

이익 트레이더는 자신이 이익을 낼 수 있다고 항상 믿으면서도 손실이 나더라도 이것이 눈덩이처럼 불어나는 사태는 막으려 한다. 이들은 큰 손실로부터 자신을 막아줄 안전 보호막을 두른 채 시장에서 그저 어리석은 짓만 하지 않으려 할 뿐이다. 이런 자세를 지닌 사람들이기 때문에 자신들처럼 행동하지 않는 사람이 더 많다는 사실에 놀라움을 표한다. 이렇게 행동하려면 상당한 압박감을 감수해야 한다는 사실을 잘 알지만, 이성적인 사람이라면 자신들처럼 행동할 수 있으리라 믿는다.

> **래리의 당부**
>
> 이번 장의 주된 목적이자 기본 취지는 '지혜 공유'에 있다. 지혜는 시스템이나 수학 공식, 차트를 능가하는 힘이 있다. 시스템이니 공식이 아무리 좋아 보여도 그 자체로는 필승 카드라고 보기 어렵다. 그런데 지혜는 이처럼 유용한 도구를 제대로 활용할 기반을 마련해 준다. 이 장을 통해 내가 깨달은 작은 지혜나마 여러분에게 잘 전달되었기를 바라는 마음이다.

제 **15** 장

# 상승장을
# 만드는 요소

*long-term*
*secrets*
*to short-term*
*trading*

•

차트가 시장을 움직이는 것이 아니라 시장이 차트를 움직인다.

•

나는 이번 장에서 "주식 시장을 상승장으로 만드는 것은 무엇인가?"라는 질문에 답할 생각이다. 그전에 시장 판세의 원인을 매번 정확하게 알아내는 일은 불가능하다는 점부터 먼저 밝히고 시작해야 할 듯하다. 일상적 삶과는 달리 시장은 매일 우리에게 언제 변할지 모를 불안정한 자료를 끝도 없이 쏟아낸다.

어떤 이는 초자연적인 힘이 가격 변화를 일으킨다고 말한다. 물론 그럴지도 모른다. 지난주에 엔화를 제외한 모든 상품의 가격이 일시에 하락했다. 왜 이런 일이 벌어졌을까? 금과 채권 가격이 혹은 육류와 곡물 가격이 동시에 하락하는 일은 논리적으로는 해석이 불가능하다. 그러나 이런 일은 실제로 벌어진다. 나 또한 이런 현상을 꽤 자주 봐왔다.

또 어떤 이는 추세나 저항선이 시장을 움직인다고 말한다. 갠 방식을 추종하는 사람들은 각을 재고 점을 찍어가며 나름대로의 방식으로 시장을 분석한다. 사실 나는 이를 신뢰하지 않는다. 그러나 이런 전자 장비를 이용한 방식으로 예측한 시장 고점이나 저점이 그대로 실현되는 장면을 자주 목격했다.

물론 기술적 분석 외에 기본적 분석에 따라 장세를 진단하기도 한다. 낙관적 소식이 시장 상승을 주도할 때가 있다. 그러나 긍정적 소식이 나온 후에 시장이 하락하고 부정적 소식 이후 시장이 상승하는 일도 적지 않다.

33년 동안 이 일을 하면서 알게 된 사람 가운데 장세 예측에서 일관성을 보인 사람은 단 한 명도 없었다. 가장 유명하다는 장세 분석가가 헛발질을 해대는 일이 비일비재하다. 이는 특정인의 능력 문제가 아니라 변동성이 큰 불안정한 자료에서 오는 문제라고 생각한다.

다행스럽게도 몇 가지 지수와 가격 패턴, 기법 등의 도구들이 있기에 매매로 이익을 낼 수 있다. '항상'은 아니지만 '대체로' 그렇다.

그런 도구들 중에서도 가장 강력한 요소는 금리(혹은 반대급부로 채권 가격)가 주식 가격에 미치는 상당한 영향력이다. 금리와 주가 간의 관계성이 새로 드러난 것은 아니다. 내가 쓴《주식 종목 선택 비법The Secret of Selecting Stocks》(1986)에서 윌고Will Go 지수에 관해 설명했었다. 윌고는 당시 내가 채권 수익률(수익률은 금리의 영향을 받음)을 기초로 미래 주가 추세를 전망하려는 목적으로 개발한 지수였다.

S&P500 대비 재무부 채권 가격을 관찰할 수도 있다. 이는 쉬울 뿐 아니라, 컴퓨터의 힘을 빌리면 두 시장 간의 관계성이 있는지 그리고 있다면 그 관계가 어떠한지도 확인할 수 있다.

# 논리학의 기초

나는 오리건 대학에서 올버리 캐스털Albury Castell이라는 훌륭한 교수에게 논리학 수업을 받았다. 논리학과 윤리학 강의 때 이 교수가 쓴 책을 교재로 공부한 독자들도 꽤 있을 것이다. 대학 4년 동안 비전공 수업 중에 가장 흥미로웠던 수업이 바로 캐스털 교수의 강의였다. 돌이켜보니 대학 졸업 후 내 인생에도 가장 도움이 된 가르침이 아니었나 생각한다.

우리가 아이들에게 가르치는 혹은 우리가 배웠던 내용 중에서 실생활에서 거의 사용하지 않는 것이 얼마나 많은지 생각해본 적이 있는가? 수학만 해도 학교에서 배운 내용의 10%밖에 사용하지 않는 사람이 전체의 90%는 된다. 풀리지 않는 기하학 문제와 씨름하거나《베어울프Beowulf》(고대 영웅 서사시-역주)를 읽다가 잠든 때가 언제인지 기억하는가? 또 전치사로 문장을 끝내지 말라고 그렇게 배웠는데 까맣게 잊고 그냥 전치사로 문장을 끝낸 적은 없는가? 우리가 세상 물정에 어둡고 시장 전문가의 그럴싸한 거짓 논증에 휘둘려 쉽게 속아 넘어가는 이유가 다 이런 주입식 교육 때문이라고 생각한다.

# 매매와 논리학

논리학 이야기로 다시 돌아가 보자. 논리학의 기본 규칙 가운데 하나가 'A로

| 그림 15.1 시장 간 기본적 관계 이용: 채권 가격에 기초한 S&P500 매수 | | | | | | | |
|---|---|---|---|---|---|---|---|
| 자료: S&P500 IND-9967 3/99 | | | | | | | |
| 기간: 1982년 8월 9일~1998년 3월 1일 | | | | | | | |
| Num. | Conv. | P. Value | Comm | Slippage | Margin | Format | FileName |
| 149 | 2 | $2,500 | $0 | $0 | $3,000 | CT/PC | F59 |
| 총순이익 | | $141,792.50 | | | | | |
| 총이익 | | $236,952.50 | | 총손실 | | -$95,160.00 | |
| 총매매 횟수 | | 81 | | 이익 매매 비율 | | 53% | |
| 이익 매매 횟수 | | 43 | | 손실 매매 횟수 | | 38 | |
| 최대 이익 매매 | | $24,980.00 | | 최대 손실 매매 | | -$14,107.50 | |
| 평균 이익 매매 | | $5,510.52 | | 평균 손실 매매 | | -$2,504.21 | |
| 평균 손실 대비 평균 이익 비율 | | 2.20 | | 평균 매매(이익&손실) | | $1,750.52 | |
| 최다 연속 이익 매매 | | 5 | | 최다 연속 손실 매매 | | 4 | |
| 이익 매매 평균 봉 수 | | 46 | | 손실 매매 평균 봉 수 | | 12 | |
| 최대 계좌 잔고 감소액 | | -$18,722.50 | | 일중 최대 잔고 감소액 | | -$19,880.00 | |
| 이익률 | | 2.49 | | 최대 보유 계약 수 | | 1 | |
| 필요 계좌 크기 | | $22,880.00 | | 잔고 회수율 | | 619% | |
| 핵심 사항 | | | | | | | |
| 항목 | | 날짜 | | 시간 | | 금액 | |
| 최대 이익 매매 | | 1998년 2월 25일 | | - | | $24,980.00 | |
| 최대 손실 매매 | | 1987년 10월 22일 | | - | | -$14,107.50 | |
| 최다 연속 이익 매매 횟수 | | 1989년 8월 15일 | | - | | 5 | |
| 최다 연속 손실 매매 횟수 | | 1994년 6월 24일 | | - | | 4 | |
| 최대 잔고 감소액 | | 1987년 10월 26일 | | - | | -$18,722.50 | |
| 일중 최대 잔고 감소액 | | 1988년 1월 8일 | | - | | -$19,880.00 | |

A를 예측하지 마라!'이다. 이런 규칙이 버젓이 있는데도 우리 같은 시장 분석가는 매일 '가격으로 가격을' 예측한다. 물론 드러내놓고 그렇게 하지는 못하고 오실레이터나 이동평균 혹은 추세선 등등의 이름을 붙여서 가격이 아닌 다른 도구로 가격을 예측하는 척을 한다. 이렇게 한다고 해서 '가격으로 만들어낸 도구로 가격을 예측한다'는 단순한 진실이 가려지지는 않는다. 캐스털 교수라면 아마 기술적 분석가의 90%는 낙제시키지 않을까 생각한다.

좀 더 현실적인 사례를 제시해보겠다. 그림 15.1은 S&P 가격을 이용하지 않고도 S&P500 매매로 14만 1,792달러의 이익을 냈다는 결과를 보여준다. 여기서 A 자료(채권 가격)에서 A 조건이 충족될 때에만 B 자료(S&P)를 매수하라는 신호가 나왔다. 평균 매매 이익은 1,750달러로, 평균 손실(2,504달러) 대비 평균 이익(5,510달러)의 비율은 2.20배이다. 최대 계좌 잔고 감소액은 벌어들인 수익금의 14% 미만으로, 손실 관리 차원에서도 문제가 없다. 따라서 A 자료가 B 자료를 상당히 잘 예측한다는, 즉 B 자료에 대한 A 자료의 예측력이 상당히 높다는 결론에 이른다.


## A 자료(채권)와 B 자료(S&P500)

앞서 살펴본 그림 15.1은 채권 시장에서 지난 14일 동안의 최고가보다 종가가 높게 형성된 날 S&P500을 종가에 매수한 결과이다.

이 시험 매매에서 청산은 두 가지 방법으로 이뤄졌다. 채권 시장에서 지난 17일 동안의 최저가 기준으로 추적 손절매하거나 시장 진입가로부터 3,000달러 간격의 금액 기준 손절가에서 청산한다.

따라서 채권 가격이 14일 채널을 돌파하면 S&P를 매수하고, 금액 기준 손절가 혹은 채권 가격 17일 채널을 깨고 내려갈 때 포지션을 청산하라. 여기서 중요한 사실은 S&P의 채널 돌파를 기준으로 S&P 매매를 하면 결과가 처참하다는 것이다. 그러나 채권 가격의 채널 돌파는 주식 가격에 지대한 영향을 미친다.

이는 상당히 흥미로운 사실이다. S&P 가격의 14일 채널 돌파를 이용한 S&P 매매는 성과가 형편없다. 사실 S&P 시장에서는 채널 돌파를 활용해봐야 트레이더에게 별 도움이 안 된다. 그나마 효과가 가장 확실한 채널 일수는 15~20일이다. 15~20일 채널 돌파를 이용하면 그럭저럭 이익이 발생하긴 하지만, 최대 계좌 잔고 감소액이 너무 커 감당하기 어렵고 이익도 대규모 이익 매매 단 한 번

| | | | | | | | |
|---|---|---|---|---|---|---|---|
| **그림 15.2 (A)시장 간 기본적 관계 이용: 채권 가격에 기초한 S&P500 매수+다른 청산 규칙:** | | | | | | | |
| **S&P500 12일 채널 최저가에서 손절** | | | | | | | |

**자료: S&P500 IND-9967 03/99**

**기간: 1982년 8월 9일~1998년 3월 1일**

| Num. | Conv. | P. Value | Comm | Slippage | Margin | Format | FileName |
|---|---|---|---|---|---|---|---|
| 149 | 2 | $2,500 | $45 | $0 | $3,000 | CT/PC | F59 |

| | | | |
|---|---|---|---|
| 총순이익 | $88,055.00 | | |
| 총이익 | $178,002.50 | 총손실 | -$89,947.50 |
| 총매매 횟수 | 480 | 이익 매매 비율 | 82% |
| 이익 매매 횟수 | 398 | 손실 매매 횟수 | 82 |
| 최대 이익 매매 | $6,392.50 | 최대 손실 매매 | -$4,170.00 |
| 평균 이익 매매 | $447.24 | 평균 손실 매매 | -$1,096.92 |
| 평균 손실 대비 평균 이익 비율 | 0.40 | 평균 매매(이익&손실) | $183.45 |
| 최다 연속 이익 매매 | 22 | 최다 연속 손실 매매 | 2 |
| 이익 매매 평균 봉 수 | 2 | 손실 매매 평균 봉 수 | 3 |
| 최대 계좌 잔고 감소액 | -$11,752.50 | 일중 최대 잔고 감소액 | -$13,580.00 |
| 이익률 | 1.97 | 최대 보유 계약 수 | 1 |
| 필요 계좌 크기 | $16,580.00 | 잔고 회수율 | 531% |
| **핵심 사항** | | | |
| 항목 | 날짜 | 시간 | 금액 |
| 최대 이익 매매 | 1987년 10월 21일 | - | $6,392.50 |
| 최대 손실 매매 | 1996년 7월 5일 | - | -$4,170.00 |
| 최다 연속 이익 매매 횟수 | 1988년 8월 25일 | - | 22 |
| 최다 연속 손실 매매 횟수 | 1997년 10월 30일 | - | 2 |
| 최대 잔고 감소액 | 1994년 11월 22일 | - | -$11,752.50 |
| 일중 최대 잔고 감소액 | 1994년 12월 8일 | - | -$13,580.00 |

| 그림 15.2 (B)시장 간 기본적 관계 이용: 채권 가격에 기초한 S&P500 매수+다른 청산 규칙: |
|---|
| 초단기 채널 돌파(1~2일 보유) |

자료: S&P500 IND-9967 3/99

기간: 1982년 8월 9일~1998년 3월 1일

| Num. | Conv. | P. Value | Comm | Slippage | Margin | Format | FileName |
|---|---|---|---|---|---|---|---|
| 149 | 2 | $2,500 | $45 | $0 | $3,000 | CT/PC | F59 |

| 총순이익 | $123,355.00 | | |
|---|---|---|---|
| 총이익 | $205,865.00 | 총손실 | -$82,510.00 |
| 총매매 횟수 | 106 | 이익 매매 비율 | 45% |
| 이익 매매 횟수 | 48 | 손실 매매 횟수 | 58 |
| 최대 이익 매매 | $37,892.50 | 최대 손실 매매 | -$5,857.50 |
| 평균 이익 매매 | $4,288.85 | 평균 손실 매매 | -$1,422.59 |
| 평균 손실 대비 평균 이익 비율 | 3.01 | 평균 매매(이익&손실) | $1,163.73 |
| 최다 연속 이익 매매 | 5 | 최다 연속 손실 매매 | 5 |
| 이익 매매 평균 봉 수 | 35 | 손실 매매 평균 봉 수 | 9 |
| 최대 계좌 잔고 감소액 | -$15,017.50 | 일중 최대 잔고 감소액 | -$17,280.00 |
| 이익률 | 2.49 | 최대 보유 계약 수 | 1 |
| 필요 계좌 크기 | $20,280.00 | 잔고 회수율 | 608% |

| 핵심 사항 | | | |
|---|---|---|---|
| 항목 | 날짜 | 시간 | 금액 |
| 최대 이익 매매 | 1997년 8월 8일 | - | $37,892.50 |
| 최대 손실 매매 | 1987년 11월 20일 | - | -$5,857.50 |
| 최다 연속 이익 매매 횟수 | 1987년 8월 31일 | - | 5 |
| 최다 연속 손실 매매 횟수 | 1993년 7월 6일 | - | 5 |
| 최대 잔고 감소액 | 1990년 10월 11일 | - | -$15,017.50 |
| 일중 최대 잔고 감소액 | 1990년 10월 29일 | - | -$17,280.00 |

에 의존하는 경우가 대부분이다.

　반면에 S&P 시장 진입 시점을 포착하려 할 때 채권 시장의 며칠짜리 채널 돌파를 사용해야 하는가 하는 부분은 크게 중요하지 않다. 어떤 쪽을 택하든 이익은 발생하고, 대부분 그 이익도 괜찮은 수준이기 때문이다.

　이에 대한 사례로서 그림 15.2(A)를 제시한다. 채권 시장의 14일 채널 돌파를 이용해 시장에 진입하고 S&P 시장의 지난 12일 채널의 최저가에서 포지션을 손절매로 청산한 결과를 나타낸다. 말하자면 채권 시장 가격은 매수용으로,

S&P 시장 가격은 손실 보호용으로 사용했다.

내 세미나에 참석하면 채권 시장에서 초단기 채널 돌파(2분의 1 구제형 청산이라는 도구와 병용) 전략이 놀라운 매매 성과를 낸다는 사실을 알게 될 것이다. 지난해는 49회 매매 중 42회가 이익 매매였으며 이때 평균 매매 이익은 527달러였다. 그림 15.2(B)에서 1982~1998년 자료에 대한 이 기법의 효과를 확인할 수 있다. 총순이익은 8만 8,055달러로 좀 작지만, 이익 매매 비율이 82%라는 점이 상당한 장점이다.

# 나쁜 습관 깨기

상품 선물 트레이더를 망가뜨리는 세 가지 무기가 있다. 형편없는 시스템, 자금 관리 체계의 부재 그리고 나쁜 습관이다.

**나쁜 습관**bad habits(배드 해빗). 아이들이 좋아하는 록그룹 이름이 아니다('배드 해빗'이라는 록그룹이 있으면 음반은 많이 팔겠지만). '나쁜' 습관이란 어떤 의미일까? 나쁜 습관은 크게 두 유형으로 나눌 수 있다.

첫 번째 유형은 여러분이 이미 알고 있는 나쁜 습관을 말한다. 서부 해안에 사는 투자자가 밤 늦게까지 잠자리에 들지 않는 나태한 습관을 갖고 있다면, 새벽 5시 10분에 가뿐하게 일어나는 것은 쉽지 않을 것이다. 동서 간 시차를 고려할 때, 이는 시장이 열리는 동부 기준으로는 아침에 할 일을 미루다가 증시 개장 직전에 부랴부랴 서두르는 셈이다.

이런 나쁜 습관에 찌들어 있으면 상품 시장 외의 세계, 즉 가족 및 친구와 함께 살아가는 세계에서도 건강과 평정을 유지하기 어려울지 모른다. 그러나 이런 유형은 이미 나쁜 습관이라고 잘 알려져 있기 때문에 생활 속에서 관리하고 고칠 여지가 있다.

두 번째 유형에 속하는 나쁜 습관이야말로 정말 심각한 문제다. 트레이딩 업계에서의 나쁜 습관은 우리가 '좋은 습관'이라고 생각하고 익힌 것들이다. 실제로는 전혀 그렇지 않음에도 불구하고 말이다.

이러한 나쁜 매매 습관은 일종의 실행 규칙이 되고 '각자가 생각하는 성공'의 초석이 된다. 그러나 애초에 그 초석에 문제가 있기 때문에 절대로 이익을 내지 못한다. '항상 전제가 옳은지 확인하라'고 한 아인 랜드<sub>Ayn Rand</sub>가 옳았다.

트레이더의 나쁜 습관 가운데 가장 흔한 것은 시장 움직임에 올바로 대응하지 못한다는 점이다. 시장 움직임을 있는 그대로 보지 않으려는 행위 자체가 문제다. 시장 움직임 뒤에 뭔가가 있다고 생각한다면, 당신은 시장이 하는 말을 듣는 대신 오히려 시장에게 말을 걸고 있는 셈이다.

이런 나쁜 습관을 실행하는 가장 흔한 방식이야말로 훨씬 심각한 습관인데, 바로 가격이 강세일 때 매도하려는 습성이다. 이에 못지않게 나쁜 습관이 신고가를 기록하는 등의 초강세장을 만났을 때 이 흐름에 올라타지 않는 자세다. 나름대로는 조정 국면에서 매수한답시고 가격이 떨어지기를 기다려보지만, 사실은 가격이 '떨어져야만 한다'며 염불을 외는 꼴이다.

사실, 신고점에 매수하고 신저점에 매도하는 일이 쉽지는 않다. 보통 사람에겐 뒤로 놀라자빠질 만큼 겁나는 일이다.

# 나쁜 습관 깨는 방법

나는 나쁜 습관을 고치는 방법을 딱 두 가지 알고 있다. 하나는 교정한 행동을 계속 반복해서 그 행동이 파블로프의 개처럼 조건 반사적으로 튀어나올 수 있게 하는 것이다.

또 하나는 그 습관이 잘못된 것임을 이성적으로 이해하고, 그 잘못된 '지식'

을 올바른 자료, 즉 진실과 바꾸는 것이다. 여기 잘못된 지식 대신 머릿속에 집어넣어야 할 시장의 진실 두 가지가 있다.

## 진실 1

**시장이 고점에 근접하거나 거의 도달할 때 매수하고, 저점에 근접하거나 거의 도달할 때 매도하라(고점이나 저점을 돌파한 흐름이 계속 이어질 것이다).**

상승세에서 매수하거나 하락세에서 매도하는 일이 이성적으로나 정서적으로 따르기 쉽지 않다는 점은 나도 잘 안다. 그러나 이렇게 해야 큰 이익을 낼 수 있다는 점이 엄연한 시장 진실이다. 이제부터 설명하겠다. 나는 시스템 라이터System Writer에 들어가 다음과 같은 간단한 질문을 던졌다. "오늘 시장의 종가가 당일 가격 변동폭의 상위 65% 지점을 넘어서면서 장이 마감됐을 때 해당 종가에서 매수했다가 5일, 10일, 15일, 또는 20일 후에 각각 매도 청산하면 어떻게 될까?" 그 시험 매매 결과를 표 15.1에 정리했다. 보호적 손절매를 함께 활용했다. 이 매매 자료가 주는 의미는 상당하다. 표에서 확인할 수 있듯이 이 단순한 전략을 쓰자 모든 상황(보유 기간)에서 이익을 냈다.

놀라운 사실이 또 있다. 1년 전에 〈퓨처Future〉지에 기고했던 봉(캔들) 차트에 관한 글에서 설명한 적이 있는 내용이다. 나는 '강력한 상승형' 봉이 형성됐을 때 시장에 들어가서 좀 전에 설명한 방식에 따라 포지션을 청산하는 전략을 시험해

| | | | | |
|---|---|---|---|---|
| **표 15.1 진실 1, 고점에 근접할 때 매수하라: S&P500 시장에서 종가가 당일 가격폭의 상위 65%** | | | | |
| **지점을 넘어설 때 종가 매수** | | | | |
| **청산할 때까지의 일수** | **이익($)** | **매매 횟수** | **이익 매매 비율(%)** | **평균 매매 이익($)** |
| 5 | 95,745 | 533 | 53 | 179 |
| 10 | 86,507 | 334 | 53 | 259 |
| 15 | 133,745 | 537 | 56 | 537 |
| 20 | 152,115 | 199 | 54 | 764 |
| 25 | 118,390 | 178 | 51 | 665 |

보았다. 이 시험 매매 결과, 각기 다른 청산점에서 두루 효과를 낸 패턴은 없었다. 아니 그런데, 저 단순한 전략 하나만으로 모든 상황에서 이익을 냈다고? 와우! 유례없는 초강세장에서 매수하는 자세는 그야말로 바람직한 습관이다.

언뜻 보면 이해가 가지 않는 상황이다. 가격이 강세일 때는 매도하고 약세일 때 매수하는 쪽이 일반적 직관에 들어맞는 선택이다. 우리는 모두 '할인'을 좋아한다. 그러나 트레이딩의 세계에서는 할인품을 좇다가는 파산을 면치 못할 수도 있다.

전문가를 일반인과 구분해주는 좋은 습관은 강세장에서 매수하려는 의지이다. 수년 전에 가격이 하락 조정될 때 매수하려는 내 나쁜 습관을 고쳐주려고 했던 사람이 빌 미헌Bill Meehan이었다. 이때의 경험으로 나는 사람이 습관을 고쳐 배우는 데 그리 오래 걸리지 않는다고 보장할 수 있다. 그러므로 강세장이 곧 힘이며, 시장 추세가 지속되려면 이런 힘이 필요하다는 사실을 머릿속에 깊이 새겨 둬야 한다.

이 점을 더 확실히 각인시키기 위해 차티스트의 관점에서 이 진실을 설명해보자면, 가격이 차트상 고점보다 더 오를 때가 최적의 매수 타점이다. 그러니 여러분도 차트에 표시해 두기 바란다. 그게 바로 궁극의 매수 신호다.

## 진실 2

### 신고가에서 매수하고 신저가에서 매도하라.

굳이 추측을 해야 하는 상황이라면 나는 다른 매매 기법보다 신고가 매수 및 신저가 매도 방법을 사용할 때 이익이 더 많이 난다고 말하고 싶다. 역으로 생각해도 마찬가지다. 신고가에서 매도하고 신저가에서 매수하면 손실이 더 많이 난다.

대개는 신고가가 형성되면 일단 매매를 멈추거나 가격이 하락할 때를 기다린다. 표 15.2의 연구 결과에서 확인할 수 있듯이 이는 매우 잘못된 방식이다. 이 연

표 15.2 진실 2, 신고가에서 매수하라: S&P500 시장에서 n일 신고가를 돌파했을 때 매수

| 돌파할 때까지의 일수 | 이익($) | 매매 횟수 | 이익 매매 비율(%) | 평균 매매 이익($) |
|---|---|---|---|---|
| 1 | 106,945 | 209 | 58 | 511 |
| 5 | 67,197 | 187 | 51 | 359 |
| 10 | 58,270 | 169 | 50 | 344 |
| 15 | 75,325 | 145 | 56 | 519 |
| 20 | 55,342 | 136 | 53 | 406 |

구에서는 n일 신고가가 상향 돌파될 때만 매수하였다. 일반인이나 시원찮게 훈련받은 트레이더로서는 쉽게 할 수 있는 일이 아니지만, 컴퓨터에게는 가능하다.

컴퓨터는 이 진실을 검증해주었다. 표 15.2는 오늘까지도 시장 가격이 n일 신고가를 돌파하지 못하다가 익일 상향 돌파에 성공한 경우, 새롭게 갱신된 신고가에서 매수한 결과를 보여준다.

이때도 며칠 후에 청산하기로 한다. 금액 기준 손절가는 3,500달러로 한다. 우리는 상승 추세를 추종하여 매수하려는 것이다. 그리고 신고가 매수는 실제로 성공적인 전략이다. 이것은 시스템이라기보다도, 강세장이 제 갈길을 가도록 내버려두는 자세의 중요성을 확실히 이해시켜주는 사례다. 대다수 트레이더는 강력한 상승세가 나타나면 움츠러들거나 겁을 낸다. 그래서 이럴 때는 매수를 하지 않거나, 심지어 공매도를 하기도 한다.

물론 옛말에도 있듯이, 경주나 싸움에서 항상 제일 크거나 빠르거나 힘센 자가 승리하는 것은 아니다. 그러나 우리 같은 트레이더는 늘 그런 자세로 힘센 시장에 베팅해야 한다.

# 금액 기준 손절과 예측 불가능성

매매 업계에는 반박불가한 두 가지 진실이 있다. ①손실을 통제해야 한다, ②

가격은 예측 불가능성이 상당히 높다. 매매 시스템을 개발하는 목적은 마치 유전처럼 꾸준히 이익을 창출하는 일종의 '돈 버는 기계'를 만들어내는 것이다. 비록 이 목적을 달성하지 못하더라도 시스템 개발 과정에서 올바른 매매에 관한 상당한 통찰을 얻을 수 있다.

## 손절가 활용의 목적

올바른 손절가 설정이야말로 매매 시스템 개발을 통한 통찰력 획득의 좋은 예라 하겠다. 손절가를 사용하는 유일한 이유는 우리가 쓰는 매매 시스템이 제 몫을 다하지 못해 손실이 발생할 때 그 규모를 제한해 트레이더를 보호하기 위함이다. 그리고 알다시피 시스템이 손실을 발생시킬 위험은 항상 있다. 이런 잠재적 위험 요소가 존재하지 않는다면 손절가 설정도 필요하지 않을 것이다. 손절가는 매매 시스템의 예측 불가능성과 시장 자체의 예측 불가능성으로부터 트레이더를 보호해주는 방패와도 같다.

매매라는 게임은 예측 불가능성이 매우 높은 행위라서 손절가를 시장가와 너무 가깝게 설정하면 오히려 트레이더에게 해가 될 수 있다. 요컨대 손절가가 가까울수록 손절 횟수가 늘어나고, 그럴수록 트레이더는 정신적으로 더 고달파진다. 지금까지 내가 만났던 그 누구도 가격을 상세하게 예측하지는 못했다(가격 변동이 무작위로 이뤄지기 때문). 따라서 손절가를 설정할 때는 무작위성으로 인한 변동폭을 감안해 시장가와의 간격을 여유 있게 잡아야 한다. 손절가가 충분히 떨어져 있어야 가격이 손절가에 도달했을 때 '이건 우연이 아니라 진짜 움직임이구나'라는 판단을 내릴 수 있다. 이것이 매매 시스템 개발이 주는 첫 번째 교훈이다.

## 사례를 통한 이해

손절가와 관련한 또 한 가지 중요한 사실이 있다. 손절매의 목적은 투자 자본을 완전히 날리는 일을 막아보자는 데 있으므로, 손절가는 자금 관리 원칙에 기반을 두고 설정해야 한다. 일례로서 동일한 S&P500 당일 매매 시스템에 대해 각기 다른 세 가지 손절가를 적용했을 때의 매매 성과를 살펴보자.

그림 15.3은 금액 기준 손절가를 500달러로 하고, 그림 15.4는 1,500달러, 그림 15.5는 6,000달러를 손절가로 사용한다. 손절가를 달리 했을 때 매매 성과에 큰 차이가 나타났으며 이 부분을 꼼꼼히 분석해볼 필요가 있다. 셋 다 같은 시스템이라는 점을 명심하라. 시스템은 같은데 손절가 선택을 통해 트레이더가 감수하고자 하는 위험 수준이 달라졌을 뿐이다.

손절점을 500달러로 잡은 시스템(그림 15.3)은 실제로 손실이 났다. 정확히 말해 총순손실액은 4만 1,750달러다! 총 510회 매매에서 이익 매매 비율이 26%라는 점은 이 시스템이 별 볼 일 없다는 의미다.

그런데 정말 시스템이 별로인 걸까? 그림 15.4는 매수 및 매도 규칙은 같은데 손절가만 1,500달러로 다를 때의 매매 성과를 나타낸다. 손절가만 달라졌을 뿐인데 결과의 차이가 상당하다! 일단 이익 매매 비율은 56%로 높아지고 손실 시스템에서 이익 시스템으로 변신했다. 즉 손절가 500달러일 때는 총순이익이 -4만 1,750달러였는데 손절가를 1,500달러로 바꾸니 +11만 6,880달러로 무려 16

| 그림 15.3 손절가가 500달러인 S&P 당일 매매 시스템: 손실이 났다 | | | | | | | |
|---|---|---|---|---|---|---|---|
| 자료: S&P500 IND-9967 3/98 | | | | | | | |
| 기간: 1986년 1월 1일~1998년 1월 1일 | | | | | | | |
| Num. | Conv. | P. Value | Comm | Slippage | Margin | Format | FileName |
| 149 | 2 | $5.000 | $45 | $0 | $3,000 | CT/PC | F59 |
| 총순이익 | | -$41,750.00 | | | | | |
| 총이익 | | $165,665.00 | | 총손실 | | -$207,415.00 | |
| 총매매 횟수 | | 510 | | 이익 매매 비율 | | 26% | |
| 이익 매매 횟수 | | 133 | | 손실 매매 횟수 | | 377 | |
| 최대 이익 매매 | | $11,955.00 | | 최대 손실 매매 | | -$2,045.00 | |
| 평균 이익 매매 | | $1,245.60 | | 평균 손실 매매 | | -$550.17 | |
| 평균 손실 대비 평균 이익 비율 | | 2.26 | | 평균 매매(이익&손실) | | -$81.86 | |

| 최다 연속 이익 매매 | 4 | 최다 연속 손실 매매 | 14 |
|---|---|---|---|
| 이익 매매 평균 봉 수 | 0 | 손실 매매 평균 봉 수 | 0 |
| 최대 계좌 잔고 감소액 | -$77,725.00 | 일중 최대 잔고 감소액 | -$77,725.00 |
| 이익률 | 0.79 | 최대 보유 계약 수 | 1 |
| 필요 계좌 크기 | $80,725.00 | 잔고 회수율 | -51% |

| 핵심 사항 | | | |
|---|---|---|---|
| 항목 | 날짜 | 시간 | 금액 |
| 최대 이익 매매 | 1997년 3월 27일 | - | $11,955.00 |
| 최대 손실 매매 | 1977년 3월 17일 | - | -$2,045.00 |
| 최다 연속 이익 매매 횟수 | 1997년 12월 15일 | - | 4 |
| 최다 연속 손실 매매 횟수 | 1994년 11월 7일 | - | 14 |
| 최대 잔고 감소액 | 1996년 4월 8일 | - | -$77,725.00 |
| 일중 최대 잔고 감소액 | 1996년 4월 8일 | - | -$77,725.00 |

**그림 15.4 손절가가 1,500달러인 S&P 당일 매매 시스템: 상당한 이익이 났다 (손절가만 바꿨을 뿐인데!)**

자료: S&P500 IND-9967 3/98

기간: 1986년 1월 1일~1998년 1월 1일

| Num. | Conv. | P. Value | Comm | Slippage | Margin | Format | FileName |
|---|---|---|---|---|---|---|---|
| 149 | 2 | $5,000 | $45 | $0 | $3,000 | CT/PC | F59 |

| 총순이익 | $116,880.00 | | |
|---|---|---|---|
| 총이익 | $393,560.00 | 총손실 | -$276,680.00 |
| 총매매 횟수 | 506 | 이익 매매 비율 | 56% |
| 이익 매매 횟수 | 287 | 손실 매매 횟수 | 219 |
| 최대 이익 매매 | $14,205.00 | 최대 손실 매매 | -$2,045.00 |
| 평균 이익 매매 | $1,371.29 | 평균 손실 매매 | -$1,263.38 |
| 평균 손실 대비 평균 이익 비율 | 1.08 | 평균 매매(이익&손실) | $230.99 |
| 최다 연속 이익 매매 | 11 | 최다 연속 손실 매매 | 7 |
| 이익 매매 평균 봉 수 | 0 | 손실 매매 평균 봉 수 | 0 |
| 최대 계좌 잔고 감소액 | -$20,970.00 | 일중 최대 잔고 감소액 | -$20,970.00 |
| 이익률 | 1.42 | 최대 보유 계약 수 | 1 |
| 필요 계좌 크기 | $23,970.00 | 잔고 회수율 | 487% |

| 핵심 사항 | | | |
|---|---|---|---|
| 항목 | 날짜 | 시간 | 금액 |
| 최대 이익 매매 | 1989년 10월 13일 | - | $14,205.00 |
| 최대 손실 매매 | 1997년 3월 17일 | - | -$2,045.00 |
| 최다 연속 이익 매매 횟수 | 1993년 5월 25일 | - | 11 |
| 최다 연속 손실 매매 횟수 | 1986년 3월 7일 | - | 7 |
| 최대 잔고 감소액 | 1988년 1월 8일 | - | -$20,970.00 |
| 일중 최대 잔고 감소액 | 1988년 1월 8일 | - | -$20,970.00 |

그림 15.5 손절가가 6,000달러인 S&P 당일 매매 시스템: 엄청난 이익이 났지만, 최대 손실 규모도 덩달아 커졌다

자료: S&P500 IND-9967 03/98

기간: 1986년 1월 1일~1998년 1월 1일

| Num. | Conv. | P. Value | Comm | Slippage | Margin | Format | FileName |
|---|---|---|---|---|---|---|---|
| 149 | 2 | $5,000 | $45 | $0 | $3,000 | CT/PC | F59 |

| | | | | |
|---|---|---|---|---|
| 총순이익 | $269,525.00 | | | |
| 총이익 | $508,730.00 | 총손실 | | -$239,205.00 |
| 총매매 횟수 | 490 | 이익 매매 비율 | | 70% |
| 이익 매매 횟수 | 346 | 손실 매매 횟수 | | 144 |
| 최대 이익 매매 | $14,205.00 | 최대 손실 매매 | | -$5,920.00 |
| 평균 이익 매매 | $1,470.32 | 평균 손실 매매 | | -$1,661.15 |
| 평균 손실 대비 평균 이익 비율 | 0.88 | 평균 매매(이익&손실) | | $550.05 |
| 최다 연속 이익 매매 | 16 | 최다 연속 손실 매매 | | 4 |
| 이익 매매 평균 봉 수 | 1 | 손실 매매 평균 봉 수 | | 0 |
| 최대 계좌 잔고 감소액 | -$19,825.00 | 일중 최대 잔고 감소액 | | -$19,825.00 |
| 이익률 | 2.12 | 최대 보유 계약 수 | | 1 |
| 필요 계좌 크기 | $22,825.00 | 잔고 회수율 | | 1,180% |

| 핵심 사항 | | | |
|---|---|---|---|
| 항목 | 날짜 | 시간 | 금액 |
| 최대 이익 매매 | 1989년 10월 13일 | - | $14,205.00 |
| 최대 손실 매매 | 1995년 10월 10일 | - | -$5,920.00 |
| 최다 연속 이익 매매 횟수 | 1988년 9월 14일 | - | 16 |
| 최다 연속 손실 매매 횟수 | 1995년 7월 27일 | - | 4 |
| 최대 잔고 감소액 | 1987년 1월 15일 | - | -$19,825.00 |
| 일중 최대 잔고 감소액 | 1987년 1월 15일 | - | -$19,825.00 |

만 달러 가까이 증가했다. 세상에나, 손절가가 이렇게 중요한 역할을 한다고?

다음 시스템 매매의 손절가는 6,000달러다(그림 15.5 참고). 성과가 개선됐을까? 그렇기도 하고 아니기도 하다. 분명히 이익이 더 많이 나기는 했다. 총순이익이 26만 9,525달러고 이익 매매 비율은 무려 70%로 높아졌다. 그러나 여기에는 대가가 따랐다. 손절가 1,500달러일 때는 최대 손실 규모가 2,045달러였는데 손절가 6,000달러가 되자 5,920달러로 증가했다. 설상가상으로 위험 노출(베팅액) 규모가 커짐에 따라 평균 손실 매매 규모는 손절가 1,500달러일 때는 1,263

달러에서 손절가 6,000달러일 때 1,661달러로 늘어났다. 반면 평균 이익 매매 규모는 손절가 1,500달러일 때는 1,371달러였는데 손절가 6,000달러일 때는 1,470달러로 소폭 증가하는 데 그쳤다.

문제는 손절가와 시장가의 간격을 넓게 설정했을 때 단 한 차례의 매매(최대 손실 매매)만으로도 잔고가 5,920달러나 감소할 수 있다는 점이다. 이 부분이 상당히 중요하다.

13장에서 위험 노출(베팅) 비율과 손절가에 따라 매매 계약수를 산출해본 것을 기억하는가? 계좌 잔고 10만 달러로 매매를 시작할 때 매매당 베팅액이 잔고의 6%(6,000달러)를 넘지 않게 하고 싶다면, 손절가가 6,000달러일 때는 1계약만 매매할 수 있다. 반면 손절가를 1,500달러로 잡으면, 4계약을 매매할 수 있게 된다. 즉 동일한 계좌 잔고로 시작해도 더 많은 계약 수를 매매할 수 있게 된다. 별것 아닌 듯 들릴 수 있지만, 나의 자금 관리 규칙(그림 13.3 참고)을 사용하면 매매 성과에 극적인 차이가 나타난다.

이상의 사례를 통해 불안정한 기술적 분석보다 금액 기준 손절가를 적절히 사용하는 것이 훨씬 효과적이라는 교훈을 얻었으면 한다.

## 내 매매 방식의 (전반적) 개요

이제까지 단기장 시장 책략에 관하여 충분히 살펴보았다. 이 모든 매매 기법들은 늘상 도움이 된다. 그러나 이런 기법도 시장을 바라보는 적절한 관점이 전제될 때 가장 큰 효과를 나타난다.

그래서 내가 실제로 사용하는 매매 방식의 전반적 개요를 추가하고자 한다.

이제 가장 위력적인 시장 지표 가운데 하나를 소개할 시점이 된 듯하다. 내 학생들은 대부분 이 한 가지 지표만으로 매매에 임한다. 이른바 시장 '큰손'들이 수조 달러에 달하는 막대한 자금을 어디에 어떻게 투자했느냐다. 시장 거물 혹은 큰손이란 시장을 움직이는 사람들을 말하며 이들은 시장에 대해 우리보다 훨씬 많이 알고 있다.

이들의 시장 행동을 관찰하고 추종하는 방법은 다음과 같다.

미국 정부는 매주 '트레이더 미결제 약정 포지션 현황<sub>COT, Commitment of Traders</sub>' 보고서를 발표한다. 다양한 시장 참여자가 이전 주에 실행한 매수 및 매도 내역 일체를 보고하는 내용이다. 시장 참여자는 **상업적 트레이더, 대규모 투기자, 소규모 투기자** 등 크게 세 집단으로 나뉜다. COT 보고서는 해당 주 화요일까지 보고된 정보를 바탕으로 매주 말에 발표된다. 이 자료는 www.cftc.gov/marketreports/commitmentsoftraders/index.htm에서 볼 수 있다.

다른 사람들은 이 보고서의 존재 자체도 모를 1970년부터 나는 이 투자자 집단의 행동을 추적하기 시작했다. 매매 판에서 이들보다 경험이 더 많은 집단은 없다고 감히 말한다. 내 학생 중 몇몇은 이런 정보를 바탕으로 업계에서 경력을 쌓았고 좋은 성과도 냈다. 어떤 정보를 원하든 간에 나는 그 정보의 원천을 찾아가 보는 것이 좋다고 생각한다. 이 방법의 경우, 그 출처는 나다. 여러분은 이 책을 읽으며 출처에 직접 찾아와 배우고 있는 셈이다. 왜냐하면 나는 COT 보고서 자료를 40년 동안 사용해왔으며, COT 보고서를 활용하는 새로운 혁신은 상당 부분 나의 연구로부터 시작되었기 때문이다.

일단은 세 유형의 트레이더 혹은 투자자 집단에 관해 알아야 한다. 먼저 소규모 투기자<sub>small speculator</sub> 집단부터 알아보자. 이들은 대부분 **여러분과 비슷한 일반 투자자** 집단으로서 저가 매수와 고가 매도를 '시도'하며, 소액이라도 바로 이익을 실현하려는 경향이 강하다. 그러나 실제로는 대체로 시장 저점에 매도하고 고점에 매수하는 모습을 보인다. 다시 말해 이들은 잘못된 선택과 행동을 하는 경우가 대부분이다.

두 번째 집단은 대규모 투기자<sub>large speculator</sub>로서 최근 수년간 상당한 변화가 있었다. 이들은 나처럼 대량 매매를 주로 한다. 대부분은 상품(실물 자산) 펀드가 주를 이루지만, 예전에는 이런 펀드가 없었기 때문이다. 오늘날의 대규모 투기자 집단은 매매 규모가 수십억 달러나 되는 등 그야말로 '큰손'이다. 또 이들은 기본적으로 **추세 추종자** 집단이다. 이 집단에서 나오는 정보로 시장 흐름을 예측하기는 매우 어렵다. 왜냐하면 이들은 상승세일 때 매수하고 하락세일 때 매도하는 추세추종 방식을 기본으로 하기 때문이다.

마지막 집단은 상업적 트레이더<sub>commercial trader</sub>로서 각 상품과 관련된 산업계를 대표하는 투자자 집단이다. 이들은 말하자면 **상품을 생산하거나 사용하는** 사람들이다. 생산자의 좋은 예시로는 대두를 재배하는 농부나 금을 캐는 광산업자가 있다. 생산자에 대응하는 쪽에는 사용자가 있다. 대두를 가공해 다양한 식료품을 만드는 사람 혹은 금을 실물 인도<sub>physical delivery</sub> 받아서 장신구를 만들거나 컴퓨터 칩을 만드는 데 사용하는 사람이 여기에 해당한다. 다시 말해 **상업적 트레이더는 산업계를 대표하는** 투자자 집단이다. 이들이야말로 '스마트 머니'의 본체다. 이들은 대규모 투기자처럼 추세를 추종하지도 않으며, 소규모 투기자처럼 바닥에서 매수해 천장에서 매도하려고 '시도'하지도 않는다.

요컨대 이들은 자신들의 사업활동상 위험 회피(헤지<sub>hedge</sub>)를 위해 상품 시장을 활용하는 사람들이다. 그래서 '헤지 트레이더'라고도 하는데 더 자세한 내용은 내 강의를 통해 설명할 생각이다. 어쨌거나 이제부터는 이들의 매매 기록을 살펴보도록 하자.

그림 15.6은 금 가격의 일봉 차트를 나타낸다. 그래프 상단은 일일 금 가격이다. 하단은 상업적 트레이더의 순매수 포지션<sub>net long position</sub>을 나타낸다. 이 선이 우상향 곡선이면 이들이 매수 중이라는 뜻이고 하향 곡선을 그리면 매도 중이라는 뜻이다. 더불어 대규모 투자자의 움직임도 선으로 표시된다. 검은 실선은 총미결제 약정 규모<sub>total open interest</sub>를 나타낸다.

그림을 보면 2011년 2월에 상업적 트레이더가 금을 대량 매수했다는 점이 분

그림 15.6 금 가격(일봉) 및 상업적 트레이더의 순매수 포지션

명히 드러난다. 매주 매수 포지션을 늘려나갔다. 이는 금 가격의 상승 잠재력을 강력히 보여주는 신호였으며 결국 계약당 가격이 2만 2,000달러에 육박하는 수준이 됐다. 이 그림에서 보는 바와 같이, 상업적 트레이더가 금 가격을 움직인다. 요컨대 가격은 차트 패턴이나 파동, 점성술 혹은 기타 초자연적 시장 접근법 등과는 아무런 관련이 없었다.

> 시장은 조건이 충족되면 움직인다. 상업적 트레이더가 대량 매수에 나서면 가격이 상승하고 대량 매도하면 가격이 하락한다. 그야말로 단순 명확한 관계다.

나는 상업적 트레이더가 어떤 매매 행동을 하는지를 좀 더 쉽게 파악하고 싶었다. 그래서 직접 '윌리엄스 COT 지수Williams COT Index'라는 시장 지표를 개발했다. 각각 소규모 투기자, 대규모 투기자, 상업적 트레이더 대상 COT 지수로 구성된다. 사실 이 도구는 나만 이렇게 활용하고 있으며 다른 사람은 나와 같은 접근 방식을 보이지 않는다. 상업적 트레이더의 순포지션과 정반대로 이 지수를 사용할 또 다른 시장 사례를 제시해보겠다.

그림 15.7은 대두의 주봉 차트다. 규칙은 매우 단순하다. 시장이 상승세일 때 COT 지수가 75% 이상으로 높으면 매수 신호를 기다린다. 반대로, 시장이 하락

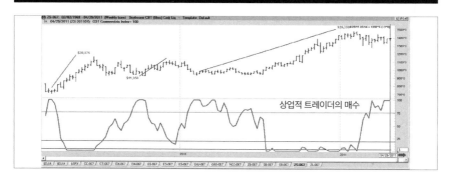

그림 15.7 대두 가격(주봉) 및 상업적 트레이더: 윌리엄스 COT 지수

상업적 트레이더의 매수

세일 때는 이 지수가 25% 밑으로 떨어지면 매도 신호를 취할 준비를 한다.

그리 어렵지 않다. 내가 개발한 이 COT 지수가 촉발한 가격 상승의 폭이 어느 정도인지 살펴보라. 엄청난 규모일 때도 있고 고작 1만 달러 수준에 불과할 때도 있다. 그러나 중요한 사실은 COT 덕분에 상업적 트레이더가 시장에서 무슨 행동을 하는지 알 수 있다는 점이다. 이들은 시장을 '운전'한다!

이제 내가 왜 기술적 분석가들이 집착하는 자잘한 차트 패턴들에 심드렁한 반응을 보이는지 이해가 가리라 생각한다. 기술적 분석가가 말하는 쐐기형이니 머리어깨형이니 하는 각종 차트 패턴은 과거 가격 추이밖에 알려주지 않는다. 이는 시장의 근본적 요소가 아니기 때문에 **앞으로 가격이 어떻게 될지를 알려주지 못한다.**

### 돌발 퀴즈 시간!

이제 여러분이 알지 못하는 시장의 차트 하나를 보여줄 생각이다(그림 15.8). 여기에 가격 정보는 없다. 대신 앞서 말한 COT 지수만 제시할 것이다. 여러분은 그저 이 시장에서 매수 및 매도 시점을 결정하기만 하면 된다. 이 차트에서 COT 지수가 75%를 넘어설 때를 찾고 있는가? 지수가 75% 이상일 때 매수 신호를 취하면 되겠는가? 그렇게 해야 한다고 배우지 않았는가?

좋다. 그림 15.8을 살펴보면서 무슨 상품인지는 몰라도 언제 사고팔 것인지를

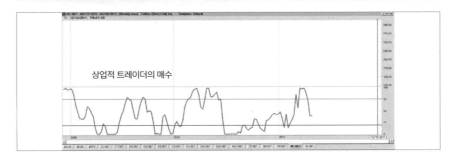

결정해보라.

사실 그림 15.8은 커피의 주봉 차트다. 보다시피 가격 움직임은 확인할 수 없다. 따라서 시장 가격 흐름이 어떻게 전개됐는지는 전혀 알 수 없다. 하지만 차트 하단에서 윌리엄스 COT 지수를 확인할 수는 있고, 이 지수가 윗선(75%선)을 넘어선 이른바 '커피 매수 영역'에 언제 들어서는지 알 수 있다. 그리고 시장이 하락하는 추세에서는 가격이 아랫선(25%선) 밑으로 떨어질 때를 매도 신호를 취할 '커피 매도 영역'이라고 볼 수 있다.

그림 15.9는 COT 지수뿐만 아니라 커피 가격도 볼 수 있도록 펼쳐놓은 형태다. 앞서 그림 15.8만 보고 매매 시점을 정해보라고 했는데, 결과가 어떤가? 가격이 상승하거나 하락하는 시점을 제대로 포착할 수 있었는가?

어떤 상품인지도 모르고 상품의 가격도 모르는 상태에서도 커피 시장에서 주요 가격 상승과 하락을 정확하게 예측할 수 있었다. 이는 이례적인 사례가 아니다. 일단 윌리엄스 COT 지수의 활용 방법을 배우고 나면 이 지수의 위력을 확인할 수 있는 사례를 많이 목격하게 될 것이다.

마무리하면서 두 가지를 강조하고 싶다. 무엇보다 COT 지수는 다른 지수와는 완전히 다르다. 나는 지표 그 이상의 활용 가치를 염두에 두고 이 지수를 개발했다. 나는 미결제약정과 함께 세 유형의 시장 참여자 집단 간의 상호관계를

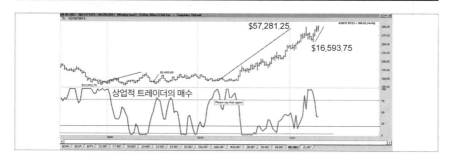

그림 15.9 돌발 퀴즈의 정답: 커피 시장의 가격. 당신이 정한 시점에 매매하면 결과가 어떠한가?

$57,281.25

$16,593.75

상업적 트레이더의 매수

들여다보는 방법을 학생들에게 알려준다. 사람들은 실제로 각 트레이더 집단 간에 상호 작용이 어떤 식으로 이뤄지는지를 엿보고 나면 깜짝 놀란다. 이런 관계성은 시장이 상승 혹은 하락하는 시점을 알아내는 데 중요한 의미가 있다.

이제 여러분도 **시장 가격을 끌어올리는 힘이 존재한다**는 사실을 알았으면 한다. 그리고 그 힘의 실체는 그리 복잡한 것이 아니다. 누구나 얼마든지 배울 수 있는 것이다. 당신도 단 몇 분 만에 이 사실을 배우지 않았는가? 유능한 트레이더가 되고 싶다면 시장에 대해 알아야 하고 시장을 더 깊이 연구해야 한다. 내가 이런 주제로 강의를 하는 이유다. 나는 근 50년 동안 이 일을 해왔다. 내 강의를 들으면 시간을 낭비할 필요가 없다.

# 내 매매 전략의 작동 방식

잘 정리해 적어둔 매매 전략이 없으면 뱅뱅 돌며 의미 없는 일만 되풀이하는 셈이다. 트레이더의 거의 90%가 그렇다. 마땅한 계획 없이 움직이니 손실이 발생한다. 그러나 내 학생들은 이렇게 하지 않는다. 우리에게는 완벽한 전략이 있기 때문이다. 그 전략을 여기에 소개한다.

이 교훈은 매우 단순하지만 또 매우 중요하다. 트레이더를 만나 전략이 무엇이냐고 물으면 대다수가 아무것도 모른다는 듯 어리둥절한 태도를 보인다. 그러면서 저가에 매수해 고가에 매도하는 것이 자신들의 전략이라고 말한다. 그러나 이런 목표를 이뤄낼 전략적 방식이라든가 접근법 자체가 없다. 이들은 좀 더 포괄적인 관점에서 시장을 이해하지 못한 상태로 매매에 임한다. 요컨대 막연한 희망만으로 시장에 들어간다.

우리의 매매 전략은 세 단계로 설명할 수 있다. ①우선 매매할 시장을 결정하고 ②시장 진입 시점을 노린다. ③마지막으로 (a) 금액 기준 손절가, (b) 추적 손절매, (c) 목표 가격 등의 방식으로 포지션을 청산한다. 변수를 규정했으니, 이제 여러분의 매매 시스템에 이를 적용해보라.

## ①시장 결정

첫 단계는 상승 혹은 하락 확률이 높다고 생각되는 시장을 찾는 일이다. 여러분은 COT 보고서를 이용해 기회를 찾아내는 방법을 이미 배웠다. 이런 지표들은 성공 확률이 높은 몇몇 시장만을 '선택과 집중'할 수 있게 해주므로 상당한 가치가 있다.

## ②진입

매매할 시장을 찾아내는 일만으로는 충분치 않다. 시장에 진입할 시점을 알아내야 한다. 나는 각기 다른 다섯 가지 진입 기법을 사용한다. 시장이 천장이나 바닥을 치는 양상이 매번 다르기 때문이다.

대다수 트레이더가 당면한 문제는 이들이 다재다능하지 않다는 점이다. 그래서 시장 진입 기법도 겨우 한 가지만 사용하는 사람이 대부분이다. 그러나 실제 시장에서는 시장의 고점과 저점의 형성 및 추세 반전이 매우 다양한 방식으로 이뤄진다. 학생들에게 진입 전략을 한 개 이상 가르치는 이유가 바로 여기에 있다. 시장이 매번 똑같은 양태로 바닥을 치거나 천장에 이른다면 매매가 뭐 그리 어려운 일이겠는가! 고점과 저점 형성에 어느 정도의 공통점은 있겠지만 완전히 똑같지는 않다. 따라서 추세 전환을 제때에 포착하려면 여러 가지의 접근법을 알아둬야 한다.

### ③청산

일단 매매에 들어가면 트레이더는 신이 나기 시작한다. 매매를 시작하면 대개는 손실 포지션을 보유하든가 아니면 이익 포지션의 이익을 실현하든가 둘 중 하나다. 청산은 단순해 보이지만, 사실은 그렇지가 않다. 여기서 내 청산 기법 가운데 하나를 소개하겠다. 지금부터는 포지션에서 빠져나갈 궁리만 해보자.

(a)나는 매매에 들어가면 손실을 줄이고자 **손절매 가격**을 설정한다. 매수 포지션을 취한다면, 손절가는 시장가보다는 낮지만 그 간격이 너무 크지는 않은 수준으로 정한다. 감당이 불가능할 정도의 손실을 원치 않기 때문이다. 그러나 한편으로 시장가와의 간격이 너무 좁으면 시장 가격의 무작위적 변동성에 의해 청산 횟수가 너무 많아진다. 이 사이에서 균형을 이루는 가장 적합한 손절가가 존재한다고 생각한다. 더 자세한 사항은 내 강의에서 확인하기 바란다.

보호적 손절가를 설정하는 방법으로 손실 규모를 제한하는 데는 성공했다. 그런데 시장이 상승하기 시작하면 문제가 복잡해진다. 상승세 도중 어느 지점에서 청산을 해야 할까?

(b)이럴 때는 시장 가격이 움직일 여지를 확보해주는 차원에서 시장가를 약간 밑도는 수준에서 **추적 손절매**하는 전략을 구사한다. 이미 살펴봤듯이 나는 작은 포지션으로 큰 가격 변동을 노리는 방법을 선호한다. 큰 가격 변동을 포착하는 가장 좋은 방법은 시장이 위든 아래로든 움직일 여지를 어느 정도 허용해주는 것이다. 이럴 때는 시장 가격이 너무 큰 폭으로 하락해서 포지션을 청산하는

게 더 나은지의 여부만 알면 된다. 이 경우, 상승 추세는 아마도 꺾였을 가능성이 높다. 그러면 더 큰 이익은 놓쳤겠지만, 현 수준에서 이익을 실현하고 시장에서 나와야 한다.

(c)내가 쓰는 마지막 청산 기법은 미리 정한 **목표 가격**에서 매도하는 방법이다. 그러나 나는 다른 사람들이 하는 방식으로 목표치를 정하지 않는다. 다른 트레이더는 대부분 일일 가격 변동폭의 일정 비율 혹은 피보나치 비율을 기준으로 목표치를 정한다. 나도 이에 관해 연구해봤으나 그럴만한 가치는 없다는 결론에 이르렀다.

나는 이익 실현을 할 때는 '타깃 슈터~Target Shooter~'를 사용한다. 1966년부터 사용해온 것으로, 시장 고점과 저점에 가장 근접한 지점에서 포지션을 청산하게 해준 매우 효과적인 도구다. 완벽하지는 않지만, 시장 추세가 전환되기 전에 기가 막히게 시장에서 빠져나오게 해준다. 타깃 슈터는 최근 가격 변동 수준을 기초로 앞으로의 가격 움직임을 가늠케 해주는 도구다. 이를 통해 목표가를 설정하여 포지션을 청산할 수 있다.

그림 15.10은 2011년 4월에 래리 TV~Larry TV~(Ireallytrade.com에서 시청 가능)에서 방송한 매매 사례 결과다. 상승할 조건이 갖춰졌다고 보고 커피 시장을 골랐다. 상업적 트레이더가 매수 중이었기 때문이다. 시장 진입 시점을 정할 때는 다양한 기법을 활용할 수 있는데, 여기서는 가격 움직임을 따라가는 추적 손절매 선이

**그림 15.10 3단계 매매 전략의 실제 활용 사례: 커피(일봉)**

시장가에 의해 상향 돌파되는 것을 매수 신호로 선택했다. 추적 손절매 가격은 상승일의 저가 아래에 설정됐는데, 시장 가격이 추적 손절매 선을 뚫은 이후 상승하기 시작했다.

목표 가격이 설정되어 있음에도 주목하라. 만약 가격이 추적 손절매 지점 밑으로 떨어지지 않고 목표가까지 올랐다면 여기서 수익을 실현했을 것이다.

여기서 또 주목해야 할 부분은 우리 나름의 시장 진입 규칙과 보호적 손절매, 추적 손절매, 목표가 등의 도구를 모두 설정하여 활용하고 있다는 점이다. 이는 모두 기계적으로 작동하며, 차트에서도 쉽게 확인할 수 있다. 정확한 지점에 대해 왈가왈부할 필요가 없다. 내 학생 중 아무나 두 명을 선택해 물어보면 아마도 둘이 정확히 동일한 수치를 제시할 것이다.

그러므로 내 전략은 이렇게 요약할 수 있겠다. 우선 상승/하락할 준비가 된 시장을 찾고, 그다음에 추세 변화를 포착하여 시장에 진입한다. 이때 보호적 손절가를 설정하고 가격이 목표가에 도달하기를 바라면서도, 동시에 시장가를 밑도는 추적 손절매를 사용하기 시작한다. 물론 시장에 진입할 때는 이 책에서 논했던 웁스! 등의 다른 시장 진입 기법을 사용할 수도 있다.

---

**래리의 당부**

이 장의 요점은 내가 실제로 매매에 임하는 모든 순간에 나는 기계적으로 무엇을 해야 할지를 알고 있다는 것이다. 헷갈릴 것이 없다. 나는 손절가도 설정했고, 추적 손절매 가격과 목표가도 설정했다. 어느 지점에서 시장에 진입해야 하는지도 안다. 물론 내 판단이 틀릴 때도 물론 있지만(사실 늘 일어나는 일이다), 내가 무엇을 하고 있는지 그리고 무엇을 해야 하는지는 정확히 알고 있다. 맹목적으로 매매하는 일은 절대 없다. 이 점은 내 학생들도 마찬가지다.

여러분도 그래야 한다.

# 제 16 장

# 매매는 정말 이기기 어려운 게임이다

long-term
secrets
to short-term
trading

매매에서 차트 따위를 활용해 돈을 번다는 자체가 절대 쉬운 일이 아니다. 최근 들어 이 일이 더욱 복잡해졌다. 이른바 시장 매매 시스템을 온라인을 통해 판매하는 업자가 과대 선전을 한 탓이 크다. 마치 그 시스템을 사용하면 쉽게 돈을 벌 수 있다는 식으로 광고를 해대기 때문이다. 이들은 사실 매매 시스템을 활용해서가 아니라 이것을 팔아 이익을 챙긴다. 단기 매매나 당일 매매 등에 관한 글이나 기사들 역시 사람들로 하여금 매매는 가장 간편하게 돈을 버는 방법이라고 잘못 생각하게 한다.

　사실은 그렇지가 않다.

　이 일을 하려면 엄청난 집중력이 필요하고, 또 집중력을 오래 유지하기가 불가능할 때도 있다. 더불어 시장이 어떻게 돌아가는지에 대해서도 확실히 알아야 한다. 이 책을 통해 이런 시장 원리를 여러분이 충분히 배웠기 바란다. 분명히 말하건대 매매는 결코 만만치 않은 고도의 두뇌 게임이다.

　운동 경기는 대개 가장 크고 강인한 사람이 이긴다. 매매는 정보가 가장 많은 사람, 가장 지능적인 사람이 이기는 게임이다. 그러나 이런 지적 능력을 갖추는 것 외에 감정을 통제하고 시장 분위기에 과도하게 반응하지 않는 능력도 필요하다. 교육 수준이 매우 높고 상당히 똑똑하다는 사람들이 매매로 큰 손실을 내고 가산을 탕진한 예를 수도 없이 봐왔다. 뛰어난 두뇌와 높은 교육 수준만으로 될 일이 아니다. 성공적인 트레이더가 되려면 이외에 다른 요소가 뒷받침돼야 한다.

　지적인 혹은 이성적인 조건을 충족해야 할 뿐 아니라 감정적인 부분도 통제

해야 한다. 사람들이 잘못된 판단과 행동을 하게 하는 요소가 바로 감정이다. 심지어 그들 스스로 잘못되었다는 것을 아는 경우에도 말이다. 통제하지 못한 감정 때문에 과다 혹은 과소 베팅을 하게 되고, 매매를 너무 자주 하거나 반대로 전혀 하지 않는 일이 발생한다. 감정을 통제하지 못하고 오히려 그 감정이 자신을 통제하는 상황이면 매매에서 성공하기는 어렵다.

여러 번 말했다시피 매매는 절대로 쉬운 일이 아니다. 우리는 항상 변화에 노출되어 있고, 매매 일도 마찬가지다. (삼겹살 매매가 중지됐을 때가 내 인생에서 가장 슬픈 날이었다. 내가 가장 선호하는 마치 첫사랑 같은 상품이었다. 지금은 이미 구시대의 품목이 됐지만 말이다).

이런 변화는 전부 산업계와 정치계라는 배경 위에서 발생한다. 돈이나 권력이 걸려 있을 때마다 이 게임 판에 부패한 인간들이 나타나게 마련이다. 금융업계에는 돈과 권력을 모두 손에 넣을 기회가 존재한다. 금융업에 귀가 솔깃해지는 사람이 얼마나 많은지 다들 알지 않는가! 이 게임판에 임하는 사람은 다른 참가자를 항상 경계할 필요가 있다. 대체로 정직하고 점잖은 사람들이기는 하다. 그러나 못된 사람 단 한 명이 여러분의 모든 것을 망가뜨릴 수 있다는 점을 명심해야 한다.

2011~2012년에 나를 가장 실망시킨 일은 지적으로 태만한 정치적 의제다. 강하고 안정적인 통화야말로 강하고 안정적인 경제의 기본 토대라는 점을 모르는 사람이 있는가? 또 적자 지출 정책이 시장 불안을 야기하고 부유층과 가난한 계층 모두를 대상으로 하는 세금 인상은 두 집단 모두를 고통스럽게 한다는 사실은 바보라도 다 안다.

그런데도 이런 의제가 끊임없이 제기된다. '적자 지출을 늘릴 시기에 왜 예산을 삭감하는가?', '세금을 인상하자, 그러면 유권자의 환심을 살 수 있는 정책을 더 많이 낼 수 있다' 등등. 전 세계적으로 이런 기막힌 현실이 전개되고 있다.

말하자면 이런 것이다. '재선 이외의 결과는 생각도 하지 말고, 더 많은 정책을 실행해 유권자의 표를 사라.' 물론 희망컨대 유권자들의 대각성이 일어나면 이런 무책임한 의제는 사라질 것이다. 그러나 대각성 전까지는 정치적 와해의 여파로 시장은 계속 요동을 치며 불안한 항해를 이어갈 것이다. 다만 나는 좀 더 장기적인 관점을 제시하고 싶다. 결국 시장은 정치적 쟁점이나 중요한 사건과는 무관하게 마땅히 제 갈 길을 찾아갈 것이다.

시장 주기에 관한 내 연구 결과를 바탕으로 할 때 2015년은 대상승장이 펼쳐지리라 보고 그때 흐름에 맞춰 매매를 할 생각이다. 정치적인 요소와는 관계없이 2015년은 분명히 상승장일 것이다. 그러나 정치적 상황이 상승장의 강도와 규모에 영향을 줄 수는 있다.

이런 시장 주기 연구를 통해 2017년 중반에는 주식 시장이 하락세를 타리라고 봤다. 물론 그때의 정치 및 경제 상황에 따라 시장 하락의 정도가 달라질 것이다(저자의 예측이 실제로 맞아떨어졌는지 궁금하지 않은가? S&P500의 연 수익률 annual return은 2015년에는 1.4%에 그쳤으나 2017년에는 21.8%로 준수한 수준이었다. 저자가 이 책에서 수차례 강조하듯이 예측은 흔히들 빗나가기 마련이다-감수자 주).

단기적 관점에서는 우리 주변에서 벌어지는 일에 주목해야 하지만, 장기적 관점에서 경제 활동 주기에도 관심을 기울여야 하는 이유가 여기에 있다.

2008년 서브프라임 모기지subprime mortgage발 금융 위기와 그 이후의 경제 불안 때문에 시장 예측자는 물론이고 수많은 투자자가 위대한 미국, 더 나아가 번영의 위대한 세계는 이제 다시는 오지 않는다고 말했다.

이는 전혀 사실이 아니다. 번영의 미국은 여전히 우리 앞에 놓일 미래다. 2011년 현재 경제에 관한 큰 논쟁거리는 이것이다. 지난 몇 년 동안의 경제적 실패가 이후 수십 년의 경제를 완전히 바꿔놓았을까, 아니면 이 실패는 장기적인 상승 국면에서 나타나는 일시적인 하락 현상에 불과했을까?

둘 다 아니다.

지난 몇 년간의 경제적 혼란은 시장과 경제가 크게 상승할 때도, 크게 하락할 때도 있다는 점을 상기시켜줄 뿐이다. 이런 대변동은 항상 있어왔고, 앞으로도 그럴 것이다. 의심의 여지가 없다. 과거에서 배운 점이 있다면 그것은 미래에도 경제적 대격변은 일어나리라는 사실이다.

반대로 과거에 대한 동일한 연구로부터 미래에 경제 성장과 부의 축적이 이뤄지리라는 정반대의 예측도 할 수 있다. 상황이 점점 좋아지다가 경제적 번영기를 맞게 되고 그다음에는 시장 하락세로 접어들 것이다. 이렇게 시장은 평형 상태를 추구한다.

내 시장 주기 연구에 따르면 2014년에는 지난 몇 년간 우리를 괴롭혔던 세계 경제와 시장 문제가 해소되고 좀 더 안정된 경제 환경이 구축되리라 본다.

비관론자는 앞으로 경제가 더 성장할 일이 없고 좋은 시절은 다 갔으니 장밋빛 미래는 기대하기 어렵다고 생각할 수 있다. 아니다, 그렇지 않다.

지난 몇 년 동안 태양이 우리 경제에는 밝은 빛을 비춰주지 않은 것은 사실이나, 태양은 반드시 다시 떠오른다. 우리는 지금 새로운 권력 구조뿐 아니라 세계 경제 구조까지 재조정하고 있다. 그래서 뭐가 어떻다는 말인가? 늘 그래왔지 않았는가?

이렇게 설명하겠다. 15년 전보다는 지금이 더 낫다. 30년 전보다는 15년 전이 더 낫다. 경제는 진화한다. 시간이 갈수록 점점 더 나아지는 법이다.

과하게 낙관적인 예측자는 지난 몇 년 동안의 경제 위기를 일시적인 현상으로 볼지 모른다. 그러나 내가 생각하는 보다 바람직한 해석은 이러하다. 이 경제 위기는 비슷한 위기가 또 닥쳐올 것이라는 교훈이자 경고다. 당분간은 아닐지 몰라도, 위기는 결국 다시 발생한다(2023년 현재 이 책을 읽는 독자들은 저자의 말에 크게 공감할 수밖에 없을 것이다-감수자 주). 그 어떤 정부도 혹은 연준 같은 독점적 금융 시스템도 장기적인 주기의 변동성은 극복할 수 없다는 사실을 잊지 마라. 이런 장기 변동성이 나타나는 이유는 아무도 알 수 없지만, 분명한 것은 누구도 이를 통제할 수 없고 따라서 미래에도 그 변동이 다시 나타난다는 사실이다. 미래에 좋은 시절이 다시 올 것이 확실하듯이, 위기가 다시 온다는 것도 확실하다.

**미국의 하락, 그리고 여러분 자신의 하락에 절대 베팅하지 마라.**

나는 이 책을 통해서 내 인생 경험은 물론이고 시장에 관해 내가 알고 있는 거의 모든 사실을 알려줬다. 이 책이 내게는 매매 교과서인 셈이지만, 여러분에게는 그렇지 않을 수 있다. 그러므로 내가 소개한 내용 중에서 자신에게 맞는 부분을 찾아 실행할 필요가 있다. 여러분 스스로 잘 다듬어서 더 나은 개념과 새로운 접근법을 만들어내라. 다만 내가 여기에 소개한 내용이 견고하고 효과적인 매매의 기초 지식이라는 점을 꼭 기억하기 바란다. 여기서는 나 혹은 다른 사람이 제시하는 방법론을 활용하는 설명하는 것으로 마무리하겠다. 내가 말하고자 하는 핵심은 이렇다.

> **매매에는 흑백 논리가 적용되지 않는다.**
>
> **"그렇지만 당신이 이렇게 하라고 했잖아요."**
> **"××쪽에 그렇게 써 있다고요."**
> **"이 선이 여길 넘어섰잖아요."**
> **"이번 달 11일이 매매일이라면서요, 안 그래요?"**

이런 흑백 논리에 갇힌 말들은 내 책의 독자들에게 거의 매일 듣는 말이다. 이는 성공하는 트레이더가 되기 위해 중요한 것이 무엇인지를 다시금 생각해보게 만든다.

## 매매, 그것은 인생과도 같다

매매뿐 아니라 인생도 마찬가지로 흑백 논리가 통하지 않는다. 트레이더로서 우리는 완전함을 너무 간절히 원하기에 생각해야 한다는 생각 자체를 까맣게 잊는다. 예를 들어 수학은 완전하지만, 주식이나 상품 시장 같은 불완전한 세계에 적용하면 그 완전한 수학이 오히려 불완전성을 더욱 돋보이게 만드는 도구로 전락하고 만다. 무엇보다 **투기는 '생각하는 일'**이라는 점을 제발 잊지 마라. 생각을 잘 못하거나 올바른 답을 얻는 일에 서투르다면 다른 일을 찾아볼 것을 권한다.

자동적이고 체계적인 만능의 매매 접근법이 세상에 존재한다는 기대나 희망에서 문제가 시작된다. 나와 같은 시장 자문가나 저자가 일반 대중을 기만하는 그릇된 정보에는 크게 두 가지 유형이 있다. 하나는 극단적 약세장이 앞으로도 계속된다는 '엄포', 또 하나는 어딘가에는 절대적으로 완전한 시스템, 즉 정확한 시장 흐름과 질서, 구조가 존재한다는 '맹신'이다. 말하자면 투기에 관한 두 가지 근거 없는 믿음이라 하겠다.

물론 주식 시장과 경제가 불황일 때도 있다. 그러나 1929년 대공황과 같은 사태가 당장 내일 찾아온다는 암담한 미래 전망을 내놓으며 대중의 두려움을 먹고사는 저급한 시황 정보지 작성자 같은 '엄포형' 자문가들이 분명히 존재한다. 나도 이런 부류를 알고 있다. 언젠가 심포지엄에 참석한 적이 있는데 이들 중 한 명은 심지어 1962년 이후로 시장 상황을 비관적으로만 보고 있었다.

이런 비관론자 가운데 한 사람과 대화를 나눈 적이 있다. 그는 미래를 두려워하고 실제로 모든 것이 무너지는 중이라 믿는 투자자들의 거대한 시장이 있다고 말했다. 그 사람들의 불안과 공포를 더욱 부추기는 것이 자신이 하는 일이라는 것이었다. 그리고 이렇게 덧붙였다. "이런 사람들을 내 시황 정보지 구독자로 끌어들이기는 아주 쉽지요. 개척하기 쉬운 만만한 시장이라고 할까요? 내 종목 선택이 틀렸더라도 상관없어요. 매매 성과? 그것도 별로 중요하지 않지요. 그 사람들이 듣고 싶어 하는 말은 자신들이 믿고 있는 사실이 맞다는 말이거든요. 그냥 거기에 맞장구만 쳐주면 돼요."

공포 마케팅으로 돈벌이를 하는 사람들은 마치 교주인 양 자만심에 가득 차

있다. 모든 것을 너무 세세히 분석해서 미국과 세계의 미래가 암울하다는 식으로 결론 내버린다. 그러나 역사를 아무리 부정적인 관점에서 보아도 부정할 수 없는 사실이 하나 있다. **인생사 모든 일은 시간이 갈수록 점점 더 나아진다.** 내림세가 있더라도, 이보다 더 큰 폭의 오름세가 있는 법이다.

이와 같은 '엄포형' 자문가의 반대편에는 '맹신형' 자문가가 있다. 이들은 모든 시장 고점과 저점, 심지어 틱 단위의 가격 상승과 하락에도 전부 그럴만한 이유가 있다고 믿는다. 그리고 그런 이유를 설명해주는 데 비싼 비용을 요구한다. 나 역시 젊어서 시장이나 내 주변의 트레이더에 관해 잘 몰랐을 때 이들의 덫에 빠진 적이 있다. 어쨌거나 이런 사람들은 성공적인 매매 기록도 가지고 있었고 과거의 시장 흐름도 잘 설명해줬기 때문이다.

이런 믿음의 근거는 더블유 디 갠W. D. Gann이라는 전설적 인물에서 찾을 수 있다. 나는 이 전설적 인물에 관하여 예전에 쓴 글에서, 갠의 '전설'이라는 것이 사실은 몇 차례의 이익 매매와 약간의 허풍 그리고 공격적인 홍보전을 결합한 쇼맨십의 결과물이라고 지적한 바 있다. 이것은 나 혼자만의 주장이 아니라 갠 추종 집단의 선두 주자격인 에프 비 대처F. B. Thatcher가 확인해준 사실이다.

'완벽한' 세계가 존재한다는 그들의 주장과 함께하는 시간이 길어질수록 나의 손실 매매도 더 늘어만 갔다. 과거에 대한 그들의 설명은 분명히 뛰어났지만, 미래에 대한 예측의 적중률은 20번 중 한 번쯤 맞히는 수준으로 처참했다. 어쩌다 맞힌 그 한 번의 예측으로 그들은 허세를 부리고 홍보물을 작성했다. 거기에 진실이라곤 없었다. 그렇게 틀리는데도 미래에 대한 예측을 멈추지 않았다. 적중률이든 이익 매매 비율이든 이들에게는 아무런 관계가 없었다. 그저 자신들이 내뱉은 허튼소리가 맞았다는 식으로 어떻게든 떠벌이는 일이 중요했다. 이런 사람들과 연설회도 같이 다녔었는데 이들과 접촉하면 할수록 존경할 수 없는 부류라는 확신만 강해질 뿐이었다.

내가 보기에 이런 '맹신형' 트레이더 수천 명 중에서 예외적으로 괜찮은 성과를 내는 사람은 아치 크로퍼드Arch Crawford와 제리 페이버즈Jerry Favors 딱 두 명이었다. 수천 명 중에서 단 두 명이면 절대로 좋은 타율은 아니다. 게다가 아치와 제리는 뛰어나게 머리가 좋았고 훈련도 잘 받았으며 매매 방식도 한 가지 이상을 사용할 만큼 이 분야에서 경험도 많은 베테랑 트레이더였다. 이들은 정말 '예외'였던 것이다.

그 어떤 것이든 설명이 가능하다는 이른바 절대 논리로 무장한 집단의 가장 큰 문제는 실제 시장 상황이 아닌 이 무적의 논리에 신념과 돈을 베팅하도록 겁을 상실케 한다는 점이다. 주식이나 상품의 가격이 어떻게 될 거라는 근거 없는 믿음 대신 지금 시장에서 벌어지는 상황에 집중하면 성공 확률은 크게 높아진다.

> **완벽한 시스템이나 접근법은 존재하지 않는다. 과거에도 그랬고 앞으로도 마찬가지다.**

이 업계에 완벽한 접근법이 존재한다면, 이는 시장에 무작위적인 요소가 전혀 없다는 의미일 것이다. 게다가 지금쯤이면 누군가가 마법과도 같은 매매 비법을 발견해서 그 시장을 벌써 차지하고 있었을 것이다. 그러나 우리는 시장이 끊임없이 바뀌는 뉴스, 날씨, 트레이더의 전망 등의 영향을 무작위로 받고 있음을 잘 안다. 그러니 아무리 뛰어난 트레이더라도 큰 손실을 낼 수 있는 것이다. 그러므로 우리는 100% 완벽한 기계적 접근법으로 매매를 할 수는 없다는 점을 깨달아야 한다. 세상의 모든 것은 변한다.

체계적 매매 접근법을 개발하는 데 반평생을 바쳐온 사람이 이런 말을 하니 이상하다 싶은가? 그럴 수도 있겠다. 그러나 지금까지 내가 쓴 책이나 내가 개발한 시스템 혹은 강의 내용이 무용지물이라는 의미는 절대로 아니다.

> **인생은 어차피 개인적 판단의 영역이지만, 이런 판단은 더 나은 인생을 위한 자료와 시스템을 기반으로 한다. 매매도 마찬가지다. 적절한 시점에 시장에 들고 나려면 체계적인 접근법이 필요하다. 확실한 손절 기준도, 정확한 시장 진입 규칙도 필요하다.**

**462**

그러나 무엇보다 이런 '도구'를 '언제 사용할지'를 판단하는 능력이 필요하다. 실제 사례를 살펴보자.

운전 중에 맞은편에서 트럭이 달려온다면 어떻게 해야 할까? 가던 차로로 그냥 가야 할까 아니면 위험을 피하기 위해 교통 규칙상 가면 안 되지만 비어 있는 반대편 차로로 변경해야 할까? 교통 규칙상으로는 중앙선을 넘어가면 안 된다. 시스템은 넘지 말라고 말하는 셈이다. 그러나 대형 화물 트럭이 마주 달려오는 상황이라면? 교통 규칙이니까 무조건 지켜야 하는가? 아니면 규칙을 어기는 일이더라도 상황에 맞게 대처해야 하는가? 생존은 당신의 적응력에 달렸다.

도로에서도 시장에서도 '현실 규칙'이 우선이다.

> **인생의 첫 번째 규칙은 생존해야 한다는 것이다. 두 번째 규칙은 첫 번째 규칙을 지킬 수만 있다면 다른 규칙들은 깰 수도 있다는 점이다.**

시장에서의 규칙도 인생 규칙과 다를 바 없다. 두 규칙은 본질적으로 똑같다. 성공적인 매매는 지식(시스템)을 '제때' 활용하느냐에 달렸다. 시스템이나 규칙을 사용할 때는 이것을 사용할 만한 때인지, 즉 앞에서 대형 화물차가 달려오지 않는지 반드시 확인해야 한다는 의미다. '생각'하라는 건 이런 뜻이다. 우리에게는 인생의 시스템도 매매 시스템도 필요하다. 그러나 '모든' 시스템을 '항상' 따라야 한다는 의미는 아니다. 시스템 자체는 새로운 현실 상황에 적응하지 못하기 때문이다. 적응하는 것은 시스템이 아니라 생각이다. 이를 통해 계속 관찰하고 변화를 포착하고 기록하며 최적의 시스템을 개발하고 활용해야 한다.

매매를 하면서 무엇을 해야 할지 잘 모를 때는 규칙을 따라야 한다. 그래야 최소한 살아남을 수는 있기 때문이다. 기다리던 시장 조건이 만족됐고 그 조건이 자신의 매매 규칙에도 어긋나지 않는다면 그대로 밀고 나가라. 그러나 규칙과 시장 조건이 서로 어긋난다면 그냥 넘어가라. 매매를 매일 할 필요는 없다. 매매 시스템이나 규칙을 활용하는 목적은 최고의 성과를 내놓는 것이지, 당신의 목숨을 내어놓으라는 것은 아니다.

# 정말 이 일에 적합한 사람인가

누구나 다 의사나 제빵사 혹은 트레이더가 될 수는 없다. 이 일이 여러분에게 정말 맞는 일인가?

이제 알아보자.

내 목적은 이익을 내는 트레이더를 양성하는 것이다. 내가 그 누구보다도 이 일을 많이, 잘 해냈다고 생각한다. 전 세계에 내 학생이 있을 정도다. 그러므로 아무나 내 학생으로 받고 싶지는 않다. 이 일을 성공적으로 해낼 자질이 충분하지 않은 사람은 내 학생이 되지 않기를 정말 바란다.

이제 여러분과 내가 마음을 터놓고 이야기할 때가 됐다. 조금 껄끄러운 주제이기는 하지만, 여러분이 정말로 이 일에 적합한 사람인지 알아야 한다. 이 일이 맞지 않으면 한시라도 빨리 그만두는 편이 낫다. 어울리지도 않는 일에 오래 매달려봐야 좋은 결과가 나올 리 만무하다. 나에게는 물론이고 여러분과 여러분 가족에게도 결코 바람직한 일이 아니다. 이런 상황은 수강료를 내고 학생이 되는 여러분보다 내가 훨씬 더 신경이 쓰인다.

내가 생각하기에 훌륭한 트레이더가 되는 데 필요한 성격 특성을 제시해보겠다. 그래야 매매가 자신에게 맞는 일인지 아닌지 판단할 수 있다고 보기 때문이다.

그간 내가 봐왔던 크게 성공한 트레이더들의 특성 가운데 내가 가장 중요하게 생각하는 것이 있다. 그들은 **시장이 완벽하지 않다**는 점과 트레이더로서 우리가 내리는 **선택 역시 완벽할 수 없다**는 점을 받아들인다. 이익 매매 포지션에서는 항상 계약 수가 적어서 아쉽고, 손실 매매에서는 포지션이 늘 크게만 느껴진다. 시장에 들어가고 보니 이보다 더 좋은 진입 지점이 매번 보이고, 시장에서 나오고 나면 더 좋은 청산 지점이 늘 보이게 마련이다. '절대 틀리지 않아야 해'를 외치는 이른바 완벽주의자에게는 절대로 어울리지 않는 일이다.

완벽함을 추구하는 사람이라면 지금 당장 '삭제' 버튼을 눌러라. 매매는 완벽과는 거리가 먼 일이다. 우리는 매매에 수학을 활용하고 또 수학은 완벽한 도구지만, 수학을 사용한다고 해도 시장처럼 불완전한 존재가 완벽해지지는 않는다. 시장에는 비이성적인 일들이 너무도 많이 일어나는데 뉴스 충격은 이 중에서도 가장 큰 비이성적 사건이 될 수 있다.

매매는 크게 두 가지 범주 요소로 구성돼 있다. 첫째는 지성적 요소로서 이 일을 하는 사람들은 매매의 세계가 어떻게 돌아가는지를 충분히 연구하고 조사해야만 한다. 둘째는 감성적 요소다. 시장을 충분히 이해하고 있다고 해서 매매가 만만해지는 것은 절대 아니다. 내가 취한 매매 포지션과 시장 흐름이 정반대로 흘러가면 몹시 좌절하게 된다. 포지션 청산을 너무 일찍 하거나 너무 늦게 할 때도 속이 상한다. 화가 머리끝까지 치밀 때도 있다. 트레이더로 성공하려면 감정을 다스리거나 그 수위를 적절히 조절할 줄 알아야 한다.

내 아들 제이슨Jason Williams은 존스홉킨스대학과 조지워싱턴대학에서 공부한 정신과 의사다. 최근에 존스홉킨스대학에서 개발한 테스트를 이용해 성공한 상품 선물 트레이더들에 대하여 연구하기 시작했다. 이 연구에서 당신이 정말 이 일에 적합한 사람인가를 확인하는 데 도움이 될 만한 매우 중요한 두 가지 요소가 눈에 띄었다.

첫 번째는 집중력을 유지한 채 해야 할 일을 해내는 능력이다. 한 번 시작한 일을 끝까지 마무리할 수 있는가? 집중력을 흐트러뜨리지 않으면서 세부 사항을 처리할 수 있는가? 이런 질문에 '그렇다'고 대답한다면 시장에서 이뤄지는 일일 매매를 무리 없이 처리할 수 있으리라 본다.

다만 유의할 점은 있다.

너무 감정적이거나 신경질적이면 곤란하다. 감정 기복이 심한가? 감정에 휘둘릴 때가 많은가? 주변 사람들이 여러분을 보고 왜 버럭 화를 내느냐고 말한다든가 감정 변화가 너무 심하다고 말하지 않는가? 만약 그렇다면 혹은 우울이나 불안 증세로 치료약을 복용하고 있다면 **매매 일은 하지 말라고** 권하고 싶다.

세상에서 가장 꼼꼼하고 철저하게 일처리 하는 사람만이 좋은 트레이더가 된다고 볼 수는 없지만, 세부적인 사항을 잘 처리할 수는 있어야 한다. 더불어 좋은 트레이더가 되려면 자신의 감정을 통제할 수 있어야 한다. 감정에 휘둘려 매매를 그르치는 일이야말로 재앙으로 가는 지름길이다.

두 번째, 자신이 하는 일을 충분히 즐길 수 있어야 한다. 매매 일을 즐길 수 있는 사람이면 트레이더가 돼도 좋다. 책 한 권만 읽고는 1만 달러로 100만 달러를 벌 수 있으리라는 비현실적인 기대를 품고 있는가? 그렇다면 트레이더가 될 생각은 하지 않는 편이 좋다. 매매는 결코 쉬운 일이 아니다. 고점을 찍었다고 좋아하는 순간 저점을 찍어버리는 상황이 전개되는 곳이 시장이다. **돈이 중요하기는 하지만, 신경 쇠약에 걸려도 좋을 만큼의 가치는 없다.**

내가 이 일을 좋아하는 이유는 내가 벌어들이는 수입에 **어떤 상한선도 없기 때문**이다. 내 아버지는 일정 수준 이상으로는 수입이 늘지 않는다는 사실을 알면서도 매일 직장에 출근해 열심히 일했다. 나로서는 아버지가 어떻게 그렇게 할 수 있었는지 모르겠다. 아버지가 겪은 일을 다 알게 되면서 아버지에 대한 존경심이 더 커졌다. 트레이더인 나는 전일제로 일하든 시간제로 일하든 얼마든지 돈을 벌 수 있다. 직원이 없어도 상사가 없어도, 심지어 고객이 없어도 충분히 이익을 낼 수 있다. 내가 매매 일에 매력을 느낀 이유가 바로 여기에 있다. 여러분이 매매에 매력을 느끼는 것도 이런 이유였으면 한다.

> **시장에서의 성공은 수용과 조율에 달려 있다.**
> **성공으로 가는 길은 자신에게 맞는 일을 하는 사람에게 열려 있다.**

# 해결해야 할 숙제

내가 미국 버진 제도에서 유유자적하듯 여유로운 삶을 누리는 것처럼 사람들은 성공하는 트레이더가 되는 법을 배워서 돈을 벌고 싶어 한다. 수입원이 끊이지 않기를 바랄 테지만, 그러자면 반드시 해결해야 할 숙제가 있다.

첫 번째 문제가 바로 **'위험'**이다. 위험을 관리하지 못하는 사람이 있는가 하면 이런 위험 상태를 즐기는 사람도 있다. 그러므로 자신이 위험을 어느 정도까지 감당할 수 있는지 반드시 알아야 한다. 위험 상태에서 발현하는 감정을 제대로 다스릴 수 있는가? 매매 고수가 되려면 위험이 주는 두려움을 극복해야 한다. 위험은 언제나 존재한다는 사실을 이해하면 이 문제는 해결된다. 나는 이렇게 해결했다. 위험 상황을 정면으로 마주하고 이를 받아들이며 절대로 피하지 말라는 의미다. 그리고 나는 손절매로 위험을 통제할 수 있음을 배웠다.

두 번째 문제는 **어떤 매매 접근법을 사용하느냐**다. 저마다 추종하는 이론을 들이대며 매매 방식을 알려주겠다는 사람이 수백 명은 되지 않을까 싶다.

그 많은 사람 중에서 믿고 따라야 할 사람은 **'가장 끌리는 생각'을 하는** 사람이어야 한다. 그 사람의 생각이 본인에게 잘 이해되어야 한다. 또 그 논리가 자신의 논리와 맞아야 한다. 그가 하는 말을 쉽게 이해할 수 있어야 한다는 점도 중요하다. 그 사람이 내가 아닐지도 모른다. 그래도 상관없다. 나는 여러분이 자신의 매매 성향과 '가장 잘 맞는' 사람을 찾기 바랄 뿐이다.

# 올바른 설계도와 스승의 중요성

마지막으로, '조율'에 대하여 말하고 싶다. 단순히 열심히 한다거나 똑똑하고 되는 문제가 아니다. 원하는 만큼 내달릴 수 있다고 해도, 달리는 방향이 잘

못되면 절대로 목표점에 도달하지 못한다. 집을 지으려면 올바른 설계도가 있어야 한다. 설계도가 잘못되면 그것으로 끝이다. 매매할 때 올바른 행동이 무엇인지 알아야 하고, 그대로 행동할 수 있어야 한다. 그렇게 하지 않으면 빈털터리가 되는 것은 일도 아니다. 그리고 시장에 맞게 '조율'하면서 행동해야 한다. 이것이 진정한 매매의 비법이다. 올바른 선택과 행동을 했는지 어떻게 알 수 있는가? 어렵지 않다. 그 선택과 행동이 옳았다면 분명히 이익이 발생했을 것이다.

## '진실이기를 바라는 것'과 '진실'을 혼동하지 마라.

이 업계에서 '좋은' 매매는 곧 이익이 나는 매매다. 물론 '나쁜' 매매는 손실이 나는 매매를 말한다. 이것이 매매의 현실이다. 좋은 매매를 했는지 나쁜 매매를 했는지 다 확인한 후에 최종 결정을 내리면 크게 위험할 일은 없다.

이는 여러분이 따르기로 선택한 사람이 성공적인 매매의 입증된 기록을 갖고 있는지 꼭 확인해야 한다는 의미다. 여러분에게 내가 최고의 스승이 아닐 수도 있다. 내가 아니어도 좋으니, 다른 스승의 실력을 꼭 확인하라. 단 홍보 실력 말고 매매 실력 말이다. 여러분 자신의 행동을 성공한 사람들의 행동과 일치하도록 조율하라.

나는 언제든 내 매매 실적을 공개할 수 있다. 내 투자자계정보고서를 보여줄 용의가 있다. 그러면 여러분은 한 달에 수천 계약씩 매매하며 내가 얼마나 성공적으로 이 일을 해왔는지를 확인할 수 있다. 매매 비법을 전수하겠다고 나서는 스승이 자신의 매매 실적을 보여주려 하지 않는다면, 그는 실제로는 매매를 하지 않거나 매매에서 성공한 적이 별로 없거나 둘 중 하나다. 여러분이 누군가에게 뭔가를 진정으로 알려주고 싶다면 먼저 자신의 실적을 보여주지 않을 이유가 있겠는가? 실시간 실적 자료를 보여주지 않는다면 일단 경계를 해야 한다. 그 자체가 위험 신호다.

이런 자료를 아직 보지 못했다면 우리 웹사이트(www.ireallytrade.com/halloffame.html)를 방문해도 좋다. 웹사이트에서 '명예의 전당'을 둘러보면 내 학생들이 이룬 성과를 확인할 수 있다. 학생들은 매매 경진 대회에서 계속해서 좋은 성과를 올리고 수백만 달러를 관리하다가 결국 하던 일을 그만두면서 전업 트레이더가 된 경우도 많다. 감사하게도 이들은 올바른 길로 갈 수 있게 도와줬다며 내게 그 공을 돌린다. 원한다면 이들과 같은 경험을 할 수 있도록 여러분을 인도하고 싶다.

이 책에서 나는 사용하는 지표 몇 가지를 제시했고 내 전략도 설명했으며 시장에 대한 내 생각과 접근법도 공유했다. 이제 여러분이 나에 대해 조금이라도 알았으면 한다. 무엇보다 내가 매매하는 것과 매매를 가르치는 것을 얼마나 보람되게 여기는지 알아줬으면 한다. 사람들은 대부분 표, 자료, 차트 등에 관심을 두지만 사실 이런 자료에는 지혜가 담겨 있지 않다. 그래서 나는 내가 가진 알량한 지혜나마 다양한 경로를 통해 여러분에게 전해주고 싶었다.

**성공은 타고난 재능이 아니라 끊임없는 교육과 실천의 결과물이다.**

내가 말하는 내용이 이해가 간다면 그때는 내가 여러분의 스승 역할을 기꺼이 맡고 싶다. 그러면 언젠가 여러분을 '트레이더 명예의 전당'에서 마주할 날이 올지도 모른다.

개인적으로 여러분이 잘 되기를 바라며 이 글을 마무리하고 싶다. 여러분에게 행운이 가득하기를 그리고 훌륭한 트레이더가 되기를 바라는 마음이다. 그리고 앞서 말했던 사이트 www.ireallytrade.com에서 여러분을 만났으면 한다. 무엇보다 다음 문장은 반드시 기억하기 바란다.

> **항상 손절 규칙을 사용하라.**

이 책은 단순한 연구 결과물이 아니라 오랜 기간 노력해 온 연구와 분석, 자기 성찰이 점철된 직업적 이력의 결정체이며 이 모든 과정을 통해 조금이나마 개인적 성장을 이뤘으면 하는 내 바람도 담겨 있다.

지금 여기서 감사를 전하고자 하는 사람들 대다수가 처음 이 책을 쓸 때에도 도움을 줬던 분들이라는 사실에 가슴이 더욱 벅차오른다. 톰 디마크Tom DeMark, 랠프 빈스Ralph Vince, 글렌 라슨Glen Larson, 그렉 알렉산드라Greg Alesandra, 하비 레빈Harvey Levine, 쿠르트 핼록과 지메나 핼록Kurt and Jimena Hallock, 리처드 조지프Richard Joseph 그리고 진 아이어데일Gene Iredale이 내 인생에서 이렇게 중요한 역할을 하게 될 줄은 그때는 정말 몰랐다.

초판에 감사한 마음을 전했던 사람들 가운데 돈 사르노Don Sarno, 알 알렉산드라Al Alesandra, 빌 미헌Bill Meehan, 브루스 밥콕Bruce Babcock, 프랭크 타우처Frank Taucher, 이탈리아의 미셸 매기Michele Maggi 등이 지금은 내 곁에 없다는 사실이 슬프고 씁쓸하다. 내 첫 브로커 조 밀러Joe Miller 그리고 친하게 지냈던 돈 사우사드Don Southard는 추세선 작성 전문가로서 지금도 여전히 OBV 차트를 연구하고 있다.

시간은 항상 우리에게 많은 사실을 가르쳐준다. 내게도 그랬다. 그 시간 덕분에 나와 가장 친한 친구가 누구인지를 분명히 알게 됐다. 그동안 수많은 사람의 도움을 받아왔지만, 그중에서도 단연 최고는 내 마라톤 파트너이자 트레이딩 동료이기도 한 아내 루이즈 스테이플턴Louise Stapleton일 것이다.

이 일을 하는 동안에 만났던 수많은 사람의 도움과 격려 그리고 그들과 의견을 나누는 귀한 시간이 없었다면 트레이더로서 경력을 쌓는 일도, 이런 책을 출간하는 일도 불가능했을 것이다. 그 많은 사람 중에서도 특히 돈 사르노는 〈커머더티즈 매거진Commodities Magazine〉과 연을 맺게 해준 고마운 사람이다. 그리고 뛰어난 분석가이면서 스타일이 완전히 다른 빌 미헌과 톰 디마크는 내가 시장을 더 잘 이해하는 데 중요한 역할을 했다. 내 인생에 톰 같은 사람이 또 있을까 싶다. 우리에겐 공유할 이야기가 참 많았다. 두 사람 다 언제든 의견 교환이 가능할 정도로 항상 열려 있는 사람들이다. 또 이 자리를 빌려 프로그래밍을 담당해줬고 의견 교환도 적극적으로 했던 마이크 스톡Mike Stock에게 감사의 마음을 전하고 싶다. 40년 넘게 우정을 쌓아온 제이크 번스타인Jake Bernstein에게도 감사한다. 지금도 함께하는 알베르토 알바레즈Alberto Alvarez, 자주 함께했던 에드 월터Ed Walter, 이 일을 처음 시작한 그날부터 시도 때도 없이 전화를 걸고 계속 뭔가를 물어보며 귀찮게 했는데도 다 받아주며 오랜 세월 거의 하루도 거르지 않고 시세표며 각종 자료를 제공해주던 알 알렉산드라, 알의 아들 그렉 등 나와 함께했던 모든 브로커에게 감사한다.

수많은 동료 분석가 역시 이러저러한 방식으로 내게 큰 자극제가 됐다. 로버트 프레처는 나를 응원해준 몇 안 되는 유명 인사 중 한 명이었다. 내가 수정 헌법 제1조에 보장된 '표현의 자유'를 할 수 있도록 주장하며 미 상품선물거래위원회CFTC에 등록하지 않고도 시황 정보지를 발행할 수 있도록 법적 투쟁을 할 때 변호사 비용을 내주기도 했다. 마티 츠바이크Marty Zweig와 네드 데이비스Ned Davis는 시장 연구가 무엇인지를 가르쳐줬다. 그리고 조 디나폴리Joe DiNapoli, 웰스 와일더Welles Wilder, 알이 맥마스터R. E. McMaster, 브라이언 사드Brian Schad, 마크 벤저민Mark Benjamin, 셸던 나이트Sheldon Knight, 스턴 마자크와 그레첨 마자크Stan and Gretchem Marzalk, 존 힐John Hill 그리고 '3000 클럽Club 3000' 설립자 보 선맨Bo Thunman 등 이 일을 하면서 친분을 쌓았던 수많은 친구에게도 감사한 마음을 전한다.

에드 던Ed Dunne, 린다 라쉬케Linda Bradford Ratschke, 빅 니더호퍼Vic Niederhoffer 등은 자

신의 분야에서 '전설'을 쓴 최고 고수로서 존경하는 마음으로 내가 늘 주목하는 사람들이다.

세인트크로이 섬St. Croix에서는 찰리 라이트Charlie Wright와 밀로 프로하스카 Milo Prochaska 덕분에 시장을 좀 더 잘 이해하게 됐다. 이 모든 사람을 만날 수 있었던 자체가 내게는 크나큰 행운이었다. 그러나 내 비루한 기억력 탓에 여기에 언급하지 못한 사람이 분명히 있으리라 생각한다. 혹시 빠뜨리고 적지 못한 그 사람들한테도 심심한 감사의 마음을 전한다. 미국에 있는 분들뿐 아니라 오스트레일리아 그레이엄 브리그스와 아델 브리그스Graham and Adel Briggs에게도 도저히 다 갚을 수 없는 마음의 빚이 있고 일본 판롤링Pan Rolling 출판사의 히로Hiro와 마사키Masaki는 그때 내게 구원자와도 같은 존재였다. 그리고 체코에 있는 루드비히 투렉Ludvig Turek, 남아프리카 맬컴 뷰캐넌Malcolm Buchanan, 싱가포르 애런 심Aaron Sim에게 감사를 표한다. 영광스럽게도 내게 중국 저장 대학 객원 교수와 명예 교수라는 영예를 허락해준 이지Dr. Yi Zhi에게도 감사하다. 세계 각지에서 트레이더를 비롯해 많은 사람을 만날 수 있다는 자체가 내게는 큰 행운이었다.

그 누구보다 독자 여러분에게 특별한 감사를 전한다. 내가 제시한 규칙을 열심히 따라주고 또 엄청나게 좋은 성과까지 내준 사람이 있다는 사실이 나로서는 너무 감사하다. 마르크 브루엘Marc Bruel, 미셸 푸이상Michael Puissant, 안드레 웅거 Andre Unger, 브래디 프레스턴Brady Preston, 크리스 존슨Chris Johnson 같은 사람들이 내 책에서 배운 사실이 실전에도 통한다는 점을 효과적으로 입증해줬다. 나는 단지 그 문을 열었을 뿐이고 정작 홈런을 친 사람들은 이들이다.

이 책은 내 시황 정보지 〈커머더티 타이밍〉을 구독해준 전 세계 구독자와 개인 사이트 구독자 그리고 세미나 참석자가 없었다면 세상에 나오지 못했을 것이다. 더불어 이 책 외에 다른 책의 독자를 포함해 너무 힘들어서 잊고만 싶었던 괴로운 시절과 좋았던 시절 가리지 않고 나와 함께해준 모든 사람에게 심심한 감사의 마음을 전하고 싶다.

그리고 이번에도 수고해준 존 와일리 출판사의 파멜라 반 기센Pamela van Giessen 과 뛰어난 편집자 에밀리 허먼Emilie Herman이 없었다면 이 책은 세상의 빛을 보지 못했을 것이다.

항상 더 나은 내가 될 수 있게 격려하고 자극해준 모든 이에게 다시 한번 감사를 전한다. 이 사실을 다 깊이 깨닫게 된 지금 여러분 모두에게 깊은 감사의 마음을 전하고자 한다.

모두의 행운을 빌며!


버진 아일랜드 세인트크로이 섬에서

래리 윌리엄스

# 장단기 투자의 비밀

**초판 1쇄 발행** 2023년 1월 27일
**개정판 1쇄 발행** 2023년 7월 31일

**지은이** 래리 윌리엄스
**옮긴이** 이은주
**감　수** 성전

**펴낸곳** ㈜이레미디어
**전화** 031-908-8516(편집부), 031-919-8511(주문 및 관리)
**팩스** 0303-0515-8907
**주소** 경기도 파주시 문예로 21, 2층
**홈페이지** www.iremedia.co.kr　　**이메일** mango@mangou.co.kr
**등록** 제396-2004-35호

**편집** 이병철　　**디자인** 황인옥　　**마케팅** 김하경
**재무총괄** 이종미　　**경영지원** 김지선

**ISBN** 979-11-91328-93-6 (03320)

· 가격은 뒤표지에 있습니다.
· 잘못된 책은 구입하신 서점에서 교환해드립니다.
· 이 책은 투자 참고용이며, 투자 손실에 대해서는 법적 책임을 지지 않습니다.

당신의 소중한 원고를 기다립니다.
mango@mangou.co.kr